찰리 멍거
자네가 옳아!

* 이 도서의 국립중앙도서관 출판예정도서목록(CIP)은 서지정보유통지원시스템 홈페이지(http://seoji.nl.go.kr)와
국가자료공동목록시스템(http://www.nl.go.kr/kolisnet)에서 이용하실 수 있습니다. (CIP제어번호: CIP2009001452)

Charlie

찰리 멍거
자네가 옳아!

Damn Right!

Munger

재닛 로우 지음 | 조성숙 옮김

이콘

찰리 멍거는 왜 옳은가

나는 2007년 5월 초에 미국 네브래스카 주 오마하에서 버크셔 해서웨이 주주총회를 취재했다. 역사상 전무후무한 투자 기록을 쓰고 있는 워런 버핏이 1년에 딱 한 번 주주들과 직접 만나 투자의 지혜를 들려주는 자리이다 보니, 행사 기간에는 각국의 신문 방송사 기자들이 앞다퉈 이 도시를 찾는다. 나 역시 그 취재진 속의 한 사람이었다.

현장에서 접한 워런 버핏은 스타였다. 그의 일거수일투족에 참석자들은 비상한 관심을 기울였고, 그가 의견이나 전망을 밝힐 때마다 기자들은 이를 타전하기 바빴다. 버핏의 강점은 이런 분위기에 도취되지 않는다는 점이었다. 그는 절대적으로 겸손했고 진지함을 잃지 않았다. 이런 자세가 그를 지속적으로 투자의 현인으로 존경받게 만드는 것이 아닐까 싶다.

그런데 주주총회를 취재하면서 참석자들 사이에 찰스 T. 멍거(일명 찰리 멍거) 부회장이 버핏 못지않은 스타라는 사실을 알게 됐다. 내가 멍거를 처음 본 것은 첫째 날(5일) 이벤트인 주주와의 대화(Q&A session)에서였다. 이 이벤트는 오마하 외곽 퀘스트센터라는 대형 원형 경기장처럼 생긴 곳에서 열렸다. 2만 석에 가까운 좌석에 참석자들이 빼곡하게 앉아 있었고, 중앙 연단의 한가운데에 워런 버핏과 찰스 멍거가 나란히 앉아 주주들의 질문에 답했다. 두 사람의 모습은 곳곳에 설치된 여러 대의 대형 스크린을 통해서도 볼 수 있었다.

버핏은 자신이 대답하기 어려운 질문이 닥치거나 부연 설명이 필요하다 싶으면 옆 자리의 멍거를 쳐다보며 "찰리?"라고 말했다. 이때 버핏의 눈빛과 표정에는 "내가 대답을 하긴 했는데, 맞게 말한 건가요?" 혹은 "더 도움이 되는 답변이 있을 것 같은데 멍거 당신이 좀 말해줄래요?" 하는 뉘앙스가 느껴졌다. 이 장면은 이벤트가 진행되는 5시간 내내 이어졌다. 세계 최고의 투자 대가가 조언을 구하는 상대가 있는 것이다. 멍거가 범상치 않은 인물이라는 것을 실감할 수 있었고, 과연 멍거는 어떤 사람인가 하는 궁금증이 머릿속을 떠나지 않았다.

멍거는 버핏이 답변을 요청할 때마다 좋고 싫음을 분명하게 이야기했다. "도박은 더러운 비즈니스다" "쉽고 빠르게 현명한 투자가가 되는 방법이란 없다" 하는 식으로 뭐는 되고, 뭐는 되지 않는지를 딱 부러지게 말했다. 간혹 그는 장내가 떠나갈 듯한 목소리로 "난 몰라! I don't know!"라고 고함을 질렀는데, 그럴 때마다 행사장에서는 폭소가 터져 나왔다. 나는 이 장면이 낯설게 느껴졌는데, 주주들은 멍거의 그런 스타일에 익숙한 것 같았다.

이와 관련해 독자 여러분이 곧이어 읽게 될 이 책의 추천의 글에는 워런 버핏이 "교양 있는 숙녀들이 찰리를 괜찮은 사람이라고 인정하려면 그에 대해 아주 많이 연구한 뒤에야 가능할 것이다"라고 점잖게 표현하고 있다. 또 이 책의 저자인 재닛 로우는 서문에서 1997년 버크셔 해서웨이 주주총회에서 멍거가 갑자기 청중들이 보는 앞에서 커다란 목소리로 자기 이름을 불러 당혹스러웠다는 경험을 토로하고 있다.

멍거를 직접 만나 이야기를 나눠봤으면 좋겠다는 생각이 들었는데, 운 좋게도 다음날 기자회견장에서 실제로 그를 만나 대화를 나누었다. 멍거는 1924년생이니까 당시 나이가 83세였는데, 정말 건강해 보였다. 얼추 190cm 정도 돼 보이는 장신이었다. 사진을 찍기 위해 나란히 포즈를 취하는 과정에서 멍거가 나에게 반갑다는 제스처를 했는데, 이는 내가 기자회견장에서 던진 질문 때문이 아닌가 한다.

나는 기자회견장에서 버핏에게 "당신의 가치투자가 한국에서도 적용될 수 있다고 생각하느냐"고 질문했는데, 이때 멍거가 버핏의 답변이 끝나고 나서 마이크를 넘겨받아 자신의 의견을 제법 길게 밝혔다. 그는 "나는 로스앤젤레스에서 오랫동안 변호사로 활동했고, 이 과정에서 한국과 한국인에 대해 잘 알게 됐다"고 말했다. 그는 "한국전쟁이 한때 한국 경제와 사회를 파국으로 몰고 갔지만 박정희 대통령, 정주영 회장 같은 위대한 인물이 한강의 기적을 만들어냈다"며 "한국인은 스스로 해낸 일에 대해 자부심을 가져야 한다"고 밝혔다.

2009년 버크셔 해서웨이 주주총회에서도 멍거는 "세계에서 딱 3개 국가에 투자를 하고 있는데, 그 중 한 곳이 한국"이라고 밝혔다. 그에게 한국에 관련된 정보를 제공하는 소스는 어디일까 하는 궁금증이 나는 든다.

멍거는 알고 보면 미국의 손꼽히는 부호이자 투자 대가이다. 버핏과 마찬가지로 오마하에서 태어난 멍거는 하버드 로스쿨 졸업하던 해인 1948년 로스앤젤레스에서 변호사로 개업을 했다. 1959년 버핏을 처음 만나 우정을 나누기 시작했고 그 해에 투자 회사 웨스코 파이낸셜을 설립해 투자가로서도 경력을 쌓기 시작했다. 그는 1962~75년 13년 동안 19.8%의 연평균 수익률을 거두는 성과를 거두었다. 이후 1965년에 변호사 업무를 그만두고 버핏의 투자 사업에 본격적으로 조언하기 시작했다. 그는 2008년 현재 순 재산 16억 달러로 미국 내 부호 순위 215위에 올라 있다.

그는 지금도 버핏이 투자에 관련된 결정을 내리는 과정에 깊숙이 개입하고 있는 것으로 보인다. 버크셔 해서웨이는 2009년 초 중국의 전기자동차 업체 BYD^{비야띠·比亞迪}의 지분 10%를 2억 3,000만 달러(약 2,900억원)를 주고 매입했다. 이 투자가 처음 발표됐을 때 신문과 방송은 버핏이 그간 자동차 회사에 대해 관심을 갖지 않았었다며 어떤 과정을 거쳐 이런 결정이 이뤄졌는지 궁금해 했다. 이와 관련된 보도를 종합하면 멍거는 평소 알고 지내는 중국인 사업가를 통해 BYD 창업자이자 최고경영자^{CEO}인 왕추안후를 소개 받고 나서 버핏에게 이 회사에 대한 투자를 권유한 것으로 보인다. "자동차가 어떻게 작동하는지 모른다"고 말한 적이 있는 버핏을 자동차 사업에 투자하게 만들었으니 두 사람의 상호 신뢰가 어느 정도인지 짐작이 된다.

멍거의 투자 방법론은 정신의 격자 세공 모델^{network of mental model}로 불리는데 이 모델의 요지는 투자에 성공하기 위해서는 회계 지식뿐만 아니라 자연과학, 인문학, 사회과학 지식으로 촘촘히 짜인 지식 체계를 갖고 있어야 한다는 것이다.

버핏은 멍거를 왜 정신적 스승으로 기꺼이 받아들이게 됐을까. 멍거는 자신의 투자 방법론을 어떤 과정을 거쳐 정립하게 됐을까. 『찰리 멍거 자네가 옳아!』는 이 질문에 해답의 실마리를 가져다주는 책이다. 나는 설레는 마음으로 교정쇄를 펼쳤다.

이 책의 미덕은 처음부터 완벽한 인간이란 없다는 평범한 사실을 독자에게 일깨우는 것에 있다. 멍거도 애초부터 잘하지는 못했으며 시행착오를 거쳐 지혜를 터득했다는 사실을 보여준다. 이 점에서 투자의 길을 걷고 있는 사람들에게 이 책은 위안이다.

또 버핏의 대표적인 성공 투자 사례로 알려진 시즈캔디, 블루칩 스탬프스 매입이 어떤 실제적인 과정을 거쳐 이뤄지게 됐는지, 버핏과 멍거가 어떤 논리와 가정에서 출발했는지를 보여주고 있다. 투자 대가들 사이에 오가는 내밀한 고민과 사생활을 이 책은 드러내고 있다.

투자에 관심을 갖고 있거나 인생의 지혜를 터득하려는 이들에게 이 책은 훌륭한 나침반이다.

2009년 5월

이민주

1991년 늦여름 나는 살로먼 사건에 대한 질문에 답하기 위해 에드 마키Ed Markey 하원의원이 위원장을 맡고 있는 소위원회의 청문회에 출두했다. TV와 신문기자들이 청문회장에 진을 치고 있었기에, 마키 위원장이 질문을 시작했을 때 나는 다소 긴장한 상태였다. 그는 살로먼에서 일어난 불미스런 사건이 월스트리트의 성격을 단적으로 드러내는 것인지 아니면 "독자적인sui generis" 것인지를 알고 싶어했다.

예전의 나라면 그런 낯선 단어를 듣고서 무척이나 당황했을지도 모른다. 고등학교 때에는 초급 스페인어 과목을 아슬아슬하게 통과했을 뿐이었고 라틴어는 본 적도 없었다. 그러나 "sui generis"라는 말은 나한테 결코 낯선 말이 아니었다. 어쨌든 나는 이 단어의 걸어다니는 산 증인을 잘 알고 있었다. 찰리 멍거, 내 오랜 친구이자 파트너 말이다.

찰리는 정말로 독특한 사람이다. 1959년 그를 처음 만난 이후 그는 여러 가지 그만의 고유한 특성을 많이 보여주었다. 찰리를 잠깐이라도 만

나본 사람이라면 누구든 같은 말을 할 것이다. 하지만 대부분의 경우 그들은 그의 행동방식이 독특하다고만 생각한다. 교양 있는 숙녀들이 찰리를 괜찮은 사람이라고 인정하려면 그에 대해 아주 많은 연구를 한 뒤에야 가능할 것이다.

하지만 나는 찰리의 가장 특별한 점은 바로 그의 성격에 있다고 본다. 그의 마인드는 놀라울 정도로 뛰어나다. 그는 여태껏 만나본 사람 중 가장 똑똑하며, 76세의 나이에도 정말로 탐나는 기억력의 소유자이다. 물론 그가 이런 능력을 타고난 것은 사실이다. 하지만 그가 이런 능력들을 이용하는 방법을 보면 그에 대한 존경심이 절로 생길 정도이다.

41년 동안 나는 찰리가 누군가를 이용하거나 자신이 하지도 않은 일에 대한 공을 조금이라도 가로채려고 하는 것을 한 번도 본 적이 없다. 오히려 그 반대의 경우는 자주 목격했다. 그는 나나 다른 사람들이 더 훌륭한 사업 결과를 만들어낼 수 있게 이끌어주었으며, 일이 잘못되어갈 때는 순전히 자신의 탓이라고 하고 반대로 일이 잘될 때에도 거기에 대한 자랑을 일삼지 않았다. 그는 진정한 관대함이 무엇인지 잘 알고 있으며 아집에 사로잡혀 합리적인 판단을 그르친 적도 없다. 세상의 인정을 받고 싶어하는 무수한 사람들과 달리 찰리는 스스로가 정한 점수표로만 자신을 판단하다. 그리고 그는 절대로 후한 채점자가 아니다.

사업 문제를 다룰 때 찰리와 나는 대부분은 의견을 같이하는 편이다. 그러나 사회적인 이슈에 있어서는 때로는 다르게 생각하기도 한다. 우리 둘 다 자신의 생각을 소중히 하는 편이지만, 오랜 우정에 금이 갈 정도로 격렬한 말다툼을 한 적도 없고 의견불일치로 인해 서로를 못마땅하게 여긴 적도 없었다. 찰리가 구세군 제복을 입고서 길모퉁이에 서 있는 모습을 상상하기는 힘들다. 거의 불가능하다고 해야 맞을 것이다. 하지만 그는 구세군의 신조인 "죄는 미워하되 사람은 미워하지 말라"는 표어를 가슴으로 포용하고 있는 사람이다.

그리고 죄에 대해서 말하자면, 그는 이 문제에서도 합리적인 태도를 취하는 것을 잊지 않는다. 물론 그는 탐욕이나 폭식, 태만 같은 죄는 저지르지 말아야 한다고 말한다. 하지만 그는 사람들이 덧없는 순간의 쾌락 때문에 이런 죄악을 저지를 수 있음을 잘 알고 있다. 그는 7가지 죄악 중에서도 질투가 가장 어리석은 죄라고 생각한다. 이 죄악은 아무런 쾌락도 제공하지 못할 뿐 아니라 오히려 비참한 감정만을 느끼게 하기 때문이다.

나는 사업에 몸담으면서 많은 기쁨과 재미를 맛볼 수 있었다. 찰리 멍거를 만나지 못했다면 아마 나는 이런 기쁨의 절반도 느끼지 못했을 것이다. 그의 "멍거 철학Mungerisms"은 내게 크나 큰 즐거움의 원천이 되어주었으며 그는 나만의 사고방식을 형성하는 데에도 큰 도움을 주었다. 많은 이들이 찰리를 사업가 혹은 자선사업가라고 부르지만 나는 그를 스승이라고 부르고 싶다. 그의 귀중한 가르침이 있었기에 버크셔 해서웨이는 예상보다 더 가치 있고 세간의 존경을 받는 회사가 될 수 있었다.

찰리를 제대로 논하려면, 그의 아내 낸시가 많은 영향을 미쳤으며 실제로는 그의 인생을 바꿔 놓았다는 사실을 거론하지 않을 수 없다. 두 사람을 가장 가까이에서 본 사람으로서 나는 낸시의 도움이 없었다면 찰리의 성취는 지금의 절반도 못 미쳤을 것이라고 확신한다. 비록 교양 있는 숙녀로서 남편을 가르치는 일에 완전히 성공했다고 말할 수는 없지만(물론 그녀도 나름 노력을 하기는 했다), 그녀는 찰리의 행동방식을 존중해주었고 그 덕분에 그는 자신이 옳다고 믿는 사회운동이나 자선단체 활동을 계속 유지할 수 있었다. 낸시는 진정으로 훌륭한 사람이다. 찰리가 세상에 큰 공헌을 하게 된 데에는 그의 훌륭한 인품뿐 아니라 낸시 역시 큰 몫을 했다.

네브래스카 오마하에서

워런 E. 버핏

매년 봄, 수천 명의 주주들이 네브래스카 주 오마하에서 열리는 버크셔 해서웨이Berkshire Hathaway 연차 주주총회에 참석하러 온다. 그들은 워런 버핏을 만나러 온 것이지만, 한편으로는 연단 위 버핏의 옆에 앉아서 오마하의 현인Oracle of Omaha이 질문에 적절히 대답할 수 있도록 도와주는 한 남자에게도 매료된다. 주주들은 버크셔의 연차총회를 '워런과 찰리의 쇼'라고 부른다. 연차총회는 대개 이런 방식으로 진행된다. 버핏이 질문에 답하고 난 다음에 자신의 답이 적절했는지 생각해보느라 약간의 뜸을 들인다. 결국 버핏은 오랜 파트너인 찰리 멍거에게로 몸을 돌려 묻는다. "찰리, 내 대답에 추가할 말 없나?" 러시모어 산이라도 깎아낼 듯한 표정으로 그곳에 앉아 있던 찰리가 퉁명스런 어조로 대답한다. "보탤 말 없네." 회사가 잘 돌아가고 있음을 확인하면서 청중은 두 사람이 서로를 놀려대는 말에 즐거워한다. 하지만 버크셔의 연차총회에는 청중에게 즐거움을 전하는 것 이상의 깊은 의미가 숨어 있다. 버핏은 질문에 답하기 전에 진지하게 숙고한다. 어떤 때는 멍거에게 질문이 넘어가고, 그러면 그는 자신의 오랜 인생과 풍부한 경험을 바탕으로 짤막한 강의를 한다. 멍거가 답변을 시작하면 청중은 한눈도 팔지 않고 듣는다.

그는 중요하다고 여기는 사항들을 메시지로 담아 전한다. '도덕적인 태도로 다른 사람들과의 거래에 임하라' '다른 사람의 실수에서 보고 배워라' 등의 내용이다. 그는 선교사처럼 열렬한 태도로 이런 짧은 훈계들을 전한다.

"아버지는 본인이 사회적 가치를 대표한다는 것을 잘 알고 있어요. 이런 가치들이 비즈니스 세계와 항상 일치하는 것은 아니긴 하지만요." 장녀인 몰리 멍거의 말이다.

멍거는 버핏만큼 부자는 아닌데, 그의 인생 여정이 버핏과 다소 다른 것도 한 가지 이유이다. 멍거는 버핏처럼 쇼맨십은 없지만 인생을 즐길 줄 아는 사람이다. 이 두 가지 성격 덕분에 멍거 가족은 억만장자 가족이면서도 사회적 평판에 구애 받지 않는 생활을 누릴 수 있었다.

나는 1997년 5월 버크셔 해서웨이 연차총회에서 찰리를 만나 이 책에 대한 기획을 타진해보면서, 그달 말에 열리는 웨스코 파이낸셜의 연차총회에도 참석할 테니 그때 프로젝트에 대해서 더 자세히 얘기하자고 말했다. 멍거는 자신에 대한 책은 별로 팔리지 않을 것 같다는 얘기 외에는 별다른 말은 하지 않았다. 나는 남편과 친구와 함께 웨스코 총회에 참석했고, 총회가 끝나자마자 멍거가 자리에서 일어나 크게 소리쳤다. "재닛 로우, 이 자리에 오셨나요?" 총회에 모인 수백의 사람들이 그 불쌍한 인간이 누구인지 보고자 목을 길게 빼고 주위를 둘러보았고, 내 얼굴을 아는 사람 몇 명이 내가 있는 쪽을 가리켰다. 나는 쭈뼛거리며 일어서서 "예, 접니다"라고 말했다. 그가 의자에서 일어나면서 "따라오십시오"라고 외치고는 뒷문으로 나갔다. 나는 남편과 친구에게 갔다 오겠다고 말했지만 시간이 얼마나 걸릴지는 알 수가 없었다. 멍거는 아무 말 없이 엘리베이터를 타고서 자신의 사무실로 간 뒤, 가족들이 자신에 대한 책을 원하지 않는다고 말했다. 가족들이 프라이버시가 사라질까봐 염려하고 있다고 했다. 원래가 숫기가 없고 직접 대결하는 것을 별로 좋아하지 않기에 나는 이 상황을 쉽게 풀어갈 자신이 없었다. 그래도 나는 이미 책을 내기로 계약을 했기에 그가 협조를 하든 안 하든 책은 나올 것이라고 설명했다. 하지만 그가 도와준다면 훨씬 훌륭한 책이 나올 수 있을 것이라고 믿는다는 말도 빠뜨리지 않았다. 멍거가 툴툴대며 대답했다. "알았소. 그럼 우선 이 책들부터 읽는 것이 좋겠소." 그는 자신이 좋아하는 책의 목록을 길게 나열한 종이를 건네주었는데, 거기에는 리처드 도킨스^{Richard Dawkins}의 『이기적인 유전자^{The Selfish Gene}』도 적혀 있었다. 훗날, 멍거는 자신이 차례로 그 단계를 밟았다고 말했다. 처음에는 책 출간을 반대하고, 그 다음에는 오해의 소지가 있을 부분에만 최소한도로 관여하고, 결국에는 나를 적극 도와주면서 자신의 인생사를 최대한 알기 쉽게 설명해주고자 노력했다. 분명 그에게는 쉬운 일이 아니었을 터였다. 특히 아들의 죽음이라든가 수술 부작용으로 한쪽 눈을 실명하게 된 일 등을 꼬치꼬치 캐물었을 때는 더더욱 그러했을 것이다.

그럼에도 멍거는 샌타바버라의 자택이나 로스앤젤레스의 사무실에서, 그리고 오마하에 있는 여동생의 집에서는 두 번이나 오랜 시간 진행되는 인터뷰를 참고 견뎌주었다. 멍거의 가족은 우리 부부를 북부 미네소타에 있는 자신들의 휴가지로 초대해주었다. 나는 여러 날을 거기에 머물면서 멍거의 가족과 이웃들을 인터뷰했으며 멍거 일가와 함께 하이킹, 보트여행, 낚시, 소풍을 다니기도 했다.

책을 위한 자료를 조사하고 다 쓰는 데 3년이라는 시간이 걸렸다. 일부

연구 자료는 가치투자자인 벤저민 그레이엄Benjamin Graham과 그의 걸출한 제자인 워런 버핏에 대한 과거에 나온 자료를 토대로 삼았지만, 이들은 배경 자료에 불과할 뿐이다. 멍거의 얼굴이 「포브스」지 표지를 장식한 적도 있었고 몇 개의 신문이 그의 프로필을 소개해주기는 했지만 그에 대한 글은 찾기가 힘들었다. 이 책에 나온 연구나 분석의 75%는 순전히 내 독자적인 생각이다. 나는 33명의 사람들과 44건의 인터뷰를 진행했다. 버크셔 해서웨이 주주총회에 8번이나 참석했으며, 멍거가 단독 주연으로서 스포트라이트를 독차지하고 있는 웨스코 파이낸셜 총회에는 5번 참석했다. 나는 멍거가 이런저런 장소들에서 했던 연설 6가지를 필사했으며, 개중에는 하버드 로스쿨 동창회에서 했던 연설도 있었다.

그는 나를 적극적으로 도와주면서도, 76년의 인생 동안 자신이 체득한 교훈을 자주 강조하는 것 말고는 책의 내용이나 방향에 관여하지 않으려고 했다. 그는 자신의 실수와 성공이 다른 사람들에게 도움이 되기를 바랐다. 실제로 그가 인생에서 얻은 교훈은 말이 아니라 몸으로 부딪치면서 얻은 것들이다. 멍거 부부가 온갖 역경을 이겨내며 8남매를 키운 방식, 그가 자신의 재능과 재무적 상황을 계속해서 최대한 활용한 방식, 한 명의 시민으로서 사회에 공헌하고자 하는 책임감, 이 모든 것이 한 영웅의 면모를 보여주기에 충분하다. 이 책을 쓰면서 웃음을 터뜨린 적도 여러 번이었지만, 고통과 슬픔에 목이 메었던 적도 여러 번이나 있었다. 삶은 찰리에게 인생의 단맛과 쓴맛을 모두 보여주었다.

찰리는 독특한 개성의 소유자인 동시에 서부해안의 문화와 20세기 초반에 주로 발생한 중서부식 가치관을 동시에 가지고 있는 전형적인 인물이기도 하다. 버핏이 금융 중심지가 아닌 오마하에서 생활하고 일하면서도 최고의 투자자가 될 수 있음을 입증하는 산증인이라면, 멍거는 사람들이 공통적으로 생각하는 기본 전제에도 아랑곳 않고 귀중하고 혁신적인 재무적, 문화적 아이디어를 서부에서 동부로 유입시킬 수 있음을 보여주는 산증인이라 할 수 있을 것이다.

멍거는 인생의 전환점이 될 위대한 아이디어들에 대한 강의를 자주 하는 편인데, 그렇다고 인생을 바꾸기 위한 방법이나 지침을 자세히 알려주지는 않는다. 그는 청중에게 지혜의 보고가 묻힌 장소로 안내하는 지도를 건네주는데, 다른 보물지도가 그렇듯 이 지도 역시 너무 단순해서 진짜인지 의심이 들 정도이다. 멍거가 알려주는 대략적인 지침의 의미를 파악하면서 그것을 따라가지 못하는 한, 청중은 자신이 원하는 보물을 찾을 수 없다.

■ 감사의 글

많은 이들의 도움이 있었기에 이 책이 세상에 나올 수 있었다. 물론 그 중에서도 찰스 T. 멍거, 그의 아내 낸시, 그의 여덟 자녀 중 할 보스윅, 데 이비드 보스윅, 몰리 멍거, 웬디 멍거, 찰스 멍거 2세, 에밀리 멍거, 배리 멍거의 도움이 가장 컸다. 멍거의 사위와 며느리들 역시 흥미롭고 재미 있는 사실을 많이 알려 주었다. 찰리의 비서인 도어스 오버트Doerthe Obert 나 워런 버핏의 비서인 데비 보사넥Debbie Bosanek도 큰 도움을 주었다. 「포 천」지의 편집자이자 버핏과 멍거의 오랜 친구인 캐럴 J. 루미스도 아낌없 이 시간을 내서 많은 의견을 더해주었다. 이 책의 뒷부분에는 인터뷰를 해준 사람들의 명단이 나온다. 이름을 일일이 밝히지는 못하지만 그들 모두에게 고마운 마음을 전한다. 워런 버핏의 협조가 많은 도움을 얻게 된 시발점이 되었음은 굳이 언급할 필요도 없을 것이다.

내 대리인인 앨리스 프라이드 마텔이나 존와일리 앤드 선스 출판사의 편집자들도 이 책이 나오는 데 결정적인 도움을 주었다. 발행인인 조앤 오닐Joan O' Neil, 편집자 데브라 잉글랜더Debra Englander, 로빈 골드스타인

Robin Dolfstein, 메리 토드Marry Todd, 피터 냅Peter Knapp, 메러디스 맥기니스 Meredith McGinnis에게 감사드린다. 필리스 키니Phyllis Kinney, 졸린 크롤리Jolene Crowley를 비롯해 남편과 조수의 헌신적인 도움에도 감사드린다. 그들에게 영광을 바친다.

캘리포니아 주 델마에서

재닛 로우

Contents

01
특이한 콤비

워런과 하도 오래 지내다 보니 난 그저 밑에 붙은 각주인가 보다 했다오.[1]
— 찰리 T. 멍거, 1993년 「포브스」의 미국 최고의 부자 리스트에 처음 선정되었을 때 한 말

"내가 멍거와 절친한 친구가 된 것은 조금은 묘한 계기에서였습니다."
워싱턴포스트의 전 발행인인 캐서린 그레이엄Katharine Graham은 그렇게 표
현했다. "처음에는 자문을 구했죠. 당시 나는 한 회사를 맡고 있었던 데
다 자녀와 손자손녀들의 신탁재산까지 책임지고 있었어요. 게다가 이렇
다 할 경험도 없었습니다. 워런에게 먼저 상의했지만 그는 늘 하는 말을
했어요. '이러면 어떨까요? 제 파트너 찰리를 만나보세요. 찰리와 저는
대부분 의견을 같이 합니다.'"

"그래서 로스앤젤레스에 있는 찰리의 사무실에 갔지요. 그는 재밌고
총명한 사람이었어요. 저는 노란색 괘선 노트를 꺼내 그의 말을 메모하
기 시작했죠. 제 행동에 워런이 웃더군요. 그는 요즘도 찰리의 말을 받아
적던 저를 꼬투리 삼아 이죽거립니다."

억만장자 자본가 워런 버핏이 멍거와의 만남을 주선해준 이후 "찰리와 나는 오랫동안 활발하게 편지를 주고받았어요. 정말로 묘한 경험이었습니다"라고 캐서린 그레이엄은 술회했다.

그레이엄은 편지들을 서류함에 보관하고 있었고 퓰리처상을 수상한 자서전 『캐서린 그레이엄 자서전Personal History』을 집필할 때 참고했다. "제게 매우 친숙하고 주된 연락 수단이던 편지들을 다시 훑어봤습니다. 왜 편지 교환을 시작했는지 도대체 짐작할 수가 없어요. 두 손을 떼고 자전거를 탄다면서 서로에게 으스대고 농담을 하면서 십년 동안이나 편지를 주고받았던 거죠."

미숙하고 내성적이었던 그레이엄은 자신이 충분할 정도로 최선의 노력을 기울이지는 않는다고 늘 속을 태웠다. 하지만 찰리의 편지를 보면서 그녀는 자신이 그렇지 않다는 것을 마침내 깨달았다. "찰리는 내가 생각보다 더 잘하고 있다는 것을 계속 확인시켜주었어요."

그레이엄은 이렇게 말한다. "저는 워런과 찰리가 아주 많이 닮았다는 것에 무척 놀랐어요. 목소리, 태도, 그리고 유머까지 비슷해요. 두 사람은 계속해서 서로를 놀리고 약 올리죠. 제가 느끼기에, 두 사람은 굉장히 특이한 정신적 콤비를 이루고 있어요."

나중에 미국 최고의 부자가 된 버핏은 당시의 찰리에 대해 이렇게 설명한다. "1957년에 찰리 멍거라는 사람이 있다고 들었습니다. 당시 저는 오마하에서 30만 달러 정도의 자금을 관리하고 있었지요. 도로시 데이비스는 시내에서 저명한 의사인 에드윈 데이비스의 아내였습니다. 나는 두 사람을 알고 있었고 두 사람도 저희 집안에 대해 알고 있었습니다. 나는 두 사람의 집을 방문했지요. 데이비스 부인은 매우 총명한 사람이었습니다. 내가 어떻게 자금을 관리하는지를 설명했지요. 데이비스 박사는 신경도 안 쓰더군요. 내 설명이 끝나자 두 사람은 잠시 의논하더니 10만 달러를 투자하기로 하더군요. 그래서 데이비스 박사에게 이렇게 물었지요. '제 얘기를 잘 듣지도 않으셨으면서 투자를 하시는 이유가 뭐지요?' 데이비스 박사가 그러더군요. '당신을 보니 찰리 멍거가 생각나는군요.' 나는 찰리 멍거가 누구인지 모르지만 벌써부터 그 사람이 좋아진다고 대꾸했습니다."

1920년대와 1930년대에 멍거가 오마하에서 성장하고 있을 무렵 데이비스 가족은 멍거의 이웃이자 가까운 친구였다. 데이비스 박사는 별난 구석이 있는 사람이었다. 찰리는 "그는 매우 재능 있는 괴짜였지요. 그리고 버핏에게 투자하기로 한 결정은 데이비스 가족에게도 좋은 결과를 가져왔습니다"라고 말했다. 데이비스 부부는 자신들의 투자금 거의 대부분을 워런에게 맡겼던 것이다.

버핏은 여기에 이렇게 맞장구를 쳤다. "에드윈 데이비스는 본래 약간 괴짜였는데 나이를 먹더니 점점 더하더군요. 그 사람은 결국 노망이 났어요. 투자는 나한테 하면서 수표는 찰리 멍거 앞으로 쓰기 시작한 겁니다. 그래서 에드윈에게 부탁했지요. '여러 사정으로 우리 둘을 혼동하는 것은 십분 이해합니다만 수표는 워런 버핏 앞으로 보내주십시오.'"

버핏이 찰리의 이름을 들은 지 두 해가 지나서야 두 사람은 만났다. "1959년 찰리의 아버님이 돌아가신 다음 그는 집안일을 정리하기 위해 오마하로 왔습니다. 데이비스 집안에서 저녁 식사에 초대를 했습니다. 우리 둘은 만나자마자 죽이 맞았지요"라고 버핏은 회상했다.

여기서 워런이 말하는 데이비스 집안은 버핏에게 투자한 의사와 그의 부인이 아니라 찰리의 어린 시절 친구였던, 데이비스 집안의 자녀들이었다. 데이비스의 아들인 에디와 닐은 의사가 되었고, 딸인 윌라 데이비스는 오마하의 사업가인 리 시맨과 결혼했다. 오래된 오마하 클럽에서 저녁 식사 자리를 마련한 사람은 닐이었다. 일행은 윌리와 리 시맨, 조앤과 닐 데이비스, 찰리와 워런이었다. 윌라는 "멋지고 감동적인 저녁이었어요"라고 그때를 회상했다.

이전에 멍거는 사람들이 워런 얘기를 하는 것을 들었지만 딱히 그를 만나고 싶다는 기대 같은 것은 없었다. 찰리는 "버핏 집안 사람들을 전부 알았습니다. 워런만 빼고요" 하고 말했다. 멍거는 그 안경 낀 젊은이를 보자마자 몇 가지를 단박에 알아차렸다. "그 친구는 스포츠형 머리를 하고 있었습니다. 자기 집의 일광욕실에서 운동을 하는 모양이었고, 펩시랑 소금에 버무린 견과류를 즐겨먹으며 야채는 손도 대지 않더군요."[2] 그런 문제에는 원래부터 상당히 덤덤한 편인 찰리조차도 워런의 식성에 대해서는 한마디를 덧붙였다. "워런이 아침 식사를 하는 걸 봤는데 저조차도 놀랄 지경이었습니다."

이번 만남에 대한 최소한의 예상은 여지없이 무너졌다. 남에 대한 판단은 하지 않는다는 원칙을 고집하는 멍거마저도 두 손을 들고 말았다. "워런이 얼마나 비범한 사람인지 단박에 알아봤던 겁니다."[3]

버핏이 무슨 일을 하는지, 그 일을 어떻게 하는지 주변에 수소문을 한 찰리는 그에게 매료되었다. 그 다음날 저녁 두 사람 모두의 친구인 딕 홀랜드가 식사 초대를 했다. 당시 29세였던 워런과 35세였던 찰리는 열띤 대화에 빠졌다. 대화에 흠뻑 빠져 있던 찰리는 와인을 마시려고 잔을 들 때 다른 손을 치켜들면서 둘의 대화에 아무도 끼어들지 못하게 했을 정도였다.

두 사람이 만난 시점은 절묘했다. 찰리는 사랑하는 아버지를 잃은 참이었고, 버핏은 멘토였던 벤저민 그레이엄이 투자 사업에서 은퇴하고 뉴욕을 떠나 로스앤젤레스로 옮겨간 참이었다. 그레이엄이 투자에 점점 흥미를 잃자 워런은 상실감을 느끼고 있었다. 그에게는 새로운 파트너가 필요했다. 첫 만남부터 멍거가 버핏의 주목을 끈 이유는, 정직하고 현실적이며 호기심 많고 진부한 생각에 얽매이지 않는 그의 사고방식이 그레이엄과 매우 흡사했기 때문이 아니었을까?

"찰리는 본인이 생각하는 것보다 훨씬 더 벤 그레이엄을 닮았습니다. 찰리는 학구적으로 접근하면서도 대단히 다양한 분야에 관심을 둡니다. 독서에 있어서도 그의 취향은 매우 폭넓습니다." 보험회사인 가이코GEICO의 공동 회장이며, 버핏이나 멍거가 버크셔 해서웨이를 운영하지 못하게 되면 그 뒤를 이을 인물로 평가 받고 있는 루이스 심슨Louis Simpson은 그렇게 설명했다.

투자에만 외곬으로 집중하는 것으로 유명한 버핏도 멍거가 그레이엄처럼 다방면에 관심을 둔다는 사실에 동의했다. "찰리는 저보다 훨씬 넓은 분야에 대해 생각을 합니다. 전기도 한 해에만 수백 권을 읽는 친구지요. 그리고는 그 내용을 온전히 자기 것으로 만듭니다."

피델 카스트로가 쿠바의 실권을 장악하고 젊은 존 F. 케네디가 미국 대통령으로 당선되었을 즈음, 버핏과 멍거는 이미 "정신적인 파트너"가 되어 있었다. 둘의 관계는 어떤 계약서나 직책도 끼어들 수 없는 것이었다. 적어도 처음에는 그랬다.

사업상의 결합이라기보다는 버핏은 "형제간의 행동"에 가까웠다고 말했다. 상호 신뢰와 확신을 바탕으로 한 두 사람의 관계는 토론을 하고 회의를 열고 거래를 성사시킬 때마다 점점 자라났다.[4]

과거에 찰리는 버핏의 집에서 불과 몇 블록 떨어진 곳에 살았고 십대 시절에는 버핏 집안에서 운영하는 상점에서 일을 한 적도 있지만, 여섯 살이라는 나이 차로 인해 두 사람의 행동반경은 완전히 달랐다. 그러나 공통의 끈이 생기면서 두 사람은 터놓고 지내는 사이가 될 수 있었다.

멍거의 맏딸 몰리는 말한다. "소년 시절의 아버지와 워런을 생각하면 두 사람은 닮은 점이 아주 많아요. 비슷한 부모, 비슷한 가치관, 같은 동네. 이 중 하나만 있어도 우정을 쌓기엔 충분하지요."

멍거와 버핏에게는 또 다른 공통점이 있었다. 초기에 변호사 일을 하던 찰리는 이렇게 말했다. "워런처럼 저 역시도 부자가 되고 싶다는 강한 열정이 있었지요. 페라리를 타고 싶어서가 아니라 독립하고 싶었어요. 저는 정말로 부자가 되고 싶었습니다. 다른 사람에게 청구서를 발송해야 하는 것은 아무리 봐도 품위 있는 생활은 아니었죠. 어디서부터 그런 생각을 하게 되었는지는 모르겠지만, 어쨌든 떨쳐버릴 수가 없었습니다."[5]

찰스 T. 멍거는 세계에게 가장 유명한 지주회사 중 하나인 버크셔 해서웨이의 부회장이자 두 번째 대주주이다. 그는 또 캘리포니아 법률 전문지 중 최대 발행부수를 자랑하는 데일리저널 사Daily Journal Corporation와, 버크셔가 자본의 80%를 소유한 자회사인 웨스코 파이낸셜Wesco Financial의 총수로 있다. 아울러 멍거는 로스앤젤레스 지역에서 지칠 줄 모르고 자선사업을 행하는 사람이기도 하다. 그의 사진이 1996년에 「포브스」지의 표지에 등장했을 때, 일반 대중은 멍거가 버크셔 해서웨이 연차총회에서 워런 버핏을 돋보이게 하는 감초 역할 이상을 하는 인물임을 깨닫기 시작했다.

미국에서 가장 파악하기 힘들면서 매력적인 독립 사업가 중 한 명인 76세의 멍거는 자신의 목표는 「포브스」지가 선정한 미국 최고 부자 리스트에 아주 약간 못 미치는 부를 유지하는 것이라고 말했다. 그러면 세간의 이목에서 떨어져 있을 수 있을 것이기 때문이었다. 물론 그 전략은 실패로 돌아갔다.

1998년을 기준으로 멍거의 재산은 12억 달러로 추산됐다. 미국 최고 부자 리스트에서 멍거의 순위는 리바이 스트라우스Levi Strauss의 유산을 상속한 가족 바로 아래였다. 월트디즈니의 총수인 마이클 아이스너Michael Eisner, 호텔체인의 상속자인 윌리엄 배런 힐튼William Barren Hilton은 물론이고, 놀랍게도 실리콘밸리의 유명인 스티브 잡스까지도 근소한 차이로 제쳤다.[6]

워런 버핏과 마찬가지로 멍거도 물려받은 재산은 없었다. 순전히 자신의 의지와 뛰어난 사업 수완으로 큰 부를 이루었다.

멍거는 이렇게 설명했다. "물려받은 돈은 한 푼도 없었지만 부모님 덕분에 저는 훌륭한 교육을 받았고 어떻게 처신해야 하는지를 배웠습니다. 그것은 돈보다 훨씬 값진 유산이었습니다. 어릴 때부터 올바른 가치관을 접할 수 있다는 것은 커다란 보물입니다. 워런이 그걸 갖고 있었지요. 그것에는 재무적인 이점도 있습니다. 세인들이 워런을 칭찬하는 데는 부분적으로는 그가 버핏 집안의 사람이고 모두가 버핏 집안을 신뢰하기 때문이었습니다."

버핏을 추종하는 팬클럽 회원들이 세상에 퍼뜨린 소문에 따르면 멍거는 버크셔 해서웨이의 왕좌 뒤에 숨은 마법사이다. 워런의 맏아들인 하워드 버핏은, 자기 아버지가 두 번째로 똑똑한 사람이고 찰리 멍거가 첫 번째라고 말한다.[7] 확실히 워런 버핏은 특유의 심술궂은 방식으로 멍거의 신비한 매력에 의지한다. 언젠가 버크셔 해서웨이 연차총회에서 버핏은 "말은 찰리가 하고 저는 입만 벙긋하는 겁니다"라고 주장하기도 했다.

어느 해인가 버핏은 주주의 질문에 답변을 한 뒤 멍거에게 넘겼는데 그의 대답은 기대에 어긋나지 않았다. "아무것도 덧붙일 것이 없군요." 멍거를 곧잘 놀리곤 하는 버핏은 쿡쿡 웃으며 이렇게 말했다. "덧붙이기 는커녕 어떨 땐 덜어낸답니다."[8]

버크셔 해서웨이 연차총회에서 워런과 버핏은 유쾌한 공연을 한다. 두 사람은 미국인들의 입에 가장 많이 오르내리지만 가장 덜 알려진 기업의 사업 및 투자 철학을 성실하게 보여주는 역할도 한다. 하지만 누가 뭐라 해도 이벤트의 스타는 분명 버핏이고 그의 개성이 스포트라이트를 차지 한다. 찰리 멍거는 심술궂은 짝패 역을 말끔하게 해내는데, 실제로도 감 초 역을 은근히 즐기고 있는 것 같다.

"하지만 워런 옆에 앉아 있는 사람은 진짜 찰리가 아닙니다. 그건 아버 지가 키운 이미지에 지나지 않아요." 로스앤젤레스의 변호사이며 멍거의 의붓아들인 할 보스윅이 설명했다. "사실 아버지는 별로 덧붙일 것이 없 으니 그 자리에 앉아 있기만 하는 거겠죠. 제 생각에 아버지는 많은 청중 보다는 소규모 그룹이 편하게 느껴지시나 봅니다. 어쨌든 연차총회가 끝 나는 순간, 단 위에 앉아 있는 사람은 진짜 찰리 멍거가 아니라는 거죠."

그러면 진짜 찰스 T. 멍거는 누구일까?

보스윅에게 멍거는 헌신적인 의붓아버지이자 멘토이자 진정한 모험가 로서의 인생을 살아온 사람이다.

「포브스」지에 드러난 멍거는 버핏의 소박한 이미지에 신뢰성을 더해주 는 역할을 한다. 멍거의 "거친 접근 방식이 버핏을 좋은 사람으로 보이게 해주는" 것이다.[9]

전 살로먼 브러더스Salomon Brothers의 고위 경영자들 눈에 비친 멍거는 미 재무부 채권과 관련되어 살로먼 브러더스가 행하는 잘못된 거래 활동 의 사기성을 일찌감치 간파한 고집 센 이사회 일원이었다. 그는 살로먼의 수익성 높은 채권 거래 사업이 위험에 처할지라도 죄를 뉘우치고 규제 당국과 대중에게 상세히 설명해야 한다고 주장한 바 있었다.

작지만 명성이 드높은 로스앤젤레스 법률회사인 멍거, 톨스 앤드 올슨Munger, Tolles & Olson에서 멍거는 석유회사와 공공서비스 회사, 그 밖의 기업 등 큰 고객을 끌어들이는 자석이다. 수십 년 전 멍거가 끌어들였던 작은 회사들은 시간이 흘러 오늘날의 버크셔 해서웨이가 되었다.

여성 인권 지지자들에게 멍거는 몇 년 전 미국 내에서 낙태 합법화 운동의 불씨를 당긴 영웅이다. 반대로 낙태법 반대자들에게 그는 이따금 피켓 시위의 대상이 될 정도의 강적이다.

「메트로폴리탄뉴스The Metropolitan News」의 잔소리꾼 발행인 로저 M. 그레이스Roger M. Grace의 눈에 멍거는 「데일리저널」을 이용해서 캘리포니아 법률 출판 시장을 독점하려는 의도를 품은 억만장자 불량배이다.[10]

브리지 게임 동료인 버핏, 「포천」지 편집장 캐럴 루미스Carol Loomis, 로스앤젤레스 억만장자 오티스 부스Otis Booth, 마이크로소프트 창업자 빌 게이츠, 그리고 타계한 코미디언 조지 번스George Burns는 그를 가리켜 어쩌다 보이는 비정상적인 플레이만 빼면 좋은 브리지 친구라고 말한다. 때로 멍거가 자신만의 논리에 따라 특정한 패를 고르거나 카드를 집으면, 브리지 동료들은 그런 그의 행동을 이해하는 데 조금은 애를 먹는다.

보트 주인과 제작자들에게 멍거는 보트에 관한 새롭고 파격적인 아이디어에 대단한 호기심을 보이며, 운이 좋으면 보트 건조 프로젝트에 지원까지도 해주는 사람이다. 장녀 몰리는 "아버진 보트라면 터무니없는 아이디어에도 곧잘 속아 넘어가요"라며 귀띔했다.

멍거가 이사로 있는 창고형 할인 소매 체인인 코스트코Costco의 최고경영자 제임스 시네걸James Sinegal은, 멍거야말로 미국에서 가장 인맥이 두터운 사업가 중 한 사람이라고 말한다. 찰리에게 이사회의 이사를 맡아달라는 부탁을 하기 위해 로스앤젤레스 시내의 고급 비즈니스 클럽에서 점심을 같이했던 시네걸은 이렇게 회상했다. "그날따라 점심 식사 손님이 아주 많았는데, 400명 정도나 되는 사람들이 전부 찰리를 아는 것 같더군요."

나중에 멍거가 1997년 코스트코 이사회 회의에 처음 참석했을 때 시네걸은 같은 이사회 일원이자 저명한 정치 활동가인 질 러클레스하우스Jill Ruckleshaus를 소개했다. 알고 봤더니 두 사람은 이미 오래 전부터 아는 사이였다. 시네걸은 "찰리가 누굴 알든 간에 절대로 놀라지 마십시오"라고 덧붙였다.

멍거는 빌 게이츠, 한때 마이크로소프트의 미래지향적 아이디어맨이었던 네이선 미어볼Nathan Mhyrvold, 제너럴일렉트릭의 잭 웰치 회장, 미국 무역대표부 전 대표였던 칼라 힐스Carla Anderson Hills, 전 로스앤젤레스 시장인 리처드 리오던Richard Riordan을 비롯해 많은 주지사, 상원의원, 사장들과도 교분이 두텁다.

버핏과 멍거는 비슷해 보이면서도 상당히 다른 점이 있는데 어떤 면에서는 정반대의 성향을 보인다. 버핏이 단순한 언어 표현이나 서민적인 일화, 우화를 곧잘 사용하는 반면에 멍거는 소소한 얘기는 꺼내지도 않는다. 소소한 얘기면 충분한 자리에서 고상한 말을 할 기회가 오면 그는 세련된 표현으로 자리를 빛낸다. 멍거는 복합적인 아이디어와 상세한 분석에 능하다. 버핏은 옷차림에 무관심하지만 멍거는 멋 내는 것을 좋아한다. 버핏은 처음 산 집에서 아직도 살고 있고 세월이 흐르는 동안 꼭 필요한 부분만 리모델링했다. 건축물 애호가인 멍거는 집을 일곱 채나 소유하고 있다. 끝으로 멍거는 골수 공화당원인데 반해 버핏은 스스로를

"대체로 민주당원mostly a Democrat"이라고 칭한다.

멍거의 사생활은 순탄하지 않았고 때로는 비극적이었으며, 버핏만큼 금전적인 운도 따르지 않았다. 그러나 마이크로소프트의 빌 게이츠와 폴 앨런Paul Allen, 소니의 아키오 모리타盛田昭夫와 마사루 이부카井深大, 또는 버핏의 초기 멘토였던 벤 그레이엄과 제리 뉴먼과 같은 다른 위대한 파트너십에서와 마찬가지로, 두 사람의 관계에도 시너지와 마술 같은 효과가 존재한다. 두 사람 모두 저마다 훌륭한 재능을 지녔으므로 혼자서 활약했어도 많은 부를 쌓고 흥미진진한 인생을 살았을 것이다. 하지만 서로가 메워줄 수 있는, 개성이나 능력의 차이를 둘은 지니고 있다. 솔로보다는 듀엣일 때 둘은 훨씬 잘 해나갈 수 있다. 멍거가 곧잘 말하듯이 각 요소를 제대로 배합하면 "걸작"이 탄생하는 법이다.

버핏은 경영과 금융은 정식으로 공부했지만 법률은 아니었다. 멍거는 기업 변호사였고 사업체를 운영해본 경험도 있었지만 전문적인 투자자가 되기에는 아직 배울 것이 많았다.

멍거는 이렇게 말했다. "서로 다른 사람끼리 끌린다는 말이 있지 않습니까? 글쎄올시다. 정반대끼리는 끌리지 않습니다. 복잡한 일에 손을 댄 사람은 누구나 동료가 필요한 법이지요. 다른 누군가를 위해 자기 생각을 정리하는 훈련은 매우 유익한 도구지요."[11]

멍거에게서 버핏은 자신의 가치관과 목표를 함께 나눌 수 있고 세련된 대화를 할 수 있는 누군가를 발견할 수 있었다.

이 두 사람이 가장 크게 닮은 점 하나는 유머 감각이다. 여느 미국 중서부 사람들이 그렇듯 두 사람 역시 불편함, 스트레스, 놀람, 그리고 심지어는 슬픔조차도 농담 몇 마디로 극복하는 법을 터득했다. 유머는 긴장을 풀어주고, 심리적인 보호막을 만들고, 상황을 지배하고 있다는 확신을

제공한다.[12]

멍거는 두 사람 사이에 단순한 우정 그 이상을 가져다주었다. 버핏이 그레이엄-뉴먼의 투자자들을 물려받았고 네브래스카 사람들도 계속해서 회사에 돈을 투자해주었다면, 멍거는 캘리포니아에서 버핏의 탁월한 능력에 대한 소문을 내면서 수백만 달러가 넘는 투자 자금을 유치해주었다. 버크셔 초기 성공의 가장 큰 원인은 블루칩 스탬프스Blue Chip Stamps, 시즈캔디See's Candy를 비롯해 여러 캘리포니아 기업들을 인수했기 때문이었다. 이 회사들 대부분은 멍거와 그와 친분이 있는 서부연안 투자자들이 찾아낸 것이었다.

멍거가 버핏의 편식을 재미있게 여겼듯이 버핏도 멍거의 남다른 개성을 알아차렸다. 1967년 두 사람이 같이 일하기 시작한 지 얼마 안 되는 시기에, 멍거와 버핏은 어소시에이티드 코튼숍Associated Cotton Shops이라는 작은 회사를 인수하러 뉴욕을 방문했다. 버핏이 찰리와 함께 맨해튼의 어느 거리를 걸으며 사업 계약에 대해 얘기를 하던 중이었다. 문득 주위를 둘러본 버핏은 자기 혼자 얘기하고 있다는 것을 알아차렸다. 찰리는 어디를 가버리고 없었다. 멍거가 비행기 시각을 놓치지 않으려고 그냥 가버렸다는 사실을 버핏은 나중에야 알게 되었다.

멍거의 품위 없는 행동에도 버핏은 이렇게 설명했다. "그 사람은 굉장한 친굽니다. 그는 체면치레 행동 같은 것은 할 줄도 모릅니다. 그의 행동은 가식이 없고 진짭니다. 우린 서로 싸운 적이 없습니다. 때로 의견의 충돌이 있었고 많은 일을 같이 했지만 화를 내거나 짜증을 부린 적은 단 한 번도 없었지요. 찰리는 자신의 생각을 말할 때면 감정을 배제합니다. 하지만 타당한 사실적 근거가 있거나 자신의 논리가 맞다 싶으면 그는 절대 물러서지 않습니다. 우리 둘은 서로의 말을 귀담아 들을 가치가 있다는 것을 잘 압니다."

멍거는 자신의 인생에 대해 이렇게 말한다. "별로 대단한 이야깃거리는 없습니다. 어쩌면 길고 지루한 이야기일 수도 있지요. 결승선에 일등으로 들어가려면 우선 결승선에 들어가는 것부터 해야 하지요. 전진을 위해 후퇴하는 상황에 빠지지 말아야 합니다. 변호사이자 판사였던 조부를 둔 어떤 사내가 다른 퇴역군인들과 함께 허겁지겁 하버드 로스쿨에 입학했다는 점이 흥미롭긴 하겠군요. 저는 여러 다양한 사업 분야에 진출할 각오가 돼 있었습니다. 언제나 다른 사람이 하는 사업 분야에 뛰어들었고 결과적으로는 그들을 능가했습니다. 어떻게 그런 일이 가능했을까요? 자기 교육의 힘입니다. 정신적인 수련, 진정으로 효과가 있는 위대한 아이디어 덕분이었지요."

체계적인 면이 다소 떨어지긴 하지만 멍거의 인생사는 여러 가지 위대한 아이디어들이 그의 인생에 큰 도움이 되었음을 드러내준다. 이를테면 '분수에 맞게 살고 절약하면 투자할 여유가 생긴다' '꼭 필요한 것만 배워라' 등이다. 버핏이 즐겨 말하듯, "케케묵은 소리가 좋은 소리"인 것이다.

대부분의 경우 사람은 습관대로 행동한다는 것을 잘 알기 때문에, 워런 버핏은 대학생들이 일찍부터 적절한 사고 습관과 행동 습관을 계발할 수 있도록 그들에게 곧잘 상담을 해준다. 이런 버핏의 행동은 언제나 명예롭게 행동하라는 멍거의 위대한 아이디어와 일맥상통한다. 버핏은 이렇게 말한다. "어떤 곳에서 어떻게 처신해야 할지를 아는 것은 훗날 놀라운 보상을 제공해줍니다."

02
호숫가-멍거를 알 수 있는 장소

인생에는 돈보다 중요한 게 허다한 법입니다. 그런데도 어떤 사람들은 혼동을 하더군요.
제 골프 친구가 이러는 겁니다. "건강을 어디다 쓰겠나? 그걸로 돈을 살 수도 없잖은가." [1]
— 찰리 멍거

20세기의 마지막 여름이다. 모터보트에서 나와 자택이 있는 스타아일
랜드의 선창에 내린 찰스 부부는 재잘거리는 자녀와 손자손녀들에게 손
을 흔든다. 갈색 머리의 세 살배기 손녀딸 샬럿은 "안녕하세요, 할아버
지? 안녕하세요?" 하며 인사를 했지만 찰스의 주의를 끌지 못하자 그의
손을 잡고 곁에서 가만히 걷는다. 몇 분이 흐른 후 찰스는 마치 시종일관
샬럿의 존재를 알고 있었다는 듯이 어린 손녀에게 말을 걸기 시작한다. 자
신의 전술이 성공을 거두자 기쁨을 감추지 못한 샬럿의 얼굴이 환하게 빛
난다. 대가족에서는 가부장의 이목을 끌기 위한 경쟁이 치열한 법이다.

며느리인 세라가 부엌에서 소리친다. "아버님, 워런 씨한테 전화가 왔
었어요. 전화 한번 해보세요."

찰리는 "알았어"라고 큰 소리로 대답하지만 전화기가 있는 곳으로 가

지 않고 아들과 집사인 펠리페 벨라스케스에게 커다란 낚시 가방을 포함해서 짐들을 어디에 놓을지 지시한다.

펠리페가 튼튼한 플라스틱 미끼통을 든다. 이 미끼통은 메인 주에 사는 친구를 방문하고 북부 미네소타에 있는 멍거 일가의 호숫가 집에서 가장 가까운 공항인 비미드지 공항에 이르기까지 몇몇 공항의 수하물 검사대를 통과했다. 펠리페가 활짝 웃으며 말한다. "이것 좀 보세요. 상처 하나 없는걸요!" 통 안에는 자타가 공인한 억만장자 찰리 멍거가 텔레비전의 낚시 프로그램에서 주문한 최신식 미끼 세트가 들어 있다.

그가 방금 도착한 캐스 호 휴양지의 어수선함이 수그러들자 찰리는 부엌 벽에 걸려 있는 집안의 유일한 전화기 쪽으로 간다. 부엌에는 전문 요리사 세라의 지도 아래 머리 큰 아이들이 곧 들이닥칠 서른 명의 식구와 친구들을 위한 식사 준비에 여념이 없다. 아직 채 사춘기가 안 된 메리 마고는 진지한 태도로 홍당무 껍질을 벗기면서 이제나저제나 낚시 여행 이야기가 나오기만 기다리고 있다. 낚시에 푹 빠진 메리는 할아버지와 함께 호숫가에 갈 생각으로 들떠 있다.

찰리는 부엌을 흘끗 둘러보면서 세계 2위의 부자이자 증권계의 현인으로 불리는 사업 파트너 워런 버핏과 긴밀한 통화를 나눌 수 있는지를 가늠한다. 아내 낸시가 와서 남편을 구해준다. "무선 전화기가 있잖아요, 여보. 원하는 곳으로 갖고 가서 전화를 걸면 되잖아요." 밖으로 나가거나 위층으로 올라가면 전화가 안 걸릴 수도 있다고 생각한 찰리는 모퉁이를 살짝 돌아 거실로 들어간 후 익숙한 전화번호를 누른다. 찰리가 푹신한 의자에 앉아 통화를 하는 동안 거실을 제외한 나머지 방은 여전히 시끌벅적하다.

"이러쿵저러쿵."

조용.

"요러쿵조러쿵."

조용.

"그러니까 가격이 세다, 이 말인가?" 찰리가 묻는다.

조용.

"기다려봐. 가격이 떨어질 걸세."

조용. "알았네." 딸깍.

찰리 멍거의 이야기는 1924년 1월 1일 네브래스카 오마하에서 시작되지만 그는 스타아일랜드를 고향으로 여긴다. 이곳은 그에게 과거와 현재와 미래를 하나로 엮어내는 장소였다. 슬플 때건 몹시 바쁠 때건, 다 자란 아이들이 세계 각지로 흩어져서 각자의 가족을 꾸린 후에도, 여름철 오두막은 온가족이 모이는 장소가 되었다. 찰리의 조부모도, 부모도 그곳에서 휴가를 보냈고, 세월이 흐르면서 미네소타 주, 캐스 호 한가운데 있는 이 작은 섬의 오두막집들은 멍거의 여덟 자녀, 열다섯 명의 손자손녀, 그리고 고모와 숙부, 조카 등 가까운 친척들이 모이는 본가로 자리 잡았다.

여름이면 이 섬에는 멍거 일가를 이루는 각색의 사람들이 모인다. 찰리가 첫 번째 결혼에서 난 딸은 몰리와 웬디이다. 아내인 낸시도 첫 번째 결혼에서 할 보스윅과 데이비드 보스윅을 낳았다. 찰리와 낸시 사이에서 태어난 자식은 넷으로, 찰스 2세·에밀리·배리·필립이다. 뉴욕에서 대학원에 다니는 필립을 빼면 모두 결혼해서 자녀를 두었다.

"우리 모두가 이 섬을 가족의 중심부로 생각해요." 웬디 멍거가 말했다. 스타아일랜드는 바쁘게 살아가는 도심지에서는 만들어지기 힘든 일종의 지역사회 같은 모습을 지니고 있다. "지붕에 구멍이 나면 이웃들이 달려와 고쳐줘요. 보트가 고장 나도 그래요. 서로 돕는 지역사회죠. 이웃

사이에 면면히 흐르는 정이 있어요. 우리는 많은 것을 함께 나눠요."

멍거의 자식들에게 이 섬은 소중한 추억이 서린 곳이다. 큰 포부를 안고 일에 몰두하는 아버지가 여름마다 자식들과 함께 시간을 보낸 장소이기 때문이다.

"저희가 아버지를 본 건 거의 이 섬에서였죠." 웬디가 회상했다.

섬의 이름은 제대로 지은 것 같다. 섬 전체의 모양이 하늘에서 지구로 첨벙하고 떨어진 별 모양을 하고 있다. 집 뒤편으로 사시사철 푸른 울창한 숲이 펼쳐져 있고, 캐스 호의 맑은 물이 동쪽 해안가에 위치한 멍거의 별장에서 불과 12미터 거리를 두고 출렁인다. 이 섬 내부에 있는 윈디고 호수는 어느 집에서건 걸어서 15분이 채 안 걸린다.

스타아일랜드에는 도로가 없고, 지역 주민들은 숲에 난 도보여행 길을 이용한다. 뭍에서 스타아일랜드에 가려면 개인 보트를 이용하는 수밖에 없다. 섬의 대부분은 이제 미국산림청에서 관리하고 있지만 섬 한쪽 편으로 즐비한 수십 채의 오두막을 소유한 토박이 주민들은 자신들이 섬의 주인이라고 느낀다.

멍거의 조부모는 1932년에 스타아일랜드를 발견했다. 캐스 호는 네브래스카 링컨에 있는 집에서 차로 이틀이나 걸렸지만 그들에게 북부 미네소타의 미개척지로 가는 여행은 그만한 값어치가 있었다. 섭씨 30도에 달하는 숨 막히는 열기, 90%의 습도가 지배하는 네브래스카의 여름을 탈출할 곳을 필사적으로 찾고 있던 그들에게 아늑한 휴양 마을이 눈에 띄었다. 당시 가정용 에어컨은 거의 찾아보기 어려웠을 때라 중서부 사람들은 여유만 있으면 시원한 북쪽으로 피서를 갔다.

섬에서 하나밖에 없는 호텔이 소실된 후 유일한 숙박시설은 미국 깃발이 나부끼는 여관(나중에 미국국립공원관리청에서 사들여 허물었다)과

해안가에 띄엄띄엄 있던 원시적인 통나무집들뿐이었다. 처음에 그들은 통나무집 하나를 빌렸다. 찰리의 조부모는 강인한 부부였다. 연방판사 토마스 C. 멍거와 그의 아내는 전기도, 화장실도, 전화도, 가게도 없이 원시적으로 사는 것이 가족에게 좋은 경험이 되리라 믿었다. 그곳은 가족들의 인성 함양에 큰 역할을 했다. 전기는 1951년에, 전화는 1980년대가 되어서야 들어왔다.

"욕실을 지은 것이 제가 열세 살이었을 때였을 거예요. 그 전엔 야외 화장실과 세면대가 몇 개 있었죠." 웬디 멍거가 회상했다.

최초의 멍거 별장은 1908년경에 지었다. 이 별장은 찰리의 아버지가 1940년경에 링컨의 정형외과 의사였던 토미 톰슨 박사에게 샀다. 톰슨 박사의 유머러스한 인생 격언이 아직도 벽에 걸려 있다.

찰리가 설명했다. "아버지는 이 집을 1946년에 5,600달러에 샀습니다. 할머니께서 돌아가신 후 약간의 돈을 물려받았지요. 그전엔 여윳돈이 전혀 없으셨다더군요."

열렬한 야외스포츠 애호가였던 앨 멍거는 호숫가 집을 장만해서 기쁘기 그지없었다. 하지만 늘 투디라고 불렸던 찰리의 모친 플로렌스가 일년에 한 번 있는 미네소타 여행을 가려면 대단한 용기를 내야 했다.

찰리의 여동생 캐럴 에스터브룩이 옛일을 떠올리며 말했다. "아버지는 이곳을 사랑했습니다. 열정적인 낚시꾼이자 오리 사냥꾼이었던 아버지는 개를 좋아하셨죠." 그녀는 모친에 대해서도 덧붙였다. "엄마는 알레르기가 심했어요. 야외스포츠를 즐기는 여성과는 거리가 멀었던 거죠."

육지의 정박지에서 별장이 있는 부둣가까지 가는 잠깐의 보트 여행이 그녀에게는 끔찍한 시련이었지만 투디 멍거는 할머니로서 귀감을 보였다.

"할머니는 수영을 못했는데도 자식과 손자손녀들을 사랑해서 여름마다 섬에 오셨어요"라며 웬디가 옛 기억을 더듬었다. 섬에 무사히 도착한 이후에야 투디 멍거는 본래의 유머 감각을 되찾았다.

찰리의 소꿉친구 윌라 데이비스 시맨이 말했다. "캐스 호에서 저녁 식사 직전에 우린 정리를 맡았어요. 그러면 투디 아줌마는 '해질녘까지 이 별장을 예술적으로 바꾸어다오' 라고 말씀하곤 했죠. 총명하고 재있는 분이었어요."

섬 생활에서 투디가 어려워한 점은 알레르기와 물 부족만은 아니었다. 그녀는 쥐를 무서워했는데 연중 대부분 비어 있는 숲속 통나무집에는 쥐가 득실거렸다. 멍거 가족은 그 집을 몇 번이나 개축했지만 쥐들을 완전히 없애지는 못했다. 심지어는 오마하의 집에서조차 투디 멍거는 외아들 찰리 때문에 쥐 혐오증과 쟁투를 벌여야 했다.

찰리가 어린 꼬마였을 때 어머니와 함께 나들이 하곤 했다. 어느 날 그는 길가에 죽은 쥐를 보았다. "어머니가 쥐를 끔찍이 싫어한다는 사실은 진작 알았지요. 그래서 쥐를 잡아들고는 '엄마, 이게 뭐야?' 라며 앞에서 흔들었어요. 어머니는 고개를 돌리시더니 걸음아 나 살려라 뛰어가셨고 저는 쥐를 들고 계속 쫓아갔답니다."

"그날 저는 처음이자 마지막으로 옷걸이에 매달리는 벌을 받았어요." 찰리가 말했다.

나중에 찰리는 지하실에서 햄스터를 키우는 재미에 흠뻑 빠졌다. 햄스터 키우기는 당시 인기 있는 취미였고, 그 또래의 다른 아이들이 그랬듯 찰리도 다른 햄스터 주인들과 애완동물을 사고팔았다. 오마하 케이비* 동호회가 시내 군청에 있었고 모임이 있을 때면 찰리는 자전거를 타고

---

*기니 피그 등 여러 가지 설치류를 가리키는 말.

갔다.

"배색이 특이한 햄스터를 사고팔고 하면서 그걸로 더 큰돈을 만질 수 있 겠다는 생각이 들더군요." 찰리가 설명했다. 한때 찰리가 기르던 햄스터 35마리 중 한 마리가 죽었을 때 그는 그것을 냉장고에 넣어두고 싶어했다.

캐럴 멍거 에스터브룩은 오빠가 햄스터 밥 주는 것을 가끔 잊는 때도 있었고 학교에서 늦게 돌아오는 때도 있었다고 말한다. "가끔은 그 조그 만 생명체들이 미친 듯이 찍찍거려서 온 집안이 시끄러웠어요. 결정적으 로 냄새가 지독해서 엄마는 찰리에게 전부 처분하라고 했지요."

멍거와 두 여동생은 부모님에게 미네소타 별장을 물려받았지만 죽은 여동생 메리는 자기 몫을 매각해서 해변에 있는 다른 별장을 구입했다. 지금은 찰리, 그의 아내 낸시, 그리고 다른 여동생인 캐럴이 각기 3분의 1 씩을 소유하고 있다.

"우린 그 섬에서 지내는 게 좋아요. 여기 사람들은 대대로 살고 있어 요. 우린 5대와 6대째 접어들고 있어요." 낸시의 설명이다.

연중 대부분을 콜로라도 에버그린에서 사는, 스타아일랜드의 이웃 존 럭믹은 여름을 보내기 위해 지금까지 일흔두 번이나 이 섬을 찾았다. 1920년대 말에 이 섬에서 휴가를 보내고 있던 존의 부모가 존을 임신했 고, 존은 이듬해부터 섬에 매년 오기 시작했다. 럭믹의 기억에 따르면 그 가 찰리를 만난 것은 자신이 다섯 살에서 일곱 살 사이였다고 한다. 섬의 가족들이 소풍을 갈 때면 두 소년은 같이 놀았다. "찰리는 어릴 때부터 자기 성격을 드러냈습니다. 그 친군 똑 부러지는 데가 있었죠!"

어른이 된 후에 섬을 매년 방문하는 것은 찰리로서는 쉬운 일이 아니 었다. 1940년대 중반에 캘리포니아로 이사 갔고 그로부터 20년 동안 대 가족을 돌보면서 재정적인 발판을 마련하느라 정신이 없어서 섬에 들를

겨를이 없었던 것이다.

몰리가 회상했다. "제가 서너 살 무렵이었을 때 우리 가족은 섬에 가기 시작했어요. 처음에는 오마하까지 비행기로 간 다음 섬까지는 차로 이동했죠. 웬디는 엄마 무릎에 앉아도 될 정도로 어렸을 때라 엄마랑 같이 비행기를 탔어요. 한번은 테디와 아빠와 같이 기차를 타고 갔어요. 정말 멀었어요. 전 그때 빨간 샌들을 신고 있었죠."

다소 금전적인 여유가 있었을 때는 비행기를 타고 캘리포니아에서 미니애폴리스로 가서는 호수로 이동했는데, 멍거 가족이 생각할 수 있는 최선의 경로였다. 웬디가 말했다. "돈을 아끼려고 싸구려 비행기를 탔죠. 식구들이 따로 갔어요. 큰 아이들은 그레이하운드 버스를 타고 갔거든요. 가족 모두가 비행기를 타고 미니애폴리스에서 비미드지로 가기 시작했을 때 세상 참 많이 변했다 싶었어요."

찰스 2세에게 호숫가에서 보낸 여름은 가족이 아버지의 관심을 벅차도록 누릴 수 있는 시절이었다. "여기에서 우린 낚시를 갔어요. 꼭 모닥불을 피웠죠. 여름을 제외하고는 아버지를 보긴 힘들었어요."

7월 하순이나 8월에 멍거 가족이 모이면 멍거 일가의 별장은 거의 삼사십 명의 사람들로 북적댄다. 작은 부엌에 많은 사람들이 먹을 수 있는 음식 전부를 보관하기가 어렵기 때문에 아이들이 교대로 보트를 타고 캐스 호로 가서 매일 장을 본다. 하루 식비는 언제나 300달러가 넘는다. 싱싱한 민물고기나 그 지역에서 나는 야채, 길가에 세워진 농장의 트럭에서 파는 햇옥수수를 발견하는 것도 멍거 가족들이 누리는 즐거움이다.

근처에 매물로 나온 별장을 매입한 찰리는 이 집을 "멍거의 서쪽 별장"이라고 부르기 시작했다. 나중에 해안선을 따라 세 번째와 네 번째 별장을 사들였다. 1999년에 멍거의 자식들이 전화, 팩스, 이메일을 통해 의견 조정을 거친 끝에 온 가족과 친지들이 한자리에 모여서 식사와 여흥을 즐길 수 있는 "큰 방"을 따로 마련했다.

최초의 메인하우스인 "멍거의 동쪽 별장"은 찰리의 부친이 매입했을 당시보다 곱절로 증축되었다. 1980년대 후반에는 파킨슨병에 걸린 찰리의 여동생 메리를 위해 계단이 아닌 경사로 등 장애를 위한 시설을 갖춘 게스트하우스를 지었다. 결국에는 숙소가 딸린 보트하우스가 생기더니 다음에는 테니스코트가, 1999년에는 찰리가 직접 설계한 선창이 들어섰다.

메인하우스의 현관문에는 "낚시꾼의 쉼터"라는 푯말이 걸려 있다. 찰리의 애독서인 영국 소설가 P. G. 우드하우스Pelham Grenville Wodehouse의 책에서 따온 표현이다. 이는 우드하우스와 낚시에 대한 찰리의 열정을 나타낸다. 리모델링 이전의 메인하우스에서 칸막이가 많은 2층 벽은 천장 끝까지 올라가지 않았다. 밤에 몰리가 침대에 누워 있을 때면 위층 침실의 아버지가 우드하우스의 우스꽝스러운 등장인물인 버티 우스터 이야기를 읽으며 킥킥거리는 소리가 들리곤 했다.

멍거 가족은 스타아일랜드에서 휴가를 보내는 중에도 이 모든 안락함을 가져다준 회사들을 잊지 않는다. 통나무집에 본래는 없었던 가구 대부분은 버크셔가 소유한 오마하의 가구체인점인 네브래스카 퍼니처 마트Nebraska Furniture Mart에서 구입한 것들이다. 회사가 캐스 호까지 부쳐준 가구들은 멍거 소유의 바지선으로 섬까지 옮겨왔다. 욕실에는 질레트의 욕실용품으로, 냉장고는 코카콜라 제품으로 채웠다. 두 회사 모두 버크셔가 상당한 지분을 소유하고 있는 곳들이다.

별장의 수가 늘어나면서 선창과 보트도 늘어났다. 낚시용 소형 보트 몇 척, 마크 트웨인 보트 두 척, 스팅레이 보트 한 척, 쌍동선 한 척을 포함하면 이제 보트가 13척이나 된다. 가족들이 연중 대부분 수천 킬로미터나 떨어진 곳에 있어서 보트를 돌보는 이도 없고 "훼손 정도도 가지가지"이기 때문에 몰리는 늘 속상하다고 말했다.

찰리와 낸시는 로스앤젤레스의 핸콕 파크 지역, 샌타바버라, 캘리포니아 주의 뉴포트비치, 그리고 하와이에도 집을 갖고 있기 때문에 주택 유지비가 대단히 많이 들어간다. 여성 사업가 앤 크래머는 끝도 없는 건축 및 리모델링 프로젝트를 감독하는 한편 25년째 멍거가 미네소타에 소유하고 있는 부동산을 관리해주고 있다.

어린 시절의 추억은 지금의 찰리를 만들어준 원천이지만 추억이 없을지라도 아마 그는 낚시를 위해서라도 계속 섬을 찾았을지 모른다. 누가 봐도 멍거는 열렬한 낚시꾼이다.

"찰리는 빗물받이 통에라도 낚싯대를 드리울 겁니다." 멍거가 건조하고 현재 샌타바버라에 정박해 있는 거대한 요트의 선장을 맡고 있는 그의 친구 킹 윌리엄스는 그렇게 말했다.

캐스 호는 북으로 뻗어 있는 여러 호수 가운데 하나이며, 이들 호수마다 구석진 곳과 역류가 있고, 지역 사람들 말에 따르면 거기에는 농어나 머스키, 심지어는 월아이*까지도 입질을 한다고 한다. 스타아일랜드 이웃이며 아이오와 주 디모인에서 온 J. D. 램지의 80세 생일파티에서 멍거는 친구의 낚시 습관을 핀잔하는 투로 언급했는데 마치 자신의 습관을 얘기하는 것 같았다.

"물 좋은 곳에서 낚시를 할 수 있다면 어떤 고통도 감수하겠다는 나 같은 낚시꾼을 숱하게 보았습니다." 장난기가 배어 있는 생일 축사에서 멍거는 그렇게

---

* 캐나다와 미국 북부에 주로 분포하고 있는 민물 농어류.

썼다. "자기 딴에는 불굴의 의지에는 꼭 필요하다고 생각해서 수도승처럼 겉옷 하나만 달랑 입은 J. D.만이 낚시의 참의미를 잘 압니다. 작은 보트를 끌고 기꺼이 늪 속으로 들어가거나, 아니면 도착하기 힘들거나 물고기를 만나기 어려운 낚시터를 찾아가는 것이 낚시의 진정한 의미임을 말입니다."[2]

배리 멍거는 아버지는 인내하는 투자자이기도 하지만 이에 못지않게 낚시꾼으로서도 대단한 인내심을 가지고 있다고 설명한다. "아버지는 날마다 최적의 기술을 탐색하고자 노력합니다. 그렇기에 설령 보트에 탄 다른 사람들이 다른 미끼로 물고기를 훨씬 많이 낚더라도 한번 택한 미끼는 끝까지 고수합니다. 한번은 아버지는 매일같이 밝은 황녹색 지그*만 썼습니다. 그게 그런대로 통하기는 할지라도, 물고기가 그 미끼를 물지 않는 날에는 저라면 미끼통에 있는 온갖 색깔의 미끼를 다 써볼 겁니다."

멍거의 낚시 철학은 그가 과거에 많은 투자자들의 어수룩함에 대해 얘기했을 때에도 드러난 바 있다.

제가 아는 한 낚시 미끼 제조업자는 번쩍거리는 녹색과 자주색 미끼들을 팔았습니다. "물고기가 이런 것들을 묻니까?" 하고 물었더니 그 사람이 이러는 겁니다. "찰리, 미끼를 물고기에게 파는 건 아니지요."[3]

찰리의 의붓아들인 데이비드 보스윅은 버핏이 그들의 인생에 각별한 사람임을 깨달은 것은 스타아일랜드에서였다고 했다. "1963년인가 64년

---

*미끼가 필요 없는 낚싯바늘의 한 종류.

인가 8월경에 워런 씨가 와서 며칠을 묵었습니다. 보통 때 같았으면 할(데이비드의 형)을 보내 손님을 모셔오게 했을 텐데 아버지가 직접 가더군요. 그래서 이 분이 중요한 손님이라는 사실을 눈치챌 수 있었습니다."

하지만 버핏 추종자들에게 전설이 된 것은 그의 두 번째 스타아일랜드 방문이었다. 멍거가 자신의 사업 파트너를 물에 빠뜨릴 뻔했던 것이다.

버핏의 설명은 이렇다. "릭 게린Rick Guerin과 함께 갔습니다. 부인은 이미 세상을 떴고 어린 아들이 하나 있었지요. 우린 함께 어디 가서 바람이라도 쐬고 오면 좋겠다고 생각했던 겁니다."

존 P. "릭" 게린 2세는 당시 로스앤젤레스의 증권사인 미첨 존스 앤드 템플턴Mitchum, Jones & Templeton의 회장이었다. 또한 멍거가 대주주로 있는 뉴아메리카펀드New America Fund의 회장이기도 했다. 세상 물정에 훤하고, 검은 안경에 목에 단추를 채우지 않은 실크 셔츠를 입고, 체형 관리에 정성을 쏟는 게린은 어딘지 모르게 영화산업 관계자의 분위기를 풍긴다. 실제로도 그는 현재 영화사를 소유하고 있다. 무심하고 보수적 냄새가 강한 멍거-버핏 모임과는 거리가 멀어 보이지만, 게린은 오래전부터 사업상의 동료였다.

게린 말로는 자신의 부인 앤은 찰리와 워런, 로스앤젤레스의 변호사인 척 리커스하우저를 가리켜 그의 우두머리 집단이라고 불렀다고 한다. 앤은 1980년에 자살했다. 이에 대해 게린은 이렇게 설명했다. "분명 충격적인 사건이었습니다. 며칠 후에 워런과 저는 그에 대해 이런 저런 얘기를 나누었고, 사랑하는 사람의 죽음이 아이에게 미칠 영향을 걱정했습니다. 당시 패트릭은 여덟 살이었죠."

워런은 릭에게 패트릭과 함께 셋이서 캐스 호에서 휴가를 보내고 있는 찰리 일가를 방문하자고 했다. 비극적으로 가족을 잃은 경험이 있는 멍거는 게린을 반갑게 맞아주었다.

"우린 같이 시간을 보냈습니다. 브리지 게임도 했죠." 게린이 당시 기억을 떠올렸다.

그리고 당연한 일이지만 찰리는 친구들을 낚시에 데리고 갔다.

"찰리는 자기가 보트를 운전해야 한다고 했습니다. 제가 하겠다고 했지만 그 친구는 고집을 피웠죠." 게린이 말했다. 이후 어떤 일이 생겼는지에 대해서는 여러 가지 설이 있으나 내용은 다음과 비슷하다.

버핏이 말했다. "그날은 바람 소리 하나 들리지 않았습니다. 수 킬로미터를 갔을 겁니다. 릭과 저는 한담을 나누고 있었지요."

낚싯대를 던지기 좋은 위치에 이르고 싶었던 멍거는 보트의 모터를 후진에 놓았다.

게린이 당시를 이렇게 설명했다. "별안간 밑을 쳐다봤더니 제가 물속에 있는 겁니다. 우린 뒤로 가고 있었고, 물은 뱃전을 넘어 보트 안으로 들어왔습니다."

게린이 찰리에게 고함을 쳤지만 찰리는 "나한테 맡기게"라며 큰소리를 쳤다. 이윽고 찰리는 모터 출력을 최고로 올렸다. 하지만 기어는 후진 그대로였다. 결국 보트는 물에 가라앉았다. 워런과 릭은 잠깐 동안 물속으로 빨려 들어갔다가 수면 위로 올라왔다. "놀란 워런은 눈이 휘둥그레졌습니다." 게린이 설명했다.

찰리의 설명에 따르면 그 보트는 빌린 것이었는데 후진할 때 물이 밀려드는 것을 방지하는 설계가 되어 있지 않았다고 한다. 버핏은 운동에 능하지만 수영은 서투르다.

"전 워런을 도와야했습니다. 항간에 도는 이야기는 좀 왜곡된 면이 있습니다." 게린이 시인했다. "워런이 제가 있건 없건 계속 살아갈 사람이라는 것은 삼척동자도 다 아는 사실입니다. 그 일 이후로 저는 워런이 정말 위험에 처했다면 구명조끼를 가져다주기 전에 계약을 맺었을 거라는 말을 곧잘 하곤 합니다. 제가 버크셔 해서웨이의 회장이 되었을지도 모르는 일 아닙니까!"

게린의 말에 따르면, 이 사고가 있고 나서 찰리의 친구들은 찰리를 종종 멍거 제독이라고 부른다고 한다. 재난을 당하긴 했어도 게린은 캐스호에서 보냈던 그 여름이 슬픔을 딛고 일어서기 위한 소중한 첫걸음이었다고 말한다. 그때 비로소 게린은 멍거와 버핏이 단순한 사업 동료 이상이었음을 알았다고 한다.

"워런은 제게 가장 큰 선물을 주었습니다. 그의 시간 중 사흘이나 준 거니까요. 그리고 찰리도 마찬가지였습니다. 우리는 언제나 현실적이고 현명하고 논리적으로 사고하려고 애쓰지만 다른 면도 있는 법이죠."

보트 사고에 대해 버핏이 보인 반응은 평소 멍거와의 사업 관계에서 보이는 것과 별다를 바가 없었다. "그를 미네소타 낚시 여행에 데리고 가서는 제가 보트를 뒤집었고 우리는 기슭까지 헤엄쳐서 와야 했지만 워런은 고함 한 번 지르지 않았지요."[4]

하지만 그 불운했던 낚시 여행을 끝으로 버핏은 두 번 다시 캐스 호로 멍거 가족을 찾아오지 않았다고 멍거의 자녀 가운데 한 명이 지적했다.

그러나 멍거의 말로는 버핏이 다시 오지 않았던 이유는 따로 있었다고 한다. "호수에 빠진 사건이 있은 다음, 버핏의 기분을 풀어주려고 비드미지의 천막에서 고교생들의 몰리에르 연극 공연을 관람했어요." 전문 배우들이 공연한다고 해도 몰리에르는 버핏의 취향은 아니다.

03
네브래스카 사람

네브래스카 출신이 점점 늘고 있는 것 같습니다.
어떤 사람은 네브래스카 출신이 아닌데도 사회적 지위 때문에 그렇게 말하고 다닙니다.
— 워런 버핏, 1997년 버크셔 해서웨이 연차총회

19세기에 오리건과 유타를 향해 서쪽으로 향하던 개척자 수십만 명이 네브래스카를 거쳐 갔다. 오마하는 미주리 강 너머 광활하고 비옥한 땅으로 가는 관문이었다. 마차가 남긴 바퀴 자국은 150년이 지난 지금에도 네브래스카 농장에 남아 있다. 당시 오마하는 거칠고 미개한 지역이어서 찰리 멍거의 조모 한 분은 한동안은 거기서 살기를 거부했다고 한다. 오마하는 그녀의 고향인 세련된 아이오와에 비하면 너무나도 원시적이기 때문이었다.

캐럴 멍거 에스터브룩이 말했다. "외조부모님은 일 때문에 오마하로 이사를 갔지요. 그렇지만 외조모님은 아이오와의 카운실 블러프스Council Bluffs에 남겠다고 고집을 부렸어요. 지금이야 카지노와 스트립 바가 즐비한 곳이지만 당시만 해도 네브래스카는 아이오와보다 한참 변두리 취급을 받았거든요."

오마하의 생활여건은 과거보다 나아졌지만 네브래스카에 산다는 것은 인성 훈련에 제격이다. 기온은 여름에는 40도에 육박하고 겨울에는 영하 4도까지 곤두박질친다. 두 개의 큰 강인 플래트 강과 미주리 강이 오마하에서 만나고, 초봄에는 눈이 녹아 홍수를 야기할 정도이다.

네브래스카 출신으로 유명한 사람을 꼽아보면 현대판 로데오의 창시자 버펄로 빌 코디, 소설가 윌라 캐서, 제럴드 B. 포드 전 대통령, 연예인으로는 헨리 폰다, 조니 카슨, 말론 브란도, 닉 놀테, 뮤지컬 배우이자 무용가인 프레드 애스테어, 그리고 시민운동가인 말콤 X가 있다.[1]

멍거는 고향인 오마하에 많은 은혜를 입었다고 말한다. 그는 옛 격언을 빌어 "오마하 밖으로 소년을 데려갈 수는 있어도 소년에게서 오마하를 뺏을 수는 없다"고 표현한다.

"아버지는 현재의 성공이 오마하에서 성장했기 때문이라고 생각하고 싶은 거죠. 하지만 워런 아저씨는 동의하지 않으시더군요. 오마하에 아버지만 한 인물은 없었다는 거예요." 멍거의 딸 웬디의 말이다.

오마하의 변호사 앨프리드 C. 멍거와 그의 부인 플로렌스(투디)의 첫 아이이자 외동아들인 찰리가 태어난 때(1924년 1월 1일)는 "광란의 1920년대"였다. 그로부터 4년 전에는 볼스테드 법Volstead Act의 발효로 미국 전역이 금주법 시행에 들어갔고, 4년 후인 1928년에는 페니실린이 처음으로 발견되었다.

멍거가 태어나기 1년 전 미국의 29대 대통령인 워런 G. 하딩Warren G. Harding이 심장마비로 집무실에서 숨을 거두자 그 뒤를 캘빈 쿨리지Calvin Coolige가 이었다. 아마도 똑같은 사고가 일어날까 염려했던지 쿨리지 대통령은 매일 두서너 시간씩 꼭 낮잠을 잤다. 그의 휴식 습관이 국가 경제에 손해를 끼치는 것 같지는 않았다. 때는 바야흐로 커다란 경기 호황의 와중에 있었다. 한때 쿨리지는 "미국의 사업은 비즈니스"라고 천명했고, 실제로 1921년에서 29년 사이에 국민총생산은 740억 달러에서 1,044억 달러로 치솟았다. 이 기간 중에 숙련공 한 사람의 구매력은 50%가 증가했다. 벽돌공의 아내는 실크 스타킹을 신었고, 벽돌공은 지붕을 접을 수 있는 투어링카를 몰고 다녔다.[2]

앨 멍거는 그의 부친이 고향에서 유일한 연방 판사이며 지역사회의 실권자였기에 변호사 활동이 문제가 될 수 있어 고향인 링컨에서 80킬로미터 정도 떨어진 오마하로 이사를 갔었다. 찰리의 부친은 1915년에서 1959년까지 오마하 시내의 같은 건물에서 변호사로 개업했고, 법무 차관보를 지냈으며, 1차 대전에서 본인의 의무를 다했다.

멍거의 족보를 살펴보면 그의 조상은 뉴잉글랜드의 초기 영국인 정착자 중 한 명이었다. 멍거라는 이름은 독일어로 생선이나 쇠붙이 같은 상품을 파는 사람을 의미하는 몬거monger에서 왔다. 과거 어느 시점에 멍거의 조상은 독일에서 영국으로 이주했고 이후 점점 영국화되었다.

미국에 최초의 멍거가 도착한 것은 1637년이었다. 니콜라스는 자유를 찾아 영국 서리Surrey 주에서 온 16세의 청년이었다. 그들은 처음에 코네티컷의 길포드에 정착했지만 농장이 습지가 많고 작황도 시원찮아서 다른 곳으로 이사를 갔다. 한 곳에서 실망하면 조금이라도 더 큰돈을 벌기 위해 다른 곳으로 이동하는 식이었다. 세월이 흐르면서 그들은 점점 더 서쪽으로 이주했고 결국에는 주가 되기 전의 네브래스카 한 지역에 정착하게 되었다.

멍거 가문에 속한 한 역사가는 이렇게 기록했다. "우린 그다지 대단하지도, 그다지 강력하지도 못했지만 한 나라의 국력을 의미하는 믿음직한 '중산층'이었습니다. 가문을 빛낸 선조들이 상당수 있습니다. 이 가운데 식민지 전쟁, 독립전쟁, 남북전쟁에서 싸운 분들을 저는 불굴의 개척자로 분류하고 싶습니다. 존경할 만한 분들이 아닙니까?"[3]

네브래스카에 정착한 멍거 일가 중 한 명은 교사가 되었는데 다른 교사와 결혼했다. 미국 역사 초기에 교사라는 직업은 급여가 매우 적었기에 가족은 근근이 살았다. 하지만 아들 중 한 명은 의사가 되었고, 또 한 명은 찰리의 조부인데 변호사가 되었다가 후일 판사로 재직했다.

찰리의 조부인 T. C. 멍거 판사는 어릴 시절 겪은 가난을 평생 잊지 않았다. 5센트를 들고 보통 사람들은 먹지도 않는 부위를 사러 정육점에 갔던 경험을 그는 때때로 떠올렸다. 돈이 없어서 입학 1년 만에 대학을 그만두었고 이후로는 책과 자기수양으로 독학했다. 그런 역경 속에서도 개척자 조상의 믿음과 자질을 잃지 않았던 그는 영향력 있는 자리에 우뚝 섰다. 멍거 판사는 가족들이 그의 부모 세대처럼 고생만 하고 돈은 없는 빈곤을 겪게 하지 말자고 결심했다. 찰리는 이렇게 회상했다. "할아버지는 가난에서 멀어지고 싶어했지요. 자급자족과 근면성실이 할아버지의 구세주였습니다. 『로빈스 크루소』가 위대한 교훈이 담긴 작품이라고 생각한 조부모님은 자식은 물론이고 손자손녀들에게도 두고두고 읽게 했습니다. 그분들의 세대는 자기수양을 통한 자연의 정복에 감탄했으니까요."

가문에 전해오는 이야기에 큰 관심을 가진 몰리 멍거는 이렇게 설명했다. "판사라는 위치는 도박도 술집도 금기사항이었습니다. 재정적인 측면에서도 보수적이었죠. 수입을 초과하는 지출을 해서는 안 되었지요. 근면한 독일인 농부나 근면한 독일인 푸주한에게 돈을 빌려주고 이자를 받았어요. 판사로서는 성공이었죠. 연방판사가 된다는 것은 대단한 일이었으니까요. 그 당시에는 연방판사가 그렇게 많지 않았거든요."

실제로 1907년 멍거 판사의 이름은 링컨 시의 신문에 헤드라인을 장식했다. "변호사협회의 의장, 대통령 방문을 위해 워싱턴 DC행 열차에 오르다." 1939년 「오마하 월드 헤럴드」는 멍거 판사를 다룬 특집기사에서 법조계 입문 54주년과 미국 지방법원 판사 취임 35주년을 축하했다. 기사가 나왔을 당시 멍거 판사는 향년 77세였고 현역 연방판사 중 두 번째로 나이가 많았다. 멍거 판사는 주 의회와 랭커스터 카운티의 검사로 근무한 후에 시어도어 루스벨트Theodore Roosebelt 대통령에 의해 판사로 임명되었다.

"멕시코에서 휴가를 보낸 후 돌아온 멍거 판사는 축하 분위기에 휩쓸리지 않고 보통 때처럼 업무에 열중이다. 월요일에 있는 납치사건 심리의 주재를 위해 헤이스팅스에 가야 하기 때문에 일반 사건 검토는 잠시 보류될 것이다."[4]

「오마하 월드 헤럴드」에 따르면, "그는 일이야말로 젊음을 유지하는 최상의 비결이라고 굳게 믿는다. '저는 현 세대에 속한 사람이라고 내 자신을 칭합니다. 내가 그렇게 느끼고 있으니까요. 그거면 족합니다'라고 말하는 그의 푸른 눈이 밝게 빛났다."[5]

멍거 판사의 가장 인상적인 사건은 그가 판사가 된 직후 오마하 서쪽에서 터진 열차 강도 사건과 주택 사기죄로 일단의 네브래스카 사람을 기소한 일이었다.

"그는 중서부의 어느 판사보다 배심원들에게 철저한 설명을 하는 판사로 명성이 높다"고 기자는 지적했다.[6]

멍거와 러셀 일가의 생활규범은 엄격했다. 멍거 일가가 장로교였고 교회의 대들보처럼 예배에 꼬박꼬박 참석한 반면, 러셀 일가는 뉴잉글랜드의 에머슨식 유니테리언교Emersonian Unitarians였기에 교회 참석은 다소 불

규칙적이었다.

캐럴 에스터브룩은 모친인 투디 멍거가 자유로운 사고를 지향하는 집안 내력에도 불구하고 자녀들에게 종교 정신을 주입시키려 했다고 말한다. "우리는 유니테리언 교회에서 엄격한 윤리 기준을 지켜야 한다고 배웠습니다. 아버진 교회에 거의 가지 않으셨죠. 어머니는 우리가 싫다고 할 때까지 끌고 다녔어요. 따지고 보면 우리는 부모님과 조부모님에게서 윤리 교육을 받은 셈입니다."

"제겐 친척 아주머니가 네 분이 있는데 전부 파이 베타 카파* 회원이었어요." 찰리가 설명했다. "외가 쪽은 뉴잉글랜드 스타일의 지식인들의 종교를 믿었지만 그 단체는 지금은 좌익 정치 운동을 하고 있고, 러셀 일가의 자손들은 이제 유니테리언교를 믿지 않습니다."

찰리는 워싱턴포스트의 캐서린 그레이엄에게 보내는 편지에서 자신의 고모 "우피Oofie"의 도덕적 청렴함에 대해 이야기한 바가 있다. "우피"는 판사인 아버지에게 '절대로 물러서지 말고 항상 맡은 소임을 다하라'는 가르침을 받았다. 사실 그녀는 어린 나이에 터득한 길고 복잡한 침상 기도 덕분에 이름이 "루스Ruth"가 아니라 "우피"가 되어버렸다. 이 기도를 들은 그녀의 어린 남동생 앨은 자음의 발음이 서툴러서 이렇게 말하곤 했던 것이다. "하느님, 제 기도도 우피 누나랑 똑같아요."

찰리 멍거는 고모인 우피를 좋아했다. 도덕적 규범을 너무도 철저히 지키는 우피가 찰리의 눈에 재밌게 보였던 탓도 있었다. 하지만 그런 찰리도 여든에 갑자기 세상을 뜬 멍거 판사에 대한 고모의 반응에는 두 손을 들었다. 멍거 판사가 세상을 뜨기 직전에 했던 산술적인 실수를 발견

---

*Phi Beta Kappa : 1776년에 창설된 우수학생 모임.

한 우피는 조카인 찰리에게 이렇게 말했다. "계속 남아서 실수를 하고 싶지 않은 판사님의 마음을 헤아리시고 아버지를 데려간 것은 하느님의 은총이었어."

러셀 집안과 멍거 집안 양쪽으로부터 찰리는 정신적, 육체적인 강인함을 물려받았다. 장수한 멍거 판사 외에도, 찰리의 외증조부는 87세까지, 외증조모는 82세까지 살았다.

플로렌스 러셀 멍거의 외조부모인 잉엄 Ingham 부부는 아이오와 주에 있는 알고나의 초기 정착민들이었다. 잉엄 대위는 어린 아내를 아이오와에 데려왔는데 부부는 처음에는 동굴 같은 "뗏장집sodhouse" * 에 살았다. 잉엄 대위는 그 시절의 얘기를 좋아했지만 그의 아내는 "품위 없고 힘든 시절이어서 생각하고 싶지도 않다"고 말할 뿐이다.

그로부터 훨씬 뒤에 잉엄 대위는 알고나에서 가장 번창한 은행을 경영하게 되었고 농토를 사 모았다. 실업가 앤드루 카네기Andrew Carnegie가 시내 도서관 건립비의 절반을 대겠다고 했을 때 잉엄은 아내의 주장에 떠밀려 나머지 절반마저 내놓을 정도로 부유했다.

그가 잡은 북미산 청어인 타폰 68킬로그램짜리 박제가 알고나 도서관 지하실에 걸려 있는데, 이 박제를 거는 것이 그의 기증에 대한 조건이었음은 분명했다. 또한 그는 열렬한 사냥꾼이었지만 사고로 사랑하는 사냥개 프랭크를 잃은 이후 다시는 사냥을 하지 않았다.

찰리가 말했다. "개성이 강한 분이었지요. 인디언들과 전쟁을 치르고 난 뒤에 잉엄 대위가 되었습니다. 해마다 사촌들이 알고나에 찾아옵니다. 스타아일랜드처럼 그분의 많은 손자손녀들이 거기에 살고 있습니다.

---

* 뗏장을 벽돌처럼 쌓은 집으로 목재가 부족한 평원의 초기 이민자들이 많이 사용했다.

어머니와 이모님들이 매년 여름이면 그분 댁에서 지냈습니다."

잉엄 대위는 방향에 관계없이 직선상에 모든 숫자를 합하면 같은 수가 되는 마방진을 순식간에 만들어서 손자손녀들을 깜짝 놀라게 했다. 벤저민 프랭클린Benjamin Franklin과 함께 마방진을 즐겨했던 잉엄은 이 놀이를 일컬어 "자신의 마음을 가라앉히기 위해" 만든 놀이라고 했다.

잉엄 대위의 아들 하비는 개혁 운동을 추구하는 신문의 편집장이 되었고 가족의 역사를 꼼꼼하게 기록했다. 투디 멍거는 하비 숙부의 잉엄 가문 묘사 중에 특히 다음 문장을 좋아했다. "그 오래된 저택에는 평범한 삶을 살면서 고매한 사상을 지닌 이들이 넘쳐난다."

잉엄 대위의 딸인 넬리 잉엄이 찰리 러셀과 결혼했다. 바로 그 사람이 찰리 멍거의 할머니였다.

투디 러셀 가문은 멍거 가문보다 더 오래 전부터 부유했음에도 정치 성향은 멍거 가에 비해 왼쪽이었다. 그들은 스스로를 "윌슨주의 민주당원Wilsonian Democrats"이라고 불렀다. 잉엄 집안은 본래 뉴욕 주의 세네카폴스Seneca Falls에서 왔는데 그 지역은 노예주의 반대, 여성 참정권 지지로 유명했고, 잉엄 일가도 아이오와에서 비슷한 사상을 전파했다. 멍거 일가는 좀더 보수적인 노선에 가까워졌지만 투디 집안을 존경했다.

몰리 멍거는 이렇게 설명했다. "투디 할머니는 대단한 분이었어요. 사랑이 넘치는 가정에서 자란 우아한 여성이었죠. 예쁘고, 같이 있으면 무척 재미있고, 재치도 만점이었어요. 웃음을 그칠 줄 모르는 행복한 분이었죠. 스미스 칼리지 졸업생인 할머니에게는 남북전쟁 중에 대학 교육을 받으신 숙부가 한 분 있었어요. 할머니의 어머니인 캐럴라인 라이스는 뉴욕 주의 북부에서 유복하게 살았지요. 그 분은 연줄이 넓었어요. 대저택에서 자랐고, 말과 마차가 있었고, 긴 옷을 입었죠. 멍거 집안과는 사뭇 달랐어요."

투디 집안사람들은 투디가 고른 남편을 허락하지 않을 수 없었다. 예쁘고 매력적인 플로렌스가 키가 166센티미터에 두꺼운 안경을 낀 앨 멍거와 결혼을 하겠다고 했을 때 그녀의 할머니 러셀은 이렇게 논평했다. "투디에게 남자 보는 눈이 있다고 생각할 사람이 누가 있겠어?"

찰리는 아버지가 세상을 뜬 후 몇 년 동안 앨 멍거의 서류가방을 들고 출근했다. 가방에 다음과 같은 문구를 새겨 넣었다. "앨프리드 C. 멍거 1891-1959, 찰스 T. 멍거 1924-." 물론 그는 그 가방이 마음에 들기도 했지만 한편으로는 충실하게 가족을 부양했던 아버지에 대한 경의의 표현이기도 했다. 몰리는 할아버지에 대해 한마디를 덧붙였다. "솔직히 말해서 할아버지(앨 멍거)는 당신의 아들이 이룬 것에는 미치지 못했지요. 그분이 이룬 가장 큰 업적은 생기 넘치고, 활달하고, 재미있는 꼬마 소년, 바로 천재 찰리였어요. 할아버진 당신의 아들에게 모든 것을 걸었죠. 마음 깊이 사랑했고 두 사람은 무척 가까웠어요. 아버지는 이를테면 할아버지의 속마음을 알았던 거죠. 아버지는 어서 빨리 할아버지의 자랑스러운 아들이 되고 싶어했어요."

찰리가 말했다. "제 부친인 앨 멍거는 더도 말고 덜도 말고 원하는 만큼의 소망을 성취한, 세상에서 가장 행복한 사람이었지요. 생기지도 않은 문제를 예측하는 데 세월을 보낸 할아버지나 저와는 달리 아버지는 야단법석도 피우지 않고 모든 문제에 맞섰습니다. 아버지는 결혼과 가정이라는 당신의 가장 고귀한 희망을 달성했지요. 아버지는 사랑하는 친구들이 있었고 그들도 아버지를 사랑했습니다. 아버지 친구 가운데에는 에드 데이비스와 그랜트 맥페이든 같이 보기 드문 분들도 계셨어요. 네브래스카에서 가장 뛰어난 사냥개를 가진 두 사람은 아버지에게는 소중한 벗이었습니다. 제 부친이 인생에서 진정으로 중요한 것을 얻는 데 남보다 뒤처졌다고는 생각지 않습니다. 아버지는 변호사의 연봉이 적었던 시대를 남다른 목표로 사셨던 분입니다."

워런 버핏은 앨과 찰리 사이에는 부자 관계를 흐리게 하는 긴장감이나 질투심이 전혀 없었다고 말한다. "언젠가 찰리가 해준 얘기가 있습니다. 밤 열두 시에 찰리가 집에 와서는 '아버지, 이 시체를 지하실에 묻어야 하는데 좀 도와주세요' 라고 해도 찰리의 아버지는 침대에서 일어나 시신을 묻는 걸 도와줄 사람이라고 하더군요. 그리고는 다음날 아침 찰리에게 그가 한 일은 잘못이었다고 납득시킨다는 거죠."

앨 멍거는 언제나 아들의 취미에 관심이 많았다. 그러다가 찰리가 나이가 들거나 흥미를 잃거나 또는 취향이 완전히 바뀌면 그의 아버지가 그 취미를 물려받았다. 앨은 임종 때까지「아메리칸 라이플맨」잡지를 구독했는데, 찰리가 고교시절 사격 팀의 주장이었을 때 처음 구독한 잡지였기 때문이었다. 찰리가 사격 팀에 가입한 것은 옷에 붙일 수 있는 학교 문장紋章을 받을 수 있는 유일한 길이라고 판단해서였다. 찰리는 그 점에 대해 이렇게 말했다. "눈에 확 띄는 학교 문장을 스웨터에 달고 여학생들의 관심을 끌고 싶었지요. 여학생들의 시선을 끌긴 끌었는데, 저런 말라깽이가 어떻게 학교 문장을 받았는지 궁금해서가 그 이유였습니다."

아들이 사격을 시작하기 훨씬 전에 앨 멍거는 낚시꾼이자 오리 사냥꾼이었다. 찰리는 이렇게 덧붙였다. "아버지는 야외에서 하는 활동은 무엇이든 좋아했죠. 아버지에게는 농장을 발견하는 것이 천상의 기쁨이었습니다."

메기를 좋아했던 앨은 이따금 차를 몰고 흑인 거주 지역에 가곤 했다. 거기 사람들은 지하실에 콘크리트로 만든 수조를 놓고 메기를 많이 키웠다.

찰리가 회상에 잠겨 말했다. "원하는 것을 깐깐하게 고른다는 식이었지요. 아버지는 에스닉풍의 가게나 제과점을 좋아했습니다. 정육점도 아버지가 특별히 잘 가는 곳이 따로 있었지요."

앨 멍거는 헤픈 사람은 아니었지만 무엇이든 꼭 맞는 완벽한 것을 찾아서 음미했다. 앨은 그의 어머니에게서 세련된 삶을 즐기는 기쁨을 배웠다. 앨의 어머니, 즉 찰리의 할머니는 가장 좋은 품질의 커피원두를 사서 아침마다 갈아 신선한 커피를 만끽했다. 일종의 미국 중서부식 도교 철학인 셈이었다. 도덕경道德經에서 노자老子는 구도자에게 작은 것을 중요하게 여기고, 적은 것에서 많은 것을 보라고 하였다. 찰리는 그것을 "소소한 집착"이라고 불렀다.

앨과 투디가 처음 결혼했을 때 두 사람은 투디의 부모님이 사는 곳에서 불과 한 블록 떨어진 다지 애비뉴Dodge Avenue 북쪽에 살았다. 찰리의 아버지는 1925년에 41번가 420번지에 작은 집을 지었다. 몇 년 후 투디의 부모가 세상을 뜨자 멍거 부부는 다지 애비뉴 남쪽으로 이사를 갔다. 다지 애비뉴는 오마하의 중앙을 가로지르는 길고 넓은 간선도로이며, 오늘날에는 이 길을 따라 수 킬로미터에 걸쳐 쇼핑센터들이 줄지어 서 있다. 그들이 다음으로 살게 된 집은 55번가 남쪽의 105번지였다. 네브래스카 대학의 해피할로우 지역에 자리한 M자 지붕의 벽돌집이었는데 현재 버핏이 사는 곳에서 그리 멀지 않다. 키가 큰 수목으로 유명한 곳인데 현재는 고풍스러운 주택이 많은 곳으로도 잘 알려져 있다. 봄이면 줄지어 피어난 사프란, 튤립, 수선화가 보도와 집 앞을 수놓으면서 겨울잠에서 깨어나는 잔디 위를 자주, 노랑, 빨강 색으로 물들인다.

그들이 오마하의 개척자인 피터 키윗^{Peter Kiewit}에게서 산 55번가의 집
으로 이사했을 때 그 곳은 오마하 시내의 서쪽 변두리였다. 시의 경계는
계속 팽창 중이었고 문화와 인종도 점점 다양해졌지만, 당시 오마하는
상당히 작은 편이었기에 주민 대부분은 자신이 단일 공동체의 일부라고
느끼고 있었다.

멍거는 그 시절을 이렇게 회상했다. "어린 시절에는 우리 이웃에는 독
일인들이 많이 거주하고 있었고 독일어 신문도 몇 가지나 있었지요. 오
마하는 소수 민족적인 성격이 강한 곳이었습니다. 오늘날 미국의 라티노
들과는 달랐는데, (당시에는) 소수 민족이 미국 사회와 동화되었거든요.
이탈리아 사람이 많이 사는 큰 동네가 있었고, 아일랜드 사람, 보헤미아
사람들이 모여 사는 지구도 있었습니다. 각각의 민족색이 두드러진 사회
였습니다. 어린 시절을 보내기에 더할 나위 없이 좋은 동네였고, 저도 행
복했습니다. 학교는 물론 모든 곳에서 사람들은 타의 모범을 보여주었습
니다."

그 말에 캐럴 에스터브룩도 어느 정도는 수긍하면서도 한마디 덧붙이
는 것을 잊지 않았다.

"초기 오마하에는 안정감이라든지 소속감 같은 것이 있어서 안락했지
만 외부와는 지독하게 단절되어 있었어요. 우리는 마땅히 알아야 했던
여러 가지 일에 대해 너무 모르고 있었어요. 오마하가 세계의 중심이라
고 여겼던 거죠."

앨 멍거의 자녀는 그런 일로부터 보호를 받았지만 그 무렵 미국에서는
인종차별이 재발하고 있었고, 1925년에는 KKK단이 워싱턴 DC의 펜실
베이니아 거리에서 4만 명으로 구성된 시위 행렬을 주도했다. 찰리가 태
어나기 직전에 오마하에서는 폭도들이 린치를 가한 사건이 있었다. 노동

운동이 증가 추세였고 노조 결성 시도나 파업 시위 현장에서는 간혹 잔인한 일도 일어났다.[7] 하지만 이런 불미스런 사건들은 멍거 가의 자녀들에게는 아무 영향도 미치지 않았다.

캐럴 에스터브룩이 말했다. "그 시절에 범죄 같은 것은 없었어요. 마약을 하는 사람도 드물었어요. 우리는 저녁이면 밖에서 깃발 뺏기나 깡통차기 같은 놀이를 했어요. 이웃사람들은 자기네 마당에 아이스스케이트장을 만들어주곤 했답니다. 주말에는 극장에 갔어요."

1930년대에 접어들자 오마하의 아름다운 오르페움 극장은 보드빌 극장*에서 유성영화를 상영하는 극장으로 탈바꿈했다. 찰리는 이렇게 말했다. "거기서 신작 영화를 보려면 25센트나 내야 했지요. 나는 모험 영화, 정글북 같은 키플링 원작의 영화, 프랑켄슈타인과 드라큘라가 나오는 공포 영화가 좋았습니다. 아직도 생생하게 기억하고 있는 최초의 영화는 오리지널 킹콩 영화지요. 혼자서 그 영화를 보러 갔습니다. 그때 제 나이는 기껏해야 여덟 살이었습니다. 우리 세대는 너나 할 것 없이 극장에 갔지요. 저는 코미디 영화를 좋아했고 웃는 것도 좋아했습니다. 제 친구 존 앤더슨의 웃음소리가 크고 쩌렁쩌렁하게 울려퍼졌지요. 한번은 오르페움 극장에서 우리가 어찌나 웃어댔던지 극장 안에 있는 나머지 사람들이 우릴 보고는 덩달아 웃음보를 터트리더군요."

1977년 버크셔 해서웨이는 연차총회 장소를 멍거가 익히 알고 있는 아크사벤(Nebraska를 거꾸로 읽은 이름) 광장으로 변경했다. "어렸을 적에는 서커스를 보러 여기 왔는데 이젠 우리만의 서커스를 여기서 개최하는 셈이지요."

---

* 영화관이 대중화되기 전에 서커스, 노래, 단막극 공연을 위주로 운영되던 극장.

찰리, 메리, 캐럴 멍거 모두는 던디 초등학교를 다녔고 나중에 센트럴 고등학교로 진학했는데 이 학교는 예전에 지역 의사당이었던 건물 안에 있다. 센트럴 고등학교는 미국에서 대학 진학률 상위 25위 안에 드는 명문고였다. 수전 버핏과 버핏 집안 아이들도 같은 학교를 다녔지만 워런은 그렇지 않았다. 아버지가 하원의원이 되자 버핏은 초등학교를 마치고 워싱턴 DC의 고등학교에 진학했다.

버핏은 아직도 찰리의 동창생들로부터 편지를 받는다고 한다. "미스 키윗은 그가 다닌 초등학교 선생님 중 한 분이었습니다." 그녀는 네브래스카에서 첫 번째로 시민이 된 유명한 오마하의 토목업자 피터 키윗과 남매지간이었다. 미스 키윗은 제일장로교회First Presbyterian Church에서 풍금을 연주했고, 동방별단Eastern Star 회원이었다. 그녀는 오마하에서 42년 동안 교편을 잡다가 1970년에 은퇴했다. 버핏이 그녀에 대해 설명했다. "오마하 교육부에는 훌륭한 여성 교사들이 몰려들었습니다. 왜냐하면 당시 다른 직업군에서는 여성 차별이 있었으니까요." 나중에 그런 뛰어난 여성들은 교직보다는 다른 직업에 뛰어들었다.

오마하의 교사들, 그리고 특히 미스 키윗은 "사고思考"의 문제에 중점을 두었는데, 멍거는 언제나 그 부분에서 두각을 나타냈다. 그들은 학생들에게 건널목 지킴이와 다른 여러 허드렛일을 시켰다. 멍거가 설명했다. "선생님들은 품행이 매우 단정한 분들이었습니다. 옛날식으로 표현하자면 좋은 도덕적 본보기였지요. 규율이 잡혀 있었습니다. 윤리 교육은 훌륭했습니다."

찰리는 우수 학생이었지만 다루기 힘든 학생이기도 했다.

"오빠는 무척 활달한 학생이어서 금방 눈에 띄었죠. 늘 무엇인가에 심취해 있었어요. 때로 선생님들과 실랑이를 벌이기도 했어요. 찰리는 독립심이 강해서 일부 선생님의 기대에 부응하려고 자신을 굽히지는 않았어요. 우리 애들도 마찬가지랍니다. 모름지기 아이들은 그렇게 커야 한다고 생각해요." 에스터브룩의 설명이다.

찰리는 놀리고 장난치는 것을 좋아하는 아이였다.

윌라 데이비스 시맨이 말했다. "어머니는 '찰리는 영리하면서 영악하다'고 곧잘 말하곤 했지요." 데이비스 부인은 어린 찰리의 예절 교육에 최선을 다했다. 찰리가 데이비스 집에 가서 말썽을 피우면 그는 데이비스네 아이들과 나란히 서서 종아리를 맞았다.

찰리는 교실은 어린 시절 교육의 일부분에 지나지 않았다고 말한다. "당연한 소리겠지만 훌륭한 지성은 교실이 아니라 책 속에 있었습니다. 처음 벤저민 프랭클린을 읽은 게 언제였는지 기억도 나지 않을 정도입니다. 일곱 살인가 여덟 살에는 침대 머리맡에 토마스 제퍼슨을 두고 읽었습니다. 수양, 지식, 자기통제를 통해 남보다 앞서가는 것이 우리 집안의 분위기였습니다."

찰리, 메리, 캐럴은 해마다 크리스마스 선물로 책 몇 권을 받았다. 캐럴이 말했다. "우린 크리스마스 밤까지 다 읽어버렸죠. 우린 독서광이었어요. 아버지는 미스터리, 디킨스, 셰익스피어, 전기를 좋아했죠. 엄마는 책읽기 모임 소속이어서 신간은 전부 읽었어요. 데이비스 씨 댁에 놀러 갔을 땐 의학 서적을 읽은 기억이 나요. 데이비스 씨 댁엔 읽을거리가 그것밖에 없었거든요."

가족의 독서 사랑에도 불구하고 찰리가 글을 잘 읽지 못하자 찰리의 어머니가 글자 읽는 법을 직접 가르쳤다. 그를 방해했던 장애는 순식간에 사라지고 학교에서는 월반까지 했다.

"부모님은 '멍거 집안에 아둔한 사람은 없었다'고 늘 말하셨어요." 윌라 시맨이 그 시절을 회상했다.

고교 시절 작고 가냘픈 체구였던 멍거는 나중에 신장이 183센티미터까지 자랐다. 찰리는 특별히 스포츠에 뛰어나지는 않았지만 고교 시절 대부분의 시간을 독서, 취미 생활, 친구 그리고 그가 좋아했던 이들에게 할애했다.

에스터브룩이 설명했다. "오빠는 언제나 사람들이 많은 곳을 좋아하고, 친근하고, 붙임성이 있었어요. 과학을 좋아했고 거의 모든 것에 호기심을 보이는 사람이었어요. 부모님의 영향이 컸지만 영향을 준 부분은 각각 달랐죠. 사업과 법률 감각은 아버지 영향이 컸고, 사교적인 면은 어머니에게 받았다고 생각해요. 물론 데이비스 가족의 영향도 있었어요. 데이비스 가족은 두세 블록 떨어진 곳에 살았어요."

멍거 가족과 데이비스 가족은 많은 시간을 함께 보냈다. 찰리의 나이는 데이비스네 아들인 에디와 닐의 중간이었다. 찰리의 누이동생 메리는 윌라와 절친한 사이였다.

윌라가 말했다. "멍거 씨 집에서 무슨 사고가 생기면 그분들은 꼭 저희 어머니를 불렀어요. 한번은 투디 아주머니가 프렌치 도어 밖으로 떨어졌어요. 당시에 멍거 씨 집에는 들것이 없어서 프렌치 도어에 투디 아주머니를 눕혀서 옮겼어요. 불안하면 먹는 버릇이 있었던 어머니는 부엌에서 소시지 하나, 사과 하나를 가지고 와서 먹으며 병원에 가셨어요."

부모와 마찬가지로 찰리도 데이비스네 식구들을 좋아했다. "에드 데이비스 박사는 아버지와 가장 친한 친구분이었는데 저는 다섯 살, 여덟 살, 열두 살, 열네 살을 거치면서 이상한 일을 벌였습니다. 그 어린 나이에 아버지의 친구의 친구가 된 것입니다. 에드 데이비스 아저씨와는 죽이 잘 맞았습니다. 우리 두 사람은 서로의 마음을 이해했습니다."[8]

에디 데이비스와 그가 하는 일에 지대한 관심을 보였던 찰리는 "데이비스 박사의 수술 영상을 보면서 해당 분야의 수술 결과를 표현하는 통계 수치에 대해 잘 알게 되었습니다"라고 말할 정도였다.

1920년대 미국인 대다수가 누렸던 번영은 1930년대에 이르자 갑자기 막다른 골목을 만났다. 찰리가 여섯 살이었을 무렵 불어 닥친 대공황은 고등학교를 졸업할 때까지 계속되었다. 그 끔찍한 시기는 1929년 10월 29일, 일명 검은 금요일Black Friday에 불거졌다. 그 해 10월과 11월 중순 사이에 주식은 전체 가치를 40% 넘게 잃었고, 기록상으로 적어도 300억 달러의 손실이 있었다. 이 사건은 증권시장에 잠깐 손을 댄 150만명이 넘는 미국인을 도탄에 빠뜨렸다. 없는 돈을 빌려서 투자한 사람들도 많았다. 주식중개인으로부터 신용계좌margin account 청구서를 받아든 한 투자자는 비통함을 감추지 못했다. "10만 달러를 가지고 있지도 않았던 제가 어떻게 10만 달러를 잃을 수 있는 겁니까?"[9]

검은 금요일 이후 증시는 몇 차례 반등세를 보이다가 결국은 허우적댔다. 연이어 닥친 홍수, 가뭄, 전염병, 모래폭풍과 같은 자연재해가 사태를 더욱 악화시켰다. 4,000만이 넘는 미국인들이 빈곤층으로 전락하고 말았다.[10]

멍거는 모르고 있었지만 1929년 오마하에는 그의 삶에 결정적인 영향을 줄 어떤 사건이 일어났다. 워런 버핏은 이 사건을 다음과 같이 전한다.

전 1929년이 참 좋습니다. 왜냐하면 바로 그때가 저의 시작이었으니 말입니다. 아버지는 당시 증권판매인이었는데 대폭락이 있고 난 그 해 가을부터는 누군가에게 전화 거는 것을 꺼렸습니다. 사람들 대부분이 분노하고 있었으니까요.

그래서 아버지는 오후에는 늘 집에 계셨지요. 당시에는 텔레비전도 없었습니다. 그래서⋯⋯ 1929년 11월 30일 즈음에서 어머니께서 저를 가지게 되었지요. 그 때문인지 저는 대폭락만 생각하면 언제나 마음이 따뜻해집니다.[11]

워런은 그로부터 아홉 달이 지난 1930년 8월 30일에 태어났다. 힘든 시기였다. 하루가 멀다 하고 부랑자들이 오마하에서 좀 괜찮게 사는 집의 뒷문을 두드리며 샌드위치 한 조각만 주면 집 앞을 쓸거나 다른 허드렛일도 마다하지 않겠다고 부탁할 정도였다. 멍거가 말했다. "1930년대의 사람들이 얼마나 가난했는지 알면 놀랄 겁니다. 어느 여름 부모님이 여름방학 파트타임을 알선해주셨는데 시급이 40센트였습니다. 대공황이 끝날 때까지 25센트만 내면 헨쇼 식당에서 고기와 디저트가 포함된 식사를 할 수 있었습니다."

하지만 멍거는 그 시기에 인생에서 가장 중요한 교훈을 배웠다고 말했다. "스트레스를 받는 상황 속에서 현명하게 처신하는 우리 가족이 바로 제 어린 시절의 본보기였지요. 할아버지는 가족의 재정적인 고민을 치유하느라 무척 힘드셨을 겁니다. 그들이 할아버지처럼 신중했더라면 그런 고민은 하지 않았을 테지요. 하지만 멍거 판사는 그 힘든 시기를 잘 헤쳐나갔습니다."

친조부모와 외조부모 양쪽 모두 그 힘겨운 세월이 지나갈 때까지 물심양면으로 자식들을 도와주었다.

찰리가 말했다. "1930년대에 들어서자 러셀 할아버지의 섬유 도매업이 침체기에 빠져 러셀 가도 사정이 빠듯했습니다. 에드 아저씨는 부동산업을 했는데 땡전 한 푼 못 건지고 빚까지 진 상태였습니다. 러셀 할아버지는 자택을 반으로 분할해서 딸과 에드 아저씨를 불러들였습니다. 그

분들한테는 수막염으로 서서히 고통을 받다가 세상을 뜬 큰 아이가 있었는데 그 때문에 몇 년치 병원비가 밀려 있었죠."

친조부모 쪽을 보면 찰리의 고모부 중 한 명이 네브래스카 스트롬스버그에서 작은 은행을 소유하고 있었다. 농부들은 대출금을 상환하지 못했고, 은행은 1933년에 있었던 루스벨트의 은행휴업 조치* 이후에도 업무 재개가 힘든 형편이었다. "톰 고모부는 3만 5,000달러의 불량 자산을 대체하기 위해 같은 가치의 우량 자산이 필요했습니다. 할아버지는 담보대출로 3만 5,000달러를 받아서는 고모부의 은행에 넣고 대신 3만 5,000달러의 불량 자산과 교환했습니다. 상당한 위험부담이었죠. 할아버지 재산의 절반에 해당하는 금액이었고 그 시절에는 판사의 미망인 앞으로 지급되는 연금도 없었으니까요. 은행 휴업 조치가 끝나자 톰 고모부는 다시 은행 문을 열었고 여러 해가 지나자 결국 할아버지의 투자 중 불량 자산이었던 부분은 중간 수준은 되는 자산으로 회복되었지요."

멍거의 고모 중 한 명은 아버지인 멍거 판사의 반대를 무릅쓰고 음악을 하는 사람과 결혼했다. 멍거 판사는 그를 약대에 보냈고, 수료 후에는 그에게 돈을 빌려주면서 파산은 했지만 목 좋고 손님도 많은 약국을 매입하게 했다. 멍거 집안과 러셀 집안은 서로 똘똘 뭉쳐서 어려움을 이겨냈다. 나머지 가족들이 곤란한 처지에 있었지만 앨 멍거는 비교적 안정권에 있었다.

"1936년만큼 아버지의 수입이 좋았던 때는 없었습니다. 변호사 사무소가 꽤 잘되었거든요. 우리는 큰 저택에 살지도 않았고 운전사도 없었지만 당시 기준으로 볼 때 꽤나 풍족한 집안이었습니다."

---

* 1933년 루스벨트 대통령이 뉴딜 정책의 일환으로 내린 1주일간의 전국은행 영업정지 조치.

1930년대 중반 앨 멍거의 번영은 부분적으로는 그가 맡은 작은 비누회사 사건 때문이었다. 앨은 뉴딜 정책의 세법 가운데 하나가 위헌이라고 주장했고 연방 대법원에서는 위헌 여부에 대한 심사를 수락했다. 심사결과 콜케이트 팜올리브 피트Colgate Palmolive Peet는 큰 액수를 돌려받았고, 앨의 의뢰인도 약간의 액수를 받았다. 콜게이트는 자사 소속의 유명한 뉴욕 변호사가 사건을 변론하도록 허락해준 것에 대해 앨에게 넉넉한 사례비를 지불했는데, 사실 이 변호사는 패소했다. 거기에 대해 앨은 이렇게 말했다. "그것보다 돈을 덜 받아도 나라면 져줄 수 있었을 거요."

1930년대에 집안 사정이 비교적 괜찮은 편이었지만 찰리는 틈만 나면 일을 했다. "버핏 집 사람들을 처음 본 건 그 집안에서 하는 잡화점에서 일할 때였습니다. 근무 시간은 길었고 보수는 낮았지만, 강철 같은 신념을 유지하며 어리석은 짓은 눈곱만큼도 하지 않았습니다."[12]

버핏 앤드 선Buffet & Son은 워런의 증조부 시드니 버핏이 1869년에 세운 식료품점이었다. 찰리가 거기서 일할 때에는 워런의 조부인 어니스트 버핏Ernest Buffet이 주인이었다. 버핏의 유머 감각은 확실히 유전적인 것이다. 어니스트의 형제 이름은 프랭크였다.

원래 13번가에 있었던 식료품점은 나중에 오마하의 서쪽 변두리인 언더우드 거리 5015번지로 옮겼다. 거기서 멍거 집까지는 예닐곱 블록이었다.

버핏이 말했다. "외상으로 물건을 배달해주고 대금은 나중에 받는 식의 상점이었습니다. 할아버지는 1층과 2층 사이의 중층에 앉아 계셨습니다. 실은 그분이 대장이었죠. 이런 저런 명령을 내렸습니다. 일은 어니스트 할아버지의 아들인 프레드 삼촌이 다 했지요."

상점은 삐걱거리는 나무 바닥, 회전하는 선풍기, 바닥에서 천정까지 닿는 목재 선반으로 꾸며져 있었다. 손님이 선반 높이 있는 통조림을 원하면 젊은 점원이 바퀴 달린 사다리로 그곳까지 이동해서 통조림을 꺼냈다. 상점에서 일하는 아이들은 포장을 풀고, 상품을 선반에 채우고, 농산물 보관함을 깨끗이 털고, 오마하 안방마님들께 식료품을 배달하고, 바닥을 쓸었다. 찰리는 주말마다 "노예처럼" 일했다. 그의 설명에 따르면 "아침에 문 열 때부터 밤까지 더럽게 바빴다."[13]

워런의 사촌형 빌 버핏이 늦게 오는 날이면, 백발의 우람한 어니스트 할아버지는 중층에서 서서 시계를 쳐다보며 이렇게 그를 환영했다. "빌리, 도대체 몇 시인 줄 아는 거니?"

어니스트 버핏은 엄격한 고용주였고, 정치적인 견해도 강했다. "쉬는 시간 없이 12시간 꼬박 일을 시키고 2달러를 지불했습니다. 사회보장제도가 시행되자 거기에 돈을 납입한다면서 아이들에게 2센트씩 내라고 하셨지요." 찰리가 말했다.[14]

매일 일을 마치면 찰리는 어니스트에게 2센트를 내고 2달러를 받았고, 덤으로 사회주의의 악행에 대한 일장연설도 들었다.

멍거는 당시를 이렇게 표현했다. "버핏 가족의 상점은 사업이 무엇인지에 대한 아주 바람직한 첫 경험을 제공해준 셈이었지요. 오랜 시간 힘들게 빈틈없이 일을 하면서 나를 포함해 (그리고 나중에는 어니스트의 손자인 워런도) 젊은 일꾼들 대다수는 좀더 쉽게 일을 하고 즐거운 마음으로 잘못된 점을 개선해야겠다는 생각을 하게 되었으니까요."[15]

워런의 삼촌 프레드 버핏은 한때 오마하에서 가장 인기 있는 사람으로 뽑힌 적이 있었다. 1946년 어니스트가 세상을 뜨자 프레드가 상점을 물려받았다. 1960년대까지 버핏의 잡화점은 전화 주문을 받았고 가가호호 배달해주는 서비스도 계속했다. 100년 넘도록 버핏 집에서 3대에 걸쳐 운영했던 이 식료품점은 1969년에 프레드를 끝으로 문을 닫았다.

식료품점이 있던 건물은 골동품 가게들에 둘러싸인 채 지금도 던디 지역에 남아 있다.

찰리 멍거가 아홉 살이었을 때 대통령에 당선된 프랭클린 루스벨트는 뉴딜 정책을 시행했고 금주법을 폐지했다. 찰리가 14세였을 무렵 오손 웰즈Orson Welles는 지나치게 현실감 있는 라디오 방송 〈우주 전쟁〉으로 미국 전체를 공포에 떨게 했다. 멍거가 열다섯이 되었을 때 히틀러의 나치 부대가 폴란드를 침공했다. 찰리를 고향 네브래스카에서 멀리 떠나보낼 극적인 변화가 세계 곳곳에서 발발하고 있었다.

04
전쟁에서 살아남는 법

아버지는 포커 플레이어입니다. 감추기를 좋아하죠. 저희가 어렸을 때조차
다른 말은 전혀 없으시고 그저 "두고 보면 알겠지. 두고 보자꾸나"라고 말하곤 했죠.
대답하고 싶지 않은 질문을 받으면 그냥 못 들은 체 했습니다.
— 몰리 멍거

멍거를 할아버지로 둔 (일곱 살에서 열 살 정도로 보이는) 찰스 로웰과 너새니얼, 그리고 이웃 별장에서 온 꼬마들이 멍거의 스타아일랜드 메인 하우스 3층 다락방으로 통하는 계단을 오르내린다. 동네 꼬마들은 거기에 요새를 세우고 비밀 클럽을 만들었다.

이 화창하고 나른한 8월의 어느 날, 캐스 호의 멍거 별장에서 아이들은 수백 년 동안 그 옛날에 아이들이 했던 놀이를 한다. 정교한 규칙 아래, 가상의 적을 상대로 습격을 계획하여 영토를 점령하는 놀이다. 이 놀이에서 재잘거림은 약방의 감초다. 한 꼬마가 외친다. "좋은 생각이 떠올랐어!" 아이들이 토론 끝에 그 계획으로 좋다고 찬성하기가 무섭게 어린 너새니얼 멍거가 소리친다. "나한테 더 좋은 생각이 떠올랐어." 작전회의를 처음부터 다시 시작한다. 너새니얼에게는 언제나 더 좋은 아이디어가 있다.

요새를 강화하고 침입자를 저지시키기 위해 아이들은 세 번째 층계참 위에 의자와 서류가방 여러 개로 담을 쌓았다. 너새니얼이 1층으로 정찰조를 파견하기로 결정할 때까지는 만사가 순조롭다. 그런데 갑자기 덜커덩 소리가 나더니 의자며, 서류가방이며, 너새니얼까지 전부 굴러 떨어진다.

찰리 멍거는 책에서 눈을 떼고 위를 흘낏 보며 귀를 기울인다. 고함을 치는 너새니얼, 멍한 표정으로 쿵쾅거리며 달려오는 아이들, 그리고 다친 아이는 없는지 확인을 하러 허겁지겁 뛰어오는 어른들. 하늘이 도왔는지 너새니얼은 뼈도 부러지지 않았고 멍도 하나 없다. 주위 사람들의 주목을 받자 너새니얼은 금세 울음을 멈춘다. 식구들은 할아버지에게 아무런 피해가 전혀 없었다고 보고한다. 찰리는 다시 책으로 눈을 돌리며 중얼거린다. "그럴 것 같았어." 너새니얼은 친구들한테 계단에서 굴러 떨어졌는데 한 군데도 다치지 않았다고 으스대는 중이다.

1940년대는 미국은 물론이고 멍거 집안에도 혼란과 변화를 불러왔다. 앨과 투디의 아이들이 성장하고 있었으므로 몇 가지 변화는 예견된 것이기도 했다. 전쟁의 굉음이 대서양 저편에서 들려오고 있을 때 처음에는 찰리, 다음에는 메리, 그리고 캐럴이 대학에 입학했다. 이 자연스러운 변화의 와중에 피할 수 없는 끔찍한 운명과 같은 일이 일어났다. 미국이 제2차 세계대전에 휘말린 것이다.

찰리는 17살이 되던 1941년에 수학 전공으로 미시간 대학에 입학했고, 이후 몇 번의 방문을 제외하고는 다시는 오마하에 돌아오지 않았다. 메리 멍거는 파사데나의 스크립스 대학Scripps College에 갔지만, 캐럴은 아버지의 전철을 밟아 당시 명목상 하버드의 여성 대학인 래드클리프 대학에 갔다.

미시간 대학이 있는 앤아버Ann Arbor 시에서 찰리와 네브래스카 출신 룸메이트인 존 앵글을 비롯한 학생들은 빙 크로스비의 노래를 듣고, 앳된 베티 데이비스의 영화를 보며 학문의 새 지평을 탐험했다. 물리학을 처음 접한 찰리는 당시 심정을 이렇게 표현했다. "제게는 눈이 번쩍 뜨이는 발견이었습니다." 비록 그 수업은 초급 과정에 불과했지만 멍거는 문제해결에 대한 물리학자 식의 접근방법을 평생토록 잊지 않았다.

"언제나 가장 기본적인 방법 안에서 해답을 찾는 전통이지요. 이 위대한 전통은 우리의 시간을 아껴줍니다. 그리고 물론 세상의 문제는 풀기 어렵기 때문에 우리는 소위 말하는 부지런함을 배워야 합니다. 으음, 저는 그 말이 늘 마음에 들었어요. 그것은 제게는 문제를 다 풀 때까지 엉덩이를 붙이고 앉아 있어야 한다는 의미니까요."

멍거는 자신이 세상을 다스리든 아니든 그럴 자격을 가진 사람이라면 누구든 필히 물리학을 배워야 한다고 말한다. 물리학은 생각하는 방법을 가르치기 때문이라는 것이다.

"나는 전문 과학자도 아마추어 과학자도 아니지만 과학에 심심한 감사를 표합니다. 과학에 쓰인 방법은 과학 이외의 분야에서도 쓸모가 많습니다."

하지만 그는 미시간 대학에서 오랫동안 평온하게 학문에 전념할 운명은 아니었다. 다가올 전쟁의 기미에 미국인들 대다수는 심란했다. 유럽에서는 정치적인 긴장감이 고조되고 있었고, 찰리가 대학에 입학한 지 몇 개월 되지 않은 1941년 12월 7일, 진주만에 주둔 중이던 미 해군 함대가 기습공격을 받았다. 제2차 세계대전의 긴박한 상황은 많은 대학생을 학교에서 군대로 내몰았고 찰리도 예외는 아니었다. 그는 1942년 말까지 미시간 대학에 있다가 열아홉 번째 생일이 지나고 며칠 후에 입대했다.

찰리가 군인이 되었을 무렵 유럽과 아프리카, 태평양 각지에서 전쟁이 진행 중이었다. 고등학교와 대학에서 도합 6년간 ROTC였던 찰리는 행군이 지겨웠다. 그래서 그는 보병은 되지 않을 작정이었고 운 좋게도 미 육군항공대에 입대할 수 있었다.

찰리의 모친은 겉으로는 아무렇지도 않은 척 행동했지만 사실은 외아들 걱정에 노심초사였다고 캐럴 에스터브룩은 전한다. 분명 앨 멍거도 걱정되기는 마찬가지였겠지만 그는 집에서 전쟁에 일조하기로 결심했다. 결과적으로 볼 때 2차 대전은 찰리의 아버지에게는 흥미진진한 기간이기도 했다. 그는 커다란 빅토리 가든*을 일구었고 조카 한 명을 고용해서 같이 작업했다. 그러다가 파트너 한 명을 만났다. 그 지역 예수회 대학의 교수이자 수도사로 약간의 땅을 소유하고 있는 사람이었다. 두 사람은 베이컨과 돼지고기를 자급할 계획으로 같이 돼지를 쳤다. 당시에는 해외 주둔 중인 군대에 많은 고기를 보내고 있었기에 시중에서는 고기를 구하기가 어려웠다. 하지만 돼지가 다 컸을 때쯤에는 식량 배급제가 끝나고 돈육 제품도 정상 가격에서 구할 수 있었다.

찰리가 껄껄 웃으며 말했다. "아주 비싼 베이컨이었습니다. 아마도 아버지는 그냥 좋아서 돼지를 키웠던 것 같다는 생각이 들어요."

군대에 처음 입대했을 때 멍거는 일반 사병이었지만 훈련을 받으면서 자신의 앞날에 대해 생각했다. "유타의 육군 훈련소 이등병 시절 진흙투성이에다가 눈까지 오는 매우 불쾌한 여건 속에서 누군가에게 이런 얘기를 한 기억이 납니다. 아이도 많이 낳고 싶고, 책이 가득한 집에 살고 싶

---

* 전쟁 중에 식량 부족 사태를 극복하기 위해 집에 꾸민 텃밭.

고, 자유를 만끽할 수 있을 만큼 돈도 충분히 벌고 싶다고 말입니다."

미 육군성 분류 시험을 친 멍거는 점수가 120점이면 장교가 될 수 있다는 사실을 알게 되었다. 찰리의 점수는 그보다 월등히 높은 149점이었다. 곧 그는 소위로 진급했다.[1]

그는 처음에 앨버커키의 뉴멕시코 대학으로 파견되었다가 이후에 캘리포니아의 파사데나Pasadena에 있는 캘리포니아공대(캘텍)에 기상전문가 교육을 받으러 갔다. 쉽게 말해 그는 기상캐스터가 될 예정이었다. 찰리는 파사데나 주위를 한번 돌아보고는 이 새로운 환경이 마음에 들었다.

파사데나는 스페인 식민지 양식의 저택들이 많고, 물결치는 자줏빛 자카란다와 향긋한 유칼립투스와 후추나무 그늘이 진 우아하고 고풍스러운 고장이다. 100년 전에 도시를 세운 중서부인들은 고향과 비슷한 분위기를 풍기는 장엄한 교회와 문화 시설들을 지었다. 스모그 같은 공해 문제는 아직 없었고, 샌가브리엘 산맥San Gabriel Mountains은 손을 뻗으면 닿을 것만 같았다. 서쪽으로는 약동하는 이국적인 대도시 로스앤젤레스가 뻗어 있었다.

"남캘리포니아는 완전히 달랐습니다. 제가 사랑하는 오마하보다 더 크고 흥미진진한 곳처럼 보였지요." 멍거는 그렇게 전한다.

캘텍에서 멍거가 만난 룸메이트 세 명은 그에게 좋은 인상을 남겼다. 첫 번째 룸메이트인 헨리 마그닌은 영향력 있는 개혁 유대교 랍비의 아들이었다. 두 번째 룸메이트는 천재만 가르치는 것으로 유명한 음대 교수의 아들이었고, 다른 룸메이트는 과학자와 발명가로 이름난 가문 출신이었다. 멍거는 그들에 대해 이렇게 회상했다. "이 친구들 모두 캘리포니아 사람들이었습니다. 흥미 있는 집안 출신의 흥미 있는 친구들이었지요."

기상캐스터 훈련을 끝낸 후 멍거의 다음 복무지는 춥고 어두운 알래스카였지만 그는 그곳이 그다지 위험하지 않았다고 설명한다. 찰리는 자신의 경험은 다른 사람들이 처했던 위험에 비해 사뭇 대조적이었음을 언급했다. 제2차 세계대전에서 미국인 사상자는 사망 29만 2,000명 · 부상 6만 7,200명 · 전쟁포로나 실종이 14만 명으로 집계되었다.

전쟁으로 교육이 중단되었지만 다른 사람과 달리 찰리 자신은 전쟁으로 인해 큰 영향을 받지는 않았다. "2차 대전에서 지인 열다섯 명이 사망했지만 사실 아주 잘 알던 사람들은 아니었습니다. 1차 대전의 유럽인이나 남북전쟁의 미국인들이 그랬던 것처럼 한 세대의 젊은이 전부가 사망한 것은 아닙니다. 나는 전쟁터 근처에도 가지 않았습니다. 알래스카의 놈Nome 시에 주둔해 있었으니 간다고 해도 작전 지역에서 그리 멀리는 못 갔을 겁니다."

대공황에서 가난과 비참함을 면할 수 있었던 것과 마찬가지로 멍거는 중요한 비전투 임무 수행을 하면서 전쟁을 비껴갈 수 있었다. 대신 몇 년의 군 생활 동안 카드놀이 기술을 갈고 닦았는데 훗날 아주 요긴하게 써먹을 수 있었다.

찰리는 이렇게 말한다. "군대에서 포커를 연습한 것이 신참 변호사로서 가져야 할 사업 수완을 다듬어준 셈이었습니다. 명심해야 할 것은 수가 불리할 때에는 일찍 접어야 하고, 호기다 싶으면 그런 기회가 자주 오지 않으니까 단단히 지원을 해야 한다는 것입니다. 기회는 옵니다. 하지만 자주 오지는 않으니 왔을 때 꽉 붙잡아야 합니다."

멍거가 캘텍으로 배치받았을 때 우연히도 같은 시기에 동생 메리 역시 인근의 스크립스 대학에 입학했다. 그녀는 찰리에게 낸시 허긴스Nancy Huggins라는 동급생을 소개했다. 낸시의 가족은 파사데나 부유층을 상대로 구두 가게를 하고 있었다. 나라 전체가 전쟁으로 신음하고 있었고, 기나긴 이별 또는 영원한 이별의 불안 속에서 두 사람은 로맨스를 꽃피웠다. 젊음, 전쟁, 로맨스라는 세 가지 요소는 흔히 예측할 수 있는 결과를 낳았다.

낸시 허긴스에 대한 몰리의 설명은 이렇다. "처음에 낸시는 스크립스 대학에 다녔죠. 그녀는 허긴스 집안 출신의 활달한 미인이었습니다. 고집도 세고 제멋대로인 면도 있었죠. 그녀는 다소곳하고 침착하며 책을 끼고 사는 오마하에서 온 여자와 같은 방을 썼어요. 이 오마하 여자에게는 미시간대학에 다니는 오빠가 있었죠. 이 오빠는 캘텍으로 오게 되었어요. 두 사람은 말 그대로 후다닥 결혼을 했죠. 남자 나이 스물하나, 여자 나이 열아홉. 뜨거운 청춘의 두 사람은 결혼이 무엇인지도 몰랐어요. 전쟁의 한복판에 있었던 젊은 그들은 중대한 실수를 했던 거죠."

그들의 결혼이 판단 착오였다는 사실이 겉으로 드러나기까지는 몇 년이나 걸렸다. 그 사이에 멍거 부부는 전후의 여느 젊은 부부와 마찬가지로 제대군인원호법*의 지원 아래 학교를 다니고 가정을 꾸렸다.

이때쯤 멍거는 여러 대학교를 다니고 상급 과정도 들었지만 대학 졸업장은 따지 않은 상태였다. 하지만 이 야심찬 스물두 살의 청년은 그것 때문에 위축되지는 않았다. 그의 아버지가 그랬듯 제대하기도 전인 1946년에 미국에서 가장 유서 깊고 저명한 로스쿨인 하버드에 지원 서류를 냈다. 가문의 전통을 잇고 있었지만 그의 자질로 볼 때에도 법률이 가장 맞는 분야처럼 보였다.

멍거가 설명했다. "군대에서 검사 두 가지를 받았습니다. 지능 검사와 기술적성 검사였습니다. 지능 검사에서 고득점을 받았지만 기술적성 검

---

*GI Bill: 2차 대전이 끝난 후 미국 정부는 제대군인을 대상으로 학자금과 생활비를 지원했다.

사에서는 그보다 훨씬 낮은 점수를 받았습니다. 제가 이미 알고 있던 사실을 다시 입증한 셈이었지요. 제 경우에는 공간 지각 능력이 평균에 못 미쳤습니다. 그 시절 제가 의대를 갔더라면 뛰어난 외과의는 되지 못했을 겁니다. 아버지의 친한 친구인 데이비스 박사는 유명한 외과의였지요. 그 분한테는 제가 갖지 못한 굉장한 기술적 능력이 있었습니다."

첫 전공이었던 수학에서는 우수한 능력을 보였지만 그렇다고 최고의 교수들만큼 재능이 출중하지는 않다는 것은 찰리 본인도 잘 알고 있었다. 그는 캘텍의 호머 조 스튜어트 열역학 교수가 교실에 성큼 들어와서는 몇 시간 동안이나 손을 빠르게 놀리며 칠판에 복잡한 수식을 적으면서 속사포처럼 거침없이 강의를 하던 기억을 떠올렸다. 찰리는 자신이 그 정도로 뛰어난 교수는 될 수 없으며, 호머 조 스튜어트 교수 정도는 되어야 저명한 대학교수가 될 수 있음을 깨달았다. 최고가 될 수 없는 분야에 뛰어든다는 것은 찰리로서는 생각도 할 수 없는 일이었다.

부친인 앨 멍거가 하버드 로스쿨을 졸업하기는 했지만 그곳이 찰리를 두 팔 벌려 환영하지는 않았다. 멍거는 이렇게 설명했다. "로스쿨 학장인 워런 애브너 시비Warren Abner Seavy가 반대를 해서 집안의 지인인 로스코 파운드Roscoe Pound 씨의 중재를 통해 입학할 수 있었습니다."

네브래스카 출신인 파운드는 하버드 로스쿨의 전 학장이었다. 대학자인 파운드는 혼자서도 더 나은 결정을 할 수 있다고 판단하고 있기 때문에 학장으로서 교직원 회의를 소집하는 일은 거의 없다는 얘기는 이미 들은 바 있었다. 집안사람들이 입학을 거부당한 멍거에게 파운드와 의논해보라는 충고를 했을 때, 그는 시비 학장으로부터 먼저 일반 대학을 졸업하고 오면 로스쿨 입학을 허락해줄 것이라는 통보를 받은 참이었다. 찰리는 친척들의 충고에 "그럼 만나보죠"라고 대답했다.

찰리의 부탁을 받은 파운드는 그가 이미 수료한 과목 성적표를 검토했다. 긍정적인 결론을 내린 파운드는 신임 로스쿨 학장에게 연락해서 멍거의 입학을 허락하도록 했다.[2]

하버드의 유연한 결단은 틀리지 않았다. 찰리는 입학 첫 해가 끝날 무렵 동급생 중에서 두 번째로 우수한 성적을 거두고 시어스로벅Sears Roebuck에서 주는 장학금 400달러를 받았다. 하지만 그 때를 돌아보면서 찰리는 자신이 하버드 로스쿨에서 공부할 준비는 충분했지만 인생에서는 그렇지 못했다고 말한다.

"저는 제대로 교육도 받지 않은 상태에서 하버드 로스쿨에 들어갔죠. 산만한 공부 습관에 대학 졸업장도 없었습니다."[3]

시즈캔디 75주년 기념식에서 멍거와 버핏은 거의 한 시간 동안 청중에게 질문을 받았다. 시즈캔디 직원 하나가 두 사람에게 학교에서 얻은 가장 중요한 경험은 무엇이었냐고 물었다.

멍거가 답변했다. "나는 학교를 서둘러 졸업했습니다. 내가 (이상적인 교육의) 좋은 본보기는 아닌 것 같군요. 그리고 워런, 자네도 아니긴 마찬가지라네. 나는 책을 통해 독학하는 쪽입니다. 평생 그렇게 공부해왔습니다. 나는 살아 있는 스승들보다는 죽은 유명인들이 더 마음에 들더군요."[4]

버핏은 대학 시절 자신의 목표는 "대학에서 벗어나기"였다고 고백했다. 그는 하루바삐 인생의 궤도에 서서 투자자로서 경력을 시작하고 싶었다. 하지만 콜럼비아 대학원에 다닌 것과 전설적인 투자자 벤저민 그레이엄 밑에서 공부할 수 있었던 것은 그가 인생에서 얻은 가장 중요한 경험이었다고 덧붙였다.[5]

찰스 멍거는 스스로를 가리켜 철면피가 구단이라고 표현한 적이 있었는데 아마도 그런 성향이 역경을 이기는 데 큰 힘이 되었을 것으로 보인다.[6] 판사와 기업 변호사 집안에서 성장했기에 그는 평생 동안 법률적인 사고방식 속에서 살았다. 또한 멍거는 오만하게 비칠 정도로 독선적이었다. 어떤 교수가 미처 준비하지 못했던 질문을 던졌을 때 멍거는 이렇게 대답했다. "아직 그 사건을 읽지 않았습니다만 관련 사실을 알려주시면 제 법률적 소견을 말씀드리겠습니다."[7]

나중에 가서야 멍거는 후일 그런 식의 대화법은 어리석을 뿐 아니라 인생의 발전에도 방해가 된다는 것을 깨달았다. 그 사건을 회상하며 멍거는 자신이 왜 그렇게 버릇없이 굴었는지는 모르겠지만, 짐작컨대 어느 정도 죽이기는 했지만 완전히 없애지는 못한 유전적인 요인 때문인 것 같다고 말한다. 그는 겸손이 손을 내밀 때 자신은 문 뒤에 숨어 있었던 것이 분명하다고 시인했다.

로스앤젤레스에서 성공한 투자 고문이자 찰리의 하버드 로스쿨 동기인 헨리 그로스는, 지인이 찰리를 가리켜 성공하더니 거만해졌다고 지적하자 찰리를 이렇게 변호해주었다. "얼토당토않은 소리였습니다. 나는 찰리가 젊고 가난했던 시절부터 알고 지낸 사이입니다. 그 친구는 늘 거만했습니다."

멍거가 대단히 거만하고 민감한 사람인 것은 맞지만, 유연함을 잃지 않는 의견으로 위기를 헤쳐나간다. 코스트코의 사장이자 CEO인 제임스 시네걸은 이렇게 말한다. "찰리에게는 정해진 의제가 없습니다. 다른 사람이 자신의 생각을 받아들이지 않는다고 해서 못마땅해 하지도 않습니다. 그는 대화로 의견 차이를 조정할 준비가 언제든 되어 있거든요."

하버드 시절에 몰리 말고 다른 여동생이 가까이에 있었다. 캐럴이 래드클리프 대학에 왔던 것이다. 캐럴이 말했다. "제가 두 사람의 첫 아이인 테디를 돌봤어요. 전 아이한테 패블럼*을 물도 안 타고 먹일 정도로 아기에 대해 잘 몰랐어요. 테디는 잘 받아먹더군요. 다행히 별 탈은 없었어요."

찰리는 매사추세츠에서 태어난 첫째 딸 몰리를 병원에서 좁은 학생 기숙사로 데려왔다. "밤마다 딸아이의 침대를 욕조로 옮겼지요. 조그만 아기침대라서 그 안에 꼭 맞았습니다."

하버드에서도 찰리는 오마하에서 중고등학교를 다닐 때와 마찬가지로 사교성을 발휘했다. 그는 여러 부류의 사람과 친분을 넓혀나갔다. 멍거는 후일 유타 대학의 로스쿨 학장이 된 월터 오버러Walter Oberer와 함께 하버드 로스쿨의 학술지인 「하버드 법률 리뷰Harvard Law Review」에서 함께 일했다. 한번은 하버드 중앙도서관인 와이드너 도서관Widener Library 아래층에서 어떤 유럽 학자가 쓴 과장된 기고문에 나온 인용구를 확인하느라 여러 날을 보내기도 했다. "나흘이 지나고 나니까 오버러가, 지금의 상황이 50도로 푹푹 찌는 컨테이너 안에서 끼니벌이를 해야 하는 부랑자와 함께 날품팔이 짐꾼 일을 할 때를 떠올리게 한다고 말하더군요. 결국 그 부랑자는 곡물 자루를 획 집어던지더니 '빌어먹을. 죄수 노동도 이것보단 낫겠다' 라며 가버렸다더군요. 하지만 오버러는 「하버드 법률 리뷰」를 떠나지 않고 끝까지 해냈습니다. 하지만 얼마 안 있어 제가 그만뒀습니다. 그 부랑자처럼요."

멍거는 1948년에 로스쿨을 졸업했다. 같은 해에 졸업한 동기로는 예일 대학 학장이 된 킹맨 브루스터, 로스차일드 법률 회사를 설립한 에드 로스차일드, 시카고의 스티븐과 배리, 그리고 뉴욕의 유명 변호사가 된 조

---

*물에 타서 먹이는 유아용 분말 식품.

섭 플롬이 있었다. 찰리는 졸업생 335명 중에서 마그나 쿰 라우데 magna cum laude의 영예에 들었던 12명 중 하나였다.

그는 오마하로 돌아가서 변호사 개업을 하는 문제에 대해 부친과 상의했지만 그곳에 찰리에게 유리한 인맥이 있음에도 앨 멍거는 반대 의사를 표했다. 앨은 오마하가 찰리가 놀기에는 너무 작은 우물이라고 생각한 것이 분명했다. 비록 오마하가 소도시임에도 유니온-퍼시픽 철도회사 Union-Pacific Railroad의 본부, 몇 개의 농업 법인, 수많은 보험회사가 있기는 했지만 찰리가 변호사로서 커나갈 만한 도전거리는 부족한 곳이었다.

게다가 찰리는 파사데나와 그곳에서 만난 캘리포니아 사람들에게 매료된 상태였다. 찰리, 낸시, 그리고 두 사람의 늘어나는 가족은 서부로 향했다.

앨 멍거는 개인적으로는 과거 캘리포니아에서 실망한 경험이 있기는 했지만 찰리의 캘리포니아 행을 승낙했다. 앨은 제1차 세계대전 직후 새로 정착할 곳을 물색할 목적으로 로스앤젤레스를 방문한 적이 있었다. 물과 녹지가 부족한 환경에 소름끼친 그는 "이 도시에는 미래가 없다"고 단정하고 네브래스카로 돌아왔다. 그리고 이제 장성한 그의 아들은 그와는 반대의 결정을 내린 것이다.

멍거의 자식들조차도 찰리가 미국에서 가장 비전통적인 도시의 한복판에 정착한 것을 두고 이상하게 생각했다.

찰리 멍거의 아들인 배리는 이렇게 지적한다. "아버지는 마크 트웨인과 벤 프랭클린의 팬입니다. 전형적인 중서부 사람인 셈이죠. 아버지는 바닷가 체질과는 거리가 먼 사람입니다. 하지만 LA는 급속도로 성장하는 대도시였고 아버지의 사업 활동과 교차하는 면이 많았습니다. 파도타기가 좋아서 거기로 이사 간 건 아니었습니다. 아버지는 산을 좋아하거든요."

그렇지만 주택과 친구에 관해서라면 찰리는 모험가적 소양을 지니고 있다. 찰리에게 로스앤젤레스는 합리적인 판단에서 내린 선택이었다.

"나는 현재 있는 곳에 대해 불평을 늘어놓는 사람은 아닙니다. 앨버커키도 마음에 들었어요. 전쟁 중에 몇 달을 보낸 테네시의 내슈빌도 좋았어요. 보스턴도 살아볼 만한 도시라고 생각했어요. 하지만 1948년의 보스턴에는 근친 결혼이 심했습니다. 출세하기엔 힘든 도시였어요. 로스앤젤레스라면 고속으로 출세하겠다 싶었지요."

그의 말은 적중했다. 로스앤젤레스는 놀라운 속도로 성장했다. 도시 면적이 1,290.6평방킬로미터에 달하는 로스앤젤레스는 20세기가 끝날 무렵에는 350만 시민이 거주하는 도시로 탈바꿈해 있었다. 도시 경계 내에서만 규모가 그 정도였다. 로스앤젤레스 카운티 전체를 다하면 도시가 80개, 주민이 1천만에 이르렀다.

멍거의 보수적이고 중서부적인 사고방식에도 불구하고 오랜 지기인 오티스 부스는 이렇게 말했다. "찰리는 특별히 눈에 띄는 사람은 아니었습니다. 오늘날의 로스앤젤레스는 온갖 종류의 사람들로 가득하지만 초창기에는 유독 중서부 사람들이 많았거든요."

처가가 남캘리포니아라는 것은 전혀 문제가 되지 않았던 것 같다. 찰리는 "아내와 그 문제에 대해 상의한 적은 없는 것 같군요"라고 말했다.

한편 몰리 멍거의 말로는 찰리가 기업가적인 처가 사람들에게 흥미를 느끼고 있었기에 근처에 사는 것도 마다하지 않았다고 한다. "아버지는 허긴스 집 사람들을 언제나 좋아했어요. 그들이 구두 가게로 이룬 성공에 존경을 표하면서 탄복해 마지않았죠. 그들의 생활방식과 쾌활함을 마음에 들어 하셨어요. 그들은 성공한 사람들이었고 긍정적인 사고방식을 갖고 있었죠. 아버지는 그들이 훌륭한 사업을 하면서 일처리도 훌륭하게 해낸다고 말했어요."

찰리와 마찬가지로 낸시 허긴스도 오래 전에 뉴잉글랜드에 정착한 가문의 후손이었지만 허긴스 집안은 멍거 집안과는 여러모로 달랐다. 몰리에 설명에 따르면 그녀의 증조모는 "총명하고 부지런한" 여성이었고, 고등학교에서 대수학을 배운 최초의 여학생이었다고 한다. 그녀는 1890년 파사데나에서 구두 외판원이었던 몰리의 증조부 프레드 허긴스와 결혼했다. 그 무렵의 파사데나는 껌 제조업체인 리글리Wrigley의 상속자를 비롯하여 중서부 출신 백만장자들의 명소였다. 허긴스 부부는 가게를 냈는데 아내는 장부를 기록하고 남편은 구두를 판매했다. 나중에 그들은 샌타바버라와 팜스프링스에 분점을 냈다. 후일 파사데나의 사우스 레이크 거리에 있던 본점은 팔렸지만 외동딸인 낸시 허긴스는 매각할 때 발행된 주식을 물려받았다. 몰리는 "우리가 받은 그 주식은 아직도 값어치가 있어요"라고 말했다.

사업적 안목도 그러했지만 허긴스 집안은 생활방식도 세련된 편이었다. 몰리가 말했다. "술을 잘 마시고 흥겹게 시간을 보낼 줄 알고 결혼 생활도 순탄했어요. 동기간에 우애도 좋았지요. 부모가 아들들한테 턱시도 한 벌을 사준 일이 있었는데, 형제들끼리 돌려 입으면서 근사한 파티에 참석하곤 했죠."

이 활기찬 환경으로 돌아온 찰리는 1949년 캘리포니아 주 변호사 자격을 취득했다. 그는 로스앤젤레스 법률회사인 라이트 앤드 개릿Write & Garrett에 입사했고, 이 회사는 후일 뮤직 필러 앤드 개릿Musick, Peeler & Garrett으로 개명했다. 그 회사는 법조계에서 명망이 높은 곳이었으나 도시 내 타사에 비해 규모는 작은 편이었다. 찰리의 초봉은 월 275달러였다. 당시로서는 풍족한 보수였고 그는 1,500달러를 모을 수 있었다.[8]

캘리포니아에서 자리를 잡은 후에, 멍거는 오마하에 있었더라면 만났음직한 사람들을 중심으로 인맥을 형성하기 시작했다.

그는 대개 법조계 인사들과 가깝게 지냈다. 찰리는 캘리포니아의 유서 깊은 가문이나 중서부의 가문들과 교류를 하며 한결 나은 기후 조건 속에서 그들의 문화를 재현하고자 노력했다. 그는 서서히 각종 사교 모임에 참석하면서 인맥을 한층 넓혀나갔는데, 시내의 신사 전용 고급클럽인 캘리포니아 클럽, 로스앤젤레스 카운티 클럽, 비치 클럽 등이었다.

찰리의 부모는 대공황의 슬픔으로부터 아들을 보호해주었다. 운 좋게도 그는 2차 대전의 전쟁터에서도 멀리 떨어져서 복무할 수 있었다. 하지만 그의 운은 다하고 말았다. 1950년대는 미국 역사상 가장 좋았던 시기로 꼽히지만 멍거는 한 치의 의심도 없이 인생에서 가장 쓴 경험으로 걸어 들어갔다.

웬디 멍거가 말했다. "(부모님이 갈라섰을 때) 저는 아주 어렸어요. 아버지가 집에서 생활하셨는지는 기억나지 않지만 주말만 되면 우리를 데리러 온 것은 생생하게 기억해요. 이혼은 끔찍한 사건이에요. 테디는 아홉 살에 하늘나라로 갔고, 저는 다섯 살이고 몰리는 일곱 살이었어요."

당시 머리가 제법 굵었던 몰리는 1953년 부모가 이혼했을 때 일어난 일의 대부분을 기억한다. 찰리와 첫 번째 낸시 모두 너무 어린 나이에 결혼을 했다. "(그 때에는) 두 분이 서로 언성을 높이면서 다퉜어요. 두 분이 행복과 거리가 멀었다는 것은 자명한 사실이었어요." 그리고 두 사람은 더 이상 한 지붕 아래 살 수 없는 지경에 이르렀다. "두 분은 당시 상황을 모범적으로 수습했어요. 부모님은 구구절절 옳은 말만 하셨어요. 엄마와 아빠는 헤어져야 한단다, 우리는 너희를 사랑한다, 그리고 앞으로도 그것은 변함이 없을 거라고 하셨지요."

비록 웬디 멍거는 당시 유치원생에 지나지 않았지만 부모의 결혼이 깨졌을 때 한 가지만은 확실히 느꼈다. "이혼이 아버지의 책임은 아니었다는 거죠. 그렇지만 (왜 헤어졌는지는) 모르겠어요. 이 세상에서 두 분처럼 어울리지 않는 부부는 찾기 힘들 거예요. 결혼했을 때 두 분은 그저 너무 어렸던 거죠."

대부분의 가족이 그렇듯 아이들은 부모 사이에 화해할 수 없는 차이가 왜 생겼는지 완전히 이해하지는 못했다. 한쪽은 진지한 젊은 변호사, 다른 한쪽은 자유분방한 정신의 소유자였다. 하지만 아이들은 이혼의 결말이 무엇인지 곧 이해할 수 있었다.

"아버지는 이혼으로 모든 것을 잃으셨어요." 몰리는 말을 이었다. 그녀의 어머니가 사우스 파사데나 집에 남고 찰리는 나가는 쪽을 택했지만 그는 아이들의 아버지로서 여전히 노력을 아끼지 않으면서 자식들의 행복을 위해 최선을 다했다.

몰리는 그때를 떠올리며 말했다. "이혼이 확정되었을 때 테디는 아빠하고 살겠다고 말했지만, 실제로 그렇게 하지는 않았죠."

멍거는 캘리포니아에 있긴 했지만 캘리포니아 방식보다는 오마하에서 배운 규칙을 따르며 그 시절을 이겨나갔다. 몰리가 말했다. "아버진 유니버시티 클럽의 독신자 하숙 아파트에서 살았어요. 하지만 아버지로서의 책임감에는 조금의 느슨함도 없었어요. 아버지는 토요일마다 우리를 보러왔어요. 토요일마다 행복해하셨죠. 우린 아버지와 함께 동물원 구경을 가거나 조랑말을 타거나 아버지 친구네로 놀러갔어요. 1950년대에 이혼은 흔치 않았어요. 우린 정신적인 충격을 받은 삶과 그렇지 않은 삶을 의식적으로 비교하고 또 비교했죠. 아버지는 낡아빠진 노란색 폰티악을 몰앉어요. 옷은 멋지게 차려입었지만, 그 차 때문에 주머니에 돈 한 푼 없는 사람처럼 보였어요. 그 노란색 폰티악은 값싼 곳에서 도색을 한 티가 났어요. 한번은 유니버시티 클럽 주차장에 주차된 차를 향해 가면서 '아빠, 이 차 정말 끔찍해요. 이 차 왜 몰고 다녀요?' 라고 투덜대니까 아버지는 우스갯소리로 답했어요. '부자를 찾아다니는 여자들을 떨쳐내기 위해서지.'"

찰리와 첫 번째 낸시가 이혼한 지 얼마 되지 않았을 때 아들 테디가 백혈병으로 위독하다는 소식을 들었다. 예전에 같은 병으로 테디의 외조부도 목숨을 잃었다. 찰리는 이 소식에 깜짝 놀랐다. 그가 겪었고 꿈꾸었던 모든 것을 뒤집는 사건이었다. 몰리가 말했다. "아버지는 아들이 있다는 것이 무엇인지 사랑스러운 아버지가 되는 것이 무엇인지 알고 있었고, 다시 그렇게 할 작정이셨던 거죠. 하지만 적어도 테디와는 그렇게 될 수 없는 운명이었어요."

테디 멍거가 중병에 걸렸을 때 찰리와 그의 아내는 최고의 병원을 찾아다녔다. 아이는 회복될 가능성이 제로에 가까운 혈액 질환을 앓고 있었다. 오늘날의 의료 기술로는 백혈병에 걸린 어린이가 완전히 회복될 가능성은 매우 높다.

할 보스윅이 말했다. "아시다시피 1950대 초엽이었습니다. 당시 의료진은 백혈병에 속수무책이었죠. 아무것도 할 수 없었습니다. 골수이식은 꿈도 꿀 수 없었죠. 오늘날에도 쉬운 일은 아니지만 그때보다는 훨씬 많은 치료법이 있습니다. 하지만 그 당시에는 그저 앉아서 자식이 매일 조금씩 죽어가는 것을 지켜볼 도리밖에 없었습니다."

처음에는 이혼, 다음에는 테디의 병이 멍거의 인생을 송두리째 흔들어 놓았다. 멍거가 말했다. "그 무렵에는 의료보험이라는 게 없었습니다. 치료비 전액을 부담해야 했죠. 백혈병 환자병동에 입원한 사람들과 깊은 유대감을 느꼈어요. 환자의 부모와 조부모들은 똑같은 경험을 하고 있었죠. 그들은 모두 누군가를 잃어가고 있었습니다. 당시에 사망률은 100% 였습니다. 저는 치사율이 그렇게 높은 병에 걸린 아이들을 대할 때마다 전문 의료진은 어떻게 마음의 준비를 할 수 있을까 하는 궁금증이 가끔 들더군요."

그의 친구 릭 게린은 스물아홉 멍거의 비통함을 이렇게 표현했다. "아들이 침대에 누워 서서히 죽어가고 있었을 때 그는 담요 속으로 들어가서 잠깐 아이를 꼭 안아보고는 파사데나의 거리를 울면서 걸어갔다고 했습니다."

하지만 멍거는 정상적인 생활을 하려고 애썼다. 이혼한 후에 한 변호사 동료가 그에게 젊은 이혼녀 낸시 배리 보스윅*을 소개했다. 그녀에게도 어린아이 둘이 있었고, 찰리와 두 번째 낸시는 아이들을 데리고 나들이를 가기 시작했다. 처음에는 테디도 함께 갔다.

"테디가 무척 아프다는 것도, 그 아이가 죽어가고 있다는 것도 알았습니다." 할 보스윅이 당시를 떠올렸다. 그때 할은 테디 정도의 나이였는데, 그는 찰리와 낸시가 퍼시픽 코스트 하이웨이에 있는 회원제 비치 클럽에 아이들을 데리고 갔을 때 테디를 처음 보았다. 라이벌 클럽은 회원 수가 50명이라는 이유로 그 클럽을 '타락한 50명'이라는 애정 어린 별칭으로 불렀다. 두 번째 낸시의 가족은 오랫동안 그곳의 회원이었다.

할은 당시를 이렇게 회상했다. "거기서 테디와 보냈던 하루를 분명히 기억하고 있습니다. 테디의 목숨이 다하고 있다는 사실을 알았습니다.

─────────
* 두 번째 낸시.

같이 놀자고 했더니 테디는 '아니, 정말로 놀 힘이 없어. 그냥 너무 피곤해'라고 했습니다. 생각해보십시오. 해변에 왔는데 놀고 싶어하지 않는 아홉 살 어린이가 세상 어디에 있겠습니까? 테디는 그저 너무 피곤했던 겁니다."

백혈병 진단을 받은 지 일 년만인 1955년에 테디 멍거는 눈을 감았다. 멍거가 말했다. "하루하루 조금씩 시들어가는 아이를 바라보는 것보다 더 끔찍한 경험을 저는 상상할 수 없을 것 같군요. 아이가 죽었을 때 제 몸무게는 평소보다 5 내지 10킬로그램이 줄어 있었습니다."

할 보스윅의 말에 따르면 남은 아이들은 테디의 죽음을 일종의 초현실적인 현상처럼 느꼈다고 한다. "장례식이라든가 그런 데 간 기억이 전혀 없습니다. 몰리와 웬디가 장례식에 갔는지조차 모릅니다. 사실 정말로 장례식이 있었는지조차 알지 못합니다. 그러니까 테디는 그냥 훌쩍 어디로 간 것 같았습니다."

테디에게 바치는 조촐한 예배가 있었지만 낸시와 그녀의 아이들은 아직 가족이 아니었기에 초대받지 못했다.

어른들은 어떤 일이 벌어질지를 미리 알고 있었지만 오빠의 죽음은 어린 여동생들에게도 큰 충격이었다. 웬디가 말했다. "오빠가 죽을 거라고는 전혀 생각하지 못했어요. (테디가 떠난 후) 우린 아홉 살이었을 때 숨을 멈추었다가 열 살이 되어서야 숨을 내쉰 것 같았다고나 할까요. 아이들의 생각 없는 장난으로 볼 수도 있겠지만, 내 아이들이 아홉 살이 되었을 때 그런 장난을 하는 것만 봐도 기분이 좋지 않았어요."

찰리는 독신자 아파트에서 지내고 테디는 떠나고 없었다. 파사데나 남부의 에지우드 드라이브에 지은 침실 세 개에 욕실 두 개가 딸린 아늑했던 집은, 이제는 우아한 저택들과 커다란 나무에 둘러싸인 한적한 거리에 있는 외딴 장소로 변했다. 그 집은 현재 웬디가 살고 있는 집에서 한 블록밖에 떨어져 있지 않다. 많은 세월이 흘렀지만 그 집 앞을 지날 때마다 몰리와 웬디의 마음에는 슬픈 추억이 어린 작은 집이 떠오른다.

웬디 멍거가 말했다. "몰리와 저는 1957년까지 그 집에서 살았고, 그 후에 어머니는 재혼하셨어요."

찰리의 첫 번째 부인은 방사선과 전문의 로버트 프리먼과 재혼했는데, 그는 테디 멍거가 아팠을 때 담당의였던 사람이다. 몰리와 웬디는 어머니의 재혼으로 생활이 훨씬 나아졌다는 것을 느꼈다. 그들은 에지우드 드라이브의 작은 집에서 매들린 거리의 큰 집으로 옮겼다. 얼마 안 가 몰리와 웬디는 근처에 있는 웨스트리지 여학교에 등록했다. 몰리가 말했다. "우리는 다락이랑 지하실이 있고 방이 많은 '큰 집'에서 살게 되었어요. 아홉 살짜리 아이에게는 입이 벌어질 정도였죠. 엄마보다 먼저 재혼한 아빠와 두 번째 낸시 사이에서 제 동생들이 태어났어요. 의붓남매인 할은 아주 특별한 사람이었어요. 무척 재밌는 사람이었죠. 잠재력이 아주 많다는 걸 보기만 해도 알 수 있었죠. 제 또래인데도 감수성이 예민하고 기발한 생각이 넘쳤죠. 새아버지는 아빠라기보다는 할아버지 같은 분위기가 짙었어요. 새아버지에게는 우리보다 나이가 많은 자식들과 병원 건물이 있었죠. 우린 그 분의 사랑 속에서 자랐어요. 아버지도 가끔 찾아와서 저를 데리고 나가곤 했어요. 좋지 못했던 상황 끝에 찾아온 행복한 결말이라는 생각이 아주 잠시 스쳤죠. 그럭저럭 지낼 만했어요."

그 지역 장로교회 목사의 아들이었던 프리먼 박사는 키와니스 클럽에서 매주 아코디언을 연주했고 지방 교육위원회에서 봉사를 했다.[9] 그들의 인생은 다시 밝게 빛나기 시작했다. 웬디 멍거는 가정에 변화가 생긴 사실을 기억하지는 못하지만 이내 유리한 점을 깨달았다.

"양쪽 집안에서 가장 좋은 것을 받았다고 저는 늘 말하곤 했어요. 새어머니와 새아버지 모두 마음에 들었고 새로운 친척도 아주 많이 생겼어요. 친척이 많이 불어난 것이 전혀 나쁘지 않았어요. 저는 대가족의 일원이 된 것이 아주 마음에 들었어요."

일흔여섯의 찰리 멍거는 그 시절을 회상하면서 시간이 자식을 잃은 아픔을 어느 정도 덜어준다는 사실을 인정한다. 만약 그렇지 않다면 인류는 유지되지 못했을 것이라고 그는 말한다. 테디의 죽음이라는 비극을 극복하기 위해 그는 단지 합리적인 처사를 했을 뿐이라고 생각한다. "믿기 힘든 비극을 맞이하더라도, 의지력을 잃고서 그 비극이 두세 배 커지게 해서는 절대 안 됩니다." 이혼으로 끝난 첫 번째 결혼에 대해서도 멍거는 시간이 흐르면서 보다 성숙한 관점에서 그때를 돌아볼 수 있게 되었다.

"일단 교훈을 얻고 나면 저는 지나간 일을 후회하며 시간을 허비하지는 않습니다. 저는 과거사에 미련을 두지 않습니다. 확실히 스물두 살보다는 서른두 살의 제가 분별력이 더 있었죠. 하지만 지독한 후회를 경험한 적은 없습니다. 결국 우린 좋은 아이들을 얻었으니까요. 제 전처도 다른 환경에서 제법 행복한 생활을 하고 있다는 생각이 드는군요."

수년 후 멍거는 딱히 자신의 경험을 얘기하는 것은 아니었지만 결혼 과정을 투자 과정에 비교하며 말했다. "인생은 일련의 기회비용입니다. 손쉽게 찾을 수 있고 자신과도 가장 잘 어울리는 사람과 결혼을 해야 합니다. 투자 대상을 찾아내는 일 역시 이와 아주 흡사합니다."

이 현실적인 발언은 두 번째 부인 낸시에 바치는 헌신적인 사랑의 표현이요, 행복에 이르기 전 겪은 고충과 슬픔에 대해 치는 보호막이다. 두 번째 낸시는 찰리가 매우 따뜻한 사람이기는 하지만 자기감정을 드러내는 데 있어서는 다소 "엄격한" 감이 있다고 말한다. 두 번째 낸시와 찰리 사이에서 난 첫 아들인 찰스 멍거 2세 역시 과거에 연연하지 않고 단호하게 앞으로 나아가는 능력은 아버지의 강점인 동시에 아킬레스건이기도 하다고 말한다.

그는 이렇게 말을 이었다. "아들이 세상을 떠났고, 결혼은 마침표를 찍었고, 아버지는 많은 돈을 잃었죠. 아버지는 그 일에 대해 (감정적으로) 등을 돌립니다. 그리고는 당신 스스로에게 '과거를 생각해봤자 소용없다, 다시는 돌아보지 말자'라고 말하곤 하시죠. 어떤 일은 자주 떠올릴수록 더 좋은 결과를 얻을 수도 있는 법입니다. 아버지는 어떤 도시나 식당에서 안 좋은 일을 겪으면 다시는 그 곳에 가지 않습니다. 하지만 저라면 다시 가볼 겁니다."

그러나 멍거는 결혼을 다시 시도했고, 이 두 번째 결합을 찰스 멍거 2세는 이렇게 표현했다. "어머니와 아버지 두 분 모두 첫 번째 결혼에서 부족했던 조각을 두 번째 결혼에서 찾아낸 셈이죠."

대가족을 이루고 싶은 찰리의 염원이 곧 실현될 참이었고 그는 자식들을 잘 키우고 교육도 잘 시키기로 결심했다. 충분한 수입을 올리려면 자신의 모든 재능을 업무에 쏟아야 한다는 것을 알고 있었다. 그는 이미 수임료가 상당히 높은 변호사였고, 수입을 더 올리고 싶은 욕구는 그를 비즈니스 세계로 서서히 끌어들였다.

몰리는 이렇게 회상했다. "아버지는 언제나 돈에 관심이 많았어요. 그리고 실제로도 돈을 잘 벌었죠. 증권에 투자하시더군요. 비즈니스가 마치 살아 있는 생명체라도 되는 듯 얘기했지만 제 눈에 비친 아버지는 빈털터리가 되기 직전이었어요. 고물차를 몰고 다녔으니까요. 하지만 아버지가 크게 성공하지 못할 거라는 생각은 한 번도 들지 않았어요. 왜 그렇게 생각했을까요? 아버지에게서는 뭐랄까, 무슨 일을 하건 일류가 되고 큰 인물이 될 것이라는 그런 분위기가 감돌았어요. 아버지는 에지우드 드라이브 쪽으로 테라스를 낼 생각이 있었어요. 섬에서 쓸 보트를 살 생각도 갖고 있었죠. 집을 짓고 아파트를 지을 생각도 하고 계셨죠. 아버지는 자신의 계획과 미래를 위해 현재에서 그런 열정을 품고 있었던 거죠. 이건 미래를 위해 현재를 부인한다는 뜻이 아니에요. 아버지는 지금이 얼마나 흥미진진한 것들로 가득 차 있는지, 그리고 그런 흥미진진한 일들을 지켜보는 것이 얼마나 신나는 일인지를 잘 알았죠. 현재에 충실하다는 것은 정말로 신나는 일이었죠. 그것이 바로 아버지가 변함없이 전하는 메시지였어요."

05

새로운 인생 짜 맞추기

나는 자본가의 독립성이 마음에 들었습니다. 내 안에는 언제나 도박꾼의 피가 흘렀지요.
사태를 파악한 다음에 베팅을 하는 것을 좋아했습니다.
그러니까 나는 그저 내 천성을 따랐을 뿐입니다.[1]
― 찰리 멍거

"찰리를 만난 것은 1955년이었어요. 1956년 1월에 결혼했죠. 그이와 결혼한 지 43년이나 되었네요." 두 번째 낸시가 말했다.

그녀의 간단한 말에서 그간의 삶이 결코 단순하지만은 않았음이 느껴진다. 낸시 배리 보스윅과 찰리가 결혼했을 때 그는 깜깜한 곳을 지나 새로운 가능성이 움트는 밝은 들판으로 걸어 들어간 것만 같았다. 두 번째 낸시가 지닌 품성은 찰리의 빈틈이나 단점을 메워주었다.

그의 딸 몰리도 인정했다. "아버지는 썩 뛰어난 관리자는 아니에요. 정신이 다른 데 팔린 교수님 같은 분이죠. 충동구매를 즐기는 편이고요. 사치품을 선호하는 취향이라면 금방 파산에 이르렀을 걸요. 낸시는 다르죠. 그녀는 성격이 차분하면서 안정되어 있고, 일도 열심이고, 놀랄 정도로 검소한 데다가, 기본적인 방식으로 문제를 해결하는 데 관심이 있죠.

그녀가 모든 것을 관리해요. 로버트 듀발*처럼 일종의 CFO인 셈이죠. 낸시는 모든 것을 짜 맞추는 역할을 하지요. 반면 아버지에게는 카리스마적인 능력이 있어요. 낸시는 그런 아버지를 흠모해요. 아버지를 세상에서 제일 사랑스러운 사람이라고 생각하는 것 같아요."

낸시는 젊고 건강하고 활력도 넘쳤다. 운동을 좋아하는 그녀는 예순이 넘어서까지 테니스와 스키를 계속 했고, 얼마 전에 골반 대체 수술을 받았지만 아직도 골프를 친다.

낸시에 대해 몰리는 이렇게 덧붙였다. "그녀는 자기에 대한 투자를 절대 게을리 하지 않죠. 낸시가 말하는 교훈은 결코 스스로를 포기하지 말라는 거예요. 자신이 하는 일에 계속 몰두하라는 거죠. 수채화도 아주 멋지게 그려요. 오십 줄에 접어들면서 그리기 시작했는데도 말이에요. 프랑스 요리 실력도 일급 요리사 뺨치는 수준이지요."

낸시는 오마하 출신 찰리와 비슷한 캘리포니아 스타일 혈통이다. 그녀의 아버지 집안은 1902년 텍사스 주의 보몬트Beaumont에서 로스앤젤레스로 이사를 왔고, 대공황으로 집안의 경제력이 기울기 전까지 부동산 개발업자였다. 낸시의 부친 데이비드 배리 2세는 보험업을 하고 있었고, 여러 부동산 벤처 기업에도 관여하고 있었다. 무엇보다도 식물에 관심이 많았던 그는 온실을 짓고서 야자수와 파인애플 등 온갖 희귀한 식물을 교배했다. 캘리포니아가 고향인 그녀의 어머니는 직업이 교사였다.

낸시 멍거가 말했다. "저는 지금 찰리가 이사회 의장으로 있는 로스앤젤레스의 굿서매리튼Good Samaritan 병원에서 태어났습니다. 로스앤젤레스에서 살면서 고1 때까지 공립학교에서 다니다가 말보로 여학교로 전학을

---

* 영화 〈대부〉에서 톰 하겐 변호사역을 했던 배우.

갔어요."

낸시의 어머니는 외동딸이었지만 확대가족의 덕을 보았다. 낸시 어머니의 조부모인 위텐브록 부부는 골드러시 때 새크라멘토에 정착했고 거기에서 기반을 잡았다.

배리 멍거는 외할머니에게서 난 외삼촌이 한 명, 이모가 여섯 명이 있었다고 말한다. "한 분이 결혼할 때마다 새크라멘토의 한 블록 내에 있는 주택을 받았다고 합니다. 어린 시절 어머니는 이집 저집 마음껏 놀러 다닐 수 있었지요. 이모의 집들은 주립 의사당 근처에 있는 J 스트리트에 아직도 고스란히 남아 있습니다. 최초의 위텐브록 저택은 역사 유적으로 등재돼 있지요."

"이모들은 지루한 줄도 모르고 체커, 티들리윙크스*, 잭스트로**를 하며 놀았어요. 오후만 되면 누군가의 정원에 모여서 수다를 떨었지요. 이모들 집에는 과실수가 있었죠. 이모들은 복숭아와 체리를 따서 통조림을 만들곤 했지요."

부모와 마찬가지로 낸시도 로스앤젤레스를 떠나 스탠퍼드에 진학했다. 멍거의 자식 여덟 가운데 다섯도 이 전통을 따랐으며, 웬디의 딸 안나가 2000년에 입학하면 4대째 스탠퍼드에 다닌 집안이 될 것이다.

낸시가 말했다. "제 전공은 경제학이었죠. 상업을 좋아한 데다 법대에 가보라고 부추기는 사람도 아무도 없었어요. 그 대신 졸업하고 얼마 지나지 않아 결혼을 하고 가정을 꾸리게 되었죠."

낸시의 첫 남편은 졸업 후에 스탠퍼드 법대에서 공부를 계속했다. 낸

＊작은 원반을 튕겨 컵 같은 곳에 넣는 놀이.
＊＊작은 나뭇조각들을 쌓아놓고 다른 것들은 움직이지 않고 한 조각을 빼내는 놀이.

시는 마운틴뷰 근처에 있는 모펫필드의 어느 과학연구소에 취직했다. 그녀는 풍동(風動)실험실에서 일했는데 그곳에서는 초기 초음속 비행기에 대한 여러 가지 연구가 이루어졌다.

"그 사람들이 '타자 전담 부서에서 일하시겠습니까? 아니면 수치 계산 부서에서 일하시겠습니까?' 하고 묻더군요. 저는 계산 부서를 택했어요. 우린 프리덴 계산기*를 사용했죠. 비행기의 날개와 동체의 모양을 계산하는 일을 했어요." 낸시는 그렇게 회상했다.

미국사 분야의 석사 학위를 따는 것이 낸시의 목표였지만 공부를 마치기도 전에 부부는 로스앤젤레스로 돌아왔다.

이혼을 한 낸시 보스윅은 벨에어 위쪽 계곡에 자리한 집에서 어린 두 아들과 지내고 있었다. 그녀와 찰리는 아는 사람의 소개로 만났다.

"좋은 친구들이 이웃에 살았어요. 그 친구들이 찰리의 친구들을 알고 지냈고, 찰리의 친구들이 누구를 소개해주고 싶다고 하면서 그 자리를 주선해주었지요." 낸시가 설명했다. 두 사람을 소개한 이는 마사 톨스와 로이 톨스였다. 마사는 아동도서 작가였고 로이는 법률회사 라이트 앤드 개릿에서 찰리의 동료였다. 친구들 말에 따르면, 찰리와 낸시가 첫 데이트를 한 후에 톨스가 어떻게 되었느냐고 물었다고 한다. 찰리는 아주 좋았다고 자신 있게 말하고는, 낸시에 대해 가장 중요한 것을 미리 말해주지 않았다며 톨스에게 투덜거렸다. 그녀가 학창 시절에 파이 베타 카파 학생이었다는 사실을 말이다.

낸시의 맏아들인 할 보스윅은 두 사람에 대해 이렇게 설명했다. "어머

---

*Frieden machine : 컴퓨터가 나오기 전 시대의 계산기.

니와 찰리 모두 현명하고 뛰어난 분들이었지만, 멍청한 사람들에게는 별로 인내심도 없었고 시간을 낭비하는 것도 원하지 않았습니다. 제 생각에는 두 사람 다 한 번 결혼했던 경험이 있었고, 감정적인 긴장감을 겪으면서 불행한 이혼을 했다는 점도 비슷했지요. 그래서 상대방이 다시 볼 가치가 있는 사람인지 꽤 빠른 결단을 내릴 수 있었던 것 같습니다."

두 사람 모두 서로를 미래의 괜찮은 짝으로 생각했음이 틀림없었다.

찰스 멍거 2세는 이렇게 말했다. "소설가라면 절대 그런 식으로 소설을 쓰지는 않을 겁니다. 두 아내의 이름을 똑같이 낸시로 정할 리가 없지요."

할 보스윅이 일곱 살쯤이었을 때 그의 어머니와 찰리가 재혼을 했고, 찰리는 UCLA 북쪽에서 얼마 떨어지지 않은 로스코메어 로드에 있는 그녀의 집으로 옮겼다. "저하고 남동생 데이비드만 있었습니다. 테디는 두 분이 재혼하기 전에 세상을 떠났고 찰리의 두 딸은 파사데나에서 친엄마하고 같이 살았습니다."

두 사람이 결혼하고 아홉 달 반에서 열 달 정도 지났을 때 찰스 멍거 2세가 태어났다. 그리하여 찰리의 자식들, 낸시의 자식들, 그리고 두 사람의 자식으로 된 대가족이 탄생했다. 초혼에서 난 찰리의 딸 둘, 역시 초혼에서 생긴 낸시의 아들 둘, 그리고 두 사람 사이에서 난 찰스 2세가 그 주인공들이었다. 약 3년마다 아이가 하나씩 태어나면서 찰리와 낸시는 아들 셋, 딸 하나를 두게 되었다.

찰스 2세가 말했다. "확실히 저는 행복한 아기였습니다. 언제나 웃음을 띠고 있는 통통한 작은 꼬마였지요." 그의 부모는 아들에게 "우리는 그때 딱 너 같은 아들을 원했단다"라고 말하곤 했다.

찰스 2세가 태어났을 무렵 양가는 새로운 국면을 맞고 있었다. 누나 둘은 있는지 없는지 모를 만큼 유순했다. 할과 데이비드의 친아버지는 더 이상 그들의 생활에 관여하지 않았다. 이혼 후 얼마 동안은 주변에 있었지만 오래 가지는 않았다고 할은 전했다. "가족의 장례식 참석 겸 다른 사업상의 일로 호놀룰루에 한동안 머물다가 필리핀으로 건너가 거기서 오래 지내셨습니다. 친아버지는 기념 공원을 비롯한 여러 가지 사업을 했습니다."

할과 데이비드 보스윅의 생부가 오랜 세월이 지나 미국에 돌아왔을 무렵 두 아들은 거의 멍거 가의 사람이 되어 있었다. 그런 동화 과정은 빠르게 일어났지만 할에게는 쉽지 않은 일이었다.

"비록 어린 나이였지만 스스로를 집안의 남자라고 여겼습니다. 어머니가 찰리와 데이트에 가고 나면 저는 잘 시간이건 아니건 어머니가 돌아오실 때까지 기다렸습니다." 할은 그렇게 설명했다.

집안에 다른 남자가 존재하게 된 이후부터 할의 감정은 격앙 상태였다. 할 보스윅은 이렇게 털어놓았다. "내 성격은, 뭐라고 할까요, 끝없이 영역을 넓히고 싶어 하는 편이지요. 그렇기에 내가 확보한 영역은 언젠가는 내주어야 하는 것이었고 그런 일이 실제로 일어났습니다. 간단하다면 간단한 사건이었습니다. 나는 동생을 자주 두들겨 패는 못된 행동을 보였는데, 찰리는 그 문제를 간단히 해결했지요. 이혼을 겪고 아버지를 잃는다는 것은 쉬운 일이 아닙니다. 나는 어렸지만 이혼을 둘러싼 일들을 기억할 만한 나이는 되었습니다. 부모님의 다툼 같은 일들 말입니다. 동생 데이비드는 너무 어렸기 때문에 나와 같은 경험을 하지는 않았습니다. 하지만 나는 아직도 그 상처가 아물지 않은 상태였습니다."

보스윅에 따르면 새아버지는 아이들에게 회초리를 드는 것을 전혀 주저하지 않았다고 한다. 물론 찰리는 할이 아주 거세게 대드는 경우에만 체벌을 가했고, 때린다 해도 그렇게 심하게 때리지는 않았다. 보스윅은 자신은 훈육이 필요한 아이였으며 훈육 덕분에 철이 들었다고 말한다. "한편 동생인 데이비드는 나와는 전혀 달랐습니다. 나처럼 많이 맞은 아이는 없을 겁니다. 찰리는 분명 체벌을 좋아하는 성격은 아니었지만, 하루가 다 가기 전에 어쨌든 내 정신을 번쩍 들게 해주었죠."

할 보스윅은 대단히 호전적인 아이였기에 영역 문제를 해결하는 데는 몇 년이 걸렸고, 그 동안 계속 성질을 피워댔다.

할 보스윅이 말했다. "내가 마지못해 영역을 넘긴 것은 맞지만 결국에는 생부가 아니라는 점을 제외하고는 다른 모든 점에서 찰리를 내 아버지로 받아들였습니다. 오늘의 내가 있는 것은 실질적으로 찰리의 공헌 덕분입니다. 삶을 바라보는 시선, 가치관, 그리고 해야 할 일과 하지 말아야 할 일이 무엇인지를 알려주었죠."

그러는 동안 남동생과 여동생이 속속 태어났다.

찰스 멍거 2세는 이렇게 설명했다. "맏이와 막내는 스무 살 터울입니다. 몰리와 할이 동갑이고, 데이비드와 웬디도 그렇죠. 이제 나이 차이는 그다지 중요하지 않습니다. 하지만 대부분 우리 가족은 약간은 뒤죽박죽이었습니다."

캐럴 에스터브룩은 소란스러운 집안 분위기가 오빠에게는 안성맞춤이었다고 한다. "내 생각에 오빠는 아이를 한 마흔 명 정도 원했을 거예요. 외로운 어린 시절을 보낸 것도 아닌데 말이지요. 오빠는 항상 사람들에게 둘러싸여 있는 것을 좋아했고, 사람을 잘 사귀었어요. 친구도 많았고요."

아마도 아이오와에서 대가족이 편안하게 모이던 그의 증조부 집이 본보기였는지도 모른다. 또는 한여름 스타아일랜드에서 놀던 꼬마 아이들에 대한 기억이 영향을 주었는지도 모른다.

"인생을 브리더스컵 경주Breeder's Derby로 생각했던 것은 아닙니다"라고 찰리는 말하면서 이렇게 덧붙였다. "아이들이 많아서 무척 기쁩니다. 우리 아이들이 대단하다고 뽐낼 생각은 전혀 없지만, 그래도 우리는 아이들 덕분에 인생이 즐겁습니다."

자식을 많이 갖고 싶다는 마음과는 상관없이, 아이 여덟을 키우는 것은 경제적으로 아주 벅찬 일이었다. 가족이 여름마다 스타아일랜드에 간 것은 부분적으로는 그만한 대가족이 비교적 적은 돈으로 휴가를 보낼 수 있기 때문인 이유도 있었다. 낸시는 막중한 심리적 압박감 속에서 안정된 가족과 재정이 모두 필요하다는 것을 깨달을 수 있었다.

찰스 2세가 지적했다. "처음에는 하루하루가 정말 힘들었지요. 어머니는 좌초된 인생을 바로잡으려고 애썼지요. 여러 계획을 세우긴 했지만 어머니는 그 많은 아이들을 오랫동안 보살펴야 했습니다. 외할머니나 어머니의 어린 시절 보모였던 메리 로즈 아주머니가 가끔씩 와서 우리를 보살펴주곤 했죠. 배리 할아버지가 호놀룰루의 다이아몬드 헤드 로드에 집을 지었는데 우리 가족 전부가 거기에 놀러 간 일이 있었습니다. 일주일 휴가가 거의 다 끝나고 집에 돌아갈 생각을 하자 어머니가 우시더군요. 돌아가면 또 엄청난 집안 일이 기다리고 있었으니까요."

낸시가 맡고 있는 많은 일들을 고려하면 놀랍지도 않지만 그런 반응은 그녀답지 않은 것 같았다.

배리 멍거가 말했다. "어머니는 차분한 성격이죠. 자기 불신이나 비난에 빠지는 성격이 아니에요. 스스로에게 매우 충실한 편이죠. 그리고 가족을 신성하게 여기구요."

찰리는 집에 돌아와서 저녁마다 세탁일 같은 것을 도와주는 남편은 아니었고 낸시도 그런 것을 바라지는 않았다.

에밀리 멍거가 말했다. "어머니는 아버지가 일에만 전념하실 수 있도록 넘칠 정도의 자유를 허락해준 셈이었죠. 집안일을 전부 혼자 했으니까요. 저는 남편한테 육아를 도와달라고 말하고 주말에는 가족 나들이도 가자고 요구하거든요."

집에서 비쳐진 찰리의 모습은 자식들의 연령에 따라 다소 차이가 있다. 나이가 든 아이들에게 찰리는 언제나 일 때문에 바쁜 것처럼 보였다. 찰리가 좀더 자리를 잡은 후에 태어난 밑의 아이들은 아버지가 눈코 뜰 새 없이 바쁘다고는 생각하지 않았다.

할 보스윅이 말했다. "부자간의 사이가 완전히 단절된 사막과도 같은 풍경은 절대 아니었습니다. 가족 여행을 갔고 미네소타에서 낚시도 하고 그랬지만 그 시절 찰리는 눈코 뜰 새 없이 바빴습니다."

그렇지만 밑의 아이들에 속했던 배리는 이렇게 회상했다. "아버지는 늘 그 자리에 계셨지요. 훌쩍 스키 여행이나 출장을 가버리는 그런 아버지는 아니셨습니다. 마음만은 항상 우리와 함께했지요. 단지 사업과 사회활동으로 정신이 없었을 뿐이었습니다."

밑에서 세 번째인 에밀리 멍거에게 비친 아버지의 모습은 이렇다. "나한테 아버지는 전통적인 아버지 상이었어요. 어느 집 아버지든 아침에 출근하고 저녁에 집에 오잖아요. 저녁이면 온 식구가 식탁에 둘러앉을 수 있었어요. 아버지가 출장을 많이 다닌 것 같진 않았어요. 주말에는 골프를 쳤고 일요일 아침에는 집에 계셨죠. 아버지는 일상적인 가정교육에 관여하지 않았지만 엄한 분이었어요. 기본 규칙을 어기면 혼쭐이 난다는 것쯤은 다 알고 있었죠."

배리는 자신의 아버지를 아침 일찍 집을 나섰다가 저녁이면 다시 돌아오는 "고 에너지 인간high energy"으로 표현했다. 일거리를 집에 싸들고 온 찰리는 저녁 식사를 마친 후에 곧바로 일을 처리하는 데 몰두했다. "가족 여행을 갈 때에도 아버지는 오랫동안 긴장을 풀지 않았죠. 아침 6시 비행기를 타는 것도 아무 문제없었습니다. 어머니는 이른 아침에는 아무 일도 못해요. 일찍 일어나긴 해도 그 시각에 황급히 집을 나서는 성격은 아닙니다."

찰리는 몇 가지 일을 한꺼번에 하는 습관이 있었다. 저녁에 의자에 앉아 책을 읽는 동안에도 가족의 대화에 동참하며 한두 마디씩 던지고는 했다.

배리가 설명을 덧붙였다. "부모님 모두 단호한 성격이었습니다. 일심동체인 셈이었지요. 한 분만 따로 속이는 일은 절대로 불가능합니다. 절대로 성공할 수가 없었지요. 아이들을 기르면서 무엇을 허락해주고 무엇을 허락해주지 말아야 할지에 대해서 두 분은 생각이 거의 일치합니다. 우리가 어렸을 때에는 차를 망가뜨리지 않기 위해 엄청난 주의를 기울여야 했습니다. 아버지는 엄격한 분이셨지만 '위대한 산티니*'까지는 아니었습니다. 그렇다고 아버지에게 건방지게 군다는 것은 있을 수 없는 일이었죠. 부모님이 그런 언행을 용납할 리가 없으니까요. 한창 사춘기 때는 나도 말대꾸를 하거나 부루퉁한 얼굴을 하기도 했죠. 나 역시도 그 나이 때 아이들이 보일 법한 전형적인 행동을 했습니다. 그래도 친구들에 비하면 나는 온순한 편이었습니다. 가출 같은 것도 하지 않았고 말썽을 피우지도 않았으니까요."

학교 모임, 치과 진료, 여행을 갈 때마다 따라붙는 엄청난 짐 꾸러미 등 정신없이 보냈던 세월은 세 가족을 하나로 묶어주는 역할을 톡톡히

---

* 「The Great Santini」: 가부장적인 파일럿 아버지를 둔 아들의 성장기를 다룬 1979년도 영화.

해냈다.

찰스 2세는 이렇게 회상했다. "어머니는 몰리와 웬디를 친딸처럼 대했지요. 아버지 역시 어머니의 아이들을 친아들처럼 대했고요. 우리는 서서히 진짜 가족이 될 수 있었습니다."

웬디 멍거의 말을 들어보자. "아버지는 자식과 의붓자식으로 나눠서 말하지 않고 그저 자식이 여덟이라고만 말합니다. 구분을 두지 않았어요. 아버지다운 모습이죠. 손자손녀들을 대할 때에도 마찬가지였어요. 전혀 상관하지 않아요. 누구에게서 났는지는 아버지한테는 중요하지 않았어요."

온화한 데이비드 보스윅조차도 친근한 가족적 분위기에 처음에는 저항했지만 결국에는 멍거가 "이자 생활자coupon clipper"라 부르는 사람이 되어 멍거 가문의 일원으로 깊이 뿌리를 내렸다. 몰리는 20킬로미터 정도 떨어진 파스데나 외곽에서 다른 부모들과 살았지만 속으로는 자신도 아버지의 생활의 일부라고 여기고 있었다.

몰리는 이렇게 말했다. "제가 고등학교에 다닐 때 아버지가 이 차를 사줬어요. 아버지는 힘들게 일했지요. 하지만 저는 흰색 접이식 지붕이 달린 머스탱을 몰았어요. 옷 살 용돈도 따로 주셨어요. 아버지는 항상 제 든든한 아군이었습니다. 아버지의 아낌없는 사랑을 받고 있다는 것을 잘 알고 있었지요. 금전적인 도움만을 말하는 게 아니에요. 물론 돈은 도움이 되었지만, 설령 아버지에게 그런 여유가 없었다 해도 분명 다른 식으로라도 저를 도와주었을 것이 틀림없습니다."

에밀리 멍거에게는 이제 어린 자식이 셋이나 있다. 그녀는 자신이 엄마가 되어보니 부모님이 자식 여덟을 어떻게 훌륭하게 키울 수 있었는지, 비슷한 가치관을 가지고 서로 화목하게 지내는 형제자매로 길러낼 수 있었는지 감탄을 금할 수가 없다고 말한다.

에밀리가 말했다. "두 분이 부모로서 거둔 성공 가운데 하나는 가치관, 도덕, 윤리 규범을 자식들에게 물려준 것이었어요. 종교를 믿는다고 그런 것들이 생기지는 않아요. 우리는 일요일마다 미국 성공회의 주일학교에 다녔습니다. 황금률*과 기본 규범을 배우기는 했죠. 하지만 우리는 부모님의 본보기를 통해 이런 규범을 몸에 익힐 수 있었어요. 제 생각에, 아버지는 자신이 존경하는 사람들과 그렇지 않은 사람들에 대한 이야기를 들려주면서 우리에게 규범을 가르쳤습니다. 아버지는 높은 곳에서 내려다보면서 우리가 무엇을 잘했고 무엇을 잘못했는지 훈계하는 일은 하지 않았어요. 우리 형제자매들은 서로를 진심으로 아낍니다. 형제자매 사이에, 부모와 자식 사이에 서로 이해 못할 일은 거의 생기지 않는데, 이는 부분적으로는 우리 성격이 상당히 도덕심이 강하고 정직하기 때문이기도 합니다."

멍거의 자녀들은 옳고 그름의 명확한 정의가 필요할 때면 어릴 때 아버지에게 배웠던 교훈을 떠올려본다. 할 보스윅의 말로는 찰리는 사람의 도리에 대해 귀에 못이 박히도록 강조했다고 한다. "네가 할 수 있는 최선을 다해라. 절대로 거짓말을 하지 마라. 무언가를 한다고 말하면 그 일을 끝까지 완수해라. 너의 변명에 돌아오는 것은 콧방귀뿐이다. 약속이 있을 때는 일찍 나서라. 절대 늦지 마라. 만약 늦으면 변명하지 말고 정중하게 사과를 해라. 그들은 사과는 당연히 받지만 변명 따위에는 관심도 없다. 이런 규칙은 특히 서비스 산업에 뛰어들기로 작정한 사람에게 특히 도움이 될 것이다. 사람들은 돈을 지불하고 너의 서비스를 사는 것이

---

* 마태오의 복음서 7장 12절 '너희는 남에게서 바라는 대로 남에게 해주어라.'

니까. 전화 답신을 빨리 해라. 또한 거절을 할 때는 5초 이내에 해야 한다는 것도 명심해라. 우물쭈물하지 말고 마음을 정해라. 사람을 기다리게 해서는 안 되는 법이다."

에밀리는 이렇게 회상한다. "아버지가 우리에게 어떤 일을 하라고 한 적이 있었어요. 우리가 돌아와서는 이런 저런 이유로 못했다고 하니까 우리를 다시 보내셨어요. 우리가 그 일을 함으로써 약속을 지키게 하신 거죠. 세심한 판단력이 중요하다는 것을 일깨워주고자 하신 거죠."

낸시는 찰리가 집안일에 거의 관여하지 않았고 그것을 용인한 자신의 모습이 지금 시대에는 이상하게 보일 수도 있다는 데는 동의했지만 그것은 그들의 세대에서는 전형적인 모습이었다. "그이는 집안일에 있어서는 별 도움이 되지 않는 사람이었어요. 제가 늘 하는 말이지만, 남편은 다른 사람들이 관리해주는 근사한 호텔에 살고 있는 셈이죠. 그렇다고 그가 빈둥거리며 노는 사람이라는 뜻은 절대 아니에요."

낸시는 열심히 일했고, 찰리도 제 몫을 다하기 위해 열심히 일한다는 것을 가족 전체가 알고 있었다. 그는 삼십대 중반에 재무 인생을 재개하며 한 번에 여러 가지 일을 관리하고 있었다. 낸시는 친구들에게 찰리는 "성급한 젊은이"라고 말하곤 했다. 완전한 삶을 위해 그리고 부자가 되기 위해 서두른다는 뜻이었다.

가끔 그가 회사 중역이 사업적인 상황을 처리하듯이 가정사에 접근했다고 낸시는 설명했다. "그이는 아이들에게 충고와 지원을 해줄 준비가 항상 되어 있었고, 그런 기회는 꽤 자주 있었지요. 하지만 아이들이 크고 나자 우리는 한두 가지 중요한 문제에 한해서만 조언을 했습니다."

비록 찰리는 감정을 겉으로 드러내는 것을 자제했지만 언제나 가족을 소중하게 생각했다고 몰리는 강조했다. 어쩌면 감정을 드러내는 것이 자칫 위험할 수도 있다고 생각했던 것 같다.

"아버지는 한번 감정을 표현하기 시작했다가는 감정에 압도될 수도 있다고 생각했던 것 같아요. 그러나 아버지 안에는 너무 많은 감정이 고여 있어요. 우리 가족은 아버지가 좀더 솔직하게 감정을 표현해주기를 바라고 있어요. 부모님은 감정을 누르는 것이 옳다는 구세대적 가치관 속에서 자라셨어요. 어머니는 이해심이 깊었기에 그냥 상황에 맞춰 묵묵히 일하기만 했어요." 몰리는 그렇게 설명했다.

가정적인 면 이외에도 낸시는 어떤 생각에 대해서든 찰리와 동등한 수준에서 논의할 수 있을 정도의 지성인이었다. 그래서 두 사람이 동시에 말하면서 대화하는 것은 흔한 풍경이다.

워런 버핏이 말했다. "낸시의 70세 생일 때 큰 파티를 열었죠. 나는 고심 끝에 그녀에게 상이군인 훈장을 선물로 주기로 결정했습니다." 버핏은 오마하를 구석구석 뒤진 끝에 한 전당포에서 어느 노병의 훈장을 찾아낼 수 있었다.

멍거의 핸콕 파크 이웃 주민들은 엇비슷한 수준으로 성공한 사람들이었다. 어느 집도 특별한 이목을 끌지는 않았지만 찰스 2세는 "우리가 견학을 갔던 크레이그 호프먼의 부친이 운영하던 사탕 회사는 예외였어요"라고 회상했다. 찰스 2세는 자신의 아버지가 무슨 일을 하는지조차 알지 못했다.

"아버지가 무슨 일을 하는지 저는 전혀 몰랐습니다. 아버지는 아침 6시 30분에서 7시 사이에 나가서는 오후 5시 30분에서 7시 사이에 귀가하셨어요. 그것이 우리 집 일정표였습니다. 아버지가 하는 일은 우리에게는 미스터리였어요. 아버지의 여러 사무실 가운데 한 곳은 파란색 건물 안에 있었습니다. 사무실에 있는 큰 책상 위에는 저로서는 알 수 없는 서류들이 놓여 있었어요. 저는 부모님이 하는 일에 크게 관심을 보인 적은 없었습니다. 그래서 무슨 일을 하는지 전혀 몰랐던 거죠."

멍거가 집에서는 일 이야기를 거의 하지 않은 것도 그의 자녀들이 부친이 무슨 일을 하는지 몰랐던 이유 중 하나이다. 그리고 집에서 일 이야기를 꺼낸다 할지라도 멍거가 여러 가지 일을 동시에 벌이고 있었기 때문에 아이들은 그가 무슨 일을 하는지 혼란스러워했다.

초기에 찰리는 주로 법률회사인 뮤직 필러 앤드 개릿에서 남보다 앞서기 위해 모든 재능을 동원해서 변호사 일에 임했다. 첫 번째 부인인 낸시 허긴스와는 아무 인척관계도 아니지만 어쨌든 성은 같은 시즈캔디의 사장 척 허긴스의 눈에 비친 변호사 찰리는 "사건을 맡으면 끝장을 보는" 성격이었다.

초기에 주니어 파트너 시절에 맡았던 한 사건에서 찰리는 의뢰인들이 정해진 날에 전략을 논하기 위해 방문하리라는 것을 알고 있었다. 심사숙고 끝에 찰리는 그 사건을 합리적으로 해결하는 데는 세 가지 방법밖에 없다는 결론을 내렸다. 그는 그 세 방법을 철저하게 연구했다. 다음날 의뢰인들이 방문했고, 이야기를 나눈 후에 그들은 멍거가 사전에 예측했던 방법 중 하나에 따라 사건을 처리해달라고 요청했다. 시니어 파트너는 찰리에게 의뢰인들의 요구에 맞게 초안을 작성해오라고 명했다. 그러자 찰리는 속기사를 불러주면 바로 그 자리에서 초안을 작성할 수 있고 의뢰인들은 다음 날 다시 오는 수고를 덜 수 있다고 말했다. 멍거가 몇 분 만에 거침없이 초안 작성을 마치자 의뢰인들은 감탄해마지 않았다. 그 일이 있은 후 다른 문제를 의뢰하러 왔을 때 그들은 멍거를 대변인으로 선임했다.

멍거는 특히 시니어 파트너인 조 필러를 좋아했는데, 앨라배마 출신의 필러는 현란한 화술에 찰리의 부친처럼 사냥과 낚시를 좋아하는 사람이었다. 찰리는 그에게 "진취적 기상"이라는 말을 배웠고, 그 말을 무척 좋아했다.

멍거가 말했다. "제가 그 사람에게 끌린 것은 어찌 보면 당연했습니다. 저와 마찬가지로 그 사람 또한 어떤 일을 할 때에는 전권을 위임하거나 혼자 직접 하거나 둘 중 하나였지요. 저는 전권을 위임하는 그의 일처리 방식이 마음에 들었습니다."

그 법률회사의 의뢰인 가운데 가장 흥미 있는 사람은 세계적인 채광 소유주이자 부유한 엔지니어인 하비 머드Harvey Mudd로, 후일에는 캘리포니아 포모나에 위치한 소규모 대학들 중 하나이며 미국에서도 명문 과학 기술대학으로 손꼽히는 하비머드대학Harvey Mudd College에 재정을 지원한 사람이었다. 멍거는 하비 머드와는 별로 가깝게 지내지 않았지만, 그의 형제인 실리Seeley Mudd와 고문이었던 루시 앤더슨Lucy Anderson과는 친분을 쌓아나갔다.

찰리의 기억에 따르면 머드는 자기 변호사들에게 이렇게 말하곤 했다. "나는 법 따위는 알고 싶지도 않고 법에 저촉되지 않고서 무슨 일을 할 수 있는지 알고 싶은 생각도 없소이다. 그냥 내가 여러 측면에서 적법하게 일할 수 있도록 여러분들이 도와주기를 바랄 뿐이외다."

찰리는 젊은 변호사 시절, 건축 중인 대학 건물의 재산세 감면 혜택에 관한 입법 초안을 비롯하여 몇 가지 실수를 했다. 멍거의 초안대로 법은 통과되었지만, 그는 해당 법안에 건물만 들어가고 그에 포함된 토지는 빠뜨리는 실수를 저질렀음을 깨닫고는 당혹감을 감추지 못했다. 다른 파트너 변호사가 상황을 수습해주었다.

 몇 가지 실수에도 불구하고 멍거의 경력은 순조롭게 성장했다. 그러나 가끔은 경솔할 정도로 솔직하게 말하는 습관이나 자신의 똑똑함을 과시하는 태도로 인해 대가를 치르기도 했다. 그의 친구 척 리커스하우저는 자신이 법조계에 입문했을 때 선배에게 들었던 신참 변호사의 처세술을 찰리에게 귀띔해주었다. 그 선배는 이렇게 말했다. "척, 어디에 있든 자네는 세 번째로 똑똑한 사람처럼 굴어야 한다는 사실을 잊지 말기 바라네. 의뢰인이 가장 똑똑한 사람인 듯 보여야 하고 그 다음은 나여야 하네. 그리고 그 다음 줄이 자네의 현명함이 서야 할 자리임을 명심하게."

 법률회사 뮤직 필러 앤드 개릿의 대표 파트너는 로이 개릿Roy Garrett이었다. 멍거는 개릿의 법률적 능력이나 중요한 소송을 유치하는 능력에는 감탄했지만 두 사람의 사이는 필러와의 사이만큼 친밀하지는 못했다. 개릿이 개인적인 사건을 자기에게 맡기긴 했지만 속으로는 탐탁지 않게 여겼다고 찰리는 말한다.

 "로이 개릿은 권위적인 성격이었기에 저와는 충돌하는 것이 당연했습니다. 개릿을 안 지 얼마 되지 않았을 때 하루는 저한테 전화를 해서는 받지도 못할 거면서 2만 달러나 청구했다고 호되게 꾸짖더군요. 일전에 제게 맡겼던 소규모 거래처를 두고 한 말이었습니다. 그래서 저는 '로이 씨, 수임료를 받지 못한 적은 이제껏 한 번도 없는데 저한테 그런 식으로 말씀하실 권리는 없다고 봅니다'라고 응수했고, 우리는 더 이상 그 얘기는 하지 않았습니다. 몇 주 후에 저는 5만 달러를 받았습니다. 로이는 약간 착잡한 반응을 보였습니다."

 찰리는 조부에게 배운 원칙대로 살았다. 첫째, 비즈니스를 구축하는 가장 확실한 방법은 현재 책상 위에 놓인 일에 집중하는 것이고 둘째, 수입을 초과하여 지출하지 않고 현금을 모아서 미래의 부를 마련하는 데 투자하는 것이다.

버핏이 말했다. "멍거는 변호사 일을 하면서 비즈니스에 대해 많이 배웠습니다. 이 친구는 인터내셔널 하베스터*의 배급업자인 20세기폭스에 관련된 업무를 봤습니다. 늘 비즈니스의 현장에 있었던 겁니다. 거기서 비즈니스를 둘러싼 문제에 대해 늘 생각해야 했죠."

멍거는 캘리포니아 모하비 사막의 최상급 광업 자산처럼 근처에 있는 사업체에 대해서도 면밀하게 검토할 수 있었다. 멍거는 그에 대해 이렇게 말했다. "그 붕소 광산이 마음에 듭니다. 붕소는 화학 원소인데, 그 광산은 안전한 지대에 있는 노천광산입니다. 채굴 비용이 적게 들고 매장량도 큽니다. 정말로 탐나는 광산입니다만 그 가치를 아주 잘 아는 누군가가 이미 소유하고 있더군요."

불행하게도 몇몇 의뢰인은 찰리가 좋아할 만한 타입은 아니었다. 그는 부친의 의뢰인 가운데 한 명인 오마하의 자동차 딜러 그랜트 맥페이든에 대한 부친의 반응에 대해 부쩍 자주 생각하기 시작했다.

"한번은 아버지(앨 멍거)한테 그랜트 맥페이든과 같은 의뢰인을 늘리고 다른 사람은 줄여야 한다고 불평한 적이 있었습니다. 아버지가 부러 경악한 표정을 지으시더니, 맥페이든이 고객이나 공급업체나 종업원들에게 아주 대우를 잘 해주는 사람이라고 하더군요. 그리고는 모든 의뢰인이 맥페이든 같다면 변호사의 가족은 굶어죽는다고 하셨습니다. 그것은 제게는 결코 잊지 못할 교훈이며, 제 업무에도 많은 도움이 되었습니다. 비록 다른 사업가들도 그렇지만 옛날과 달리 요즘에는 굶어 죽는 변

---

*International Harvester: 농기구 제조사.

호사가 별로 없지만 말입니다. 그때 배운 교훈으로 나는 의뢰인으로는 맥페이든과 같은 유형의 사람을 선호하게 되었고, 그의 행동은 그저 내 자신을 위한 모범으로만 삼았습니다."[2]

멍거는 법의 맹점이 무엇인지를 잘 알았다. 그가 함께 일하기를 선호하는 사람들 대부분은 법적으로 큰 어려움에 처하는 일이 거의 없지만, 그를 가장 필요로 하는 사람들은 어딘가 문제점이 있다는 사실이었다. 게다가 1950~60년대에 변호사라는 직업은 확실하게 부를 거머쥘 수 있는 길은 아니었다.

변호사 일로 서서히 돈을 모은 멍거는 증권 투자를 시작했고, 친구나 의뢰인들의 사업에도 합류하기 시작했다. 그 중 몇 가지 경험은 후일 돌이켜보았을 때 현실적이면서도 대학원 수준의 고급 강좌나 다름없는 것이었다. 멍거는 파사데나의 한 작은 변압기 제조사에 법률 자문을 제공했는데 의뢰인과 마음이 잘 통했다. 찰리는 그 사람들이 그 후로도 계속 일을 맡겨주었으면 했다. 어느 날 아침, 찰리는 출근길에 그 회사 근처를 지나다가 자신이 지나치게 소극적으로 행동하고 있다는 생각이 들었다. 의뢰인이 전화를 걸어주기만을 기다리지 말고 인사차 그 회사에 들러보자고 결심했다. 그래서 길 한복판에서 차를 돌려서 되돌아갔다. 회사 대표들과 대화를 나눈 후에 그 회사로부터 더 많은 의뢰가 들어왔다. 결국 멍거는 필요한 자금의 일부를 빌려주면서 그 회사의 주주가 되었다. 멍거의 첫 번째 공식적인 사업 파트너는 에드 호스킨스Ed Hoskins로, 현재 90대 중반인 그는 캘리포니아 중부의 작은 도시 근처에 있는 골프 커뮤니티*에

---

* 집 인근으로 골프장의 넓은 잔디밭이 펼쳐진, 조용하고 평화로운 환경을 중심으로 계획된 생활 커뮤니티.

살고 있다.

"에드 호스킨스는 멋진 친구죠. 트랜스포머 엔지니어스Transformer Engineers 의 설립자이기도 합니다. 에드는 벤처 투자자와 의견 차이를 좁히지 못 했고, 그 투자자는 에드를 해고하고 싶어했습니다. 우리는 대규모 신용 대출을 이용해서 에드가 회사를 매입할 수 있게 했습니다. 차입매수lever- aged buyout의 초기형태인 셈이었습니다. 법적인 문제를 법정까지 가져가 지 않고 해결한 것이죠."

그 회사는 호스킨스가 설계한 고도로 특화된 군사 로켓용 변압기를 만 드는 주문생산업체job shop였다. 당시는 한국전쟁 중이었고, 남부 캘리포 니아에서 군이 대규모 작업을 진행 중이었다. 이와 같은 전쟁 특수에도 불구하고 회사는 여러 가지 문제에 시달리고 있었다. 핵심 멤버 중 하나 인 젊은이는 암 말기였는데 동료들의 재정적인 도움을 받고 있는 실정이 었다.

기업 매수로 인해 진 빚을 갚기 위해 사세를 신속하게 확장해야 한다 는 것은 누가 봐도 자명한 이치였다. 그렇지만 그와 동시에 경쟁사도 전 쟁 특수를 포착하고 발 빠르게 사업을 확장했다. 얼마 지나지 않아 시장 은 공급 과잉 상태였다. 그들의 사업적인 상황은 비참하기 그지없었고 이로 인해 당시 이혼 수속 중이었던 멍거 역시 재정적으로 상당한 압박 을 받았다. 그 상황에서 긍정적인 면이 있다면 그것은 호스킨스와 멍거 가 친한 친구가 되었다는 사실이다.

찰리는 당시를 이렇게 회상했다. "에드는 주당 90시간을 일했습니다. 초기에는 그가 모든 변압기를 설계했습니다. 우리 둘은 대단히 가까워졌 고, 그 친구는 정말 멋진 사람이었습니다. 우리가 처한 문제는 머리카락 이 곤두설 정도로 심각했습니다. 정말 힘들었습니다. 최악의 문제는 월리엄밀러 인스트루먼트William Miller Instruments를 매입한 일이었죠. 좋은 선택이 아니었습니다. 복잡한 음극선 오실로그래프를 제조하는 회사였는데, 사업이 궤도에 오르기까지 평생이 걸릴 것만 같았죠."

마침내 제품 판매가 늘어나기 시작하면서 호스킨스와 멍거는 회사를 매각했다. 결코 섣부른 결정은 아니었다. 음극선 오실로그래프는 한층 더 정교한 자기 테이프 기술로 인해 시장에서 입지가 점점 줄어들고 있었던 것이다.

찰리가 말했다. "결국 우리 수중에 남은 것은 변압기 회사뿐이었습니다. 한국전이 끝나자 변압기 사업도 한물가더군요. 우리는 재정적으로 매우 힘들었습니다. 해리 보틀 감사관의 도움으로 회사를 바로 잡았습니다. 이익에 도움이 안 되는 고객들과는 전부 거래를 끊고 다운사이징으로 회사 규모도 대폭 축소했습니다. 신경쇠약에 걸릴 만큼 애를 많이 썼어요. 빈털터리가 될 뻔했죠. 마침내 회사를 정상화시켰지만 보기 좋은 모양은 아니었습니다. 그래도 우리는 상당한 투자수익률을 올릴 수 있었습니다."

멍거는 호스킨스와의 동업을 1950년대에 시작해서 1960년이나 1961년까지 유지했다. 호스킨스와 함께한 기간 동안 멍거는 경영에 대한 초급 교육을 제대로 받은 셈이었다. "무엇보다도 나는 하이테크 산업에는 다시는 손도 대지 않았습니다. 한번 해보니 문제가 한두 가지가 아니더군요. 나는 마크 트웨인의 고양이처럼, 뜨거운 난로에 앉았다가 호된 경험을 한 뒤에는 난로가 뜨겁든 차갑든 그 근처에는 두 번 다시 얼씬도 하지 않았습니다."

과학에 대한 멍거의 애정과 존경을 떠올리면 아이러니가 아닐 수 없다. 또한 찰리는 고품질 사업을 인수하는 것이 훨씬 이점이 높은 일임을 깨닫게 되었다. "약간의 이윤을 남기고 정리해야 하는 망하기 직전의 회사를 매입하는 것은 전혀 재미있는 일이 아니더군요."

또 그는 좋은 사업이란 무엇인지도 배웠다. "좋은 사업과 나쁜 사업의 차이점은, 좋은 사업은 결정을 내리기 쉬운 상황이 계속 이어진다는 겁니다. 반면에 나쁜 사업의 특징은 연달아서 고통스러운 결정을 내려야 한다는 겁니다."

06
첫 백만 달러를 벌다

토끼는 여우보다 빨리 달린다.
토끼에게는 목숨이 걸려 있지만 여우에게는 그저 한 끼의 식사가 걸려 있기 때문이다.[1)]
— 리처드 도킨스, 『이기적 유전자』의 저자

온화한 11월을 맞은 남부 캘리포니아의 어느 하루였다. 기분 좋을 정
도로만 선선하고 싸늘하지는 않은 날씨라서 재킷을 입고 나갈 필요는 없
어 보였다. 찰리 멍거는 여러 대의 차 중에서 잘빠진 검은색 렉서스
LS400 세단을 타고 파사데나 콘도가 지어진 현장으로 향했다. 그 콘도
프로젝트야말로 멍거가 처음으로 큰돈을 벌었던 프로젝트였다.

운전이 생각만큼 쉽지는 않았다. 일흔 다섯의 멍거는 왼쪽 눈이 아예
보이지 않고, 오른쪽 눈도 주변을 거의 보지 못했다. 그래도 운전 기술이
좋고 길을 잘 아는 탓에 차가 어디에서 오는지, 그리고 언제 진입하거나
빠져나가야 하는지는 분명히 알 수 있었다. 자동차의 강력한 엔진도 그
의 결정에 재빨리 보조를 맞춰준다.

노동자 계층이 살고 있으며 지난 30년 동안 거의 변하지 않은 로스앤
젤레스 교외 주변을 한동안 돌아보다가 멍거는 다음으로 알함브라 빌리

지 그린Alhambra Village Green을 찾았다. 그가 수행했던 가장 큰 부동산 개발 프로젝트였다. 30년이 지난 지금, 찰리는 흡족한 표정으로 그곳을 바라본다. 잘 정돈된 잔디, 깨끗한 스파와 수영장, 푸른 물속에서 왔다 갔다 하면서 매일 운동을 하는 초로의 부인들.

그가 잔디 건너를 가리켰다. "저기 올리브 나무 보이죠? 한 그루에 100달러도 안 되는 금액에 산 것들입니다. 문 닫는 올리브 농장에서 구입했습니다." 운동을 하는 초로의 부인들처럼 올리브 나무도 오래 전에 은퇴했지만 아직도 정정했다.

알함브라 빌리지 그린을 떠나면서 찰리는 점심 식사 장소를 찾아다녔다. "대개는 쇼핑센터에 가면 괜찮은 식당이 있지요." 그는 최근 수년 동안 몇 차례나 새 단장을 한 티가 나는 어느 스트립몰* 앞에 차를 세웠다. 텍사스 최대 쇼핑몰인 휴스턴 갤러리아Houston Galleria에 비할 정도는 아니었지만 쇼핑객들로 붐볐다. 그는 베이커스 스퀘어 식당을 발견하고는 들어가서 안내원에게 "아, 아무 곳이나 앉으면 됩니다"라고 했다가 역시 칸막이가 쳐진 자리가 좋겠다고 다시 말했다. 쾌활하고 젊은 히스패닉 웨이터가 오더니 자신을 소개하고는 치킨 스터프라이** 샐러드, 프렌치프라이를 곁들인 스터프라이 피타 샌드위치, 그리고는 평범한 스터프라이 메뉴에 대해 열정적으로 설명했다. 가브리엘이라는 이름의 웨이터는 "제가 제일 좋아하는 메뉴들이죠"라고 덧붙여 말했다. 찰리는 클럽 샌드위치와 프렌치프라이, 아이스티를 주문했다. "나중에 파이 드실 배는 꼭 남

*strip mall: 상점들이 도로와 평행을 이루며 한 줄로 줄지어 늘어서 있고 그 앞에 1열 주차장이 있는 식의 쇼핑센터.
** 프라이팬을 흔들면서 센 불에 재빨리 익히는 조리법.

겨두세요." 우리의 열성 웨이터가 주는 충고였다. 식사가 끝날 무렵 가브리엘은 찰리가 요구하지 않았는데도 경로 우대 할인을 했다고 말했다.

"내가 그 정도로 늙지는 않았는데……." 멍거가 껄껄 웃으며 말했다.

계산서를 집어 들고 나온 찰리는 계산대 앞에 멈춰 섰다. "선생님, 제가 해드리겠습니다." 가브리엘이 말하며 쏜살같이 달려왔다.

그 젊은 웨이터는 면바지에 트위드 재킷 차림의 노신사가 커피숍 맞은편의 콘도 지구 전부를 지은 사람이라는 사실을 몰랐다. 자신이 억만장자에게 샌드위치를 서빙했다는 사실도 몰랐겠지만, 그 사실을 알았다고 해도 가브리엘은 별로 신경 썼을 것 같지는 않았다. 그는 누구에게든지 같은 서비스를 제공했을 것이다.

"댁이 내 웨이터였소?" 멍거가 불쑥 물었다.

"맞습니다, 선생님."

"그럼, 잔돈은 가지게나." 음식 값은 15달러가 넘지 않았을 텐데 찰리는 10달러짜리 두 장을 계산대에 놓고는 씩씩한 발걸음으로 출구로 향했다.

"저는 웨이터 얼굴을 안 쳐다보는 버릇이 있어서 다음에 다시 알아보지를 못해요. 몹쓸 버릇입니다. 아주 난감합니다." 찰리가 투덜댔다.

어째서 그는 사람들을 쳐다보지 않을까?

"저는 언제나 다른 생각에 몰두해 있습니다. 그래서 둘러보는 것을 잊어버리지요."

멍거의 부동산 사업 파트너인 오티스 부스Otis Booth가 그 점에 대해 한 말이 있다. "찰리는 집중력이 대단합니다. 이 친구가 집중할 때면 그 밖에 다른 것은 전혀 존재하지 않는 셈이죠."

1998년 버크셔 해서웨이 연차총회에서 한 주주가 워런과 찰리가 부동산 투자에서 뒷걸음질 치는 이유가 무엇이냐고 물었다. 이에 대해 멍거는 이렇게 답했다.

"부동산 투자는 지난 수십 년 동안 우리가 사실상 가장 완벽하게 기록 갱신을 했던 분야입니다. 부동산 관련 사업에 손만 댔다 하면 우리는 거의 모든 일에서 터무니없는 짓을 했다는 뜻입니다. 남아도는 시설이 있더라도 부동산 개발업자의 제시를 받아들이지를 않았습니다. 하지만 실은 그 제안을 받아들이고 거기서 나오는 수익금을 우리가 잘 아는 다른 분야에 투자하는 게 훨씬 나았을 겁니다."

실제로 버크셔 해서웨이는 소극적 투자인 부동산 사업에는 거의 투자를 하지 않는다. 물론 멍거가 위와 같은 발언을 한 후에 버핏이 레드루프인즈Red Roof Inns 체인이 운영하는 모텔 사업에 얼마간의 돈을 투자한 것은 사실이지만 말이다. 버크셔의 부동산 운용 실적이 저조하다고 해서 멍거 개인도 부동산 분야에서 자타가 인정하는 실패라고 표현하는 것은 타당하지 않다.

사실은 전혀 다르다. 처음에는 찰리도 제조업 분야의 기업들에 매료되었지만 제조업에서 돈을 버는 데에는 상당한 위험이 따른다는 것을 알게 되었다. 한편 1960년대에는 한 주에 1,000명씩 로스앤젤레스로 인구가 유입되고 있었다. 남부 캘리포니아의 폭발적인 성장률과 광대한 토지로 전망해볼 때 토지 개발업자들이 부를 축적하리라는 것쯤은 멍거도 쉽게 알 수 있었다.

멍거가 당시를 회상했다. "어떻게 그 일을 벌였는지에 대해서는 재밌는 이야기가 얽혀 있습니다. 한 의뢰인이 있었는데, 아니 아버지와 아들이니 두 명이라고 해야겠군요. 그 아버지의 아버지가 캘텍 건너편에 한 구획의 땅을 갖고 있었습니다. 그 아버지는 땅을 쓸 일이 없었기에 우리는 유산 정리 절차를 걸쳐서 그 땅을 매각하려고 했습니다."

그 의뢰인이 바로 오티스 부스와 그의 아버지였다. 오티스 부스는 1894년에 「로스앤젤레스 타임스Los Angeles Times」를 설립한 해리슨 그레이 오티스Harrison Gray Otis의 증손자이다. 부스는 스스로를 챈들러 가의 "옷자락" 사촌이라고 부른다. 챈들러 가문은 최근에 「시카고트리뷴Chicago Tribune」의 모회사인 트리뷴 사에 신문사를 매각했다. 부스의 부친은 유전 탐광업자이자 목장 주인이자 한때 활석(곱돌) 채굴 회사에서 일한 적도 있는 사람이었다. 멍거처럼 캘텍에 다닌 부스는 거기에서 공학 학위를 땄다. 그와 멍거는 같은 시기에 학교를 다녔지만 커리큘럼이 달랐기 때문에 서로의 존재를 몰랐다. 후에 부스는 스탠퍼드 비즈니스스쿨에 진학했고, 거기서 어쩌면 두 번째 낸시와 마주쳤을 수도 있었겠으나 그녀를 잘 알지는 못했다.

부스가 멍거를 처음 만난 것은 1950년대 후반이었다. 당시 그는 인쇄소 매입 문제로 아버지의 변호사인 로이 개릿에게 자문을 구하러 왔던 참이었다. "로이가 그러더군요. '자네와 비슷한 또래의 젊은 친구가 있으니 자네가 한번 그 일을 맡아 보게나.'" 그때 멍거와 부스 모두 서른 중반이었다.

부스가 말했다. "지금이나 그때나 찰리는 똑같았습니다. 무엇인가에 굶주려 있고 공격적이었죠. 우리 둘이는 함께 돌아다니고 의논하면서 로토그라비아 인쇄기를 돌리는 공장을 인수했습니다. 공장의 주 고객은 「로스앤젤레스 타임스 선데이Los Angeles Times Sunday」지였는데 그때의 이름은 「홈Home」이었습니다."

부스는 신문사에서 일했고 인쇄소의 가장 큰 고객은 「타임스」지였기에, 고용주에게 자신의 생각을 알려주기는 해야 했다. 부스는 「타임스」에 사표를 내고 인쇄소를 운영할 계획이었다. 「타임스」에는 노조가 없었지만 인쇄소에는 노조가 있었기에, 부스는 신문사의 경영진이 인쇄소 매입을 원치는 않을 것이라고 판단했다. 그래서 차라리 자신이 직접 공장을 소유하는 것이 신문사 입장에서도 믿을 수 있는 공급업체를 확보할 수 있는 길이라고 생각했다.

"그러나 「타임스」의 연혁에서 볼 때 그 시기는 회사가 소유 자산을 막 다각화하기 시작한 시점이었습니다. 그들은 맥킨지McKinsey에 컨설팅을 의뢰했습니다. 당시 담당자는 잭 밴스였습니다. 잭은 계약 조건을 보더니 '이건 인수가 아니라 거의 거저에 가까운데요. 차라리 우리가 인수하지요. 여러분도 협조해주시기 바랍니다'라고 했습니다. 「LA타임스」에서는 그렇게 하려고 했지만, 결국에는 저한테 매입을 했습니다. 후일 타임스를 위해 그 회사를 구제하는 즐거움도 누렸죠"라고 부스는 말했다.

"공장 매입 건을 진행하면서 찰리를 아주 잘 알게 되었습니다. 협상을 벌이기 위해 우리는 공장주를 몇 번이나 만나야 했습니다. 서로에 대한 호감이 날로 커졌습니다. 그리고 적어도 저는 찰리와 같은 생각을 하고 있다는 사실을 알게 되었습니다. 그 친구가 무슨 말을 하려고 입을 떼기도 전에 무슨 말이 나올지 알 수 있을 정도였습니다."

멍거 부부는 부스에게 그의 부인이 될 도디를 소개했다. "그로부터 두 해가 지난 어느 날 찰리에게 전화 걸어 캘리포니아 클럽에서 점심 식사나 하자고 했죠. 식사를 하면서 이렇게 말했죠. '자네한테 처음 말하는 거라네. 도디가 애를 가졌어.' 두 번째 결혼에서 또 아이를 갖고 싶었거든요. 그때 제 나이가 마흔 넷이었습니다. 찰리가 싱긋 웃더니 이러더군요. '내 얘기도 들어야 할 걸세. 낸시도 애를 가졌어.'"

부스의 부인은 딸 스테파니를, 멍거는 아들 필립을 낳았고, 두 부부는 서로 자녀들의 대부가 되었다. 그때부터 부스와 멍거는 뉴질랜드, 오스트레일리아, 그리고 다른 먼 곳으로 낚시 여행을 함께 다녔다. 멍거는 콜로라도 북서쪽의 미커 위에 자리한 화이트 리버의 상류에서 부스가 발견한 리오 블랑코 랜치라는 송어 낚시 클럽을 매년 찾는다. 둘은 남미의 정상인 티에라 델 푸에고에서 낚시를 하면서 2000년을 맞이했고, 이때 멍거는 18킬로그램이나 되는 송어를 낚아 올렸다.

"그는 세상을 통틀어 저하고 가장 친한 친구입니다. 우리는 정말로 친합니다." 부스가 말했다.

1961년경 부스는 유산 정리 문제 때문에 멍거를 찾아왔는데 찰리는 그 재산을 그대로 유지하면서 개발하라고 조언했다.

멍거가 당시를 설명했다. "오티스에게 아파트를 지으라고 했죠. 그 구역 끝에 있는 두 집이 다른 업자 손에 넘어가지 않도록 직접 매입을 해서 건물을 헐고 토지를 재구획한 다음 아파트를 지어서 팔라고 말해주었죠. 그랬더니 오티스가 이렇게 말하는 겁니다. '찰리, 이게 그렇게 좋은 생각이라면 그리고 자네가 그토록 확신한다면 자네도 좀 투자를 해서 함께 하지 않겠나? 자네가 하지 않으면 나도 손을 대지 않겠네.'"

"그 친구는 부끄럽게도 내가 한 조언을 나보고 입증하라고 했던 겁니다." 멍거가 껄껄 웃으며 말했다.[2]

당시 캘리포니아에서 아파트 소유 개념이 유행하기 시작한 지 얼마 되지 않았을 때였다.

부스가 말을 이었다. "찰리와 저는 동업을 했습니다. 반반씩 소유했죠. 캘텍 옆에 있는 나머지 반쪽도 매입했습니다. 아직도 그대로 있더군요."

멍거와 부스가 부동산 개발 및 건설에 힘을 합했을 때 그 분야는 두 사람 모두에게 완전히 새로운 경험이었지만 멍거는 다른 사업에서 배운 원칙과 기술의 도움을 많이 받을 수 있었다.

지은 지 35년이 넘은 캘텍 건너편 아파트 단지는 인근 풍경과 근사하고 완벽한 조화를 이루었다. 어떤 곳에서는 주택이 일회용품처럼 보이기도 하는 시대이지만 그들이 세운 아파트는 세월의 풍상을 잘 이겨냈으며 여전히 지역의 품위를 높이는 데 일조하고 있다.

멍거가 말했다. "우리는 입주자에게 다른 아파트들보다 공간을 넉넉히 제시했는데 그 점이 인기를 끌었습니다. 게다가 아파트는 목도 좋았습니다. 대성공이었죠."

부스가 말을 받았다. "아파트 판매는 아주 천천히 진행되었고, 때마침 불어 닥친 경기 침체도 견뎌내야 했습니다. 그러나 결국에는 400%라는 아주 흡족한 이익을 거두었죠. 우리에게 떨어진 이익은 쏠쏠했습니다. 400%였습니다. 10만 달러를 투자해서 50만 달러를 벌었던 겁니다."

1967년에 완공된 캘텍 건너편 아파트가 팔리자, 다음 수순으로 찰리와 오티스는 오늘날 아파트들이 1900년대의 저택들이 있는 공간을 잠식하고 있는, 파사데나의 오렌지그로브 거리에 위치한 한 대지를 개발하는 작업에 착수했다. 이 건설 프로젝트에서 두 사람은 캘텍 아파트에서 배운 교훈을 거울삼아 지난번보다 훨씬 빨리 돈을 벌었다.

찰리와 오티스는 첫 번째 프로젝트에서 일층에 있는 아파트는 빨리 나갔지만 위층들은 굼벵이보다 더 늦게 팔렸다는 사실을 떠올렸다. 그래서 두 사람은 다음 건설 프로젝트는 단층 아파트로 할 것이며, 낮은 용적률을 가격에 반영하기로 결정했다. 비싼 가격에도 불구하고 단층 콘도는 불타나게 팔렸다. 세 번째, 네 번째, 다섯 번째에도, 그 이후로도 멍거는 단층 아파트만 지었다. 그 동안에도 부동산 시장은 여러 번의 부침을 겪었지만 멍거의 건설 프로젝트는 수익성이 좋았다.

부동산 사업을 하는 동안에도 멍거는 변호사 일은 물론이고 다른 사업 활동도 계속 벌이고 있었다. 멍거는 오랫동안 돈을 회수하지 않고 자신의 이익을 건설 프로젝트에 연달아 재투자했다. 그는 그 과정에서 부스로부터 많은 것을 배웠다고 말하고, 부스 역시 많은 것을, 특히 멍거에 대해 많은 사실을 알 수 있었다고 말한다. 부스는 다소 진중한 성격의 멍거를 이해할 수 있게 되었다.

"찰리는 비밀주의자는 아니지만, 대화를 나눌 때면 철저히 가려서 말하는 편입니다. 다시 말해 '상대가 알 필요가 있는 정보만 준다'는 규칙을 따릅니다."

찰리의 의붓아들 할 보스윅의 지적에 의하면, 직무상 과실에 대한 손해배상 청구를 염려해서 고객의 사업에 동참하기를 꺼리는 오늘날의 변호사들과 달리 1950년대와 1960년대에는 그런 일이 비일비재한 편이었다.

"그 시절, 변호사와 의뢰인의 관계에는 지금보다는 품격이 있었습니다. 시대가 달랐던 거죠."

여러 프로젝트를 동시에 진행하다 보니 멍거의 여가 시간은 많지 않았다. 찰스 2세는 이렇게 회상했다. "우리들은 아버지와 함께 공사 현장에서 하루를 보내곤 했습니다. 전기 단자함에서 금속 플러그를 뽑아내는 놀이를 재미있게 했습니다."

두 사람이 건설 프로젝트 두 개를 끝낸 후에 찰리는 세 번째 프로젝트를 시작했다. 이번에는 부스는 참여하지 않았는데, 땅 주인이 내건 조건이 문제가 있다고 여겼기 때문이었다. 찰리가 보기에도 리스크가 높았지만 한번 부딪쳐보기로 했다.

멍거가 설명했다. "포커판에서 나한테 매번 지던 사람이 있었는데 이 사람이 사무실로 찾아왔더군요. 알함브라*에 쇼핑센터 몇 개를 갖고 있는 사람이었습니다. 그는 자신의 쇼핑센터 건너편에 있는 파사데나 시 소유의 땅을 임대했습니다. 새로 들어설지도 모르는 다른 쇼핑센터로부터 자신의 쇼핑센터를 보호하고 싶은 마음에서였죠. 그는 제게 법률 문제를 해결해달라고 의뢰했지만, 저는 그 사람이 일하는 방식이 마음에 들지 않았습니다. 그래서 그에게 변호사 역할을 '사절한다'고 잘라 말했습니다. 그랬더니 이 사람이 역공을 취하더군요. '그럼 댁이 나라고 생각하고 서류를 작성해보시오'라는 겁니다. 저는 이렇게 제의했습니다. '당신이 이번 판에 토지 임대를 걸면, 내가 개발 전체와 융자 등은 책임지겠습니다. 그리고 당신한테는 이익의 절반을 드리지요.'"

쇼핑센터 주인은 이익을 분배받는 대신에 현찰을 먼저 챙기는 쪽을 택했는데 이것은 큰 실수였다. 이익의 절반이 선금 액수보다 훨씬 컸기 때문이다.

알함브라에서 찰리와 그의 동업자들은 4만 5,000제곱미터의 대지 둘 위에 분양아파트 442채를 지었다. 이들 아파트는 이제껏 멍거가 지은 것 중 분양가가 가장 낮았다. 아파트 한 채는 2만 달러 정도에 매매되었다. 이번에도 아파트는 빠르게 팔려나갔다. 그제야 멍거는 구매자들이 무엇을 원하고 있었는지에 대한 감을 잡았다. 멍거와 건축업자들은 설계 및 건축의 디테일에 비용을 아끼지 않았다. 그리고 아파트 건설이 끝나고 나면 단지 전체에 근사한 조경을 마련하는 것을 잊지 않았다.

"숲속 같은 조경." 멍거는 그렇게 선언했다. "그게 팔리는 겁니다. 나무

---

*Alhambra: 로스앤젤레스 서쪽에 위치한 도시.

에 투자하면 수익이 세 배로 돌아옵니다. 조경에 드는 돈을 아끼는 것은 직무상 과실의 첫걸음입니다."

알함브라 빌리지 그린 프로젝트를 진행하면서 멍거는 새로운 파트너 앨 마셜Al Marshall을 영업부장으로 고용했다. 그런데 앨 마셜은 영업부장과는 거리가 먼 사람이었다. 찰리가 그를 알게 된 것은 낸시와 마사 마셜이 로스앤젤레스 컨트리클럽에서 함께 골프를 치는 사이였기 때문이다. 찰리와 앨은 부부 동반 토너먼트에 참가하면서 처음 만났다. 당시 캘리포니아는 아직 작은 주였기 때문에 정착한 지 제법 되는 가족들 사이에는 어떤 식으로든 관계가 존재했다. 아니나 다를까 석유 엔지니어인 마셜은 스탠퍼드에 있는 낸시 전 남편의 동급생이었다.

찰리와 앨은 첫 번째 티샷에서 서로 첫인사를 나누었다. 두 번째 홀에서 찰리가 물었다. "무슨 일을 하십니까?" 마셜은 과거에 셸 석유Shell Oil와 작은 유류업체에서 일했다. 석유 산업이 불안정하던 시기였고 마셜은 자신이 실직 상태라는 것을 공공연히 알리고 싶지는 않았다. 대신 그는 석유 채굴권에 입찰 중이라고 대답했다. 세 번째 홀에서 마셜이 어떤 식으로 입찰을 하고 있냐고 찰리가 물었다. 마셜이 뭐라고 대답하자 찰리는 이렇게 말했다. "그 방법은 영 아닌 것 같군요."

마셜은 "좋습니다. 댁이 그렇게 똑똑하다면 법률과 융자 문제를 당신이 맡아주면 나머지는 제가 하지요"라고 말했다. 멍거는 그 석유 채굴권 계약을 ABC 트러스트*에 넣었는데, 당시에 이 방법은 합법적인 세금은

---

*ABC trust: 트러스트란 유산 상속 집행과 세금 감면을 위한 상속 계획이다. ABC 트러스트는 부부가 설정하는 트러스트로서, 배우자가 사망 시에 별도의 세 가지 트러스트를 제공한다. A는 생존한 배우자의 트러스트, B는 사망한 배우자의 트러스트, C는 부부 트러스트를 말한다.

닉 수단이었지만 지나친 남용으로 인해 훗날 법으로 금지하였다. 하지만 마셜은 자신들의 ABC 트러스트는 적법하게 처리되었기 때문에 계속 유지되었다고 했다.

"아직도 거기서 한 달에 2~3천 달러가 나옵니다. 우린 각자 1천 달러밖에 넣지 않았는데 지금까지 받은 금액을 합하면 50만 달러는 족히 될 겁니다."

마셜 부부는 아직도 그 석유 채굴권 지분을 소유하고 있지만 멍거는 자신의 지분을 자식들에게 증여했다.

알함브라 프로젝트를 시작할 때 멍거는 마셜에게 관심이 있으면 1만 5천 달러를 투자하고 같이 해보지 않겠느냐고 물었다. 아직도 일자리를 알아보는 중이었던 마셜은 그 1만 5천이 자신에게 벅찬 액수였음에도 멍거의 제의를 받아들이기로 했다.

멍거가 설명했다. "그가 몸담고 있는 분야는 악화 일로에 있었고, 그에게는 자녀가 다섯이나 있었습니다. 마셜은 유능한 사람이므로 그에게는 다른 일이 필요하다고 생각했습니다. 그래서 영업을 맡겼습니다. 저는 그에게 '자네 부서를 따로 만들어보게나'라고 말했습니다. 그 친구는 전에 그런 일을 한 적이 한 번도 없었지만 천부적인 재능을 갖추고 있더군요. 자기가 하는 일을 좋아했습니다. 즐거운 비명을 질러댔죠."

가끔 마셜은 알함브라 아파트를 "하수도 위의 판자촌"이라고 부르며 멍거를 이죽거렸다. 아파트가 들어선 그 부지가 원래는 파사데나 시의 하수처리장이 있던 장소이기 때문이다.

부지를 소유한 것이 아니라 시에서 49년간 임대 받은 것이기 때문에 부스는 그 프로젝트에 참여하지 않았다. 임대 기간이 50년 이하인 부지에 대한 개발의 경우 대부분의 대출 기관은 대출을 승인하지 않았지만 그렇다고 멍거를 막지는 못했다. 그는 시내에 있는 저축대부조합인 스테이트뮤추얼State Mutual이 예금이율을 0.5%를 올려서 최근에 6천만 달러나 되는 예금을 유치했다는 사실을 알고 있었다. 그래서 스테이트뮤추얼은 자금을 빌려주고 대출이자를 벌기 위해 동분서주 중이었다. 찰리와 앨이 대출 담당 직원과 함께 부지를 사전 답사하러 갔는데, 스테이트뮤추얼 측의 질문은 혹시 신청한 대출금보다 더 큰 액수가 필요하지는 않느냐는 것이 전부였다고 앨은 전한다.

멍거의 능숙한 상황 처리를 본 마셜은 미래를 꿰뚫어보고서 남들과는 다른 결론을 내리는 그의 능력에 믿음이 갔다. 마셜은 "난 그 친구가 틀리는 것은 거의 보지 못했습니다"라고 말했다.

찰리가 사물을 보는 관점은 다음과 같은 식이었다. "……명문 대학원을 갓 졸업하고 비즈니스 세계에 발을 들인 나와 버핏의 눈앞에는 예측 가능한 극도의 불합리성이 육중한 몸집으로 서 있었습니다. 이런 불합리성이야말로 우리가 하고 싶은 일에 중요한 요소임이 분명했지만 교수들은 언급조차 하지 않았습니다. (불합리성의 문제를 이해하기란) 쉽지 않았습니다……. 제 의지와는 거의 무관하게 인간의 오판이라는 심리학을 (배우게) 되었습니다. 나는 그것을 거부하다가 결국에는 내 태도로 많은 돈을 잃고 내가 사랑하는 것을 도울 수 있는 능력이 약해지고 나서야 받아들였습니다."[3]

사업 문제를 다루는 멍거의 독창적인 방식은 마셜에게 큰 힘이 되었다.

마셜은 이렇게 표현했다. "찰리와 일할 때 좋은 점 한 가지는 누가 대장이 되어야 하는지 걱정하지 않아도 된다는 점이었습니다."

마셜이 알함브라 빌리지 그린의 영업과 마케팅을 맡기로 했을 때 그는 찰리에게 영업에 대해서는 하나도 모른다고 경고했다. 마셜은 구매 의사가 있는 고객에게 사실이 아닌 내용을 전달하고 싶지는 않다고 했다. 고객들이 49년간의 토지 임대 기간이 만료되면 어떻게 되냐고 물었을 때 마셜은 어떻게 될지 모른다고 대답했다. 아파트 주인들과 시에서 협의할 사안이었다. 그런 답변을 듣자 구매 의사가 있는 고객 가운데 3분의 2가 등을 돌렸다. 하지만 당시 로스앤젤레스 지역이 사상 최악의 부동산 경기 침체를 맞고 있었음에도 아파트는 금세 다 분양되었다.

단층 아파트라는 장점 외에도 지리적으로 볼 때 로스앤젤레스 시내에서 불과 20분 이내 거리라는 장점도 있었다. 세월이 흐르면서 시는 정책을 변경해 그 땅을 입주자협회에게 매각했다.

멍거의 부동산 사업에는 나름대로 문제점이 있긴 했지만 비교적 경미한 수준이었다. 분양 아파트에서 소송이나 추가적으로 발생한 문제는 전혀 없었다. 아파트가 다 팔리고 융자를 다 갚고 난 후에 건설 프로젝트는 막을 내렸다.

부동산 개발을 진행하면서 찰리는 자신이 건축가의 영혼을 가지고 있음을 깨달았다. 그가 지닌 비전과 열정은 튼튼하고 살기 좋은 공간을 건설하는 데 결정적인 역할을 했다. 멍거는 개발과 건설을 즐겼지만 아무리 성공적인 건설업자일지라도 끝없이 늘어나는 부채에 의존할 수밖에 없다는 점이 걱정스러웠다. 찰리와 앨 마셜은 개발 프로젝트 하나만 더 하고 부동산 개발에서 손을 털기로 결심했다.

최종 프로젝트인 헌팅턴 그라나다Huntington Granada를 진행하면서 멍거는 헌팅턴드라이브에 비교적 적은 수의 아파트를 세웠다. 그 부지는 사실은 알함브라 시 소속이었지만 실제로는 보다 부유한 시인 산마리노San Marino에 더 가깝다는 지리적인 이점이 있었다. 이번에도 아파트는 눈 깜짝할 새에 팔렸다. 마침내 고생한 대가를 얻어낼 수 있었다. 독립적인 투자자의 세계로 진입하기에 충분한 돈을 벌어들인 멍거는 부동산 사업에서 은퇴했다.

멍거는 말했다. "다 끝내고 나니까 제 주머니에는 부동산 사업에서 번 140만 달러가 들어있었습니다. 당시로서는 큰돈이었죠. 일부는 아파트를 구입한 사람들로부터 받은 신탁증서trust deeds였습니다. 그 증서는 나중에 전부 현금으로 지불받았습니다. 경제적 안정을 보장받기에 충분할 정도의 돈이었습니다. 나는 총 다섯 건의 개발 프로젝트를 진행한 다음에 끝냈습니다. 계속 돈을 차입해야 한다는 점이 내키지 않았으니까요. 종일 매달린다 해도 중요한 세부사항들을 처리하기가 힘들었는데, 부업으로 하기에는 그 어려움은 이루 말할 수 없을 지경이었습니다."

멍거는 건설에 완전히 문외한인 상태에서 개발 프로젝트를 진행한 것은 아니었다. 로스앤젤레스에 온 지 얼마 되지 않았을 때 그는 에지우드 드라이브에 자기 집을 지은 적이 있었다. 그러다가 1960년에 핸콕파크의 두 개의 큰 필지 위에 세워진 저택 하나를 매입했다. 그는 그 큰 저택을 허물어버리고 한 쪽 필지는 상당한 이익을 남기고 팔았다. 나머지 필지에는 가족이 살 새 집을 지었다. 멍거 가족은 아직도 그 집에서 산다. 물론 몇 차례의 대대적인 리모델링을 거치기는 했다.

막내딸 에밀리 멍거는 로스코메어로드에 있는 낸시의 신혼집에 살 때 태어났다. 에밀리가 첫돌이 되었을 때 멍거 가족은 핸콕파크의 준스트리트June Street로 이사 갔다. 핸콕파크의 새집에서 찰리는 더 이상 로스앤젤레스의 출퇴근 교통에 시달리며 변호사 사무실과 집을 오가지 않아도 되었기 때문에 멍거 가족들은 좀더 편안한 생활을 할 수 있었다.

에밀리가 말했다. "우린 자전거를 타고 학교에도 가고 동네도 돌아다

넀죠. 지금은 도시의 중심가가 되었지만 그때는 작은 동네 같았어요. 우리 집 주변에 제 친구가 여덟 명이나 살았어요. 전 운이 좋은 편이었습니다. 또래 친구들이 언제나 곁에 있었으니까요. 우리에게는 행복하고 안정된 가정, 그리고 좋은 친구들이 있었어요."

에밀리는 3번가에 있는 학교에 6학년까지 다니다가 사립인 말보로여학교로 전학한 후 18살까지 다녔다. "어머니가 다녔던 곳이었어요. 저는 그 학교가 정말 좋았어요. 아직도 그때 친구들 몇몇과 자주 만나죠. 아이들 중에는 엄마나 아빠가 영화배우인 애들도 가끔 있기는 했지만, 말보로여학교는 할리우드 스타들의 학교와는 거리가 멀었어요. 좀더 전통에 치우친 학교였어요. 생물 선생님이 아주 멋진 분이었죠. 생물 수업이 참 좋았어요."

찰리와 낸시 멍거는 아직도 준스트리트의 집을 본가로 여긴다.

에밀리 멍거가 말했다. "마흔이 된 지금도 그 집이 아직 우리 집이라는 것은 굉장한 경험이에요. 제 친구 대부분이 아직도 거기 살아요. 보통은 가족이 뿔뿔이 흩어지거나 아니면 다른 데로 이사 가고도 남을 만한 세월이죠. 같은 동네에 계속 있을 수 있다는 것은 아이들에게는 축복이죠."

우연의 일치인지 버핏도 자식들이 자란 오마하의 아담한 집에서 그대로 살았으며, 버핏의 아이들도 에밀리가 지적한 것과 비슷한 감정을 표출한다.

자신의 일에서 뭔가 구체적인 결과가 나오는 것을 보기만 해도 멍거는 기분이 유쾌해진다. 그는 아직도 건설 프로젝트에 미련이 많다. 멍거는 가끔 주위사람들에게 이렇게 말한다. "백합처럼 하얀 손으로 모든 것을 다할 수 있다고 생각하지 않습니다. 그렇다고 (19세기의 자본가) 러셀 세이지Russell Sage처럼 종이 쪼가리를 사고파는 데 능숙했던 사람으로 기억되고 싶지도 않습니다."

스타아일랜드에서는 거의 늘 리모델링이나 방을 하나 더 만들거나, 새로운 선창을 짓는 공사가 진행 중이다. 데이비드 보스윅과 그의 아내(공교롭게도 이복누이인 몰리와 이름이 같다)가 영국의 전원주택 한 채를 구입하려 했을 때 두 사람은 가격을 제시하기 전에 찰리에게 여러 가지를 의논했다. 멍거는 파사데나에 있는 몰리 멍거의 집이 리모델링에 들어갔을 때 그녀를 위해 만든 신탁펀드를 통해 돈을 융통해주었다. 그는 사우스파사데나에 있는 웬디의 크고 낡은 집도 리모델링을 하면 좋겠는데 그녀가 절대로 허락하지 않는다고 불만을 털어놓는다. 웬디는 지금 그대로의 집을 좋아하고 그게 이웃들 보기에도 좋다고 생각한다.

하버드 웨스트레이크 스쿨Harvard Westlake School 산하의 멍거과학센터 Munger Science Center에는 디자인에 대한 찰리의 생각이 많이 반영돼 있다. 그는 건축가들과 만나서 부지에 어울리는 디자인이 나올 때까지 몇 차례나 같은 작업을 되풀이했다. 건축가와 건설업자 사이에 불화를 만들지 않으면서 자기 소원을 이루는 방법을 멍거는 아는 것 같다.

하버드 웨스트레이크 스쿨 교육위원회의 임원이기도 한 오티스 브룩이 말했다. "맞습니다. 그 친구는 사람들 기분을 상하게 하지 않지요. 찰리는 말을 근사하게 하고 상황을 유쾌하게 만들어주는 훌륭한 능력이 있습니다."

멍거는 멍거과학센터를 계획할 때 바로 그런 화술을 활용했다. 멍거가 남녀화장실이 똑같은 크기로 설계된 것을 보고 이렇게 반문했다. "생물학을 가르치는 건물에서까지 그럴 필요가 있겠습니까?"

부스에 말에 따르면 학교 안에 또 다른 건물인 체육미술복합관이 있었다고 한다. 쉴 새 없이 체육관을 극장으로, 극장을 체육관으로 변경하는 작업이 힘도 들고 시간 소모도 컸기 때문에 비용이 들더라도 둘 중 하나를 별도로 만들 것인지에 대한 회의가 열렸다. 찰리는 임원들에게 이렇게 말했다. "한번 생각해보십시오. 남자에게는 두 가지 기능을 하는 기관이 하나 있는데, 그 때문에 항상 곤란을 겪지 않습니까."

멍거는 유머가 전문가의 의견을 돌리는 데는 도움이 된다고 생각하면서도 때로 분노를 유발하기도 한다고 말한다. 유머를 말할 때는 지나치게 선을 넘는 것은 아닌지 항상 조심해야 하는 법이다.

얼마 전에 그는 샌타바버라의 웨스코 파이낸셜 소유지에서 또 다른 상업 개발을 진행했다. 과거 웨스코의 저축조합이었던 뮤추얼 세이빙스 Mutual Savings가 1966년 유질 처분*의 결과로 임해지 8만 9,000평방미터를 취득하게 되었던 것이다.

그 개발 프로젝트의 공식적인 명칭은 바다의 목장Sea Meadow이지만 버핏은 영화 「멋진 인생It's a Wonderful Life」에 나오는 "포터스빌Pottersville"을 흉내 내서 "멍거빌"이라 부른다. 버핏은 "이 친구는 멍거빌에 있는 부동산을 계속 나한테 팔려고 하고 있어요"라고 투덜댄다.

멍거빌은 샌타바버라 남쪽 끝의 바닷가에 면한 고급 주택가로, 한쪽으로 태평양이 펼쳐져 있고 다른 쪽으로는 해안가 산맥이 펼쳐져 있다. 이 지역에 점점이 위치한 감귤나무, 유칼립투스와 올리브 나무, 서양협죽도, 아카시아, 푸셔 꽃나무 등은 초기 캘리포니아 스타일의 주택들 담장에 우아한 기품을 더해준다.

---

*foreclosure: 저당권 설정을 하고 돈을 빌렸던 사람이 채무를 갚지 못해서 담보로 잡았던 물건을 법원이 강제로 팔아서 채무청산을 시키는 것.

지역 건축 당국 및 캘리포니아연안위원회California Coastal Commission와 승강이를 벌이느라 바다의 목장 개발 계획에 관한 합의점을 마련하는 데 오랜 세월이 걸렸다. 바다의 목장에 있는 주택 중 절반가량만 탁 트인 바닷가 전망을 갖추고 있다. 멍거는 개인 소유 도로, 하수도 설비, 공공서비스 시설, 그리고 고고학적 유물에 대한 유지비용을 포함한 기타 부대비용에 많은 돈이 들어갈 것이기 때문에, 당연히 주택가격도 비싸게 매길 수밖에 없고 개발 이익은 제한적일 것이라고 말했다. "그 땅을 사용하는 조건으로 우리는 그 땅에 내재된 가치의 상당 부분을 샌타바버라 카운티에 '바친' 셈입니다."[4]

"도시계획 당국이 바가지를 씌우려고 하기에 그걸 막으려고 제가 개발을 했습니다. 그런데 지금 생각해보니 그러도록 내버려두었다면 차라리 재무 상태가 훨씬 나았을 것 같군요."

1989년 멍거는 주주들에게 다음과 같이 보고했다. "지역사회가 민감하게 반응할 수도 있는 이 부동산 개발계획은, 아시다시피 토지사용법의 행정처분 과정과 얽혀서 결국 14년이 넘도록 지연되었습니다. 하지만 탁 트인 넓은 공간에 주택 32채를 짓는 개발계획의 일부로서 현재 8채의 주택과 여가시설들이 완공 단계에 이르렀음을 보고할 수 있다니 꿈만 같습니다. 뮤추얼 세이빙스는 개발의 모든 측면에서 일급을 고수할 것이며 다른 곳과는 비교도 되지 않은 아름다운 조경을 꾸밀 계획입니다."[5]

당시 그 땅의 장부가격은 200만 달러로, 오늘날 시세로 보면 헐값이나 다름없었다. 사실 찰리와 낸시는 그곳의 필지 두 개를 210만 달러에 매입해서 별장 한 채를 지었고 주말마다 와서 시간을 보낸다.

오티스는 멍거가 정부의 요구조건에 창의력으로 대처했다고 생각한다. "샌타바버라에 있는 바다의 목장은 아름답게 조성된 주택지구입니다. 부지가 여러 법규로 제한이 많았기 때문에 멍거는 여느 때보다도 훨씬 많은 상상력을 발휘해야 했습니다. 그는 아름답고 한적한 지구를 만들어냈습니다."

멍거빌은 매력적인 곳이었지만 주택 판매는 저조했고 구입자 대다수는 멍거의 친구와 동료였다. 주민 명부를 보면 마치 멍거가 전에 몸담았던 법률 회사의 주소록 같다는 착각이 들 정도이다. 로이 톨스, 척 리커스하우저, 론 올슨Ron Olson도 이곳에 집을 갖고 있다.

부스도 멍거빌에 집을 한 채 샀지만 멍거의 강력한 권유 때문이었다고 한다. "찰리가 하도 몰아 붙여서 사긴 했지만 사실 저한테는 집이 두 채까지는 필요하지 않았습니다."

멍거가 부동산 개발 사업으로 첫 번째 백만 달러를 버는 동안, 멍거를 아직 만나기 전인 오마하의 워런 버핏은 버핏파트너십Buffet Partnership에서 자신만의 참호를 파고 자산을 축적하고 있었다. 그 당시에 캐럴 앵글 박사가 저녁에 있는 버핏의 투자 강좌를 들었고 그녀의 남편 윌리엄 앵글 박사가 버핏파트너십에 투자했다. 현재 네브라스카 주 링컨에 소재한 가디언생명보험Guardian Life Insurance의 중역으로 있는 빌 앵글과 그의 형제 존 앵글은 미시간 대학에서 같은 과 친구이면서 서클 친구였다. 두 사람이 공유하는 공통의 친구들은 점점 늘어나고 있었지만 아직 멍거와 버핏의 인생은 각자의 길을 가고 있었다.

07
위대한 아이디어의 결합

나는 보고, 그는 듣습니다. 우리는 명콤비입니다.
— 파트너이자 지기인 찰스 멍거에 대한 워런 버핏의 말

네브래스카 주 오마하의 사업가 리 시맨은 찰리 멍거의 아버지 앨과 함께 오마하 근교의 습지, 호수, 강으로 자주 오리 사냥을 다녔다. 이 사냥 여행에는 멍거 일가의 또 다른 가족인 사냥개 밥 멍거도 포함된 경우가 많았다. 밥은 체서피크 아니면 토종견의 피가 흐르는 커다란 암적색 잡종견이었다. 앨 멍거에게는 친구가 많았지만 그 중에서도 밥이 으뜸이었다. 시맨 말에 따르면 앨은 밥을 '대학 나온 개'라고 불렀고, 밥은 많은 재능 중에서도 오리 물고 오기 분야에서는 최고학위를 소지하고 있었다. 밥이 한 마리를 놓치면 앨은 이렇게 말하고는 했다. "밥, 저 밖에 오리 한 마리가 더 있어." 밥이 주변을 두리번거리다가 허둥지둥 되돌아가서는 오리를 물고 돌아오면 앨은 부드럽게 야단을 쳤다. "대학을 나온 개인 너조차 오리 한 마리를 빠뜨릴 때가 있구나."

밥은 재주꾼이었다. 손님들이 멍거 집을 찾아왔을 때 앨이 "밥, 내가 너한테 지하실로 가라고 말하면 넌 어떻게 해야 하지?"라고 하면 밥은 쏜살같이 지하실로 달려갔다. 잠시 후 밥은 어슬렁어슬렁 돌아와서는 주인의 의자 옆에 누웠다. 이윽고 앨은 같은 명령을 내리지만 말을 좀 전보다 줄인다. "밥, 내가 너한테……"라고만 하면 밥은 벌떡 일어나 지하실로 향했다. 세 번째 차례가 오면 앨이 그저 "밥, 내가……"라고 해도 지하실로 종종걸음을 치는 것이었다.

어느 날 앨과 친구 몇이 오마하 근처의 호숫가로 사냥을 갔다. 그때에 대해서는 리가 자세히 설명했다. "그 골짜기는 몹시 추웠습니다. 밥은 개로서는 아주 나이가 많은 편이었지만 그날 오리를 많이 물고 왔습니다. 물이 깊었기 때문에 밧줄로 미끼를 잡아매야 했지요. 하지만 미끼의 무게가 버티기에는 바람이 너무 심하게 불었습니다. 밥이 마지막 오리를 물고 오다가 밧줄 사이에 끼어버렸습니다. 그걸 본 앨은 제정신이 아니었습니다. 보트를 타고 밥을 구하러 갔습니다. 하지만 그때는 앨도 팔팔한 시절은 한참 지나 있었죠. 심장마비로 한번 고생한 적도 있었습니다. 그는 밥을 잡으려고 밧줄을 끌어당기기 시작했지만 힘에 부쳤습니다. 밥을 보트에 끌어올리려고 몸을 수그리다가 그만 보트가 뒤집혔어요. 순식간에 그의 주변에 살얼음이 붙었습니다. 저는 밥보다는 앨이 더 염려가 되어 황급히 그리로 갔습니다. 둘은 보트에 매달려 있었습니다. 제가 보트를 바로 세우자 밥이 기어 올라왔습니다. 밥은 신나는 놀이라도 하는 양 두리번거리며 우리를 도왔습니다. 밥과 제가 앨을 끌어 올렸죠. 앨은 절대로 집사람에겐 이 이야기를 하지 말아달라고 신신당부하더군요."

사냥 여행에 같이 온 다른 사람들은 제방에서 차가 주차된 철길로 뛰어가 시동을 걸고 히터를 틀었다. 그리고 아무도 멍거의 아내 투디에게는 이 일에 대해 얘기하지 않았다. 앨 멍거는 사고 이후 아무런 후유증이 없었다.

웬디 멍거는 할아버지에 대해 이렇게 회상한다. "할아버지는 1959년에 돌아가셨어요. 그분은 마치 노먼 록웰*의 그림에 등장하는 주인공 같으신 분이었어요. 테가 없는 안경을 쓰셨죠. 할아버지는 아이들이 사탕을 꺼내 먹을 수 있도록 작은 보물상자를 하나를 갖고 계셨어요."

부친의 죽음은 가슴에 사무치는 공허감을 안겨주었지만 앨의 인생이 끝남과 동시에 찰리의 인생은 새로운 장을 열었다. 부친의 유산 정리 문제로 집에 잠시 돌아온 멍거는 젊은 워런 버핏을 소개받았다. 후일 많은 사람의 인생을 바꿀 중대한 만남이 이뤄진 것이었다. 멍거가 가끔 언급하는 성공의 틀을 보여주는 완벽한 예이기도 하다. 성공의 틀이란 다수의 위대한 아이디어가 한데 모여 뛰어난 결과를 창출해내는 환경을 말한다. 여기서는 뛰어난 지성과 목표를 공유하는 두 사람의 조우였다.

"워런과 나는 만나자마자 죽이 맞았고 그때부터 계속 친구이자 사업동료로 지냈습니다. 물론 친구로서의 투자와 사업동료로서의 투자는 성격이 다르기는 합니다. 내가 지나온 인생을 생각해볼 때, 식료품 배달보다 독서와 사고를 좋아하며, 조부가 남긴 '식료품 가게를 운영하는 방법과 낚시에 관한 몇 가지 진실'이라는 원고를 비롯하여 모든 것을 책에서 배운 그런 친구와 제가 죽이 맞지 않을 이유가 없지 않겠습니까?"[1]

오마하에서 나누었던 최초의 대화에 이어 두 사람은 전화로 어떤 때에

---

*Norman Percevel Rockwell: 중산층의 평범한 생활을 친근하게 그린 것으로 유명한 20세기 초중반의 화가

는 몇 시간씩이나 토론을 지속했다. 멍거와 친구 몇몇이 새로운 회사를 출범시킬 작정이었지만 버핏은 그에게 법조계 경력을 포기하고 전문 투자자가 될 것을 종용했다. 버핏의 유명한 연설 "그레이엄과 도즈빌의 위대한 투자자들The Superinvestors of Graham and Doddsville"에서 그는 멍거를 만났을 때 "법은 취미로는 괜찮네만 자네는 그보다 더 잘할 수 있는 사람이네"라고 말했다고 밝혔다.[2] 제조업과 부동산 개발에서의 경험이 사업에 대한 욕구를 자극하기는 했지만 아직 법조계를 떠날 준비가 되지는 않았던 멍거에게 버핏의 말은 귀가 솔깃한 제안이었다.

버핏의 스승이자 동료였던 벤 그레이엄이 은퇴를 하고 비버리힐스로 이사 갔기 때문에, 캘리포니아에 아는 사람들이 많았던 워런과 수지는 그곳의 기후와 사람들에게 매료되었다. 그들은 틈만 나면 캘리포니아를 찾았다.

"(멍거를 만나고) 얼마 되지 않았을 때 캘리포니아에 가서 벤과 에스테이 그레이엄을 만나서는 함께 멍거를 찾아갔습니다. 그 사람들은 아직도 로스코메어로드에 살더군요. 낸시는 제 식사습관을 보고 경악했습니다."

정말로 낸시는 깜짝 놀랐다. 낸시 멍거가 그때의 기억을 떠올렸다.

"내 기억으로는, 찰리가 귀가해서는 명석한 사람을 만났다고 말하더군요. 그이는 워런을 만난 사실에 대해 흥분을 감추지 못했어요. 한 달쯤 후에 저녁 식사에 초대했죠. 메뉴로는 스테이크를 준비했어요. 사이드메뉴로는 야채 세 가지를 곁들였죠. 가만히 보니 워런은 야채에는 손도 대지 않더군요. 디저트로 아이스크림을 내놓았는데 워런이 무척 좋아했어요."

버핏이 멍거의 자택을 처음 방문했을 때 에밀리 멍거는 갓난아이였고, 워런 버핏이 중요한 손님이라는 것을 알아차렸을 때에도 어린 아이였다.

에밀리 멍거의 말을 들어보자. "어렸을 적에 워런 아저씨가 왔던 것을 기억하고 있어요. 그리고 아버지와 워런 아저씨가 무척 닮았다는 것도 알고 있었어요. 두 분은 목소리, 웃음소리까지 비슷했어요. 워런 아저씨는 식성이 까다로웠어요. 펩시를 좋아하셨어요. 아이들로서는 청량음료를 그렇게 좋아하는 어른이 곁에 있어서 즐거웠어요."

멍거의 맏딸 몰리는 버핏이 언제부터 자신들의 인생에 등장하게 되었는지 잘 모르겠다고 한다. "몇 가지 징후는 기억해요. 언제부터인지 아빠는 워런 아저씨와 내내 통화를 하고 계셨죠."

그녀의 아버지와 워런 사이에 친분이 싹트는 동안 몰리는 개인적인 문제로 고민하고 있었다. 부친의 반대에도 불구하고 그녀는 친구들이 가지 않는 고등학교에 진학하기로 결심했다. 그 학교 학생 대부분은 저소득층과 소수민족 자녀들이었다. 고집 센 딸에게 두 손을 든 찰리는 이렇게 말했다. "몰리, 네가 홀로서기를 하겠다고 이토록 고집을 피우는구나. 부디 현명하게 처신하기를 아빠는 바란다."

고등학교를 졸업한 후 그녀는 아이비리그 대학으로 진학하기 위해 동부에 가는 문제를 둘러싼 스트레스와 불확실성을 극복해야 했다. 몰리는 레드클리프를 졸업한 다음에는 하버드 로스쿨에 진학하기 위해 뉴잉글랜드 지역에 머물렀다. 캘리포니아에 돌아온 그녀는 자신이 없는 동안 몇 가지 중요한 사건이 일어났음을 알게 되었다. 아버지는 오십 줄에 접어들었고, 백만장자가 되었으며, 버핏의 사업에 깊이 관여하고 있었다. 그것은 두 남자의 장기적인 계획에 딱 들어맞는 안배인 듯했다.

"아빠는 언제나 작은 기업들을 매입하고 있었죠. 워런 아저씨와 같이 일을 하면서 더 많은 자금을 운용했어요." 몰리는 말했다.

멍거는 이미 다른 파트너들과 일한 경험이 있었지만 버핏은 대부분 혼자서 일했었다. 버핏이 설명했다. "우리는 우연히도 서로 아귀가 꽤 잘 들어맞는 기묘한 성격의 소유자였고, 이후로는 어떤 식으로든 계속 파트너였습니다. 우리는 공식적인 파트너는 아니었지만 지성적인 측면에서는 진즉부터 동업자였어요." 버핏은 종종 멍거를 "좋은 시절의 주니어 파트너이자 어려운 시절의 시니어 파트너"라고 부른다.

비록 두 사람은 만난 지 얼마 안 지나서부터 함께 일하기로 뜻을 같이 했지만 그들의 동업자 관계는 서로의 지성에 대한 신뢰와 확고한 존경에 바탕을 두고 서서히 그리고 자연스럽게 진화했다.

"블루칩 스탬프스Blue Chip Stamps 때부터 우리 둘은 확실한 비즈니스 파트너였습니다"라고 멍거가 회상한다. "백화점 매입을 위해 디버시파이드 리테일링Diversified Retailing이라는 회사를 구성하고 그 회사를 청산가치 이하의 가격으로 매입하는, 일종의 벤 그레이엄식 투자를 했습니다. 분명 이때부터 비즈니스 파트너였음에 틀림없습니다."

1960년대부터 20세기가 끝날 때까지 두 사람은 일주일에 수십 번씩 전화 통화로 사업 기회에 대한 이야기를 나누었다. 협상이 끝날 시간이 다가오면 두 사람은 만났다. 둘 중 한 사람에게 연락이 되지 않으면 다른 한 사람이 권한을 행사했다. 버핏은 "서로가 어떻게 생각하는지 너무도 잘 알고 있으니까 둘 중 한 사람이 없어도 거래를 상당 부분 진행할 수 있는 것이지요"라고 설명한다.

멍거를 만났을 때 버핏의 나이는 불과 스물아홉이었지만 그는 이미 투자 분야에 관한 한 상당한 자격을 갖춘 상태였다. 그는 증권브로커인 부친의 이야기를 들으며, 그리고 하워드 버핏의 건물에 있는 증권브로커 사무실을 드나들며 자랐다. 돈은 워런을 황홀하게 했고 투자는 소년 시절부터 그의 마음을 사로잡았다. 네브래스카 대학에 다닐 때 버핏은 당시 막 출간된 벤저민 그레이엄의 저서 『현명한 투자자The Intelligent Investor』를 읽고 자신의 장래를 정했다. 때는 1949년이었고 월스트리트의 최고 지성으로 알려진 벤 그레이엄은 미국에서 가장 성공한 최고의 머니매니저 가운데 한 명이었다. 버핏은 그레이엄의 수업을 듣기 위해 컬럼비아 비즈니스스쿨에 등록했고, 후일 뉴욕에 있는 그레이엄의 투자사에서 짧은 기간 동안 일을 했다. 벤이 은퇴하고 사업을 접자 버핏은 오마하로 돌아와 자기만의 투자 사업에 착수했다. 버핏의 첫 번째 고객들은 그의 총명함을 이미 알고 있는 친척들, 그리고 제2의 벤 그레이엄을 갈망하면서 버핏이 바위에 꽂힌 검을 뽑을 수 있다고 믿는 예전의 그레이엄 투자자들이었다.

여기에 멍거는 상법 전문가의 안목을 보태주었으며, 이미 상업의 세계에 독립적으로 진출한 경험이 있었기에 비즈니스 세계가 어떻게 돌아가는지도 잘 알고 있었다. 버핏은 이렇게 말했다. "찰리는 현존하는 그 어떤 사람보다 빠르고 정확하게 거래를 분석하고 평가할 수 있습니다. 그는 어떤 약점이든 60초 안에 간파해냅니다. 완벽한 파트너죠."

블루칩 스탬프스와 시즈캔디와 같은 소매점과 회사를 연구하고 인수하면서 멍거와 버핏은 더 높은 영역을 향해 손을 뻗고 있었다. 동시에 두 사람은 효과적인 파트너가 되는 방법도 체득하고 있었다.

멍거는 이렇게 설명했다. "이상적인 파트너는 혼자 일을 해낼 수 있는 사람입니다. 사람에 따라 이끄는 파트너가 되기도 하고 따르는 파트너가 되기도 하고, 항상 동등한 입장에서 협조하는 파트너가 되기도 합니다. 저는 세 가지를 다해봤습니다. 사람들은 제가 갑자기 워런을 따르는 파트너가 된 사실을 믿기 힘들어 하더군요. 그러나 파트너가 되어 따르고 싶은 사람들이 있지요. 그러지 못한다고 고집 피울 정도로 오만한 자존

심은 제게 없었습니다. 자기 자신보다 어떤 일에 더 뛰어난 사람은 언제나 있기 마련입니다. 이끄는 사람이 되기 전에 우선은 따르는 사람이 되는 법을 배워야 합니다. 우리는 모든 배역을 연기하는 법을 배워야 합니다. 그런 연후에야 여러 사람들과 다양한 방식으로 어울릴 수 있게 되는 것입니다."

릭 게린Rick Guerin과 함께 일을 할 때 두 사람이 하는 일은 비슷했지만 둘의 관계는 멍거와 버핏과의 관계하고는 상당히 달랐다. 게린은 때로 멍거와 버핏이 함께 진행하는 거래의 파트너이기도 했다.

게린이 말했다. "찰리가 저보다 나이가 많고 법률 경험도 있었습니다. 그는 선배 파트너다웠습니다. 언제나 경청할 자세가 되어 있는 사람이죠. 언제나 마음을 열어두고 있었습니다. 누가 '찰리, 그만 이야기하고 내 얘기 좀 들어 봐'라고 하면 그는 정말로 귀를 기울여 듣습니다."

그의 어떤 친구는 이렇게 말했다. "찰리에게서도 워런과 비슷한 반응을 기대할 수 있습니다. 워런의 강점 한 가지는 어떤 일에 아니라고 단호하게 말할 수 있는 것이지만, 찰리는 훨씬 더 단호하게 말합니다. 워런은 찰리를 최후의 리트머스 시험지처럼 활용합니다. 찰리가 어떤 일을 하지 말아야 할 이유를 떠올리지 못하면 그제야 둘은 그 일을 합니다."[3]

버핏은 멍거를 "지독할 정도로 부정적인 사람"이라고 칭했지만 루 심슨 Lou Simpson은 그 말에는 단순한 농담 이상의 의미가 있다고 설명한다. 찰리에게는 단순히 부정적인 관점을 뛰어넘는 무엇인가가 있다. "찰리는 자신을 가두고 있는 틀 밖에서 생각합니다. 보통 사람과 매우 다른 식으로 생각하고 그 덕분에 매우 흥미 있는 결론에 도달합니다. 찰리는 좋은 결정을 내리기 위해 꼭 필요한 요소만을 추려낼 줄 압니다. 그는 부정적인 측면을 많이 지적하지만 (그와 버핏은) 결국 비슷한 결론을 내립니다."

찰리와 버핏의 생각이 비슷하다고 해서 항상 유리한 결과를 이끄는 것은 아니었다. 찰리는 이렇게 부언했다. "실수가 하나의 필터를 통과하면 나머지 필터도 저절로 통과할 우려가 있지요."[4]

그렇지만 멍거와 버핏의 관계는 단순히 사업적인 관계 이상이었다. 멍거가 고집이 세고, 다른 생각으로 여념이 없고, 무뚝뚝한 면도 있지만 버핏은 그를 가리켜 "사나이가 바랄 수 있는 최고의 친구"라고 말한다.

배경에 깊숙이 묻혀 있기에 두 사람의 정신적인 매트릭스에서 잘 드러나지 않는 요소 한 가지가 있는데, 바로 투자게임의 거장인 벤저민 그레이엄이었다. 그레이엄은 이제 멍거와 같은 도시에 살고 있었기 때문에 두 사람은 알고 지내는 사이였다. 어떤 면에서 볼 때 버핏의 두 친구 사이에는 소름끼칠 정도로 유사점이 많았다. 두 사람 모두 벤저민 프랭클린을 존경하고 닮으려고 애썼다. 프랭클린, 그레이엄, 멍거, 이 세 사람은 병으로 사랑하는 첫아들을 잃었는데, 그로부터 불과 몇 년 후에 이 병은 치료법과 예방법이 등장했다.

그레이엄(1976년 사망)과 멍거는 둘 다 심술궂고 때로는 어처구니없는 유머감각을 발휘하며 문학, 과학, 위대한 사상가의 가르침에도 깊은 관심을 보였다. 두 사람 모두 고전작품을 즐겨 인용했다. 멍거가 가장 즐겨하는 인용구는 아리스토텔레스의 "타인의 질투를 피하는 최선책은 자신의 성공에 걸맞은 자격을 갖추는 일이다"라는 말이었다.

또한 멍거는 독립적인 사고를 갖출 것을 역설한다. "전적으로 타인이나 전문가의 조언에 의존해서 어떤 일을 판단한다면 정작 자신의 작은 테두리를 벗어날 때마다 큰 고난이 닥칠 것입니다." 찰리는 전문적인 조언을 구하기 위해 의사, 회계사 등 그 방면의 전문가를 찾아갈 필요가 있음은 인정한다. 하지만 전문가들의 말을 액면 그대로 전부 받아들이지는 않는다. 그들의 의견을 고려하고, 계속해서 조사를 하고, 다른 사람들의 의견도 들어보고, 그리고 마침내 자신만의 결론에 도달한다.

루 심슨이 지적했듯이 멍거는 자신이 마인드가 그레이엄과 닮은 부분이 상당히 많다는 것을 깨닫지 못하고 있을지도 모른다. 그래도 둘 사이에는 몇 가지 큰 차이가 존재했다. 그레이엄은 죽을 때까지 계속해서 여성편력을 자랑했지만 멍거는 그렇지 않았다. 찰리의 인생에 가장 중요한 여인들은 그의 아내와 세 딸이었다. 두 사람의 투자 철학의 차이는 멍거의 경력이 붙을수록 점점 명백해졌다.

멍거는 1968년 버핏이 캘리포니아 주의 코로나도에서 조직하고 이후 유명해진 모임의 참석자 중 하나였다. 버핏의 투자 친구들 몇몇이 약세장에서 맥을 못추는 증권시장에 대처하는 최선책을 토의하기 위해 그레이엄과 만났다. 모임에서 버핏은 뉴욕의 학창 시절에 알게 된 친구들에게 멍거와 그의 법률 파트너인 로이 톨스를 소개했다. 그레이엄 측 추종자로는 세쿼이아펀드Sequoia Fund의 설립자인 빌 루앤Bill Ruane, 트위디브라운Tweedy Brown의 톰 냅Tom Knapp, 월터 슐로스Walter Schloss, 헨리 브랜트Henry Brandt, 데이비드 "샌디" 고츠먼David "Sandy" Gottesman, 마셜 웨인버그Marshall Weinberg, 에드 앤더슨Ed Anderson, 버디 폭스Buddy Fox, 잭 알렉산더Jack Alexander가 참석했다. 이들은 멍거에게 깊은 인상을 남길 수준 높은 투자자들이었다.

그렇지만 버핏이 그레이엄에게 품은 특별한 애정과 존경을 찰리도 공유한 것은 아니었다. 그레이엄의 교훈 중 일부는 멍거에게 전혀 감동을 주지 못했다. 멍거는 이렇게 말했다. "그레이엄의 가르침 대부분은 정신 나간 소리라고 생각했습니다. 관련된 중요 사실을 고려하지 않았으니까요."

멍거는 구체적으로 다음과 같은 점을 지적했다. "벤 그레이엄에게는 맹점이 있었습니다. 일부 기업은 높은 프리미엄을 지불할 만한 가치가 있다는 사실을 지나치게 과소평가한다는 것이었습니다."[5]

하지만 찰리도 그레이엄의 기본적인 가르침에는 동의했고, 바로 거기서부터 버핏과 멍거의 성공 공식이 출발하게 되었다. 멍거가 말했다. "개인 투자자에게 주식의 가치가 지니는 기본 개념이라든가, 가격 모멘텀이 아니라 내재가치를 증권 매매의 동기로 삼아야 한다는 개념 등은 아마 시간이 지나도 영원히 변치 않을 것입니다."

비록 멍거는 한 모금 피울 여지밖에 안 남아 있는 그레이엄의 "담배꽁초" 주식에는 아무 관심도 없었지만, 그 역시도 특정 자산에 대해 지나친 가격을 지불하는 것에 대해서는 보수적인 태도를 취한다. 멍거가 말했다. "나는 절대로 주식의 내재가치 이상을 지불할 생각이 없습니다. 워런 버핏 같은 사람이 책임을 지고 있는 아주 드문 경우라면 문제가 다르긴 하겠지만요. 장기적인 이익을 위해 많은 돈을 지불해서라도 함께하고 싶은 극소수의 사람들이 존재합니다. 투자는 언제나 품질과 가격을 염두에 두어야 하는 게임이고, 게임에 이기는 요령은 지불하는 가격에 비해 좋은 품질을 획득해야 한다는 것입니다. 간단한 이치입니다."

버핏은 그해 여름 그와 함께 코로나도에 있었던 사람들 대부분과 평생 친분을 교류했고, 그 이후 그들에게 일어난 성공은 그레이엄 덕분이라고 생각한다. "당시에 그 사람들은 그런대로 잘사는 축에 속했습니다. 지금은 모두 부자가 되었죠. 그 사람들은 페덱스FedEx 같은 획기적인 기업을 생각해낸 것도 아니었습니다. 다른 사람의 집에 발 한쪽을 걸친 것뿐이었습니다. 모든 것이 벤 그레이엄 덕분입니다. 아주 간단하지요."[6]

코로나도에서는 멍거가 버핏의 믿음직한 친구이자 조언자로서 저물어가는 그레이엄을 대신하고 있다는 사실이 명백하게 드러나지 않았을 수도 있겠지만 그 변화는 이미 시작되었다. 「포천」지의 편집자이자 작가인 캐럴 루미스의 설명에 따르면, 버핏이 그레이엄의 사상에 대한 존경심을 유지하면서도 영역을 확장하여 다음번의 위대한 일보 전진을 하는 데 있어서 멍거가 많은 도움이 되었다.

> 버핏을 만났을 때 멍거는 이미 좋은 기업과 나쁜 기업의 차이에 대한 견해를 확실하게 정립해놓은 상태였다. 그는 캘리포니아 주 베이커스필드에 소재한 인터내셔널 하베스터 딜러십 책임자였고, 본질적으로 형편없는 기업을 뜯어고치기가 얼마나 어려운지를 확실히 목격했다. 로스앤젤레스 사람으로서 그는 「로스앤젤레스 타임스」의 눈부신 번영을 주시했다. 멍거의 머릿속에는 "염가주식bargains" 에 대한 신념은 있지도 않았고 거기에 대해 배울 필요도 없다고 생각했다. 그래서 수년 동안 버핏과 대화를 나누면서 언제나 '좋은 기업' 의 장점을 강조했다. 모기업인 버크셔 해서웨이의 자회사로 합병된 블루칩 스탬프스는 1972년이 되었을 때 시즈캔디를 매입하기 위해 장부가치의 3배를 지불하고 있었다. 바야흐로 좋은 기업의 시대가 시작되고 있었던 것이다.[7]

버핏은 루미스의 설명에 고개를 끄덕인다. "벤 그레이엄의 가르침과 달리 찰리는 염가주식만을 찾아다녀서는 안 된다는 것을 알려주었습니다. 이 점이 그가 내게 미친 가장 큰 영향입니다. 그레이엄의 제한된 관점에서 벗어나는 데에는 아주 강력한 힘이 필요했습니다. 그것이 바로 찰리의 마인드가 지닌 힘입니다. 그는 내 사고의 지평을 넓혀 주었습니다."[8]

버핏은 자신이 여러 가지 영역에서 서서히 멍거와 같은 관점에 도달했다고 말한다. "나는 진화했습니다. 그렇다고 근사한 방법으로 유인원에서 인간으로 혹은 인간에서 유인원으로 바뀐 것은 아니었습니다."[9]

여기에 버핏은 한 마디를 더 추가했다. "휴우, 벤의 말만 들었더라면 나는 지금보다는 훨씬 가난했을 겁니다."[10]

말은 그렇게 했지만 버핏이 그레이엄에게 배운 것을 멍거에게 배우는 것과 접목시키는 데에는 그리 오래 걸리지 않았다. "훌륭한 기업을 적절한 가격에 사는 것에 큰 관심을 갖게 되었습니다"고 그는 말한다.[11]

코로나도의 1968년 모임은 이후 2년마다 한 번씩 개최되는 스터디그룹을 겸한 파티 모임으로 발전했다. 최초의 버핏 모임은 13인의 투자자로 구성되어 있었다. 이제는 60명이 넘는 대기업 중역과 버핏의 친구들이 참석한다. 버핏과 멍거는 앨 마셜, 월터 슐로스, 빌 루앤과 같은 옛 친구들, 그리고 캐서린 그레이엄과 빌 게이츠와 같은 새로운 친구들과 아이디어를 주고받는다.

버핏이 "우리의 모임Our Group"이라 부르는 이 모임은 바하마제도의 라이포드 케이Lyford Cay, 아일랜드의 더블린, 버지니아의 윌리엄스버그, 뉴멕시코의 산타페, 브리티시컬럼비아의 빅토리아에서도 열리며 일 년에 한 번 이상은 캘리포니아의 몬터레이에서 열렸다. 어느 해는 영국까지 퀸엘리자베스 2호 크루즈를 예약했는데 여행 내내 비가 내렸다. 회원들은 교대로 모임의 주최자 역을 맡고, 주최자가 모임 장소를 정할 권한을 갖는다.

모임에서는 공공 정책, 투자, 자선 기부, 그리고 인생의 가장 힘든 순간과 가장 어리석은 순간에 대한 세미나를 연다. 한번은 멍거가 아인슈타인의 상대성 이론에 대한 강의를 열기도 했다. 관심을 가진 이는 별로 없었지만 대부분은 그 강의에 참석해야 할 것 같은 분위기를 느꼈다. 참석자 가운데 한 사람은 이렇게 당시를 설명했다. "버핏이 그 자리에 있었다면 아마도 이해를 했을 겁니다. 하지만 다른 사람들은 전혀 그런 것 같지 않더군요."[12]

CHARLIE MUNGER
08
머리에서 발끝까지
최고의 법률 회사

언젠가 누군가 그럽디다. 뉴욕에는 사람보다 변호사가 더 많다고.[1]
— 워런 버핏

"분명 우리는 변호사가 되기 위한 훈련을 받은 적은 없었어요." UCLA
법대에서 중재와 협상을 강의하는 변호사인 웬디 멍거가 말하면서 한마
디 덧붙이는 것을 잊지 않았다. "우리는 구술에 꽤 능한 경향이 있지요."

에밀리 멍거가 로스쿨에 등록하기로 작정한 데는 분명 가문의 전통이
큰 영향을 미쳤다. 법률이 "가족을 이해하는 한 방법"이었다고 에밀리는
설명했다. "우리 가족들은 그런 식으로 분석적인 것 같아요. 필립은 법대
를 가진 않았지만 원한다면 갈 수도 있었죠. 그 애는 독서와 사고와 분석
을 좋아해요. 캘리포니아 주에서 주최하는 대회에서 고등학생 토론자로
우승을 두 번이나 차지했지요."

원대한 계획 같은 것은 없었지만 멍거의 자녀들은 직업에 관한 한 가
족의 전통을 따르는 편이었다. 낸시와 멍거의 자녀 여덟 가운데 넷이 변

호사이고, 다섯이 변호사와 결혼했다.

멍거의 자녀 중 이런 단계를 밟은 최초가 몰리 멍거인데, 그녀의 경우는 아마도 이성보다는 본능에 가까운 결정이었던 것 같다. "우리 가족은 남편이 죽거나 할 경우에 대비한 특별한 의식 같은 것이 없었어요. 여자아이가 자라면 결혼을 하고 일을 가져야 마땅하다는 관념 같은 것이 없었다는 거예요. 그런 자유로운 사고방식이 제게 영향을 주었어요. 래드클리프 대학을 졸업하던 봄에 다른 친구들은 전부 다이아몬드 반지를 끼고 있었죠. '아버지처럼 하버드 로스쿨에 갈 거야' 하는 생각이 들진 않았지만 직장이 없으니 대학원에 가야겠다고 생각했던 거예요. 경제학을 공부할 만큼 수학 성적이 뛰어나지 못했어요. 그러다가 하버드 로스쿨의 앙케트 조사서를 작성하는데 가족 중에 하버드에 다닌 사람이 있느냐는 질문이 나왔어요……"

몰리에게 앞길을 비추는 불이 켜졌다. 그녀는 그것이 자기가 가야 할 길이라는 것을 알았다. 감정 표현을 잘 하지 않는 찰리 멍거는 맏딸의 결정에 대해 자신의 생각을 넌지시 알게 해주었다.

몰리가 말했다. "크리스마스나 누군가의 생일에 아버지가 개인수표나 현금 이외에 다른 무엇을 주는 경우는 매우 드물었어요. 아버지가 쇼핑을 간다는 상상만 해도 우스워요. 우리 모두에게 브룩스 브러더스* 상품권을 주셨거든요. 아버지는 브룩스 브러더스 제품을 정말 좋아해요. 언젠가는 어떤 특정한 서류가방에 반한 나머지 우리 모두에게 하나씩 사준 일도 있었어요. 아버지는 설명하자면 이런 분이에요. 내가 대학을 졸업할 때 '저, 졸업했어요'라고 말한 다음 '저한테 손목시계를 사주면 고맙

---

*Brooks Brothers : 미국의 유명 의류회사.

겠는데요' 라고 하니까 서류를 보던 아버지는 고개를 들고는 이렇게 말하시더군요. '아, 그러니? 아주 좋은 생각이구나. 상점에서 가서 손목시계를 고르고 청구서는 나한테 보내려무나.' 그리고 제가 문을 나서려고 할 때 다시 쳐다보더니 이렇게 말했어요. '사랑하는 아버지로부터, 라는 문구도 넣어서 같이 주문하도록 하렴.' 그런 판국에 아버지한테 선물이 왔으니, 룸메이트 한 명은 겨우내 오븐 앞에서 지내야 할 만큼 난방 시설도 부실한 케임브리지의 허름한 이인용 기숙사에서 로스쿨 신입생 시절을 보내고 있던 제가 얼마나 놀랐겠어요. 아버지가 보내 준 선물의 포장을 풀었더니 증조부, 조부, 아버지, 그리고 제 고등학교 졸업사진, 이렇게 네 사람의 얼굴 사진이 든 멋있는 액자가 나오더군요. 아버지가 쓴 쪽지도 들어 있었죠. '―사랑하는 아빠가' 그 선물에서 아빠의 애정을 느낄 수 있었어요."

처음에는 상반된 감정으로 혼란스러웠던 몰리도 변호사라는 직업을 가슴 깊이 그리고 행복하게 받아들이게 되었다. 그녀는 미국 연방검찰의 로스앤젤레스 지검에서 검사로 활동하다가 개인 변호사로 개업하여 복잡한 금융 사기범들을 법정에 세웠다. 이윽고 몰리는 평소 마음에 두고 있었던 공익법 운동*에 참여했다. 그녀는 1990년대 후반에 캘리포니아 교육당국의 소수민족 우대정책 철폐 계획을 저지하고자 애썼던 연합세력의 선두주자 중 한 명이었다. 1990년대 후반에 몰리는 동료 몇몇과 남편인 스티브 잉글리시Steve English와 함께 진보 프로젝트Advancement Project라는 공익법 운동 단체를 설립했다. 그곳에서 몰리는 이전에 유색인종발전협의회Association for the Advancement of Colored People 및 기타 인권 단체에서 했

---

* public interest law : 공공의 이익에 관한 소송을 통해 사회개혁을 지향하는 운동.

던 일을 계속했다.

1962년, 곤경에 처한 뉴잉글랜드의 섬유 회사 버크셔 해서웨이의 주식을 버핏이 사들이기 시작했던 그 해에 찰리 멍거는 로스앤젤레스에서 두 개의 벤처 기업 설립을 도왔다. 첫 번째 회사는 법률 회사였고, 두 번째 회사는 휠러 멍거 앤드 컴퍼니Wheeler, Munger and Company라는 증권사였다.

뮤직 필러 앤드 개릿에서 떨어져나온 일부 동료들이 멍거를 설득해서 "위대한 변호사들"이라는 모임을 구성하고 로스앤젤레스뿐만 아니라 미국 전역의 의뢰인을 상대하는 프리미어급 소규모 법률회사를 설립했다. 찰리는 뮤직 필러 앤드 개릿에서 13년간 몸을 담다가, 로드릭 힐스Roderick Hills(후일 증권거래위원회의 의장에 취임)와 그의 아내 칼라 앤더슨 힐스 Carla Anderson Hills(후일 미 무역대표부 대표로 취임)를 비롯한 다른 변호사 여섯 명과 함께 독립했다. 그들의 의도는 민주적인 조직을 이루고, 최상의 수행기준을 충족시키며, 최고의 변호사만을 고용하고, 탈지역적인 최고의 법률회사를 만들자는 것이었다.

이 무렵 로이 개릿은 심장 질환으로 고생하고 있었기 때문에 자신의 부담을 덜기 위해 회사에 최고 수준의 변호사를 고용했는데, 찰리는 그를 "지배광"이라고 불렀다. 기존 환경에 질려버린 다수의 노련한 변호사들 가운데는 멍거도 포함되어 있었다.

찰리가 말했다. "당시에는 새로운 법률회사가 만들어지는 것에 대해 뮤직 필러 앤드 개릿은 유감스러운 손실로 여기지는 않았습니다. 그 회사는 프레드 워더와 딕 에벤셰이드의 이탈을 달갑지 않게 생각했지만 나머지 사람들, 특히 로드 힐스와 찰리 멍거의 사퇴는 내심 환영했습니다. 새로운 매니징 파트너는 로드 힐스처럼 젊은 변호사가 중요한 일을 지속적으로 맡고 있는 상황을 특히 싫어했지요. 다른 법률회사에서는 그런 일은 드물었으니까요."

낸시 멍거는 이 반역의 기간을 그녀 인생에서 가장 신나는 순간 가운데 하나로 기억하고 있다. 부동산 벤처 사업이 진행 중이었던 것이다. "새로운 회사 설립에 대한 논의 대부분을 우리 집에서 했어요. 또한 그이는 첫 번째 투자 회사를 설립하기도 했지요. 찰리는 우리의 과거와 단절을 했어요. 두려움 같은 느낌은 들지 않았어요. 그이를 믿었으니까요. 그래서 별로 걱정이 되지도 않았어요. 그저 더 늘어난 애들을 키우면서 살 따름이었지요."

새로운 프로젝트에 대한 그녀의 자신감은 남편에 대한 이해에서 비롯된 것이었다. "그이는 사람들에 대한 안목이 있어요. 누구와 일을 함께 할지 또는 하지 말아야 할지에 대한 판별력이 있죠. 문제의 소지가 있는 사람들과 결부되는 사태를 미연에 방지할 수 있는 장점이 있어요."

찰리보다는 로드 힐스가 새로운 회사의 실질적인 구동력이었다. 세상 물정에 밝은 변호사인 힐스는 언변에 능하고 여러 분야에 통달한 사람이었다. 시애틀 출생이지만 아주 어렸을 때 부친이 직장을 잃자 가족들은 캘리포니아로 이주했다. 오리건 주에서 차가 고장이 나자 히치하이킹을 해서 로스앤젤레스까지 갔다. 힐스는 이스트 LA에서 자랐고 미식축구에 상당한 재능이 있었으며 우수한 학업 성적으로 스탠퍼드에 장학생으로 입학했다. 자신에게 와달라는 부탁을 들은 시기는 로스쿨에 들어가고 미연방대법원의 사무관으로 되었을 때였다. 뮤직 필러 앤드 개릿에서 힐스를 고용한 사람은 멍거였다.

힐스가 말했다. "입사하기가 아주 어려운 회사는 아니었죠. 그런데 그 회사에는 찰리처럼 비범한 사람들이 두어 명 있었어요. 3년 후에 회사는 나한테 파트너 자리를 제의했지만 여러 이유로 거절해야 했습니다. 아이가 태어났고 아내는 지방검사보였고, 존경심이 별로 들지 않는 시니어 파트너가 한 명 있었죠. 그래서 사표를 던지기로 결심했죠. 찰리도 그만둔다고 하더군요. 우리 둘이서 사무실을 같이 쓸 수 있겠다 싶었죠. 그런데 그는 변호사 일은 이제 하고 싶지 않다고 했어요. 나는 회사에 찰리 이름을 붙일 수만 있어도 좋다고 대답했죠. 찰리처럼 독특한 사람을 저는 만나 본 적이 없습니다. 여러 가지 면에서 찰리를 보면 프랑크푸르트 대법관이 떠올랐어요. 찰리는 그분과 사고방식이 비슷합니다. 겉모습만으로 사물을 판별하지 않죠. 그는 거의 모든 것에 대해 열띤 관심을 보이고 남다른 시각을 가지고 있습니다. 찰리는 공평한 사람입니다. 타인의 편견과 약점을 이해하고 포용할 줄 압니다. 다른 사람처럼 남을 저울질하지도 않습니다. 그는 다른 변호사들 같지 않았습니다. 그는 의뢰인이 마음에 들기만 하면 사건을 맡았지요. 나라면 도저히 일을 하지 않을 그런 사람들을 위해 일하기도 했죠. 이런 말을 자주 했습니다. '자네들은 어째서 전통적인 변호사처럼 굴려고 하는 건가? 하버드, 예일, 그리고 미시간 대학에서 자네들은 최우수 학생이지 않았나? 그리고 연방법원에서 사무를 본 친구들도 많았고. 다른 사람이 하고 있지 않는 무엇인가에 도전해보게나.'"

그들이 따로 나와 독립했을 때 힐스는 31세, 칼라 앤더슨 힐스는 28세였다. 멍거는 불과 38세였지만 흰머리가 있었고 좀더 나이 들고 성숙한 사람만이 지닐 수 있는 행동을 보였다.

스탠퍼드대학을 다닌 로스앤젤레스 태생의 칼라 힐스는 테니스 선수로 명성을 날렸다. 이윽고 예일대 로스쿨에 진학했고, 1958년에 졸업한 후에는 로스앤젤레스에서 미 연방검사보로 2년간 근무했다.

"아버지는 업무에 있어서 칼라 힐스와 궁합이 잘 맞았어요. 아버지는 그녀를 열심히 일하는 변호사로 생각했어요"라고 몰리는 말한다. 비록 몰리가 당시에는 이런 점을 의식하지 못했지만 그녀의 아버지가 칼라 힐스에게 보인 존경심이 어쩌면 몰리로 하여금 법학 공부를 받아들이도록 결심하게 만든 신호탄이 되었을지도 모른다.

변호사들 가운데 일부는 기존 의뢰인을 새 회사로 데려왔고 찰리도 예외는 아니었다. 로드 힐스의 추산으로는 처음 몇 년 동안은 찰리의 의뢰인이 적어도 회사 전체 업무의 1할을 차지했다고 한다. 게다가 그들이 기존 의뢰인과 계속 관계를 유지하면서 신규 의뢰인을 유치하는 데 멍거가 큰 도움이 되었다고 힐스는 말했다.

힐스가 당시를 회상했다. "에어로젯제너럴*과 페더럴모글**이 초기 고객이었죠. 그 사람들은 우리가 찰리와 무엇인가를 하고 있는 것처럼 보여서 찾아온 것이었어요. 깁슨 던 앤드 크러처***에서 일하기도 했었던 찰스 리커스하우저Charles Rickershauser는 그때는 캘리포니아 기업국 국장이었어요. 찰리가 없었다면 그런 사람이 우리 회사에 들어오지는 않았을 테죠. 그가 있었기에 우리는 퍼시픽코스트 증권거래소Pacific Coast Stock Exchange를 의뢰인으로 유치할 수 있었습니다."

힐스에 따르면 새로운 법률회사는 폭발하듯 힘차게 출발하면서 빠른 속도로 성장했다고 한다. "우리가 회사에서 처음 돈다운 돈을 벌었던 첫해에 별안간 저는 부자가 되어 있었습니다. 제가 돈을 벌었던 겁니다. 누군가 세금을 피할 수 있는 투자를 권했습니다. 그래서 나는 '찰리, 제가

---

*Aerojet General: 미사일과 로켓 추진기를 만드는 회사.
**Federal Mogul: 세계적인 자동차 부품 제조 회사.
***Gibson, Dunn and Crutcher: 로스앤젤레스 소재의 초대형 법률회사.

멋진 투자 기회를 잡았습니다' 라고 말했죠. 내 딴에는 굉장한 기회다 싶었지만 찰리는 '세금을 회피하는 것이라면 나한테 더 좋은 생각이 있네. 그 돈을 내게 주게' 라고 하는 겁니다. 그래서 나는 '궁금해서 그러는데, 그 돈으로 무엇을 할 생각입니까?' 라고 물었죠. 그랬더니 찰리가 이렇게 답하더군요. '내가 가지고 있으려고 하네. 어쨌든 자네는 그 돈을 잃을 테니까 말이야. 거기에 대한 세금을 나는 납부할 걸세. 그리고 자네의 기부에 대해 영원토록 감사하는 마음을 갖겠네.' 그렇게 해서 세금을 회피하는 투자는 하지 말라는 교훈을 배우게 되었습니다."

로드와 칼라 힐스는 1962년~1974년까지 그 회사의 파트너였다. 칼라는 반독점 및 증권 사건에 대한 경험을 얻었고 UCLA에서 외래교수 자격으로 강의를 맡기도 했다. 힐스는 1973년 리처드 닉슨 행정부의 법무부 차관보 자리를 제안 받고 정치 쪽으로 경력을 선회했다. 하지만 그 제안은 워터게이트 사건의 "토요일 밤의 학살"이라는 소동 속에서 엘리엇 L. 리처드슨Elliot L. Richardson 법무장관이 사임함으로써 무산되었다. 1975년 제럴드 R. 포드 대통령은 그녀를 주택도시개발부 장관으로 임명했다. 조지 부시 내각에서 1989년~1993년까지 미 무역대표부의 대표도 역임했다. 지금 현재 그녀는 컨설팅 업체인 힐스 앤드 코Hills & Co.의 대표로서 기업들에 통상 문제에 대한 조언을 제공하고 있다.

로드 힐스도 백악관 등반에 올랐다. 그는 1974년에 법률회사 멍거 톨스Munger, Tolles를 떠나 제럴드 포드 대통령의 백악관 법률고문이 되었다가 이후 증권거래위원회의 의장 자리에 앉았다. 그는 지금 현재는 컨설팅 업체인 힐스엔터프라이즈Hills Enterprises의 대표로서 기업 워크아웃을 처리하거나 곤경에 빠진 회사의 구조조정이나 청산 등을 다루며 대부분의 시간을 보낸다. 그가 한 일 중 세간에 가장 널리 알려진 사건은 이제는 존재하지 않는 드렉셀 버넘 램버트Drexel, Burnham, Lambert 증권사의 정크본드 스캔들이었다. 최근에 힐스가 함께 일한 회사는 페더럴모글과 웨이스트 매니지먼트Waste Management Inc.였다.

워싱턴 정가에 자리를 잡은 후 힐스 부부는 정치계에 머물렀지만 여전히 멍거 톨스와 관계를 유지했다. 힐스의 네 자녀 중 셋이 변호사가 되었다. 둘의 딸 앨리슨은 멍거 톨스 샌프란시스코 지점의 변호사인 켈리 클라우스와 결혼했다.

그와 같은 초창기 시절에 멍거는 전직 연방대법원 사무관이었던 척 리커스하우저를 파트너로 영입하는 등 회사의 가치를 올려주는 인물들과 돈독한 관계를 유지했다. 멍거와 리커스하우저는 1965년 멍거가 부업으로 부동산 개발 사업을 벌이고 있을 당시 만났다. 그보다 앞서 콘도미니엄과 같은 프로젝트에 관한 새로운 법령이 캘리포니아에서 시행되었다. 그것은 부동산 관계법에서 개념의 변화를 의미하는 것이었는데, 멍거가 보기에는 법령의 성문화에 문제점이 있었다. 성문화가 제대로 되지 않았다는 생각이 들었다. 당시 리커스하우저는 36세 정도였고 팻 브라운Pat Brown 주지사 밑에서 기업국 국장을 맡고 있었다.

"찰리는 법령의 문구를 다소 수정할 필요가 있다고 했습니다. 그래서 내가 검토해서 고쳤습니다." 리커스하우저가 말했다. 몇 년 후 두 사람은 어떤 파티에서 다시 만났고, 찰리는 리커스하우저를 멍거 톨스로 영입했다. 그와 같은 초창기 시절에 합류한 젊은 변호사들 가운데 가장 유명한 사람은 로널드 올슨Ronald Olsen과 로버트 데넘Robert Denham을 꼽을 수 있다.

론 올슨은 미시간 법대를 1966년에 졸업하고 옥스퍼드 대학에서 1년을 있은 후에 1968년 워싱턴 DC의 데이비드 바젤런David Bazelon 판사의 사무관으로 재직했다. 임기가 끝난 후에 워싱턴에 남아 있기로 결심하다가 한 법대 동기가 LA에 와서 멍거 톨스에서 함께 일해보지 않겠냐는 제의를 했다.

올슨은 이렇게 말한다. "아들이 태어나기 2주전 아내에게 캘리포니아에 잠시 다녀오겠다고 얘기했습니다. 돌아와서는 아내에게 캘리포니아에 가자고 말했습니다. 이유가 궁금하시죠? 그토록 흥미진진한 사람들을 저는 처음 봤습니다. 찰리는 그 법률회사에 관여하고 있지는 않았죠. 하지만 찰리라는 사람의 가치가 그 회사의 상당 부분을 점하고 있었습니다. 입사할 때 찰리에 대한 이야기를 들었죠. 오늘날까지도 이 회사에서 처음 입사하는 사람은 찰리 멍거의 인생사를 듣게 되죠."

마침내 올슨이 멍거를 만났을 때 그가 받은 첫인상은 다른 사람들과 마찬가지였다. 올슨은 "세상에나, 나이든 노인이잖아"하고 생각했다. "그는 40대였습니다. 그의 모친은 '찰리야, 의젓하게 행동해야 한다. 좀더 성숙해져야 하는 거란다'라고 늘 말했다고 합니다. 찰리는 내가 처음 본 그날부터 그 누구보다 현명하고 성숙하고 민감한 사람이었습니다. 이제 그의 실제 나이가 어릴 때부터 쌓아온 지혜를 막 따라잡기 시작한 거죠."

"그는 분노를 터뜨릴 때도 있습니다. 최고의 이야기꾼과 말상대를 할 줄도 압니다. 자신의 의견을 감추는 법이 없죠. 그와 저는 정치적인 견해에서 차이를 보입니다. 그는 보수적인 공화당원이지만 저는 민주당원이라 사회 문제에 대한 해법이 다릅니다. 하지만 결국에는 같은 목표에 도달하죠."

「캘리포니아 로비즈니스^{California Law Business}」지는 아이오와 주의 작은 마을에서 자란 올슨을 가리켜 새로운 비즈니스를 회사로 끌어들이는 데 있어서 미국 최고의 일급 "레인메이커"라고 평한 바 있다. 올슨은 정크본드와 관련하여 그의 의뢰인인 메릴린치 대 오렌지카운티 사건에서 4억 달러의 합의금을 이끌어냄으로써 명성을 얻었다. 오렌지카운티가 20억 달러의 피해보상을 요구하고 있었던 점을 감안하면 나쁘지 않은 결과였다. 올슨은 석유회사인 ARCO^{Atlantic Richfield Company}, 유니버설스튜디오, 그리고 마이클 오비츠 전 월트디즈니 사장과 같은 의뢰인에게 자문을 제공한다.[2] 1998년에 캘리포니아 변호사들이 자체적으로 매긴 가장 영향력 있는 변호사 순위에서는 올슨이 정상을 차지했다.

버핏의 측근 중 한 사람인 캐서린 그레이엄은 워싱턴에서 올슨과 점심식사를 같이 했을 때 그에게서 깊은 인상을 받았다. "그는 기운이 넘쳐요. 정말로 멋진 사람입니다. 그는 오랫동안 워런의 증권 담당자였어요. 로스앤젤레스에서 가장 명망 높은 딜메이커인 셈입니다. 오비츠가 보상금으로 9천만 달러를 받았다는 것이 정말 놀랍지 않습니까?"

그레이엄의 말은 CEO인 마이클 아이스너와의 불화로 자리를 떠난 디즈니 서열 2위 마이클 오비츠^{Michael Ovitz}의 보상금을 언급하는 것이었다. 오비츠의 보상금은 디즈니의 주가에 따라 최고 1억4천만 달러의 가치를 가지고 있다.

1985~91년까지 멍거 톨스에서 매니징 파트너로 일한 로버트 데넘은 버핏과 멍거가 살로먼 브러더스의 채권매매 사건을 해결하기 위해 그와 올슨을 뉴욕으로 불러들이면서 전국적인 명성을 얻게 되었다. 데넘은 7년간 뉴욕에 있었고 떠나기 전에는 살로먼의 회장이 되었다.

웨스트 텍사스에서 자란 데넘은 하버드 로스쿨 재학 시절에 멍거 톨스에 대해 들었고 그도 멍거처럼 시어스 장학금을 탔다. "1969~70년까지 로드 힐스는 하버드에서 강의를 했습니다. 칼라는 반독점에 관한 책을 저술 중이었죠. 매우 흥미로운 사람들이었죠. 힐스 부부는 제 아내와 저를 식사에 초대했습니다. 몰리 멍거도 그 자리에 왔더군요. 몰리는 당시

래드클리프 대학 4학년생이었습니다."

힐스 부부와 애기를 나눈 후에 데넘은 1970년 여름에 멍거 톨스에서 잠깐 일해보기로 결심했다. 그는 그곳에 흠뻑 반했다. "그 회사는 가치 중심의 기업관을 상징합니다. 통합을 상징합니다. 이 회사가 상징하는 것은 찰리가 상징하는 것과 똑같습니다."

데넘은 그가 인턴사원으로 일하던 해 여름에 멍거와 처음 만났다. "제가 가진 첫인상은 친한 친구들이 많고 그들을 늘 배려하는 매우 똑똑하고 집중력이 강한 어떤 사람이었습니다. 1971년인가 72년에 찰리 밑에서 법률 업무를 시작하면서 그가 어떤 사람인지 더 잘 알 수 있었습니다. 그는 보기 드물 정도로 똑똑한 의뢰인이죠. 그는 법률 업무와 기업 관련 문제를 잘 이해하고 있었습니다. 그의 밑에서 일하는 것은 까다롭고 힘든 일이었지만 최상의 업무였죠. 찰리에게서 배울 수 있는 것이 아주 많았거든요. 훌륭한 법률회사는 기본적으로 말해서 판단을 판매하는 사업입니다. 바로 그 점이 찰리가 행하는 법률 업무의 핵심입니다. 확실한 법률적 능력과 기업 문제에 대한 이해의 결합이죠."

데넘이 덧붙여 말했다. "부분적으로는 멍거의 이름과 그의 인맥 덕분에 정말 좋은 인재들을 모집할 수 있었습니다. 우수한 인재를 성공리에 모집할 수 있었던 데에는 지원자가 엘리트일지라도 정중하게 거절할 수 있었던 것도 부분적인 이유입니다. 극소수의 유능한 사람들만 들어올 수 있습니다. 이곳은 지적인 엘리트를 위한 기관이죠." 한 지원자는 멍거 톨스를 "엘리트주의, 우월주의, 치열한 경쟁"의 온상으로 표현하기도 했다.[3]

입사 규칙은 응시자가 누구이든 간에 엄밀하게 적용된다. 하버드를 갓 졸업한 몰리 멍거는 멍거 톨스 소속 변호사 자리에 지원서를 냈다. 칼라 힐스가 그녀의 면접관이었지만 힐스는 그녀를 합격시키지 않았다. 몰리가 「하버드법률리뷰」를 만든 적이 없다는 사실이 불합격의 이유였다고 한다. 힐스의 판단으로는 몰리는 멍거 톨스의 기준에 부응하는 자격을 갖추지 못하고 있었음이 분명했다.[4]

대학을 갓 졸업한 사람들은 멍거 톨스에서 면접을 볼 때 성적이 주요 평가 대상이라는 말을 듣는다. "대학교 성적이 우수하다고 해도 졸업 평점이 상위 1할summa cum laude이나 2할magna cum laude에 들지 못하고 3할cum laude에 그쳤다면 기도해야 할 겁니다."[5]

130명의 변호사 가운데 17명이 전직 연방대법원 사무관이다. MTO(소속된 변호사들은 멍거 톨스라고 부른다)는 2000년에 조지타운 대학 법률센터, UCLA, USC, 미시간 로스쿨, 스탠퍼드 로스쿨, 예일 로스쿨 졸업생들을 주축으로 새로운 파트너 변호사 7명을 추가했다. 대다수 법률회사에는 한 명의 파트너 변호사 밑에 두 명의 수습 변호사가 딸려 있고 일반적으로 수습 변호사가 과중한 업무를 처리해야 하지만, 멍거 톨스에서는 직원의 절반 정도만 수습 변호사이기 때문에 파트너 변호사가 직접 처리해야 하는 일이 더 많은 편이다.

MTO의 발전을 위해 찰리 멍거가 이바지한 큰 공헌 가운데 하나는 후일 버크셔 해서웨이로 알려지게 된 기업을 의뢰인으로 데려온 일이다. 버크셔의 규모, 영향력, 명성이 커짐에 따라 멍거 톨스의 입지도 올라갔다.

할 보스윅은 이렇게 지적했다. "버크셔 해서웨이는 회사에 막대한 영향을 미쳤습니다……. 워런 버핏을 위해 일할 수 있는 능력과, 버크셔 해서웨이의 변호사가 될 수 있는 기회를 제공했다고 할까요? 그런데 버크셔에 대한 업무가 엄청난 황금을 낳았다는 얘기는 아닙니다. 한결 같은 업무지만 워런과 찰리는 회사를 운영할 때 대체로 문제의 소지가 발생하지 않도록 합니다. 이와 동시에 그들은 초기 시절에는 해당 문제를 처리할 수 있다는 판단이 설 때에만 기업을 매수했습니다. 블루칩 스탬프스가 실상 10여 건의 소송에 휘말려 있었음에도 그들은 회사의 경영권을 인수했습니다. 소송에서 이길 수 있거나 아니면 적은 합의금으로 해결할 수 있다고 판단했기 때문이죠. 그리고 실제로도 그랬습니다. 결국 시간도 들고 돈도 들었지만 결론적으로는 훌륭한 거래였지 않습니까? 어쨌든 버크셔 해서웨이 같은 회사를 의뢰인으로 두고 있다는 것은 엄청난 힘이 됩니다. 일종의 승인 도장 같은 거죠. 고문 변호사들은 '그 사람들이 워런 버핏과 별 탈 없이 일하고 있다면 우리하고도 괜찮을 것 같습니다. 거기에 전화 한번 넣어보세요'라고 말할 테니까요."

버크셔의 사업은 꾸준하면서도 관리가 가능한 속도로 성장했기 때문에 멍거 톨스는 직원과 전문가를 계속 추가하면서 보조를 맞출 수 있었다. 오늘날 멍거 톨스 앤드 올슨은 벙커힐 위의 쌍둥이 마천루 중 한 건물에서 적갈색 대리석이 깔린 몇 개 층을 차지하고 있다. 그 건물은 로스앤젤레스 현대미술박물관 건너편에 있다. 고풍스러운 건축물이 있는 곳이지만 몇 블록만 가면 멕시코시티의 뒷골목 같은 다운타운이 나온다. 지척에 카푸치노 가게가 있고 엘리베이터는 고급 맞춤양복을 차려입은 사람들로 꽉 차 있으며 거리에는 타코 노점상에서 나는 음식 냄새가 솔솔 풍기고 노점상과 라틴 음악 소리가 보도를 메우고 있다.

이제 멍거 톨스 앤드 올슨은 기업, 증권, 기업소송, 노동 문제, 반독점법, 세법, 부동산, 신탁, 유산 검증, 그리고 환경법을 전문으로 다룬다. MTO는 특히 기업소송 분야의 사건을 많이 맡는다.

버크셔의 자문 역할 이외에도 1970년 이후 멍거 톨스는 이멜다와 페르디난드 마르코스에게서 자금을 회수하기 위해 나선 필리핀 정부를 대변했다. 엑손 발데즈Exxon Valdez의 알래스카 정유 유출 분쟁에서는 알예스카 파이프라인서비스Alyeska Pipeline Service Co.의 변호를 맡았다. 서부에서는 식료품점 체인인 본스Vons Cos.의 구조조정에 대한 법률 자문을 맡았다. 노스롭Northrop Corp., 리튼인더스트리스Litton Industries, 서던 캘리포니아 에디슨Southern California Edison, 뱅크오브아메리카Bank of America, 유노칼Unocal Corp., 그리고 MCA 등과 큰 규모의 일을 했다. MTO는 법과 빈곤에 관한 서부센터Western Center for Law and Poverty를 비롯한 수많은 단체와 로스앤젤레스의 노숙자를 위해 무료 상담 봉사를 한다.

멍거 톨스는 실력 있는 회사를 만들기 위해 민주적이고 독특한 보상 제도를 시행하고 있는 것으로 알려져 있다. 그 결과, 조건이 맞을 경우 최고 연봉을 받는 파트너 변호사와 최저 연봉을 받는 다른 변호사의 수입은 최소 5배까지 차이가 날 수 있다.

매년 1월이면 각 파트너 변호사(현재는 62명)는 모든 파트너 변호사의 이름이 적혀 있고 그 옆에 빈칸이 있는 투표용지를 하나씩 받는다. 용지 제일 아래에는 전년도 회사의 순이익이 기록되어 있다. 파트너는 각자가 벌어야 한다고 생각하는 적정선의 금액을 빈칸에 기입한다. 여기에는 파트너들이 적어넣은 금액의 합이 다음해의 순이익이 되어야 한다는 것 외에는 다른 규칙이 없다. 연공서열에 따른 포인트 점수, 이익 분배, 추가 신용 점수는 없다. 투표를 할 때 파트너들은 연공서열을 고려할 수는 있지만 일거리를 섭외하고 의뢰인을 성공적으로 대변하기 위한 개개인의 능력도 계산에 넣는다.[6]

올슨의 설명은 이렇다. "우리는 영업비에 대해 투표를 한 다음에 다음 사람들이 어떻게 투표했는지를 봅니다. 각각의 변호사가 법률회사에 얼마나 귀중한 존재인지를 가늠해보는 그런 성격의 보상위원회 같은 것은 없습니다. 그런 것과는 완전히 다른 성격입니다. 로드, 로이 톨스, 그리고 찰리, 이 세 사람이 이와 같은 과정을 고안했죠. 이것은 자신의 활동이 회사에서 어떻게 여겨지고 있는지를 확인하기 위한 일종의 연간 점검 같은 겁니다."

투표를 마치면 회사는 모든 금액과 이름을 그래프로 그려서 각 변호사로 하여금 다른 변호사들이 자신의 순위를 어떻게 평가했는지 파악할 수 있게 한다. 보상위원회는 금액을 검토한 다음, 각 변호사와 개인 면담을 거친 후, 최종 보수를 결정한다. 파트너 변호사들은 이러한 제도가 훌륭한 근무 태도를 독려한다고 주장한다. 보수에 영향을 미칠 수 있는 의뢰인의 노여움을 사기에 앞서 두 번은 생각할 것이기 때문이다.

멍거 톨스의 파트너 변호사인 존 프랭크John Frank가 말했다. "이 제도가 매우 비인간적이라고 짐작하는 분들이 있습니다. 그것은 공개적인 것이지 비인간적인 제도는 아닙니다. 어쨌든 누군가에게 훨씬 많은 돈을 주려면 다른 사람의 몫을 가져오지 않을 수 없는 법입니다. 이로 인해 어떤 사안에든 일종의 문명적인 장치를 부과할 수밖에 없는 것입니다."[7]

멍거 톨스의 소속 변호사였다가 나중에 GM의 법무 부서로 자리를 옮긴 앤 래린Anne Larin은 이렇게 말한다. "그 사람들은 다른 법률회사 사람들보다 자신들이 훨씬 더 지성인 집단이라고 생각하지요. 그리고 저도 그 점이 마음에 들었습니다."[8]

로드 힐스는 이 법률 회사에서 오래 있지 않았고 이제는 황동 명판에 이름도 남아 있지 않지만 "멍거 톨스는 머리에서 발끝까지 이 나라 최고의 법률회사다"라고 힘주어 말한다.

찰리는 잭 휠러, 그리고 후에는 앨 마셜이 휠러 멍거를 운영할 때에는 아직 법률 관련 일을 하고 있었다. 퍼시픽코스트 증권거래소의 휠러 멍거 사무실은 정말 비좁았다. 찰리가 의뢰인에게 민감한 사안의 전화를 받으면 비서인 앨과 비비안에게 보안 유지를 위해 잠시 밖에 나가 있어 달라고 부탁해야할 정도였다. 그러면 앨과 비비안은 복도에서 서성이며 기다리곤 했다.

멍거 톨스 설립 3년 만에 찰리는 그곳에서 손을 뗐다. 변호사 수입에 의존할 필요가 없다는 판단이 선 그는 1965년 마침내 회사를 떠났다. 회사에 남은 수임료는 요절한 파트너 변호사의 유산으로 양도했다. 확실히 멍거는 꽤 오래 전부터 법조계를 떠날 준비를 하고 있었던 모양이다.

앨 마셜에 따르면 찰리는 언젠가 변호사 일에 대해 이렇게 말했다고 한다. "이런 일이 비일비재하지. 상대하기 싫은 의뢰인 때문에 죽을 지경 이지만 결과는 대성공일 때 우리에게 돌아오는 보상이라고는 똑같이 보기 싫은 또다른 의뢰인과 그 일을 다시 시작하는 것밖에 없다네." 부친과 조부와 그들의 일을 사랑했지만 법조계를 떠난 것은 멍거에게는 구원이었다.

멍거가 말했다. "나는 지금도 변호사들을 고용하고 그들의 일을 감독하고 있습니다. 그러니 법이나 변호사 세계와 인연을 끊는 것은 아닌 셈이지요. 하지만 다른 사람들을 위해 변호사 일을 하는 것은 완전히 그만둘 생각이었습니다. 우리집은 대가족이었습니다. 낸시와 제게는 부양할 아이가 여덟이나 있었죠……. 그런데 법률 관련 직종이 갑자기 그렇게 번창할 줄은 몰랐습니다. 제가 변호사 일을 그만두고 얼마 지나지 않아 법조계로 큰돈이 몰려들기 시작하더군요. 저는 직접 판단을 내리고 제 돈으로 무엇인가를 하는 쪽을 선호했죠. 어쨌든 의뢰인보다 제가 더 잘 아는데 제가 굳이 의뢰인의 방식을 따를 필요가 어디 있겠습니까? 그러니 변호사 일을 그만둔 것은 부분적으로는 독선적인 성격 탓이었고, 다른 한편으로는 독립할 수 있는 자금을 얻고 싶은 욕망 때문이었지요."

멍거는 자신의 부가 안정 궤도에 이르렀을 때 어린 시절 우상이었던 벤저민 프랭클린처럼 하고 싶었다. "프랭클린은 (재정적인) 자유를 획득했기에 사회에 공헌을 할 수 있었습니다." 멍거는 진정으로 부자가 되려면 사업을 소유해야할 필요가 있다는 사실을 이해하게 되었다.

할 보스윅이 설명했다. "장모님이 늘 하던 말이 있죠. 장모님 말을 빌리면, 변호사라는 사람들은 항상 근사한 생활을 누립니다. 좋은 동네에서 좋은 집에 살며 자녀들은 좋은 학교에 다닙니다. 장모님은 말씀하시죠. '물론 자네는 의뢰인들과 같은 수준으로 살고 있기야 하지, 그렇지 않은가? 그런데 의뢰인들은 자본을 축적하고 있지만 변호사인 자네는 아니라는 사실을 잊고 있는 것 같군. 자네가 하는 일에는 자본 가치가 없으니 나중에 은퇴하면 소득도 사라지고 말겠지. 어쩌면 집 한 채밖에 남지 않을지도 모르니 집을 팔아서 사막이나 다른 곳으로 이사를 가야 하는 상황이 벌어질 수도 있지.'"

법조계는 변화를 맞고 있었지만 변호사 생활을 그대로 했을지라도 찰리는 십중팔구 만족하지 못했을 것이다. 그래서 찰리는 떠났다. 법조계에는 이제 더 많은 돈이 존재하지만 그 돈을 향유할 수 있는 시간은 과거보다 훨씬 적다.

보스윅이 덧붙였다. "제 생각에 요즘 변호사는 자신과 자신의 직업에 대해 애증을 품고 있다고 봅니다. 과거처럼 의뢰인과 신뢰관계를 구축하려면 오늘날은 정말로 힘들게 일해야 합니다. 법조계는 그만큼 큰 변화를 겪었습니다. 오늘날 법조계에서 살아남기 위해서는 훌륭한 변호사가되는 것과 동시에 훌륭한 사업가가 되어야 합니다. 예전에는 훌륭한 가치관을 지닌 괜찮은 사람이기만 해도 충분했죠."

찰리가 자주 가는 캘리포니아 클럽의 회원이기도 한 보스윅의 말에 따르면, 20~25년 전만 해도 점심 후에 클럽 라운지는 카드놀이나 도미노를 하는 남자들로 북적댔다고 한다. 이제 이른 오후의 클럽 라운지에는 인적이 거의 없다. 변호사든 중개인이든 아니면 다른 전문직에 일하는 사람이든, 대다수는 사무실에서 점심을 먹는다. 설령 나가서 먹는다고 해도 사업상 점심 약속에 불과할 뿐 식사가 끝나면 서둘러 사무실로 돌아와야 한다. "변호사 세계는 이제 완전히 달라졌습니다. 우아한 시절은 지나갔으니 제한된 시간 내에서 최선을 다할 뿐이지요."

멍거는 변호사 일은 그만두었지만 예전에 몸담았던 회사와는 여전히 돈독한 관계를 유지한다.

보스윅이 말을 계속했다. "찰리는 거의 35년 동안 그 회사에서 아무 수입도 받지 못했지만 문에는 항상 그의 이름이 걸려 있고 언제나 근처에 사무실을 두고 있죠. 찰리는 그 회사를 철저하게 활용했습니다. 회사와 관계만 바뀐 것뿐입니다. 그는 변호사가 아니라 의뢰인이니까요."

론 올슨에 따르면 MTO의 변호사들은 멍거를 의뢰인으로서뿐만 아니라 일종의 자원으로 여긴다고 한다. 변호사들은 한 주에 세 번씩 사무실 식당에 모여 함께 점심 식사를 하고, 월요일마다 외부 연사를 초빙한다. 초빙 연사로는 로스앤젤레스 시장, TV 드라마 「프레이저Fraiser」의 작가, 로버트 케네디 2세, 그리고 물론 멍거도 포함된다. "변호사들은 멍거에게 주기적으로 강연을 요청합니다. 그는 일 년에 한 번씩 연단에 오릅니다. 우리는 장기적인 문제를 논의하기 위해 연간 휴가를 떠나는데 그때마다 찰리는 패널리스트 중 한 명으로 참석했습니다. 그는 우리 사교 생활의 일부인 셈이죠. 찰리는 매년 국경일에 열리는 파티에도 참석합니다."

그리고 그곳에서 버크셔 해서웨이 측은 찰리를 위해 사무실을 임대하고 있기 때문에 "그는 물리적으로 여기에 있고, 그의 사무실 문은 언제나 열려 있으니 바로 곁에 있는 것과 마찬가지입니다. 찰리도 좋아합니다. 자극을 얻을 수 있으니까요. 또 그는 문제점에 대해 생각하기를 즐기니까요"라고 올슨은 말했다.

멍거의 이름이 아직도 문에 붙어 있는 점에 대해서 밥 데넘은 이렇게 말했다. "회사 입장에서 볼 때에 상황을 바꾸는 것은 오히려 미친 짓입니다. 찰리 입장에서는 이런 상황은 어떤 만족감을 주고 있는 셈이고요."

변호사 경력을 접으면서 멍거는 인생에 더 이상 도움이 되지 않는 요소들은 버리고 중요하다고 생각되는 요소들을 바탕으로 인생을 설계해 나갔다. 동료와의 관계는 여전히 그의 성공에 중추적인 구실을 했다.

몰리 멍거는 로스앤젤레스에 돌아와 법조계에서 자신만의 경력을 쌓기 시작했을 당시를 이렇게 말했다. "법률회사는 쌩쌩하게 돌아가고 있었어요. 명성이 자자했지요. 아주 매력적인 회사라는 것을 단박에 알 수 있었습니다. 제가 몰리 멍거인 점이 경력에 많은 도움이 되었어요. 나와 같이 일하는 동료나 의뢰인 모두 우리 아버지가 더 이상 멍거 톨스에서 일하는 변호사가 아니라는 사실을 전혀 알지 못했습니다."

몰리는 멍거 톨스를 그토록 명망 높은 법률회사로 발전시킨 것에 대해 매니징 파트너에게 감사를 표하기도 했다. 거기서 일하지는 않았지만 멍거 톨스는 그녀가 자신 있게 일할 수 있게 한 원동력이기도 했던 것이다.

매니징 파트너 변호사는 이렇게 말했다. "대단치 않은 일입니다. 옛날에 찰리가 나를 좋은 사업 거래에 합류시켜주었으니, 비긴 셈입니다."

09
다용도실에서 운영한 휠러 멍거

본사 사무실의 화려함은 그 회사의 재정 상태와 반비례할 때가 많은 법입니다.
— 찰리 멍거, 파킨슨의 말을 응용하며 *

"우린 즉석 포섬골프**를 자주 즐겼죠. 찰리가 얼마나 매력이 넘치는 사람인지 우린 알지 않습니까?" 그의 초창기 비즈니스 파트너인 앨 마셜이 말했다. 그는 찰리와 둘이서 새로운 사람을 만나 곧잘 포섬골프를 치곤했다. "다음 날 사무실 엘리베이터에서 그 전날 같이 골프를 쳤던 사람 중 하나가 우리에게 인사를 하면 찰리는 멀뚱멀뚱 앞만 쳐다보고 있는 겁니다."

"아니 왜 저 친구한테 아무런 대꾸도 하지 않나?" 마셜이 물었다.

"누구 말인가?"

"우리랑 어제 골프 쳤던 그 친구 말일세."

---

* 영국의 경제학자 노스코트 파킨슨이 발표한 파킨슨 법칙 가운데 제6법칙을 살짝 바꾼 말이다. 제6법칙은 '과학의 진보는 출판된 논문 수에 반비례한다'는 것이다.
** foursome: 2대 2로 편을 먹어서 한 팀이 1개의 볼을 플레이하는 골프 경기 방법.

"아. 못 봤어." 찰리가 대답했다.

"이건 그가 눈 수술을 받기도 전의 일이었습니다." 마셜이 말했다. 사람들은 찰리가 자신들을 무시한다고 생각하고 화를 내기도 했다. 특히 무시당한다는 것은 생각도 못하는 캘리포니아클럽이나 로스앤젤레스카운티클럽의 회원들이 그랬다. 보통 별로 효과가 없긴 했지만 마셜은 기분이 상한 측에게 가서 멍거에게 악의가 없고 자기 생각에 빠져 있을 뿐이라고 해명하기도 했다. 그러나 찰리가 때로는 의식적으로, 겉으로 잘 드러나지 않게, 그리고 고의적으로 남들을 괴롭힌 적도 있다는 사실은 마셜도 시인했다.

"우린 웨스트포인트 출신의 한 군장교와 자주 골프를 쳤습니다." 마셜이 회상했다. 청명한 날씨에 그 장교가 볼을 치려고 자세를 잡기 직전에 찰리가 이런 말을 던졌다. "잘은 모르겠지만 공산주의도 약간은 군에 이점을 제공하지 않나 하는 생각이 드네요." 그 장교는 얼굴이 벌게지더니 퍼트를 놓쳤다.

1960년대의 동이 텄을 무렵, 젊은 존 F. 케네디가 미국의 새 대통령이 되었고 베트남전의 실상은 여전히 펜타곤 뒷마당의 이야깃거리였다. 당시 36세의 찰리 멍거는 변호사 일을 하면서 한편으로 부동산 개발 프로젝트를 진행 중이었다. 자산관리인인 워런 버핏과 맺은 관계는 깊이와 신의가 있는 것으로 드러났고, 또 버핏은 멍거도 자기처럼 독립적인 투자자로서 수입을 올릴 수 있다고 장담했다. 그렇지만 찰리는 리스크가 크다는 사실을 알았다.

멍거는 자신이 그가 부동산 개발에 뛰어들었을 때 당시에는 리스크가 적어 보였다고 한다. "모든 것을 잃을 수도 있다는 생각은 해본 적도 없었습니다. 부동산업은 레버리지를 끌어오기는 했지만 개발이 진행됨에 따라 리스크는 일정 범위를 넘지 않았습니다. 대규모 대출 계약에는 우리가 개발을 완성할 수 있도록 지원한다는 조항이 있었습니다만 개발을 끝낸 후 우리가 들인 비용을 회수하지 못할 경우 우리는 대출금을 갚을 필요가 없었죠." 콘도미니엄이 미분양될 경우 은행은 그 부동산의 소유권을 차지할 수 있고 멍거의 명성에 다소 흠은 가겠지만 파산에 이르지는 않을 것이었다. 그렇지만 멍거는 새로운 법률회사의 임원이자 부동산 개발업자라는 이중 경력에 만족하지 않았다. 1962년 멍거는 적어도 일정한 시간을 할애하여 타인자본을 운용하는 전문 투자자의 길을 가기로 다짐했다. 그는 버핏이 일찍부터 누차 권고했던 단계를 밟았다. 찰리는 버핏과 맺었던 파트너십과 유사한 형태로, 그의 포커 친구이자 법률회사 의뢰인인 잭 휠러Jack Wheeler와 함께 투자회사인 휠러 멍거 앤드 컴퍼니 Wheeler, Munger & Company를 설립했다. 예일대 출신인 휠러는 증권거래소의 플로어 트레이더였는데 퍼시픽코스트 증권거래소의 스페셜리스트 포스트* 두 곳을 공동소유하고 있었다.

휠러 멍거 사는 증권거래소의 플로어에 있는, 매매주문의 외침이 들리고 거래가 성사되는 그 스페셜리스트 포스트 두 개를 인수했다. 포스트는 상장주에 대한 매도자와 매수자가 존재하는지를 확인함으로써 증시가 원활히 돌아가게 하는 구실을 한다. 하나의 포스트가 특정 주식에 대한 독점적인 시장조성자market-maker 역할을 할 때가 자주 있는데 이 경우 포스트 소유자는 고수익을 얻을 수 있다. 이 두 포스트는 상당량의 초과

---

*specialist post: 스페셜리스트는 거래소에서 자기계정을 가지고 거래를 행하는 사람으로, 이들은 거래의 안정화나 신속한 매매 성립을 제고해 주는 역할을 하기도 한다.

이익을 창출했고, 이 이익에 찰리가 일가친지 및 과거의 의뢰인들로부터 영입한 자본이 합쳐져서 트레이딩에 필요한 것보다 더 많은 자금을 모을 수 있었다. 법률회사 동료 로이 톨스의 도움을 받으며 잉여자본을 투자하는 일은 찰리의 몫이었다.

휠러 멍거, 그리고 퍼시픽코스트 증권거래소의 많은 사람은 증권매매 수익을 최대화할 목적으로 거래소 회원권을 구입한 소규모 중개인이었다.

릭 게린이 말했다. "1960년대에는 고정 수수료 제도였습니다. 수수료를 없애는 유일한 방법은 증권거래소 회원이 되는 것이었죠. 그래야만 수수료를 내지 않고 거래를 할 수 있습니다. 수수료도 무시할 수 없는 큰 비용이었거든요."

저예산을 들여 임시방편으로 만든 회사였다. 휠러와 멍거는 증권거래소의 작은 중층 사무실에서 일했다. 그 사무실은 주요 금융기관의 본사가 운집한 스프링스트리트Spring Street에 있었지만 로스앤젤레스의 빈민가에서 아주 가까웠다. 멍거와 그의 동업자는 배관이 드러나는 큰 앞쪽 사무실을 썼고, 비서들은 화장실에서 가까운 뒤쪽의 작은 방에서 일했다. 사무실을 통틀어 창문은 고작 두 개였는데 창밖으로 보이는 것은 지저분한 골목길뿐이었다. 그래도 모든 부대비용을 포함해서 한 달 임대료가 150달러로 저렴했기에 멍거에게는 안성맞춤인 곳이었다.

그렇게 아낄 필요까지는 없었다. 휠러 멍거를 설립했을 때 멍거는 이미 30만 달러를 모아둔 상태였고 그 금액은 그의 연간 개인 경비의 10배가 넘는 액수였다. 그 중 상당 부분은 증권 투자로 벌어들인 것이었다.

휠러 멍거를 시작했을 무렵 찰리는 버핏과 함께 투자에 관한 접근방법과 획기적인 아이디어에 대해 자주 논의했다. 그렇지만 증권에 관한 한 멍거의 첫 번째 공식적인 파트너는 잭 휠러였다. 이 회사를 차리기 이전과 이후에 멍거는 릭 게린과 로이 톨스를 비롯한 다른 사람들과도 투자를 비공식적으로 하기는 했다. 게린을 만난 것은 휠러와 함께 사업을 출범시킬 즈음이었다.

"1961년에 어떤 친구한테 전화가 와서는 LA 시내의 증권사가 매물로 나왔는데 매입할 거라고 하더군요." 릭 게린이 말했다. 릭은 자신도 투자를 하고 회사 운영도 돕기로 결심했다.

매각인은 잭 휠러였다. 그는 휠러 크루텐덴 앤드 컴퍼니Wheeler, Cruttenden & Company에서의 자신의 지분을 매각한 뒤 찰리 멍거와 새로 사업을 할 계획이었다. 게린이 계약 장소에 나타났을 때 멍거도 그 자리에 있었다. 두 사람은 이야기를 시작했다. "계약을 마무리 짓기 위해 그 모임에 갔죠. 수표를 주고 증권양도서stock certificate를 받으러 갔던 거죠. 우린 멍거와 농담을 하고 있었는데 순간 정신이 번쩍 들었어요. 내가 있을 곳은 이쪽이 아니라 저쪽이라는 확신이 든 거죠."

게린은 지금 서 있는 곳이 아니라 휠러가 가는 방향에 자신도 동참하고 싶다는 생각을 품게 되었다. 게린의 직감은 옳았다. 휠러가 자기 지분을 매각하는 이유 중 하나는 파트너와 의견이 일치하지 않았기 때문이었다. 투자 파트너들 간의 계약은 변수가 많고, 서로의 두뇌와 판단력, 신뢰성에 대한 의존도가 높다. 파트너들이 이 중 어느 하나에서라도 맞지 않는다면, 작은 문제만 발생해도 구두 속의 모래알처럼 껄끄러운 법이다. 일전에 멍거는 휠러에게 하고 있는 사업에서 몸을 빼고 휠러 멍거에 풀타임으로 전념하는 것이 어떻겠냐고 조언한 적이 있었다. 게린은 당시 수중에 있던 4만 달러를 털어서 다소 전망이 불안한 투자에 동참했는데 결국 나중에는 원금까지 전부 잃었다.

"하지만 그때가 되자 그 친구는 많은 것을 배울 수 있었고 일솜씨도 상당히 발전해 있었습니다." 멍거가 말했다.

휠러 멍거의 출범과 함께 찰리의 사업도 인간관계도 새로운 국면을 맞이하게 되었다.

버핏이 말했다. "찰리는 매일 아주 일찍 증권거래소에 나가기 시작했습니다. 먼저 그는 주가표시판을 살펴보고는 친구들과 함께 주사위를 굴려 그날 아침을 누가 살지 내기를 하곤 했죠. 그들은 일종의 의식처럼, 건물 꼭대기에 있는 증권거래소클럽에서 아침을 먹더군요. 릭도 거기서 꽤 잘하고 있었지만 늘 귀를 기울였죠. 어떤 의미에서 그는 수업을 듣고 있었던 겁니다."

게린은 배우는 과정에 있었다. 그도 멍거와 마찬가지로 새로운 동지들을 만들고 있었다. 게린은 장차 멍거의 수많은 "절친한 친구" 가운데 한 명이 되지만 찰리와는 다른 구석이 많은 사람이었다. "어머니는 공장의 미싱공이었죠. 거칠고 힘든 일도 마다하지 않은 분이었어요." 게린이 설명했다. 그의 어머니는 그가 십대였을 때 알코올중독으로 세상을 떠났다. 학교에서 공군조종사 훈련을 받고 있던 게린은 중퇴를 해야 했지만 그 후 몇 년 동안 직접 비행기를 모는 일을 했다. 그리고 IBM에서 3년간을 일하다가 5~6년 동안 증권중개인으로 일했다.

게린이 말했다. "그 (초창기의) 파트너십에서 벗어나는 데 꼬박 삼 년이 걸렸습니다. 찰리를, 그리고 어느 정도는 잭 휠러도 제 멘토로 삼았습니다. 이후 저는 버핏과 멍거의 파트너십을 본 따 저만의 파트너십을 만들었지요."

J. P. 게린 앤드 컴퍼니J. P Geurin & Co.는 스페셜리스트 포스트 운영을 포함하여 모든 측면에서 휠러 멍거를 모방했다. 버핏은 유명한 연설 "그레

이엄과 도즈빌의 위대한 투자자들"에서 릭 게린의 투자 기록을 설명한 바 있다. "6번 표는 USC에서 경영학이 아니라 수학을 전공했으며 찰리 멍거의 동료이자 친구이기도 한 사람의 기록입니다. 이 사람은 졸업 후에 IBM에서 한동안 영업사원으로 일했습니다. 찰리는 저를 알고 난 후에 이 친구를 알게 되었죠. 이 기록은 우연히도 릭 게린의 것입니다. 1965년 ~88년까지 S&P 복합수익률이 316%였는데 반해 릭은 같은 기간 2만 2,200%의 복합수익률을 올렸습니다. 어쩌면 릭은 경영학 전공이 아니었기 때문에 2만 2,000%를 통계적으로 오히려 더 중요하게 여기고 있을 것입니다."[1]

게린은 멍거와 버핏과 함께 여러 거래를 같이 행하는 한편 독립적인 투자자로서의 일도 병행하였다. 그는 퍼시픽 사우스웨스트 에어라인Pacific Southwest Airline의 대주주 및 이사회 일원이 되었는데 1988년 이 회사는 US에어USAir에 합병되었다. 게린은 멍거로부터 거래를 하는 방법을 배우게 되면서 개인의 가치가 얼마나 중요한지에 대해서도 깊이 생각하게 되었다고 말한다.

"찰리에게 영향을 받았다고 생각합니다. 개인의 가치를 보고 그에 반응한 것은 나였지만 방향을 잡아준 사람은 찰리였습니다. 찰리와 워런 곁에 있으면서 나는 더 나은 사람이 되었습니다." 윤리와 이성과 정직을 지키는 것이 의심할 여지없이 가장 논리적인 행동임을 게린은 깨달았다. "사실을 있는 그대로 말하는 편이 더 쉽다는 거죠."

버핏과 동갑인 게린은 현재 26세 연하의 여성과 결혼했다. 두 사람 사이에는 다섯 살짜리 아들이 하나 있다. 릭에게는 전처에게서 난 42세의 딸도 있다. 그와 부인 파비엔은 일곱 자녀를 두었는데 딸이 다섯에 아들이 둘이다. 멍거, 게린, 그리고 오티스 부스는 아직도 리처드 리오르단 전

로스앤젤레스 시장과 같은 친구들과 함께 로스앤젤레스 컨트리클럽에서 브리지 게임을 즐긴다. 게다가 멍거와 버핏은 인근의 힐크레스트 컨트리클럽에서 지금은 작고한 코미디언 조지 번스가 90대 후반이었을 때 그와 브리지를 한 적도 있었다. 번스의 시가 흡연을 허용하기 위해 힐크레스트에서는 이런 규칙을 내걸었다. "95세 미만의 회원은 금연입니다."

찰리는 힐크레스트 컨트리클럽이 관대한 자선 경력을 회원 가입 조건으로 내걸고서 이 조건을 오랫동안 지켜오고 있다는 점을 높이 산다. "오래 전에 그런 얘기를 들었습니다. 큰 성공을 거둔 극장주가 자신의 극장 중 하나에서 열었던 2차 대전 저축채권savings bond 판매 행사를 기사화한 누런 신문 종이를 보여주며 클럽에 가입하려고 했다고 합니다. 회원 심사 위원회의 답장은 이러했습니다. '보내주신 자료는 아주 쓸모가 많은 종이로 사료됩니다. 가령 귀하의 궁둥이를 닦을 수도 있지요. 하지만 클럽 가입은 무리입니다.'"

부동산 거래가 잘 되고 법률회사도 순탄하게 굴러가고 있을 무렵 찰리는 앨 마셜에게 휠러 멍거의 비즈니스 매니저 자리를 맡아달라고 부탁했다. 멍거는 앨 마셜의 업무 스타일이 잭 휠러와는 다르다는 것을 일찍이 파악하고 있었고, 자신과 비슷한 누군가가 곁에 있었으면 했었다.

마셜이 설명했다. "휠러는 오마하 출신이 아니었지만 매우 똑똑한 사람이었습니다. 언젠가 (1920년대 후반 방식의) 매점연합*과 그 관리법에 대한 강좌를 들었다고 말하더군요. 물론 오늘날 매점은 완전 불법이지만요. 그는 씀씀이가 헤프고 사치스러웠습니다. 일솜씨는 뛰어났지만

---

*pools: 주가조작을 목적으로 하는 연합.

종종 큰 실수를 범하곤 했는데 찰리의 동정을 사진 못했습니다."

마침내 찰리가 휠러를 설득했다. 휠러의 몫을 찰리와 마셜에게 양도하고 휠러에게는 이익의 일부를 주겠다는 조건이었다. "두 사람 사이에 깊은 감정의 골은 없었습니다. 휠러는 그냥 은퇴를 했을 뿐입니다." 마셜이 주장했다.

나중에 무한책임 파트너*가 된 마셜은 찰리가 벤처 사업을 같이 하자고 두 번째로 제의했을 때 그렇게 놀라지는 않았다. 앨이 말했다. "찰리는 누군가를 신뢰할 때에는 전폭적인 신뢰를 줍니다." 여러 해 동안 찰리가 개인 당좌계좌의 수표 발행인의 한 사람으로 마셜을 올려 두었다는 점에 그는 아직도 놀라움을 감추지 못한다. 앨을 잘 알고 있었던 찰리는 그가 돈을 갖고 잠적하리라는 생각은 한시도 해본 적이 없었고, 앨 역시 그러지 않았음은 물론이다.

멍거는 완전히 넋 나간 교수님 스타일이었기에 집안일은 전적으로 낸시가 도맡아해야 했다. 회사에서는 마셜과 같은 부관이 필요했다. 마셜의 설명은 이렇다. "회사에는 비비언이라는 비서가 있었습니다. 비비언이 퇴근한 이후의 시간을 담당할 비서가 두세 명 더 있었는데 찰리는 모두를 비비언이라고 불렀죠. 두 번째 부인 이름이 첫 부인과 마찬가지로 낸시라서 다행이라고 제가 늘 말하곤 했지요. 안 그랬다면 부인 이름을 기억하지도 못했을 겁니다."

마셜은 새로운 직위가 마음에 들었지만 그에 따른 단점도 있었다.

"제가 맡은 일 중 가장 싫었던 것은 스페셜리스트 포스트를 감독하는

---

*general partner: 파트너십 형태의 회사에서 회사 채무에 대해 무제한적인 연대 책임을 지니는 파트너.

일이었습니다." 마셜이 말했다. 플로어 트레이더는 대개 아드레날린 분비가 왕성한 행동파들이다. 마셜의 트레이더 중 한 명이 어떤 말에 반대를 하고는 뛰어나가 다른 트레이더를 주먹으로 한방 먹인 사건이 있었다. 마셜은 두들겨 맞은 트레이더와 거래소 이사들 사이에서 평화적인 합의를 이끌어내는 데 며칠을 쏟아 부어야 했다. 하지만 트레이더는 영리하고 창의적인 사람들이기도 했다. 휠러 멍거의 트레이더 한 명이 당시 신생 제약회사였던 알자Alza의 주식에 대해 복잡한 4자 재정거래를 설정했다. 마셜은 재정거래에 자금을 대기 위해 여신한도line of credit를 2백만 달러로 설정했는데 어느 순간 한계선을 넘어 3백만 달러에 이르렀다. 은행직원이 증권거래소에서 조사를 시작했고 마셜에게 여신한도를 어디에 사용하고 있는지 물었다. 마셜이 나름대로 설명을 했지만 그 은행직원은 무슨 말인지 알아듣지도 못하고 가버렸다. 3주 후에 그 트레이더가 재정거래를 풀었더니 60만 달러의 수익이 돌아왔다.

어느 날 저녁 마셜은 사업 현황에 대해 이야기할 것이 있어서 준스트리트에 있는 멍거의 자택으로 찾아갔다고 한다. 마셜도 어린 자식이 다섯이나 있었기 때문에 집안이 얼마나 어수선한지 알고 있었지만 그런 환경에서 일에 집중하고 있는 찰리를 보고는 깜짝 놀랐다. 찰리는 큰 의자에 앉아 있었다. "한 아이가 그의 어깨를 타고 있고 다른 아이가 그의 팔한 쪽을 끌어당기고 있었습니다. 또 다른 아이는 고함을 질러 대고 있었고요. 아수라장이 따로 없었는데 이 친구는 애들을 내보내거나 야단치지도 않더군요. 전혀 거슬리지 않았던 겁니다."

휠러가 스페셜리스트 포스트를 감독하는 동안 찰리는 잉여금을 투자하는 일에 집중했다. 가끔 찰리나 버핏, 게린은 각각 혹은 같이 동일한 기업에 투자했다. 그들은 증권거래소를 쫓아다니고 신문을 열심히 읽고 친구들에게 묻기도 하면서 좋은 거래를 찾아다녔다. 버핏은 버핏파트너십과 휠러 멍거 두 가지 모두를 고전적인 헤지펀드라고 설명했는데, 이것은 1990년대 후반에 성행한 유형과 비슷했다.

멍거가 말했다. "우리는 자동차용 화학제품을 만드는 회사를 포함해 몇몇 제조회사를 매수했습니다. 한번은 인수대금을 정하면서 맺었던 계약 내용에 따라, 세차기계 회사를 매입하면서 세차장 운영자들에게 단체대출을 해줬습니다. 비만 오면 사람들이 마셜에게 전화를 해서는 왜 돈을 갚지 못하고 있는지를 설명하고는 했습니다. 유쾌한 경험은 아니었죠. 결국 우리는 좋은 경험과 나쁜 경험을 두루 했던 셈입니다."

그들이 매입한 회사들은 소규모였고 때로는 친인척이 운영하는 폐쇄적인 형태였기 때문에 투자자들은 특이한 상황에 빠지기도 했다. 다음은 자동차용 화학제품을 생산하는 K&W 프로덕츠K&W Products라는 작은 회사에 관한 기록이다.

릭 게린이 말했다. "신문에서 매물 광고를 봤습니다. 알고 봤더니 자동차 라디에이터에 부으면 자동차 엔진 블록에 난 구멍을 때울 수 있는 제품을 만드는 회사였습니다. 발명가가 이 제품을 시장에 선보였는데, 이 사람은 자기 차를 자동차 정비소에 몰고 와서는 수리공을 전부 불러 모은 다음 차의 엔진 블록에 큰 구멍을 뚫게 하고는 자신의 제품을 라디에이터에 부어서 감쪽같이 고치는 과정을 반복했습니다. 이런 시연은 판매에 매우 효과적이었고 회사는 이 제품으로 꽤 많은 돈을 벌었습니다."

"회사가 매물에 오른 것은 지배주주(발명가와는 다른 사람)가 사망했기 때문이었죠. 소문에 따르면 중독성 약을 스스로에게 과잉 처방한 것이 사망 원인이었습니다. 그 의사는 그 회사에 투자하기 위해 처가쪽 아주머니 두 명한테서 각각 8만 달러씩이나 돈을 빌렸습니다. 고인의 유일한 자산은 회사 주식이었습니다. 무슨 연유였던지 이 의사는 유산은 자기 부인에게 남기면서 유산관리인은 자기 정부로 해놨더군요. 말할 것도 없이 이 때문에 유산관리인과 유가족 사이에는 적개심이 생겼습니다. 처가쪽 친척들은 이자는커녕 몇 년째 돈은 구경도 못하고 있는 형편이었습니다. 찰리는 자신과 게린이 그 연로한 처가댁 부인들이 지닌 8만달러짜리 약속어음 두 장을 사겠다고 제의했습니다."

게린이 덧붙여 말했다. "그런 상황에서는 액면가보다 낮은 금액을 제시하는 것이 관례였습니다. 하지만 찰리는 각 약속어음에 8만달러 전액을 지불해야 한다고 주장했습니다. 찰리는 그 사람들이 겪는 고통을 이용하고 싶지 않았던 겁니다. 그럴 수도 있었지만 그는 그렇게 하지 않았습니다. 발품은 제가 팔았죠. 그 할머니 두 분을 만났습니다. 찰리와 제가 채권자가 된 다음에 약속어음으로 소유권을 매입한 거죠."

이어서 여성들을 대할 때에는 서툴고 어색한 태도로 일관하는 멍거가 유산관리인으로 있는 여자에게 전화를 해서 캘리포니아 클럽에서 오찬을 하면서 문제를 상의하고 싶다고 말했다. 그 여성이 사무실에 나타났을 때 멍거는 당황했다. 그녀는 불타는 듯 붉은 머리에 눈에는 선명한 녹색 콘택트렌즈를 끼고 몸에 착 달라붙어 풍만한 몸매를 강조해주는 간호사복 비슷한 원피스를 입고 나타났던 것이다. 찰리는 어찌할 바를 몰랐지만 그렇다고 해서 벽에 검은색 패널이 둘러쳐져 있고 가죽 가구와 값비싼 캘리포니아 고미술품들이 장식돼 있는, 보수적인 사업가 전용 클럽에 그 여자를 데리고 갈 수는 없었다.

결국 찰리와 릭은 의사가 남긴 주식을 반반씩 소유했고 나머지 지분은 경영진에서 소유했다. 그로부터 어느 정도 시간이 흐른 후에 게린은 자신의 지분을 현금화해야 하는 상황에 직면했다. "나는 그때 여전히 가난했습니다. 우린 둘 중 한 사람이 빠져 나갈 필요가 있을 때에는 상대방을 돕기로 암묵적인 합의를 해둔 상태였습니다. 그래서 찰리에게 가서 사정이 있어서 돈이 필요하다고 말했습니다. 그는 괜찮으니까 어떻게 하고 싶으냐고 하더군요."

게린은 회계보고서를 보고서는 자신이 가진 지분의 가치를 추산했다. "나는 그에게 20만 달러의 가치가 있다고 말했습니다. 하지만 찰리는 '아니야. 자네 계산은 잘못 되었네'라고 하더군요. 나는 속으로 '맙소사'를 부르짖었죠. 20만 달러가 필요했거든요. 그런데 찰리가 '자네 지분 가치는 30만 달러라네'라고 하는 겁니다. 그리고는 수표책을 꺼내서 수표에 그 액수를 적더군요. 20만 달러만 받아도 나는 기뻤을 겁니다. 그 액수만으로도 지구에서 가장 행복한 남자였을 겁니다. 하지만 그에게는 내가 얼마나 멍청한지 보여줄 기회였던 거죠." 게린은 킥킥 웃으며 말을 이었다. "찰리는 이런 말을 합니다. '그 일에 대해 조금만 더 생각해보게나. 자네는 똑똑하고 나는 옳으니 내 생각에 동의할 걸세.'"

1970년대 중반에 그 자동차 화학제품 회사는 지분이 완전히 매입되면서 최종적으로는 버크셔 해서웨이의 일부가 되었다. 1996년 버크셔는 일단의 투자자들에게 그 회사를 매각했다. 그들 가운데에는 그 회사의 전직 대표도 포함되어 있었다.

오티스 부스는 멍거의 마지막 부동산 프로젝트에는 위험이 높다고 판단해 참가하지 않았지만 휠러 멍거에는 흔쾌히 참여했다. "내가 가장 큰 참여자였죠. 그리고 그 후로도 계속 그 상태를 유지했습니다."

휠러 멍거에 찾아간 부스는 처음에는 불안감에 사로잡혀 있었다. "파트너십 지분이 휴지 조각이 될까 두려웠던 거죠. 그들을 믿고 투자한 것이었습니다. 이 친구는 정직하지만 증빙서류는 충분하지 못했지요. 그러나 사기를 당할 것이라고는 생각하지 않았습니다. 찰리를 잘 알고 있었으니까요."

찰리의 동업자들 말로는 찰리는 회사를 가장 효율적인 형태로 조직하고 가능한 한 세금에 따른 문제는 뒤로 미루는 데 천부적인 재능을 타고났다고 한다. 멍거는 휠러 멍거에서 워런의 방식을 차용했는데, 워런은 그 방식을 벤 그레이엄으로부터 차용했다.

오티스 부스가 설명했다. "버핏과 멍거 파트너십의 구조는 매우 중요했습니다. 연말마다 이익을 배분하고 소유 지분을 재배치했습니다. 소유 지분 재배치는 과세 대상이 아니었습니다. 이익은 전년도의 파트너십 지분에 따라서 배분했습니다. 일단은 회사자본, 무한책임 파트너, 유한책임 파트너에게 동일하게 6%씩을 배분했습니다. 그 다음에는 회사자본에 훨씬 많은 몫을 배분하고 무한책임 파트너에게는 이보다 훨씬 적은 몫을 배분했습니다. 납부할 세금이 있을 때에는 모든 파트너가 소유 지분에 비례해서 세금을 부담했습니다."

버핏은 멍거가 가치 투자의 기본 원칙을 따랐다고 설명한다. 물론 멍거의 포트폴리오는 버핏의 친구이자 그레이엄 – 뉴먼Graham-Newman에서도 같이 일한 월터 슐로스 같은 전통적인 가치 펀드 운용자들의 포트폴리오에 비해서는 분산투자의 정도가 훨씬 덜하기는 했다.

버핏이 설명했다. "찰리의 포트폴리오는 극소수 종목에 집중되어 있었기 때문에 그의 실적은 변동이 훨씬 심하기는 했지만, 기본적으로는 그 역시도 가치할인접근법discount-from-value approach을 바탕으로 삼고 있습니다. 그는 훨씬 큰 폭의 고점과 저점을 기꺼이 수용했습니다. 게다가 그는 비상한 집중력의 소유자이며 일의 결과로써 그걸 말해줍니다."[2]

일부 분석가는 찰리가 그레이엄이나 버핏, 슐로스보다 기꺼이 더 큰 리스크를 감수했다고 주장할지도 모른다. 오티스 부스는 이 말에 동조했다. "그 말이 맞긴 합니다. 하지만 찰리는 리스크에 대한 통찰과 평가가 남들보다 낫다고 자부하기에 '그래도 나는 그 일을 할 거야'라고 말하는 거죠. 게다가 워런도 순전히 호의에서 아메리칸 익스프레스 주식을 샀지 않습니까. 그래도 실제 리스크는 당시 알려진 수준보다는 낮은 편이었습니다."

기업 세계에 대한 실전 경험이 쌓여감에 따라 멍거는 리스크를 더 쉽게 부담할 수 있는 간단하지만 신뢰할 수 있는 방법을 발견했다.

부스가 설명했다. "그렇다고 해서 수많은 도박꾼들이 저지르는 그런 어리석은 리스크를 감수할 생각이 있었다는 것은 전혀 아닙니다. 절대 아니죠. 젊고 혈기가 끓는 사람들이라면 그럴 수도 있겠죠. 그 대신에 찰리는 우위를 점할 수 있는 작은 부분을 찾지요. 증권거래소의 자리라든지, 추후 구획정리가 변경될 여지가 있는 토지에 대한 옵션을 얻어내는 등의 능력을 예로 들 수 있습니다."

투자에 관해서라면 찰리는 자신이 버핏보다 대담하다고 생각하지는 않는다. "워런은 평생에 걸친 이익에 관련된 일이라면 모험도 불사합니다. 버크셔에 관해서라면 새로운 시도도 마다하지 않지요. 하지만 양고기 다리를 먹느냐 아니면 프라임립을 먹느냐를 선택하는 문제에 대해서는 아무 관심도 없습니다."

몰리 멍거에 따르면 사업을 구축할 무렵 멍거는 자본이득에 붙는 세금과 경상소득ordinary income에 붙는 세금의 차이를 잘 알고 있었다고 한다. "아버지는 이런 저런 거래로 많은 돈을 벌었지만 세금은 그렇게 많이 낼 필요가 없었죠. 아버지는 이렇게 말했죠. '내가 만일 변호사라면 세금을 더 내야 하지. 자본이득세가 더 적긴 하지만, 내 경우에는 적절해 보이지는 않는구나.'"

휠러 멍거 시절에 찰리와 워런은 전화로 계속 대화를 나누었다. 비록 그들이 언제나 같은 증권을 같은 양으로 산 것은 아니었어도 두 사람의 포트폴리오는 부분적으로 일치했다. 그들은 디버시파이드 리테일링이라는 회사를 통해 두 개의 소매점 체인에 공동 투자했다. 릭 게린과 함께 두 사람은 블루칩 스탬프스의 운영지배권*을 매입했다. 이 캘리포니아 소재의 트레이딩 스탬프 소매 회사에서 버핏이 제1주주가 되었고 멍거가 그 다음이 되었다.

"우리는 기업사냥꾼 세대였습니다. 솔 스타인버그Sol Steinberg, 해럴드 시몬스Harold Simmons처럼 말입니다. 하지만 우리는 그들과는 다릅니다." 게린은 그렇게 자신의 의견을 피력했다. 그들은 경영진의 동의 없이 공개매수tender offer를 진행한 적도 없고 위임장 쟁탈전을 벌이지도 않았다.

멍거는 1965년 무렵에 변호사 일을 정리했는데, 여기에 대해 이렇게 말했다. "휠러 멍거가 잘 해나가리라는 자신감이 더 확고해졌고 재산도 훨씬 더 늘어났었거든요."

멍거의 여동생 캐럴이 말했다. "오빠가 변호사를 그만 두었을 때 난 특별히 놀라지는 않았어요. 왜냐하면…… 남자가 진정한 사랑을 만나면 그런 일이 일어나니까요."

---

*working control : 의결권이 지분이 51% 이하이면서도 기업의 의사결정을 실질적으로 지배하는 주주 또는 주주집단이 행사하는 기업지배권을 말한다.

의붓아들인 데이비드 보스윅은 멍거가 일생의 꿈인 재정적인 독립에 근접하고 있었다고 생각했다. "찰리는 혼자 일하기를 원했습니다. 절친한 파트너들이 법률회사에 함께 있다고는 해도, 변호사 일이라는 것이 자기들 일정에 맞추어 시간을 요구하는 의뢰인을 상대해야 하는 것이니까요."

니콜라스 리맨은 자신의 저서 『큰 시험The Big Test』에서 독립을 원한 멍거의 욕구 이면에는 벤저민 프랭클린이 아니라 대니얼 디포Daniel Defoe가 있었다고 말한다. 찰리의 조부모가 그에게 『로빈슨 크루소』를 되풀이해서 읽어 주면서 찰리의 뇌리에 어떤 개념을 심어주었던 것이다. "그는 부자가 되고 싶었다. 그러면 자신의 섬에 사는 로빈슨 크루소처럼 완전한 독립을 이뤄서 더 이상 다른 사람이 시키는 대로 할 필요가 없을 테니까 말이다."[3)]

그렇지만 찰리 멍거는 휠러 멍거의 다른 투자자들이기도 한 고객들의 의뢰는 계속 유지했는데 그것은 꼭 필요한 조치였다. 투자자들 대부분이 친척이나 전직 동료, 친구들이었기 때문에 어쩔 도리가 없었다. 운 나쁘게도 휠러 멍거가 존재할 당시에 시황은 상승세와 하락세를 거듭했지만 전체적으로는 횡보 국면이었다. 1960년대 후반에 이르자 버핏은 탈퇴 얘기를 꺼냈고 결국 1969년 말에 자신의 파트너십 지분을 처분했다. 멍거와 게린은 더 오래 머물렀는데 특히 1972년 후반에는 펀드오브레터스Fund of Letters라는 등록투자사에 대규모 투자를 했다.

그보다 앞서 멍거 톨스에 입성한 밥 데넘이 초기에 멍거를 위해 했던 일 중 하나는 펀드오브레터스를 인수하는 것이었다. 1960년 후반의 주식시장은 초강세장이었다. 당시에는 "비공개주letter stock" 투자가 인기를 끌었다. 비공개주는 회사가 SEC에 등록하지 않고 판매하는 증권이기 때문에 기간을 연장해서 정규 증시에서는 매매할 수가 없다. 증권거래법에 따르면, 비공개주는 SEC 등록 전까지는 혹은 다른 중요한 사건이 발생하기 전까지는 투자자가 주식을 매도할 수 없다는 부칙이 달려 있었다.

벤처캐피털 펀드인 펀드오브레터스의 설립자들은 IPO에서 증권브로커들에게 충분한 매도 수수료를 제공해줄 것이라고 선전했다. 처음 펀드를 조직했을 때는 6천만 달러의 자금이 모였지만 인수수수료underwriting fees와 부대비용을 제하고 실제 투자자금은 5,400만 달러만 남았다.

"그것은 마치 고객이 증권브로커에게 '제 돈으로 무엇을 하면 좋을까요?'라고 묻자 브로커가 '우선 그 돈의 1할을 제게 주셔야겠습니다' 하고 답한 것이나 다름없었습니다." 멍거가 설명했다.

펀드오브레터스는 폐쇄형 등록투자사였기 때문에 일단 설립하고 난 다음에는 신주를 발행할 수 없었다. 대다수 폐쇄형펀드처럼 펀드오브레터스도 곧 순자산가치net asset value, NAV보다 훨씬 낮은 가격으로 거래가 이루어졌다. 게다가 증시가 지속적인 하향세를 보이자 펀드오브레터스도 덩달아 곤두박질쳤다.

게린과 멍거는 곤경에 처한 펀드오브레터스의 지배주식을 매입한 후에 회사를 거의 모조리 뜯어 고쳤다. 회사명을 뉴아메리카펀드New America Fund로 바꾸고, 이사회를 재구성하고, 투자방식도 가치투자로 변경했다. 전임 펀드매니저들이 선택했던 자산은 신속히 매각 처분했다. 회장은 게린이었지만 멍거의 투자 철학이 뉴아메리카펀드의 곳곳에 스며들어 있었고, 예상대로 그의 철학은 업계에 대한 도전이었다. 1979년 「비즈니스위크」지는 "주주의 천국, 뉴아메리카펀드"이라는 기사를 내보냈다.

「비즈니스위크」의 기사 내용은 이러했다. "뉴아메리카펀드는 외부 투자 고문에게 고액의 수수료를 지불하는 업계의 관행을 탈피하고 있다. 대신 모든 일은 게린의 감독 하에 내부에서 처리된다. 게다가 최근 회계 연도에서 이사가 가져간 수수료는 2만 5,000달러에 불과했고 직원과 이사 전체의 보수는 5만 4,950달러에 지나지 않았다."[4]

계속해서 기사는 다음과 같이 이어나갔다. "뉴아메리카펀드에는 투자를 공표하고 널리 알리는 버릇이 있다. 최근 몇 년 사이에 이룬 성과는 놀랍다. 주당 순자산가치가 1974년 10월의 9.28달러에서 1979년에는 29.28달러로 올랐다. 여타 폐쇄형펀드와 마찬가지로 뉴아메리카펀드도 순자산가치보다 할인된 가격으로 거래된다. 11월 6일의 종가는 18.25달러였다. 이는 주당 순자산가치인 24.64달러에서 25.9% 할인된 금액이다."[5]

뉴아메리카펀드는 캐피털시티스 커뮤니케이션Capital Cities Communications 외에도 로스앤젤레스의 법률지 발행사인 데일리저널 사의 지분 100%를 소유하고 있었다. 1979년 「비즈니스위크」에 뉴아메리카펀드가 대단히 매력적인 기업으로 묘사된 것은 사실이지만, 그럼에도 휠러 멍거가 이 회사를 인수했을 때 수많은 사람들은 밤잠을 설쳐야 했다.

비록 멍거는 "우리는 그 펀드를 운용하면서 결코 많은 돈을 벌지 못했습니다. 또한 나도 보수를 바라고서 다른 많은 이들의 돈을 관리한 것도 아니었습니다"라고 말하긴 했지만, 처음 8년간 휠러 멍거는 놀라운 실적을 기록했다.

1962년~69년까지 휠러 멍거의 연평균 수익률은 무한책임 파트너의 수수료를 차감하기 전을 기준으로 했을 때 37.1%로, 이는 다우존스 평균을 크게 상회하는 실적이었다. 그 후 1972년까지 3년 동안에도 휠러 멍거의 수익률 하락은 13.9%에 불과했다. 12.2% 하락한 다우지수에 비해 아주 약간 더 떨어졌을 뿐이다.

시황에 낙담한 버핏은 1969년 말에 자신의 지분을 처분했다. 그로부터 몇 년 동안 아마도 멍거 역시 자신도 그렇게 했더라면 하고 후회를 했을지도 모른다. 하지만 버핏을 따르지 않은 멍거에게는 1973년과 1974년은 악몽과도 같은 시간이었다. 휠러 멍거는 1973년 31.9%나 하락했고 (다우지수의 평균 하락률은 13.1%), 1974년에는 31.5% 하락했던(다우지수는 23.1% 하락) 것이다.

멍거는 당시의 상황에 대해 다음과 같이 설명했다. "73년과 74년의 폭락으로 우리도 맹타를 얻어맞았는데, 우리 주식의 시장 거래가가 실제 가치의 절반 이하로 하락했기 때문이었습니다. 정말 힘든 시기였습니다. 73년과 74년은 생각하기도 싫을 만큼 끔찍한 시기였습니다."

다른 회사들 역시 그 두 해는 악몽 같은 시간이었다. 예를 들면 당시 아직 섬유업에 주력하고 있었던 버크셔 해서웨이의 주가 역시 1972년 12월 80달러에서 1974년 12월에는 40달러로 하락했다. 월스트리트에는 비관과 절망에 찬 소식만 자욱했다. 신문은 "주식의 사망The Death of Equities"이라는 헤드라인을 내보냈다.[6]

휠러 멍거가 시장보다도 더 낮은 실적을 기록한 주요 원인은 뉴아메리카펀드와 블루칩 스탬프스의 보통주를 대량 보유하고 있기 때문이었다. 주식시장이 아직은 강세장이던 1972년 말, 휠러 멍거는 뉴아메리카의 전신인 펀드오브레터스의 주식을 청산가치보다 한참 낮은 주당 9.22달러에 매입하여 지배권을 확보한 바 있었다. 1974년 10월에「비즈니스위크」에서 지적한 대로 시장 대폭락이 있은 후에도 뉴아메리카펀드의 주당 자산가치는 9.28달러였는데, 이는 1972년에 멍거와 게린이 지불한 가격보다 다소 상승한 수준이었다. 그렇다면 멍거는 왜 고민했을까? 어쨌든 멍거와 게린은 시장이 안 좋을 때 대규모 투자를 했음에도 손실은 피할 수 있었는데, 이는 대부분 벤저민 그레이엄이 말하는 주식 매수의 기본 원칙인 "안전마진margin of safety"을 지켰기 때문이었다. 게다가 결손이월금tax loss carryforward을 보유하고 있었기 때문에 앞으로 몇 년 동안은 대규모 이득이 발생해도 추가적인 법인세 부담이 전혀 없었다.

멍거의 고민은 합자회사*라는 뉴아메리카펀드의 구조 때문이었다. 다시 말해, 펀드오브레터스 주식을 사기 위해 돈을 대출 받았던 것이 파트너십의 순자산가치를 하락시키는 결과를 가져왔다는 사실, 그리고 1974년이 되면서 이 주식의 시가가 회사가 청산을 할 경우에 지불받을 수 있는 주당 자산가치의 50%도 안 되는 수준으로 떨어졌다는 사실이 문제였던 것이다. 싫든 좋든 멍거는 1974년 말 뉴아메리카펀드의 주가가 3.75달러밖에 되지 않는다는 사실을 유한책임 파트너들에게 보고해야 했다.

더욱이 휠러 멍거는 블루칩 스탬프스에 대해서도 비슷한 입장에 처해 있었다. 회사는 블루칩 스탬프스의 주식을 주당 평균 7.50달러에 매입했고, 1972년 말 블루칩의 주가는 15.37달러까지 올랐었다. 하지만 1974년 말 주가는 5.25달러에 불과했다. 멍거는 "멀지 않은 미래에, 시황에 상관없이 그리고 트레이딩 스탬프가 얼마나 추가로 판매되는지에 상관없이" 블루칩 스탬프스 주가가 15.37달러보다는 훨씬 높은 수준에 도달할 것이라고 확신하고 있었다. 그러나 1974년 말 멍거는 어려운 현실을 마주해야 했다. 당시 블루칩 스탬프스 주식의 시가는 내재가치에도 훨씬 못 미치는 5.25달러로 뚝 떨어졌던 것이다.

---

*limited partnership: 무한책임 파트너와 유한책임 파트너로 조직된 회사 형태. 덧붙여 말하면 무한책임 파트너의 출자로만 이뤄진 회사 구조는 합명회사general partnership라고 한다.

휠러 멍거의 투자 실적은 악화일로였고 찰리는 일부 파트너가 이로 인해 밤잠을 이루지 못하리라는 사실을 알고 있었다. 결국 1973년 1월 1일에 1,000달러를 투자한 파트너는 그간 한 푼도 인출하지 않았을지라도 1975년 1월 1일 이 투자의 가치가 467달러로 줄어 있었던 것이다. 이와 대조적으로 같은 기간 동안 다우지수에 같은 액수를 투자했다면 그 가치는 668달러로 가치 하락의 수준이 훨씬 덜한 편이었다. 그레이엄과 버핏 파트너십의 선례를 따라 모든 휠러 멍거 파트너들은 연초 가치를 기준으로 매달 투자 금액의 0.5%를 각자의 계좌에서 현금으로 인출했다. 따라서 매달의 정기적인 배분 금액을 제하고 나자 유한책임 파트너들의 계좌 가치는 1973년~74년 동안 53% 이상이나 하락했다.

1974년 말에 증시 폭락이 있는 후에 휠러 멍거 파트너십의 전체 순자산은 700만 달러에 지나지 않았다. 이 가운데 61%인 430만 달러는 주당 5.25달러인 블루칩 스탬프스 주식 50만 5,060주와 주당 3.75달러인 뉴아메리카펀드 42만 7,630주를 합친 것이었다. 이때의 최저가를 기준으로 삼았을 때 이후 두 종목의 주가는 어떤 변화를 겪었을까?

뉴아메리카펀드 주식은 훌륭한 실적을 거두었다. 3.75달러라는 바닥 수준에서 거래되던 뉴아메리카펀드 주식은 1980년대 말이 되었을 때에는 약 100달러 수준의 현금 및 유가증권으로 성장했다. 마찬가지로 저점을 그렸던 블루칩 스탬프스는 훨씬 더 선전했다. 당시 5.25달러였던 블루칩의 주식은 지금은 버크셔 해서웨이 1주의 7.7%에 해당하는 금액으로 뛰어올랐다. 2000년 3월 버크셔의 주가가 약 4만 8,000달러인 것을 감안하면 블루칩의 주가는 4만 8,000의 7.7%인 3,700달러라는 의미가 된다. 이는 1974년 1달러의 시장가치가 2000년에는 700달러로 늘어났다는 소리이다. 바꿔 말해 연간 약 28.5%의 복합수익률을 거둔 셈이며,

주식을 그대로 보유하고 있는 주주들의 경우에는 소득세도 전혀 발생하지 않았다. 게다가 블루칩 스탬프스는 버크셔 해서웨이의 기업 구조 내에 존재하는 회사기 때문에 멍거와 버핏은 투자 운용에 대한 수수료도 전혀 지불하지 않았다.*

멍거가 설명했다. "1974년까지 처음 13년 동안 휠러 멍거가 다우존스 산업평균을 흉내 내면서 거둔 투자 실적은 그간의 배당을 전부 감안한다 해도 기껏해야 0%를 겨우 넘는 명목수익률을 거뒀을 뿐입니다. 세금, 인플레이션, 펀드 인출 등을 고려했을 때의 실질수익률은 당황스러울 정도로 마이너스를 그렸습니다. 하지만 전체 기간으로 볼 때 휠러 멍거의 실적은 대단히 좋은 편이었습니다. 1973년이나 74년을 견뎌내고 그대로 남아 준 유한책임 파트너들은 아주 좋은 수익률을 거두었는데, 실제로도 95%의 파트너들이 그대로 남아 있었습니다. 가령 오티스 부스는 73년과 74년 이후에도 그대로 남아 있었으며, 75년 말 휠러 멍거가 청산하면서 주식에 따라 배당을 했을 때에도 마찬가지였습니다."

하지만 몹시 쓰라린 예외가 있었다. 새로 가입한 한 유한책임 파트너는 1973~74년 사이의 대폭락이 있기 직전에 35만 달러를 투자했다가 주가가 바닥을 치자 공황 상태에 빠져버렸다. 이 한 사람 때문에 펀드의 절반이 사라졌다. 찰리는 그의 결심을 되돌릴 수가 없었다. 그 일에 대해 멍거는 이렇게 설명했다. "모름지기 변호사란 설득에는 도가 터야 하는데 나는 마땅히 합격해야 할 설득 시험에서 낙제하고 말았습니다. 그 사람은 남들보다 고통에 대한 인내력이나 의지가 약했고 기타 성격상의 특

---

*버크셔 해서웨이는 1973년 블루칩 스탬프스에 투자를 시작했으며, 1983년에는 주식교환을 통해 이 회사를 완전히 합병하였다.

이점이 있었는데 내가 그 부분을 어떻게 할 수 없었던 거죠."

멍거는 자기 돈만 가지고 투자를 할 때에는 투자 손실에 대한 두려움에 크게 구애받지 않았다. 멍거에게 있어서 투자 손실이란 정기적으로 벌이는 포커판에서 어쩌다 한 번 돈을 잃는 차원이었던 것이다. 그는 자신이 최고의 포커 플레이어라는 사실을 잘 알고 있었기에 다음번에 그 손실을 메우면 그만이라고 생각했다. 그러나 휠러 멍거 합자회사의 계좌에서 일시적인 시세 손실이 발생했을 때에는 그도 몹시 괴로워했다. 그렇기에 1974년 말이 되자 그도 버핏처럼 합자회사 형태로 다른 사람의 돈을 관리하는 것을 그만두기로 결심했다. 그는 자산가치가 상당 부분 회복되고 나면 휠러 멍거를 청산해야겠다고 마음먹었다. 그리고 주요 투자 자산을 배분할 때 무한책임 파트너들에게 돌아가는 이익 배분이 줄어드는 것을 방지하기 위해서라도 될 수 있는 한 빨리 청산을 행할 생각이었다.

1975년 휠러 멍거가 73.2%의 수익률을 올리며 인상적인 회복세로 접어들자 멍거와 마셜은 1976년 초에 파트너십을 청산했다. 침체장을 고려할지라도, 자금을 관리했던 14년의 기간 동안 무한책임 파트너에게 돌아가는 이익 배분을 제하기 전의 휠러 멍거의 연평균 수익률은 23.4%나 되었다(휠러 멍거의 수익률 실적에 대한 도표는 부록 1을 참조하기 바란다).

멍거가 말했다. "청산을 다하고 나니 우리 가족은 휠러 멍거에서 3백만 달러, 그리고 부동산에서 2백만 달러를 벌었더군요. 당시로서는 꽤 많은 돈이었고, 그렇게 많은 돈이 있으면 좋을 때였죠. 나는 훌륭한 종목들을 보유하고 있었고, 다른 저가의 매력적인 주식도 당시에는 시장에 많이 있었지요."

휠러 멍거가 청산되자 투자자들은 블루칩 스탬프스와 디버시파이드 리테일링 주식을 샀다. 이 두 회사는 후에 주식교환stock swap을 통해 버크셔 해서웨이에 편입되었다. 볼티모어 대도시 지역에서 경쟁하고 있는 백화점 체인 중 하나를 매입하기 위해 형성된 회사인 디버시파이드 리테일링은 처음부터 버핏파트너십이 거의 대부분의 주식을 보유하고 있었고, 이때까지 버핏파트너십의 주식은 전 파트너들이 대부분을 소유한 상태였다. 휠러 멍거의 보유지분은 10%였다. 처음 매입 가격이 인수 대상 백화점의 청산가치 이하였으므로, 이는 전형적인 벤 그레이엄식의 투자인 셈이었다.

디버시파이드 리테일링은 볼티모어 백화점 체인 인수가의 절반을 대기 위해 은행에서 차입을 행한 바 있었는데, 이후에는 이 은행 대출을 차입자에 대한 제한조항이 거의 없는 장기채권longterm debentrue으로 재빨리 대체하였다. 그 직후 버핏과 멍거는 볼티모어에서 소매업 부문의 경쟁이 대단히 치열하다는 사실을 알고는 자신들의 인수가 실수였음을 깨달았다. 진로를 수정하기로 결정한 두 사람은 백화점 체인을 현금 매각해서 손해를 거의 보지 않았다. 장기채권은 현금으로 완전히 상쇄하였다. 한편 이 일이 있기 전에 디버시파이드 리테일링은 거의 헐값에 또 다른 소매체인을 인수한 일이 있었는데, 이것 역시 훗날 막대한 현금을 벌어주었다. 이런 식으로 해서 1973년과 1974년 사이의 시장 대폭락 동안 디버시파이드 리테일링은 상당한 투자가능자산을 보유하게 되었다. 이것은 버핏과 멍거가 처음에 지분을 매입할 때 지불했던 금액의 두 배를 훨씬 뛰어넘는 규모였다. 주가가 떨어질 대로 떨어진 상황은 버핏과 멍거에게는 부담 없이 염가에 쇼핑을 할 수 있는 할인매장이나 다름없었다. 멍거가 말했다. "보잘 것 없던 시작이 대성공을 거두었고 이 일은 그 후 수십

년 동안 제 만족의 근원이 되었습니다."

오티스 부스가 말했다. "우리는 디버시파이드 리테일링이 버크셔의 일부가 될 줄은 몰랐습니다. 나는 (디버시파이드) 주식 약간을 로스앤젤레스 자연사박물관에 기부했습니다. 그 후 수년간 나는 박물관 측에 그 주식을 팔지 말고 보유하라고 열심히 설득해야 했습니다. 박물관은 디버시파이드 리테일링 주식을 통해 얻게 된 버크셔 주식 중 3분의 2를 보유했습니다. 한때 박물관은 버크셔의 주식을 1,800주나 보유했지만 지금은 1,200주로 줄어있는 상태입니다." 부스의 권고가 항상 제일 먼저 받아들여지는 것은 아닐지라도 그는 여전히 박물관 이사회의 일원이다.

부스가 보유한 버크셔 해서웨이 주식은 찰리 멍거의 1.5%에 약간 못 미치는 수준인 1.4%인데, 그 덕분에 그는 회사의 가장 대규모 투자자 중 하나가 되었다.[7] 멍거와 같은 모임에 있는 다른 사람들도 번영의 대열에 합류했다. 전자제품 회사에서 멍거의 최초 파트너였던 에드 호스킨스도 휠러 멍거에 투자를 했는데, 그 결과 그 역시도 게린, 마셜, 톨스, 그리고 물론 멍거와 마찬가지로 버크셔 해서웨이 주식을 보유하게 되었다.

멍거가 말했다. "버크셔 해서웨이 주식은 다른 회사들 주식을 능가했습니다. 그만큼 수익률이 늘어난 기업은 거의 없습니다. 1974년 주당 40달러였던 이 회사의 주식은 (2000년 6월인) 지금 주당 6만 달러에 거래되고 있습니다." 때로 버크셔 주가는 9만 달러를 넘기도 했다. 멍거는 훨씬 낮은 가격이었을 때 주식교환으로 버크셔 주식을 얻었기 때문에 실제로 그가 주식 구입에 들인 비용은 40달러도 되지 않는다.

휠러 멍거를 청산한 뒤에도 유한책임 파트너들은 뉴아메리카펀드의 주식은 계속 보유하고 있었고, 멍거와 게린은 뉴아메리카펀드를 계속 관리하다가 1986년에 가서야 완전히 청산했다. 뉴아메리카펀드의 최종 청산 단계에서 주주들은 데일리저널 주식을 받았다.

그때까지 찰리와 앨 마셜은 같은 사무실에서 거의 20년을 함께 일했다. 부동산 프로젝트는 대가족을 거느린 젊은 변호사에게 막대한 수익을 안겨주었고, 멍거는 앨 마셜 같은 훌륭한 파트너를 만난 것이 성공의 열쇠였다고 말한다. 멍거는 당시를 이렇게 회상했다. "여러 가지 큰 일이 있었습니다. 블루칩 스탬프스를 게린과 버핏과 함께 산 것도 그 가운데 하나였습니다. 나한테는 평생동안 훌륭한 파트너들이 있었습니다. 그들은 최고 중에 최고였습니다. 지금도 버핏은 매우 유명한 사람이지만 사람들은 그가 얼마나 훌륭한 동업자인지를 잘 모릅니다. 잭 휠러는 술을 좀 많이 마시긴 했지만 대단한 친구였어요. 앨 마셜은 멋진 친구였습니다. 열정적으로 프로젝트에 임했고 파트너로서 시즈캔디 매입에 큰 공헌을 했습니다. 나는 말만 번지르르한 사람과는 일한 적이 없습니다. 훌륭한 사람들하고만 일했습니다."

거의 20년 동안 함께 일하면서 앨 마셜은 찰리를 온갖 사교적인 곤경에서 구출해야 했다. 이따금 찰리가 열변을 토할 때면 워낙에 빠른 속도로 장황하게 말하기에 아무도 중간에 끼어들거나 화제를 바꾸지를 못한다. 어느 날 저녁 한 디너파티에서 주최자가 앨에게 오더니 다른 방에서 와인을 몇 잔 마신 찰리가 열변을 토하고 있는데 가서 좀 말려달라고 애걸했다. "도무지 말참견할 기미를 주지 않습니다. 찰리는 종교계가 천국을 묘사하는 데 있어서, 그러니까 자칭 천년의 오르가슴이라고 말하는 것을 설명하는 데 있어서 많은 어려움에 처해 있다며 한창 강의를 하고 있어요."

게다가 마셜이 사소한 곤경에 처하면 멍거는 불난 집에 부채질하는 취미도 있었다. 멍거와 마셜이 부부 동반으로 오아후 섬에 있는 낸시의 친정에서 함께 휴가를 보내고 있었을 때였다. 두 커플은 식료품 가게에서 물건을 사고 있었다. 앨과 그의 부인 마사가 정육코너에 나란히 서서 저녁에 쓸 스테이크를 고르고 있다가 마사가 다른 것을 보기 위해 딴 코너로 갔다. 앨은 그녀가 다른 데 간 줄도 모르고 옆 사람의 엉덩이를 움켜쥐었다. 앨은 그 사람이 자기 아내가 아니라는 사실에 깜짝 놀랐고 당한 여자는 격분했다. 정육코너 저편에 있던 멍거가 이렇게 외쳤다. "있잖아요. 저 사람은 여자만 보면 저런답니다." 찰리의 이 말 덕분에 그 여자의 분노는 더 커졌다.

때로 찰리는 짓궂긴 했지만 마셜은 수십 년 동안 그와 함께 일하면서 많은 것을 배웠다. "돈 버는 방법을 배웠죠." 마셜은 말했다. 그러나 덧붙여서 그는 다음의 사실도 덤으로 믿게 되었다. "열심히 그리고 정직하게 꾸준히 일하면 무엇이든지 이룰 수 있습니다."

멍거가 엄청난 변화와 확장, 발전의 시기를 겪는 동안 그의 가족은 가장이 어떤 일을 하는지 설명하느라 가끔씩은 곤란을 겪곤 했다. 몰리 멍거는 사교계에 첫발을 내디딘 필라델피아 명문가 출신의 친구 앨리스 발라드에게 아버지가 무슨 일을 하는지 설명하느라 애를 먹었다. 앨리스는 SAT의 언어영역에서 만점인 800점을 받았고 몰리처럼 하버드 로스쿨 출신이었다. 캘리포니아 출신의 몰리는 앨리스에게 잘 보이고 싶었지만 찰리는 별로 도움이 되지 않았다.

"기숙사 방을 같이 쓰던 제 대학 친구의 아버지는 유서 깊은 어느 필라델피아 법률회사의 파트너였죠. 그녀는 윌리엄 펜*의 후손이었어요. 아버지는 앨리스의 아버지인 프레드 발라드 씨에게 전화를 했는데, 그분은 나중에 '(멍거가) 자신이 하는 일을 얘기하는데 도대체 뭐하는 사람인지 종잡을 수가 없구나. 혹시 CIA에서 일하는 분인지도 모르겠구나'라고 말했다고 해요. 아버지가 자신에 대한 이런저런 얘기를 두서없이 했기 때문이죠. 그때 아버지는 증권거래소에서 보잘 것 없는 작은 사무실을 가지고 있었죠. 아버지는 그런 작은 사무실에서 무슨 일을 했던 걸까요? 게다가 막 출발한 법률회사에서 자동차용 화학제품을 만드는 K&W 같은 뜬금없는 회사를 매입했어요." 그렇지만 몰리의 부친에 대한 믿음은 한 번도 흔들리지 않았다. "제게는 상관없었어요. 굳이 표현하자면 이런 느낌이었죠. '너는 아버지를 모르고 있는 것일 뿐이야. 지금은 모르더라도 나중에는 잘 알게 될 거야. 아버지는 정말 멋진 분이잖아.'"

---

* William Penn: 1644-1718. 미국 초기 개척시대에 펜실베이니아 주를 세운 인물.

10
블루칩 스탬프스

나는 아버지를 매사에 부정적이라고 비난했습니다.
아버지에게는 낙천적이고 유쾌한 측면과 함께 부정적인 측면도 있었어요.
그랬더니 아버지는 이렇게 대답했습니다.
"아니, 아니야, 매사에 부정적인 건 아니야.
좋은 아이디어를 들으면 어린 송어처럼 펄쩍 뛰어오르는걸."
아버지는 한 손을 허공에서 휘휘 저으며 말했지요.
— 몰리 멍거

찰스 멍거 2세는 부친이 수학 문제를 논의하기 위해 자신을 찾았을 때 멍거의 재정에 무슨 일이 생겼다는 것을 알아차렸다. 물리학자가 되기 위해 공부를 하는 중이었던 찰스 2세는 수학 실력이 매우 높은 수준이었다. 멍거가 내준 연습 문제는 캘리포니아에 소재한 블루칩 스탬프스라는 회사에 대한 것으로, 이 회사는 트레이딩 스탬프 교환 의무에 대비해 몇 년 치의 준비금을 확보해두고 있었다. 보험회사가 앞으로 있을 손실을 충당하기 위해 보험금을 비축해두듯이 블루칩도 부동자금float 계정을 마련해두고 있었는데, 블루칩은 부동자금 계정에 비축된 준비금을 투자해서 높은 투자수익률을 올리고 있었다. 블루칩에는 매년 일정한 수준의 트레이딩 스탬프 상환 요청이 들어왔고, 이로 인해 부동자금이 꾸준히 감소하면서 결과적으로는 신규 트레이딩 스탬프 발행에서 거둔 수익금으로 차감분을 보충해야 했다.* 멍거는 여러 시나리오를 가정했을 때 블루칩의 투자 가능 자금, 다시 말해 부동자금이 얼마나 빨리 줄어들 것인지를 알고 싶어 했다.

블루칩 스탬프스는 이전에도 기사화된 적이 있었는데, 그 이유는 회사를 설립한 대형 소매상들처럼 영세 소매상들도 소유주로 참여하기를 원하면서 마찰이 빚어졌기 때문이었다. 당시 릭 게린은 잭 휠러에게 매수했던 회사에서 입은 손실을 이제 막 회복하고 있던 참이었다.

게린이 말했다. "3년 후 자본을 다 회수할 수는 있었지만, 아주 보잘 것 없는 액수였습니다. 찰리와 나는 투자 아이디어에 대해 많은 의견을 주고받았습니다. 본래 자금을 되찾았습니다만 보잘 것 없는 액수였습니다. 찰리와 나는 투자 아이디에 대해 많은 의견을 주고받았습니다. 찰리가 말하더군요. '신문에서 블루칩 스탬프스 기사를 읽었는데 한 가지 아이디어가 떠올랐어. 부동자금에 대해 누구보다도 잘 아는 친구 하나를 소개해주겠네.'"

워런 버핏을 처음 만난 게린은 멍거를 처음 만났을 때 그랬듯 지금 자신 앞에 있는 인물이 범상치 않은 사람임을 알 수 있었다. 릭은 자신의 판단과 마찬가지로 버핏이 블루칩 부동자금의 잠재 가치를 단박에 알아보자 기쁨을 감추지 못했다. 부동자금만 투자해도 회사는 높은 투자수익을 올릴 수 있었다. 버핏과 멍거, 게린은 조금씩 지분 비율을 높여갔는데, 버핏은 개인계좌와 버핏파트너십 계좌를 통해 양쪽으로 주식을 매입했다.

---

*미국의 트레이딩 스탬프는 고객에게 주는 우표처럼 작은 종이 쿠폰이다. 한국과는 달리 상점에서 발행하지 않고 트레이딩 스탬프 발행 회사가 따로 있다. 상점은 트레이딩 스탬프 발행 회사에서 스탬프를 사서 고객에게 지급한다. 스탬프는 낱개로는 가치가 없지만 고객이 일정 수를 모아서 스탬프 발행회사에 보내면 다른 상품과 교환할 수 있다.

블루칩 스탬프스의 초기 시절부터 지금까지 자세히 설명하기에는 다소 복잡한 측면이 있지만, 멍거와 버핏, 게린이 어떻게 막대한 부를 쌓았으며 버크셔 해서웨이가 어떻게 오늘날과 같은 회사가 될 수 있었는지를 이해하려면 이에 대한 부분을 짚고 넘어갈 필요가 있다. 블루칩은 시즈캔디, 버펄로 뉴스Buffalo News, 웨스코 파이낸셜을 인수하는 매개체였고, 이 세 회사는 후일 버크셔의 문화적, 재정적 토대를 마련하는 데 있어서 필수불가결한 부분이 되어주었다.

우선은 이 회사의 역사부터 살펴보자. 1950년대 및 60년대에 그린스탬프스Green Stamps, 블루앤드골드Blue and Gold, 블루칩 등이 발행한 트레이딩 스탬프는 일종의 마일리지 제도의 전신으로서, 상점들이 고객 인센티브의 일환으로 나눠주는 쿠폰이었다. 소매점은 블루칩에 돈을 예치하고서 스탬프를 교환해갔고, 스탬프 회사는 그 예치금을 관리하면서 상환 요청이 들어왔을 때에는 그 돈으로 상품을 구입했다. 상점 이용 고객은 구매 금액과 비례해서 받은 스탬프를 수첩 같은 곳에 모았다가 스탬프 회사에 보내면 유아용 장난감, 토스터기, 그릇, 손목시계 같은 상품으로 교환받을 수 있었다. 상품으로 교환할 수 있을 정도로 스탬프를 모으기까지는 상당한 시간이 걸렸고, 거기다 일부 고객은 서랍 안에 스탬프를 넣어두고는 보상을 받지 않았기에 부동자금은 계속 쌓였다. 1970년대 초반까지 블루칩의 매출액은 연간 약 1억 2천만 달러에 달했는데 이는 오늘날의 가치로 환산하면 약 4억 달러에 가깝다. 당시 부동자금 규모는 1억 달러였다.

트레이딩 스탬프는 주부들 사이에서 폭발적인 인기를 누렸고, 상점 주인들은 늘어난 매출과 이익으로 즐거운 비명을 질렀다. 초기 트레이딩 스탬프 회사 중 하나인 S&H 그린스탬프S&H Green Stamps의 규칙에 따르면 동일 지역에서 한 종류의 소매점(식료품점, 주유소, 또는 잡화점)만 S&H 스탬프를 제공할 수 있었다. 세브론 오일Chevron Oil, 스리프티 드럭스Thrifty Drugs, 그리고 몇몇 대형 캘리포니아 식료품점 체인을 비롯한 아홉 개 소매점은 경쟁우위를 갖춰야 한다는 판단 하에 1956년에 공동으로 자금을 출자해서 블루칩 스탬프 컴퍼니를 설립했다. 회사는 창립자금을 출자한 9개의 소매회사가 공동으로 관리했다. 다른 소매점 주인들도 이 회사의 스탬프를 사용할 수 있었지만 회사의 운영 방법이나 이익 배분에 대해서는 아무런 발언권이 없었다. 블루칩은 캘리포니아에서 가장 큰 트레이딩 스탬프 회사로 성장했고 결국 부당한 대우를 받고 있다고 느낀 소형 소매점 주인들은 회사를 상대로 소송을 제기하기에 이르렀다. 이들은 설립 소매상들이 소형 소매점들이 지분을 소유하지 못하게 막는 것은 반독점법 위반 행위라고 주장했다.

1963년 법무부는 블루칩스탬프와 창립주주인 9개사를 반독점법 위반으로 제소했다. 4년 여의 소송 끝에 1967년 화해 판결이 발효되었다. 판결은 회사의 완전한 소유 구조 변경을 명령했고 그 결과 창립주주들은 더 이상 완전한 지배권을 행사할 수 없었다. 그리고는 블루칩 스탬프 컴퍼니는 이름 뒤에 "에스(s)"를 붙여서 블루칩 스탬프스가 되었다.

법원 판결에 따라 이전에 주주가 아니었던 스탬프 사용 소형 상인들에게 블루칩은 보통주 약 62만 1,600주를 제공해야 할 의무가 있었다. 발행 주식의 양은 지정된 기간 동안 비주주 소매상이 고객들에게 제공한 스탬프 양에 비례해서 정해졌다. 현금 납입금 101달러에 대해 보통주 3주와 100달러짜리 채권증서가 제공되었다. 62만 1,600주 가운데 비주주 소매상이 구입하지 않은 부분은 공개시장에서 매도가 가능했다. 이 새로운 부분적인 주식공개는 블루칩 보통주의 55%에 달하는 양이었다. 기존 주주와 신규 주주에게 유동성을 제공하기 위해 블루칩 신주는 장외시장에서 거래되었다.

버핏은 "결국 수천 곳의 소형 소매상들이 블루칩 주식을 샀습니다"라고 말했는데, 그 주식을 전담하는 시장이 따로 만들어질 정도였다. "상당히 저가주였기 때문에 우리는 공격적으로 매입을 했습니다. 종국에는 찰리와 릭, 내가 블루칩의 지배주주가 되었습니다."

그들은 각자 별도로 주식을 매입했다. "나는 8만 달러부터 시작했죠." 게린이 말했다. 멍거는 게린과 거의 비슷한 금액을 투자했다.

"우리는 마침내 블루칩 스탬프스의 경영권을 획득하게 되었습니다. 우호적이고 점진적인 경영권 인수이긴 했지만 어쨌든 우리는 넘겨받았습니다." 멍거가 말했다.

1970년대 초반이 되자 버핏이 소유한 여러 기업체가 블루칩의 대주주가 되었고, 멍거는 2대 주주가 되었으며 그 다음이 게린이었다. 세 사람이 그간 사 모은 주식은 블루칩 이사회에서 자리를 확보하기에 충분한 비중이었다.

게린이 말했다. "블루칩 이사회를 구성하고 있는 '고지식한 노인들'은 신참 이사를, 특히 잘난 체하는 젊은이들을 새로운 이사로 받아들이려 하지 않았습니다. 제일 먼저 이사회 일원이 된 찰리가 저를 받아들이도록 이들을 설득했고, 마지막으로 워런이 입성했습니다."

이내 그들의 블루칩 주식 소유는 서로 얽히고설키게 되었다. 1971년 시점에서, 워런과 수전 버핏이 개인적으로 13%를 보유했고, 버핏이 36%의 지분을 보유하고 있는 버크셔 헤서웨이가 17%를, 그리고 버핏 일가가 42%의 지분을 가진 디버시파이드 리테일링이 블루칩 주식을 16% 보유하고 있었다. 여기에다 디버시파이드 리테일링은 버크셔 주식을 보유했고, 멍거의 파트너십이 디버시파이드 지분 10%와 블루칩 지분 8%를 보유하고 있었다. 게린의 파트너십도 블루칩 주식을 5% 보유하고 있었다. 결과적으로 블루칩 주식의 추가 매입이 행해지고 휠러 멍거가 청산되고 디버시파이드 리테일링이 버크셔에 합병되고 난 후에, 버크셔 해서웨이가 보유한 블루칩 주식은 총 60%에 달했다. 버크셔, 버핏, 멍거의 지분을 모두 합치면 블루칩 발행 주식의 거의 75%를 소유한 셈이었다.

트레이딩 스탬프는 몇 년 동안은 블루칩의 주요 사업이었다. 1970년에 블루칩 매출액은 사상 최고인 1억 2,400만 달러를 달성했지만, 곧이어 트레이딩 스탬프의 인기가 시들해지면서 1982년 매출은 900만 달러로 급전직하했다. 1990년대 말에 들어서자 매출은 연 20만 달러에 불과했으며 블루칩의 트레이딩 스탬프를 발급해주는 곳은 일부 볼링장뿐이었다.

버핏과 멍거는 이사회 일원이 되고 나서 투자위원회를 통제할 수 있게 되었고, 그 시기 동안 트레이딩 스탬프의 인기가 떨어지기 시작하자 투자위원회는 블루칩 부동자금의 가치를 구축하는 데 주력했다.

블루칩을 통해 버핏과 멍거가 인수한 투자 중에서 가장 큰 부분을 차지하는 것은 곤경에 처한 소스캐피털Source Capital이었는데, 이 회사는 정력적으로 사업활동을 펼친 것으로 유명한 경영자 프레드 카Fred Carr가 1968년에 설립한 폐쇄형 투자사였다. 카는 한동안은 사회적으로 높은 평판을 얻었으나, 1970년대 초반 시장 변동이 심해지면서 곧바로 평판을 잃었다. 카가 소스캐피털을 떠났을 때 이 펀드의 자산가치는 주당 18달러였지만 시장 거래가는 9달러에 불과했다. 카가 떠난 후 남아 있는 소스캐피털의 포트폴리오 매니저들이 멍거와 버핏에 비견될 만큼 상당한 재능과 마인드를 겸비했다는 사실을 제외한다면 이 투자사의 상황은 펀드 오브레터스와 매우 흡사했다. 블루칩은 소스캐피털의 지분 20%를 인수했고 이사회의 일원이 된 멍거는 주요 포트폴리오 매니저들과 좋은 관계를 유지했다. 소스캐피털은 독립적인 회사로 남았고 아직도 뉴욕증권거래소에 상장되어 있다. 멍거와 버핏은 그 후 소스캐피털에 자산운용 고객을 다수 소개해주었다.

버핏과 멍거의 인수는 대부분 원만하게 진행되었지만 원하는 기업을 모두 인수할 수 있었던 것은 아니었다. 1971년 블루칩은 신시내티 인콰이어러Cincinnati Enquirer를 매수하는 데 실패했다. 인콰이어러는 당시 평일 발행부수가 19만 부였고 일요일 발행부수는 30만 부였다. E. W. 스크립스컴퍼니E. W. Scripps Co.는 신시내티 지역에서 불법적인 독점을 자행한 대가로 미 법무부로부터 모든 신문사를 매각하라는 명령을 받았다. 블루칩은 스크립스와 계열사인 스크립스-하워드Scripps-Howard에 2,920만 달러의 인수가를 제시했지만 거절당했다. 인콰이어러는 현재 가넷컴퍼니Gannett Company가 소유하고 있다.

1980년에 블루칩은 5개 부문의 사업체를 소유하고 있었다. 이들은 트레이딩 스탬프 사업, 시즈캔디, 웨스코 파이낸셜, 버펄로 이브닝뉴스, 프리시전 스틸Precison Steel이었다.

이 와중에 블루칩의 웨스코 파이낸셜 인수와 관련해서 불미스런 사건이 발생했고, 이에 대한 SEC의 반응으로 인해 버핏과 멍거는 자신들의 사업 수행 방식을 재평가하지 않을 수 없게 되었다.

1972년 여름에 한 브로커가 버핏과 멍거에게 파사데나에 위치한 뮤추얼 세이빙스 앤드 론 어소시에이션Mutual Savings and Loan Association의 모회사인 웨스코 파이낸셜 주식에 대한 대량 매수를 제안한 것이 사건의 발단이었다. 당시 웨스코 주식은 장부가치의 절반도 안 되는 10달러 초반 수준에서 거래되고 있었다. 저렴한 가격이라고 생각한 버핏과 멍거는 블루칩을 통해 웨스코 주식 8%를 매수하기로 결정했다. 블루칩의 초기 시절이었지만 그래도 2백만 달러는 회사로서는 비교적 소규모 투자에 속하는 금액이었다.

이윽고 1973년 1월에 웨스코 경영진은 또 다른 저축대부 회사인 샌타바버라 소재의 파이낸셜 코퍼레이션Financial Corp.과의 합병을 발표했다. 버핏과 멍거는 웨스코 자체가 재고 처분 가격으로 팔려나가고 있다는 인상을 받았다. 계약 조건은 웨스코 주주들이 자신들의 저평가된 주식을 고평가된 파이낸셜 주식과 맞교환해야 한다는 것이었다. 멍거와 버핏이 볼 때 웨스코 측 주주에게는 유리한 계약 조건이 아니었다.

버핏은 이렇게 말했다. "조건들을 읽었지만 믿을 수가 없었습니다. 멍거에게도 계약 조건을 얘기했지만 그도 고개를 저었습니다. 하지만 다우존스 테이프에는 분명히 그렇게 적혀 있었습니다."

합병을 저지하기 위해 멍거는 웨스코 주식을 더 많이 확보하고 싶어 했던 반면에 버핏의 생각은 달랐다. 찰리의 의견에 따라 이후 6주 동안 블루칩은 웨스코 주식을 계속 대량 매집해서 총 17%의 지분을 확보하게 되었다. 규제 당국의 승인 없이 20% 이상 매수하는 것은 불가능했고 승인을 받더라도 오랜 시간이 걸리는 일이었다.

멍거는 합병에 불만을 가진 다수의 주주가 존재하는 상황에 대해 웨스코 회장인 루이스 R. 빈센티Louis R. Vincenti의 생각은 어떤지를 물어보았다. 빈센티는 블루칩이 합병을 저지하고 싶다면 그리고 다른 주주들을 그쪽으로 끌어들이고 싶다면 그것은 블루칩의 자유의사이지만 그 결과는 자신이 아니라 주주들이 결정할 것이라고 감정의 동요 없이 객관적인 견해를 피력했다. 이것은 멍거가 평소 선호하는 직설적인 방식의 화법이었다. 그의 마음속에서는 곧 빈센트에 대한 존경심이 싹텄고, 버핏 역시 그랬다.

합병을 거부하는 주주들을 위해 멍거와 버핏은 나파밸리에 포도농장을 소유한 샌프란시스코의 상속녀인 엘리자베스 피터스와 그녀의 동생들을 같은 편으로 끌어들여야 했다. 피터스의 부친이 저축대부회사를 설립해서 1950년대에 회사를 상장했고, 피터스 일가가 여전히 상당 주식을 소유하고 있었다. 엘리자베스 피터스는 파이낸셜과의 합병을 통해 웨스코의 주식이 약세에서 강세로 돌아서기를 희망하고 있었다. 블루칩의 회장 도널드 코펠이 엘리자베스 피터스를 설득하려고 했지만 실패하자 버핏이 나섰다.

"제가 곧장 비행기를 타고 그녀를 만난 다음 당일에 돌아왔습니다. 샌프란시스코 공항의 아메리칸에어라인의 라운지에서 얘기를 나눴죠." 버핏이 말했다.

피터스가 저축대부회사의 실적 향상을 위해 모종의 조치를 취해야 한다고 주장하자 버핏은 자기가 직접 해보고 싶다고 말했다. 그녀는 버핏의 자신감에 감동하면서도 버크셔가 성장하는 과정에서 계속 불거져나올 것이 분명한 질문 하나를 던졌다.

"버핏 씨, 제가 댁의 말을 믿는다고 쳐요. 교차로에서 당신이 트럭에 치이면 어떡하죠? 그럼 누가 웨스코를 구해줄 건가요?" 버핏은 찰리 멍거가 대기하고 있으니 걱정 말라고 그녀를 안심시켰다.[1]

워런은 피터스를 설득해서 합병에 반대표를 던지고 그녀 집안의 웨스코 주식도 마찬가지로 반대표를 던져 달라고 설득하는 한편, 멍거가 합류할 테니 웨스코 이사회 일원으로 계속 남아 달라고 부탁했다. 결국 버핏의 말대로 하기를 잘한 셈이었다. 파이낸셜은 파산했고 웨스코는 버핏과 멍거가 승선한 후부터 날로 번창했기 때문이다.

합병을 무산시킨 후에 멍거와 버핏이 합법적으로 추가로 보유할 수 있는 웨스코 주식은 3%밖에 남지 않았고 그들은 그렇게 했다. 합병이 취소되기 직전까지 그들은 주당 17달러를 지불했었다. 웨스코 주식이 단기적으로는 하락할 것임은 잘 알고 있었다. 그럼에도 그들이 1주당 17달러를 제시한 이유는 합병을 가로막은 것이 자신들이니 그렇게 하는 것이 공평한 처사라고 생각했기 때문이었다. 멍거가 말했다. "우린 돈키호테처럼 기사도 정신을 발휘하기로 결정했죠."[2]

시간이 흐르고 규제도 완화되자 공개매수를 단행한 블루칩은 이내 웨스코 보유지분을 24.9%로 끌어올릴 수 있었다. 1974년 중반 무렵이 되자 블루칩은 웨스코 주식 대부분을 소유하게 되었다. 멍거와 버핏은 웨스코 주식을 더 매수할 수도 있었지만 중요 소액주주로 남아 있는 피터스의 요청을 받아들여 80%에서 매수를 중단했다.[3] 버핏은 웨스코의 배당정책은 피터스에게 일임하고 있는데 그녀는 배당금을 조금씩 늘리고 있다.

하지만 모종의 이유에서 이 거래와 관련해서 버핏과 멍거의 활동을 계속 추적하고 있었던 SEC는 웨스코 거래에 대해 몇 가지 의문을 품게 되었다.

"내 생각에는 파이낸셜 코퍼레이션과의 합병이 성사되기를 기대했던 누군가가 SEC에 불만을 제기했던 것 같습니다." 멍거가 말했다. 어쨌든 블루칩의 뒤엉킨 소유구조가 의심스럽게 보일 수도 있다는 점은 멍거도 시인했다.

"SEC에서 조사를 시작했을 때 엇갈린 소유구조가 나타났습니다. 어떻게 하다 보니까 우연히 일어난 일이었죠. 하지만 소유구조가 너무 복잡했고 실제로 많은 사람들이 금융사기를 은폐하기 위해 그런 복잡한 소유

구조를 만들어내기 때문에, SEC는 심층조사를 거듭한 끝에 초점을 한곳에 맞췄습니다. 바로 우리가 웨스코를 매입한 방식이었습니다. 사실 누군가 굉장히 복잡하게 일을 진행한다면 다른 사람들은 그 사람이 무언가 나쁜 짓을 하고 있다고 생각하죠."

실제로도 버핏이나 멍거, 그리고 어느 정도는 게린 역시 각자 소유한 주식은 놀랄 만큼 복잡하게 얼기설기 뒤엉켜 있었다. 세 사람은 그때그때 논리적이고 적절해 보이는 기업들의 주식을 인수하는 식으로 투자를 늘려왔던 것이다. 그러나 SEC는 그들이 대단히 무질서하게 주식을 늘려왔으며 법률적으로도 문제의 소지가 있다고 여겼다.

SEC는 블루칩이 불법적인 방법을 동원해서 웨스코 주가를 조작했는지의 여부에 관심을 모았다. SEC는 멍거와 버핏이 필요 이상으로 높은 가격에 주식을 매입했고, 이런 행동은 일종의 선의라기보다는 주식 선점을 위한 동기로 의심된다는 결론을 내렸다. 버핏은 질의에 대한 대답으로 세 박스 분량의 문서, 메모, 주식양도증서 등을 워싱턴으로 보냈다. 버핏이 침착하게 대응한 반면 멍거는 좌불안석이었다.

SEC 조사는 하는 일마다 블루칩을 사사건건 가로막는 걸림돌이 되었고, 멍거는 1974년 가을에 변호사인 척 리커스하우저에게 보낸 편지에서 이렇게 썼다. "앞서 적은 대로 한다면 SEC의 모든 담당자들이 만족할 거라 생각하네. 그래도 안 된다면 나한테 직접 전화를 걸어서 가능한 빨리 내게 답변을 알려주기 바라네. 그래야 문제를 해결하고 합병을 완료할 수 있을 테니까."[4)

SEC는 대신 버핏의 투자 행위에 대한 전면적인 조사에 착수했다. 블루칩 스탬프스, 버크셔 해서웨이, 워런 버핏에 관한 SEC 사건번호 HQ-784*에는 이렇게 적혀 있다. "블루칩, 버크셔, 버핏은 단독으로 또는 타인과 공모하여…… 사기를 치기 위해 직간접적으로 일체의 계략을 부리거나 사실을 왜곡 또는 누락시킨 행위에 가담했을 가능성이 있다……."[5]

한편 워싱턴 DC에서는 멍거의 전 법률 파트너인 로드 힐스가 SEC 의장 자리를 제안 받았다는 소문이 파다했다. 버핏의 대변인인 리커스하우저는 힐스에게 전화를 걸어 그 제의를 거절해달라고 부탁했다. 그는 만일 힐스가 그 자리를 맡을 경우 SEC가 정실주의를 타파한다는 명목으로 블루칩 사건을 더 혹독하게 처리할지도 모른다고 주장했다. 일설에 의하면 멍거가 힐스에게 여러 차례 전화를 걸어 친구들 편에 서지 않는다고 질타했다고 하지만 힐스는 그 사안에 대해 멍거가 전화한 적은 없다고 일축했다. 두 사람은 당시에도 그 후에도 이 문제를 거론하지 않았다. 아무튼 힐스는 리커스하우저의 요청이 온당하지 못하다고 물리치고 그 직책을 맡았다.

SEC는 웨스코 조사를 멈추지 않았다. 조사 범위를 소스캐피털까지 확대했고, 자신들의 재무 관계가 너무 복잡해서 SEC에 설명하기가 도저히 불가능하다는 사실을 깨달은 버핏과 멍거는 소유구조를 개편해서 문제를 간소화하기로 결정했다. 찰리는 이때 휠러 멍거를 정리하고서 블루칩 회장에 취임한 상태였는데 연봉은 5만 달러였다. 버핏도 자신의 파트너십을 정리하고 모든 관심을 버크셔 해서웨이에 집중했다.

1975년 멍거는 블루칩 사건에 대해 SEC 앞에서 최선을 다해 증언을 했다. 그는 자신과 버핏이 파이낸셜 코퍼레이션 합병이 무산된 후에 필요 이상의 높은 주가를 제의한 것은 공정을 기하기 위해서였다고 설명했

＊In the Matter of Blue Chip Stamps, Berkshire Hathaway Inc., Warren Buffet[sic], HQ-784: SEC 사건 번호에서는 버핏의 이름을 Buffett이 아니라 Buffet으로 잘못 표기하고 있으나 원서에서는 사건번호에 기술된 그대로 옮긴다는 뜻으로 [sic]라는 라틴어를 병기하고 있다.

다. SEC는 기업 투자자의 임무는 주주를 위해 이익을 남기는 것이지 주식 거래 시 익명의 매도인에게 호의를 베풀어주는 것은 아니라고 반박했다. 멍거는 자신과 버핏이 공정하게 행동하면 블루칩의 평판이 올라가서 결과적으로는 주주들에게 그 혜택이 돌아가게 되기를 희망했다고 설명했으나 별 효과는 없었다. 두 사람은 루 빈센티가 계속 남아서 회사를 경영해주기를 바라는 마음에 그에게 깊은 인상을 남기고 싶었으며, 실제로도 그는 그렇게 했다고 강하게 피력했다. 하지만 두 사람의 설명에도 SEC의 반응은 시큰둥했다.

관례에 따라 SEC는 블루칩에 대한 제소와 합의를 동시에 진행했는데, 혐의는 블루칩이 웨스코를 투자 목적이 아니라 합병 저지를 위해 매수했다는 것이었다. 또한 SEC는 블루칩이 합병이 무산되고 몇 주 후에 웨스코 주가를 인위적으로 올렸다고 단정지었다. 혐의에 대한 시인도 부인도 하지 않고 버핏과 멍거는 똑같은 실수를 두 번 다시 하지 않기로 동의했다. 이번 행위로 손해를 입었다고 SEC가 판단한 웨스코 주주들에게 블루칩은 11만 5,000달러가 넘는 금액을 보상해주어야 했다.

스트레스가 심했던 시기였지만 그 결과 버크셔 해서웨이는 더 크고 더 단순한 구조의 회사로 탈바꿈했다. 이후 이어진 구조조정에서 블루칩은 소스캐피털 지분을 매각했는데 이때 이 주식은 두 배 이상 가치가 올라 있었다. 조세 목적을 위해 웨스코를 블루칩 스탬프스와 합쳤고 이로써 소유지분은 80%가 되었다. 디버시파이드 리테일링과 블루칩이 둘 다 버크셔로 합병되면서 마침내 멍거는 버크셔에서 공식적인 자리를 얻게 되었다. 멍거는 버크셔 주식 2%를 받으면서 부회장에 취임했고 연봉은 종전대로 5만 달러였다.

이와 같은 법적인 개편 작업에 참여했던 밥 데넘은 단일 기업으로 회사 조직이 개편된 이후 이해관계의 충돌이 거의 모두 사라졌다고 말한다. 합병하기 전에는 블루칩과 버크셔의 주주가 서로 달랐기 때문에, 진짜로 괜찮은 투자 기회가 다가와도 거기에 자본을 할당하는 과정에서 어느 한쪽 주주들의 희생이 불가피했다. 이제는 그런 일이 일어날 가능성이 없었다.

합병하기 전까지 블루칩 주주들은 연차보고서와 함께 멍거가 적은 메시지를 같이 받았다. 합병 이후에는 버핏과 멍거가 함께 주주들에게 편지를 썼다. "합쳐진 기업을 운영하는 것이 아무래도 좀더 간단한 일 같습니다. 일부 비용도 절감할 수 있고 말입니다. 또한 단순함은 우리가 하는 일을 더 잘 이해하게 해주기 때문에 실적 향상을 불러오는 수단이 되어주기도 합니다."[6]

버크셔와 블루칩이 합병했을 무렵 버크셔는 블루칩 주식의 60%를 보유하고 있었다. 1983년 7월 28일에 버크셔는 나머지 40%의 주식을 인수했다. 블루칩 주식 한 주를 버크셔 주식 0.077주로 교환했다.[7]

합병된 회사들의 자산을 모두 합치면 16억 달러에 달했다. 주주들은 새로운 기업 구조 승인 문제로 오마하의 레드라이언 여관Red Lion Inn에서 모임을 가졌다. 워런과 수전 버핏의 보유 주식만으로도 독단으로 합병을 집행하기에 충분했지만, 그들은 나머지 주주들 대다수가 찬성할 때에만 합병을 추진하겠다고 밝혔다.[8]

그로부터 수년 후 멍거는 그 합병이 결국 옳은 일이었다고 말했다. "이제 복잡성이 훨씬 줄어들었습니다. 그때 이후로 우리는 가장 단순한 기업 구조를 유지하고 있습니다. 위에서 보면 하나의 큰 회사인 버크셔 해서웨이가 있습니다. 하지만 아래에서 볼 때에는 아직도 다소 복잡합니다. 우리가 보유한 회사들을 살펴보면, 어떤 회사는 100%, 어떤 회사는

80%, 어떤 회사는 과반수의 주식을 보유하고 있으니까요."

버크셔의 성장을 돌아보면서 찰리는 4,000만 달러도 안 되는 자본을 수십억 달러로 불리는 과정에서 중요한 사업 결정을 내려야 했던 순간이 3년에 채 한 번도 되지 않았다는 사실을 자못 신기하게 생각한다. "이와 같은 기록은 남다른 투자 마인드의 장점을 잘 보여준다고 생각합니다. 즉, 자신의 이익을 위해서 행동하는 것이 아니라 극도의 인내심과 극도의 결단력을 결합하는 그런 마인드 말입니다."

멍거의 의붓아들 할 보스윅은 찰리가 블루칩에 닥친 여러 문제들을 해결하는 데 큰 도움이 되었다고 말한다. "찰리는 젊은 시절 무척이나 힘든 결정을 내려야 하는 순간을 여러 번 경험했습니다. 그 사람들은 아직도 담배꽁초 투자자였습니다. 아시다시피 그들은 염가에 거래되는 투자 자산을 노리고 있었죠. 그런데 그런 문제를 해결하도록 찰리가 도와준 셈이었습니다."

"우리는 1970년대를 트레이딩 스탬프라는 하나의 사업으로 시작했습니다. 이 사업은 조만간 내리막을 걸어 과거보다 아주 위축될 운명이었고, 스탬프에 대한 보상 금액을 상쇄하기 위해 전 소유자들이 마련한 증권 포트폴리오를 지금까지 보유하고 있었다면 아주 비참한 결과를 맞이했을 것입니다." 멍거는 1981년 주주들에게 보내는 편지에서 그렇게 썼다.

블루칩의 본래 사업에 대해서는 이렇게 말했다. "트레이딩 스탬프 판매고가 1억 2천만 달러에서 10만 달러 이하로 떨어질 때까지 제가 회사를 관리했습니다. 그러니까 제 관리는 99.99%의 실패율을 보인 셈이었던 거죠. 하지만 회사는 다른 곳에 자본을 투자한 덕분에 훌륭한 실적을 거두었습니다. 그러나 트레이딩 스탬프 사업이라는 관점에서 본다면 저는 회사를 망하게 한 셈입니다. 그건 다른 사람들도 마찬가지였습니다. 이제 미국에는 대형 트레이딩 스탬프 회사는 하나도 남아 있지 않습니다."[9]

"하지만 우리는 트레이딩 스탬프 사업이 대성공을 거두리라고는 절대 생각하지 않았고, 아시다시피 이 업종은 무너지고 말았습니다. 그동안 우리는 부동자금과 기타 자본을 이용해서 시즈캔디, 버펄로 뉴스, 웨스코, 그리고 그 밖의 여러 유가증권에서 성공적인 투자를 이뤘습니다. 투자금은 복리로 미친 듯이 불어났습니다." 멍거가 말했다.

1972년 블루칩 대차대조표의 순자산은 4,600만 달러였다. 1981년 말 순자산의 가치는 1억 6,900만 달러로 10년 동안 267%나 상승해 있었다. 10년 동안 주주들이 거둔 투자수익률은 연 15%에 달했다.

멍거는 그 후로도 수익률이 더욱 늘어났다고 한다. 만약 블루칩이 별도의 회사였다면 오늘날 막강한 회사가 되었을 것이다. 과거 블루칩의 자회사였던 회사들의 현재 세전이익은 1억 5,000만 달러에 이른다. 더욱이 웨스코는 20억 달러 이상의 유가증권을 보유하고 있으며 지금까지 블루칩이 독립 회사로 운영되었다면 그보다 훨씬 많은 유가증권을 보유하고 있을지도 모른다.

비록 버크셔 해서웨이의 서류함 깊숙이 묻혀 있긴 하지만 블루칩은 과거의 스탬프 사업을 그대로 유지하고 있다. 부엌서랍 안쪽 깊숙이 또는 죽은 어머니의 가방에서 블루칩 스탬프를 발견한다면 아직도 보상을 받을 수 있다.

버핏의 설명을 들어보자. "트레이딩 스탬프 회사들은 대부분 흔적도 없이 사라졌죠. 블루칩은 미미하지만 아직도 스탬프 사업을 유지하고 있습니다. 1961년과 62년에 발행된 스탬프를 아직도 보상해줍니다. 어떤 스탬프는 번호를 보니까 30년도 더 전에 발행된 것이었습니다. 우리는 이 작은 스탬프 보상 회사를 아직도 유지하고 있습니다. 카탈로그를 보면 탐나는 상품들이 즐비하죠. 25년 전과 같은 가치의 상품을 제공하고 있습니다."

그와 멍거는 아직 보상을 받지 않은 상당수의 스탬프가 출현할 것이라고 여겨지는 한 블루칩의 스탬프 상환 사무실을 계속 열어두기로 결정했다. 거기에는 블루칩 지분을 확보하기 위해 싸움을 벌였던 소규모 상인들에게 버크셔 해서웨이가 커다란 투자 대상이었다는 이유도 한몫 했다.

멍거가 설명했다. "워런과 내가 주식을 사기 몇 해 전에 블루칩 스탬프스는 소형 상인들이 창립주주들을 상대로 제기했던 반독점 사건의 합의금으로 주유소 사업자들에게 소량의 블루칩 주식을 우편으로 발송했습니다. 내 아내는 단골로 다니는 자동차 정비소의 주인에게 그 얘기를 해주었습니다. 그랬더니 다음 날 아내가 차에서 내리자마자 고맙다고 난리를 피웠다고 하더군요. 어쩌면 그 때문에라도 우리는 망해가는 또 다른 사업체를 인수해야 할지도 모르겠습니다."[10]

SEC의 분노는 마침내 가라앉았지만 블루칩과 관련한 문제가 완전히 해결된 것은 아니었다. 남은 문제는 1970년대에 발행된 주식을 가진 주유소와 소형 사업주들과 관련이 있었다. 20년 정도 지난 후에 몇몇 주주들이 자신들이 보유한 주식에 대한 중대한 사건을 놓쳤다는 사실을 깨달았던 것이다.

이 주주들은 자신들의 주식이 명의개서 대리인transfer agent 기록에서 누락되었기 때문에 본인이 버크셔 주식의 주주가 되었다는 사실을 모르고 있었다고 주장했다. 해당 주의 법에 따르면 그런 주식은 일정 기간이 지난 후에는 주에 귀속되거나 권리가 넘어가게 되어 있기 때문에 버크셔의 명의개서 대리인이 그렇게 처리했던 것이다. 어떤 경우에는 주 정부가 주식을 계속 보유하고 있어서 보유 기간 동안 거의 100배 정도 오른 사례도 있었다. 또 다른 경우에는 주에서 버크셔 주식을 매도한 후 그 돈을 원래의 블루칩 주주 이름으로 보관하고 있는 사례도 있었다.

1993년 캘리포니아는 주정부가 미청구 재산unclaimed property으로 보유하고 있는 주식을 매각해서 귀속 비용을 절감할 수 있게 하는 법안을 통과시켰다. 그런 다음 주정부는 추후 나타날 청구인에 대비해 그 자금을 일련의 번호를 매긴 신탁 계정에 예치했다. 1995년 11월, 캘리포니아 주정부는 모든 버크셔 주식을 주당 3만 1,177.77달러에 매각했다. (현상금 사냥꾼의 도움으로) 무슨 일이 일어났는지 알게 된 이 블루칩 주주들이 소송을 제기했을 때 버크셔 주가는 주당 3만 7,950달러였다.[11]

뉴욕과 샌디에고에 소재한, 주주 집단소송을 전문으로 하는 밀버그 웨이스 버셔드 하인즈 앤드 리러치Milberg, Weiss, Bershad, Hynes & Lerach라는 유명 법률회사는 버크셔를 상대로 소송을 제기했다. 버크셔가 400명의 초기 블루칩 주주들에게 그들이 이제 버크셔 주주가 되었다는 사실을 고지하려는 노력을 하지 않았다는 것이 소송 제기 이유였다. 법률회사는 주 정부가 주식을 매도한 후 주주들이 놓친 가치 증가분에 대해서 보상이 이뤄져야 한다고 주장했다.

"문제는 그 사람들이 저한테 쪽지라도 보내서 알려주었어야 했다는 겁니다." 원고 중 한 사람인 61세의 존 E. 드윗이 말했다. 그는 캘리포니아 주의 사우스 엘몬티에서 주유소를 운영하는 사람이었다. "우리 주유소는 1972년부터 그 자리에 그대로 있었습니다."[12]

비록 피고 명단에는 오르지 않았지만 멍거와 워런 버핏, 그의 부인인 수전 버핏도 소장에 이름이 기재돼 있었다.

버핏은 "이 소상인들이 기만당했다는 말은 전혀 사실이 아닙니다"라고 말하면서, 어떤 경우는 주주들이 전달 받은 우편을 완전히 무시했다고 주장했다. "그들은 가난한 사람들이 아닙니다. 그들이 화를 내는 이유는 주 정부가 버크셔 주식을 팔아버렸기 때문입니다. 우리는 버크셔 주주들을 1930년대부터 알아왔습니다. 지금 그들은 백만장자가 되어 있지요."

법원은 소멸시효가 지났다는 이유로 주주들의 소송을 기각했다. 소송이 그대로 진행되었다 해도 버크셔는 아무런 책임이 없었을 것이다. 일부 주식은 버크셔가 블루칩을 매입하기 훨씬 전에 "분실 상태"였기 때문에, 어쨌든 간에 미청구 주식에 대해 합당한 처리 절차가 이루어진 셈이었다.[13]

멍거가 말했다. "'실종' 상태인 주주들은, 그러니까 회사의 명의개서 대리인과 연락이 닿지 않는 주주들은 언제든 튀어나올 겁니다. 이것은 피할 수 없는 일입니다. 상거래가 발달한 선진국들이 너나없이 귀속법을 마련하고 있는 것도 이런 이유에서입니다. 그리고 버크셔는 명의개서 대리인이 실종된 주주들을 찾아내도록 다른 여느 기업보다 더 큰 노력을 기울이고 있습니다."

앞서 암시한 바와 같이 버핏과 멍거, 웨스코의 CEO 빈센티와의 관계는 버핏과 멍거가 기대했던 대로 풀렸다. 파사데나 최고의 기업변호사 중 하나인 빈센티는 최고 의뢰인의 CEO가 되었던 것이다. 빈센티에 대해 멍거는 이렇게 설명했다. "그는 현명하고 원칙을 지키며 결단력이 있고 검소한 사람이었습니다. 오랜 세월 동안 CEO로 재직하면서 자신의 기업을 사랑했죠. 후에 그는 알츠하이머병에 걸렸습니다. 그래도 우리는 그가 대단히 마음에 들었기 때문에 더 이상 CEO로서의 직분을 수행할 수 없는 지경이 될 때까지 계속 그 자리에 있을 수 있도록 조처했습니다. 베티 피터스도 이 기이한 결정에 흔쾌히 동의했지요."

블루칩에서 버크셔 주식을 물려받은 주주들 중에는 전설적인 투자자 필립 캐릿Philip L. Carret도 포함돼 있었다. 1968년부터 블루칩 주식을 소유해왔던 캐릿은 이 주식을 주당 약 400달러를 치르고 버크셔 주식으로 전환했다. 카렛은 78년간이나 투자 포트폴리오 관리에 몸담은 사람이었다. 그가 설립한 최초이자 가장 성공한 뮤추얼 펀드 가운데 하나인 파이어니어펀드Pioneer Fund는 1928~83년까지 온갖 경제 풍파를 거치며 살아남았다. 그 기간 동안 S&P 500의 연간 수익률이 9%였던 것에 반해, 파이어니어 펀드의 연간 수익률은 13%나 되었다.

1896년생인 필립 캐릿은 1998년 5월 28일, 101세를 일기로 눈을 감았다. 죽기 한 해 전에 그는 오마하에서 열린 버크셔 해서웨이 연차총회에 참석했다. 당시 그는 휠체어에 앉아 있어야 했지만 다른 주주들과 그날 하루 많은 대화를 나누었다. 캐릿은 임종 2주 전까지 일을 했고 눈을 감을 때까지 명석한 두뇌의 소유자였다.

블루칩 매수를 시작하면서 이 회사가 버크셔에 합병될 때까지, 버핏과 멍거는 자신들의 파트너십 관계를 느리지만 착실하게 다져나갔다. 두 사람 사이에는 업무에 대한 서면계약 같은 것은 존재하지도 않았다. 대신 멍거와 버핏은 신뢰를 바탕으로 함께 일을 추진해나갔다.

웬디 멍거가 말했다. "아버지의 사업 활동은 변호사로 일하고 있는 우리들에게 신뢰할 수 없는 사람과는 같이 사업을 해서는 안 된다는 교훈을 가르쳐줍니다. 신뢰가 없다면 모든 경제학 법칙도 아무 소용이 없지요. 사람들 대부분은 경제학에 대해서만 생각하면서, 신뢰할 수 없는 사람과 거래를 할지라도 계약서만 있으면 구원받을 수 있다고들 생각합니다. 인품이 훌륭한 사람들하고만 사업을 해야 합니다. 그것이 아버지가 사업을 할 때 지키는 가장 중요한 원칙이죠."

찰리는 다음과 같이 되풀이해서 설명한다. "절대로 돼지랑 씨름을 벌여서는 안 됩니다. 둘 다 진흙탕 속에서 뒹굴게 될지라도 돼지는 그렇게 되는 것을 아주 좋아하기 때문입니다."

11
시즈캔디에서 얻은 교훈

일반적으로 말해서 나는 공장의 실적 개선에 기여하지 않은 사람이나
더 나은 시스템을 만들어내지 않은 사람들 따위에게 후한 보상을 주는 사회체계를
좋아하지 않습니다. 물론 이런 나를 두고 누워서 침 뱉는 격이라고 비난해도 좋습니다.
내가 말할 수 있는 것은, 그런 행동은 거의 의도적인 것이라는 거죠.
— 찰리 멍거

멍거 가족들은 스타아일랜드 휴양지에 새로 생긴 "대연회장"에서 처음
으로 만찬을 즐기고 있었다. 장성한 아이들이 머리를 맞대고 가족이 모
일 수 있는 용도로 그 장소를 설계했고, 그들의 아버지가 공사 자금을 댔
다. 자식들이 결혼을 하고 아이를 낳으면서 멍거 일가가 점점 늘어남에
따라 모든 가족이 함께 모여 식사를 하거나 게임을 하거나 아니면 벽난
로 주변에 모여 앉을 수 있는 장소를 찾기가 어려워졌다. 이 별장이 바로
그런 역할을 할 것이다. 대들보가 노출된 천정이 거대한 자연석 벽난로
위로 솟구친다. 대연회장 한쪽에 놓인 당구대 주변은 이미 십대들이 에
워싸고 있다. 성인들을 위해서는 두 개의 긴 연회용 탁자가, 어린아이들
용으로는 작은 식탁이 하나 있다. 거의 매일 저녁에 일어나는 일이지만
십대 아이들은 어딘가 다른 곳에서 식사를 함께하기로 결정하고는 선창

가 끝에 소풍 탁자를 차려 놓고 자신들만의 파티를 준비했다. 호수 주변은 시원하고 벌레도 딴 곳보다 적고 무엇보다도 감시하는 부모들이 없어서 그들만의 천국이다.

한편 별장 안에서는 새로운 장소가 생긴 것에 대한 축배가 오고간다. 목조로 지어진 이 커다란 대연회장과 작은 부엌, 그리고 작은 식당 겸 작업실을 짓는 데 협조한 사람들에게 팩스로 전화로 그리고 이메일로 감사인사를 보내느라 분주하다. 다양한 그릴 요리, 크림을 넣은 옥수수, 리소토, 샐러드가 뷔페식으로 차려져 있다. 후식은 아이스크림이다. 참석한 사람 대부분은 벌레 때문에 와인 잔을 높이 들고 있었지만 그렇지 않은 사람들은 날벌레들이 입안으로 몰려든다. 하지만 전혀 신경 쓰지 않는다. 모두가 잡담을 나누며 즐거운 시간을 보내고 있다.

아버지 곁에 앉아 있는 몰리 멍거가 그를 돌아보며 온가족이 모일 수 있는 공간과 특히 이 멋진 대연회장을 짓는 데 돈을 대준 것에 대해 고맙다고 말한다. 찰리는 앞만 쳐다볼 뿐 딸의 말에는 눈도 깜짝하지 않는다.

"아빠, 제 얘기 들으셨어요?" 몰리가 조용히 되묻는다. "들었어." 그는 계속 앞만 쳐다본 채로 중얼거린다.

별안간 한 아이가 시즈캔디 초콜릿 박스를 들고 나타난다. 가족들이 도착하기 전에 공장에서 시즈캔디 한 상자를 보냈었다. 손님들은 다가오더니 각자 자신이 좋아하는 크림이나 캐러멜이 든 것을 고르거나 아니면 안에 무엇이 들어 있는지 손가락으로 눌러본다. 멍거 가족과 손님들은 예절이 바른 사람들이지만 일부는 유혹을 참기가 어려워 보인다. 식탁 건너편에 있는 낸시 멍거가 남편에게 말을 건다. "여보." 그녀가 소리친다. "여보! 저이는 제 말은 들은 척도 안 한다니까요." 낸시가 곁에 있는 사람에게 불평을 늘어놓는다. "여보, 여보." 그녀는 더 크게 소리친다.

"파이프 얘기 좀 해봐요." 마침내 찰리의 주의를 끄는 데 성공한다. "시즈 캔디 공장에 있는 파이프 얘기 있잖아요."

이제 완전히 현실로 돌아온 찰리는 시즈캔디의 한 신입 사원이 캔디 만들기 체험을 하고 나서 초콜릿 만드는 주방을 살펴보면서 일어났던 일을 이야기한다. "한참이나 주방을 살펴보다가 궁금증이 생긴 신입사원이 관리자에게 수도관이 어디에 있느냐고 물었지. 그의 눈에 보인 관은 두 개밖에 없었거든. 하나는 '크림'이라고 적힌 파이프고 다른 하나는 '생크림'이라고 적힌 파이프였지. 이 친구는 시즈캔디가 초콜릿이나 사탕을 만들 때에는 물이 전혀 사용되지 않기 때문에 수도관이 없다는 사실을 알고 깜짝 놀랐지."

로스앤젤레스에서 시즈캔디 탄생 75주년 기념 오찬이 열렸을 때 참석자들은 예정에 없는 방문객으로 깜짝 놀랐다. 하얀색 점프슈트에 고글, 구식 가죽 헬멧 차림의 한 남자가 시즈캔디의 1920년대 트레이드마크였던, 복원한 흑백의 할리 데이비슨 모터사이클을 배달용 사이드카가 딸린 채로 몰면서 무대 위에 등장했던 것이다. 그 남자는 모터사이클에서 껑충 뛰어내리면서 모자를 휙 집어던지고는 입고 있던 점프슈트를 찢었다. 이와 동시에 한 사람이 사이드카에서 내렸다. 웃음을 감추지 못하는 청중들 앞에 선 모터사이클 운전사는 워런 버핏이었고, 사이드카에서 내린 사람은 찰리 멍거였다.

"오늘 이렇게 하고 나오는데 무척 재밌더군요." 기념오찬에 참석한 직원, 공급업자, 그리고 고객들 앞에서 멍거가 입을 열었다. "덕분에 잠깐이나마 제가 기운이 팔팔한 사람처럼 보였습니다. 사람을 용수철처럼 감아서 좁은 공간에 집어넣으면 아마 어린아이처럼 퐁 하고 튀어나갈 테죠. 저 사이드카의 좁은 공간에 있는 동안 저는 제가 좋아하는 사업적 비유를 생각했습니다. '덫에서 꺼내주게나. 이젠 치즈가 필요 없네' 라고 말하는 쥐의 얘기였죠. 우리가 사는 세상에는 비즈니스의 덫이 수백만 가지나 있습니다. 그 덫에 걸린다면 늪에 빠져 허우적대거나 알코올 중독자가 되거나 과대망상증에 사로잡히거나 자신의 한계가 무엇인지 모르는 지경에 이를 수 있습니다. 일을 망치는 방법에는 수백만 가지가 있습니다. 제가 존경하는 71세의 부인이 설립한 이 회사를 오래도록 성공적으로 이끌어나가고 싶습니다. 이 회사는 놀라운 본보기죠. 지금껏 시즈캔디는 수많은 덫을 피했습니다."

찰리는 말을 계속했다. "보통 캔디 회사는 매장을 너무 많이 이곳저곳에 열지요. 7, 8월을 지나면서 너무 많은 총경비가 발생한 나머지 크리스마스 대비도 제대로 못할 지경이지요. 하지만 시즈캔디는 자신의 사업을 잘 알아야 한다는 원칙을 언제나 충실히 따르고 있습니다. 그것은 직원으로서는 더 열심히 일해야 한다는 것을 의미합니다. 시즈캔디는 크리스마스가 되면 매장에 대형 크런치 초콜릿을 전시하지만, 그것은 회사가 지닌 비밀의 일부에 지나지 않습니다."

"물론 제품과 서비스의 품질에 대한 열정이야말로 사업의 심장이자 혼입니다. 오랫동안 우리와 함께 해온 고객과 공급업체 여러분들이 이 자리를 가득 채워주니 정말로 기쁘기 그지없습니다. 시즈캔디가 훌륭하고 신뢰할 수 있는 공급업체와 일할 수 있는 이유는 시즈캔디 역시 신뢰할 수 있는 회사이기 때문입니다. 시즈캔디는 고객들에게도 똑같은 태도로 일관하고 있으며 이런 식으로 여러분은 문명 사회의 한 축으로서 촘촘히 얽혀 있는 신뢰관계를 형성하고 있습니다. 세상은 이렇게 돌아가야 합니다. 그러한 신뢰관계는 다른 모두를 위한 더 나은 본보기가 되어줍니다.

그것이야말로 국가나 문명을 발전시킬 수 있는 올바른 길입니다. 우리로서는 사업 활동 초기에 이토록 건전한 문화를 지닌 회사와 관련을 맺게 된 것이 놀랍기만 합니다. 그 오랜 세월이 지난 후에 벤 프랭클린이 (또는 그의 사업 철학이) 시즈캔디에서 살아 숨 쉬고 있는 것만 같습니다."[1]

여름철은 초콜릿이나 캔디와 관련된 휴일이 하나도 없기 때문에 캔디 회사들이 가장 느리게 움직이는 시기이다. 로스앤젤레스의 라시에네가 공장에서는 하절기 직원을 110명으로 축소한다. 크리스마스에서 부활절 시즌 동안에는 직원이 275명 이상으로 늘어난다.

여름철에 캔디 회사에서 일하는 직원들은 장기근속자이거나 거의 평생을 이 계통에서 일한 사람들인데 대부분이 히스패닉들이다. 시즈캔디는 직원을 가족으로 여기기 때문에 엄마와 딸과 손녀딸, 남편과 아내, 형제와 자매가 나란히 함께 일할 수 있는 환경을 제공하는 것을 자랑으로 여긴다. 남부의 공장에서 초콜릿의 약 40%를 만드는데 안에 딱딱한 것이 들어가는 상품 종류를 주로 취급한다. 나머지 종류의 초콜릿과 캔디는 시즈캔디 본사가 있기도 한 샌프란시스코 남부의 공장에서 만든다. 공장 근로자는 시간당 급료 외에도 제과제빵 노조와의 협상에 따라서 전액 의료보험을 제공받는다. 수백 명의 시즈캔디 노동자들은 15년이 넘게 시즈캔디에서 일하고 있다. 로스앤젤레스 공장의 1999년 시상식에서는 21명의 근로자가 30~50년간의 장기근속에 대한 노고를 인정받았다.[2]

"품질을 두고 타협하지 않는다"는 모토를 철저히 따르는 시즈캔디는 멍거에게는 식후 디저트 이상의 의미가 있다. 시즈캔디는 그와 워런 버핏이 가장 초기에 매수했던 회사 중 하나이며, 회사 전체를 매수한 것은 시즈캔디가 처음이었다. 하지만 무엇보다 중요한 것은, 시즈캔디에서 얻은 교훈을 토대로 찰리와 워런은 투자 방식을 대대적으로 개선할 수 있었다.

1972년 블루칩 스탬프스의 부동자금을 이용해서 버핏과 멍거는 로스앤젤레스에 위치한 작은 회사인 시즈캔디를 2,500만 달러에 인수했다. 그때까지 두 사람이 인수한 회사 중에서는 가장 큰 규모였기에, 이번 인수는 그들에게는 중요한 사건이었다.

흑백으로 장식된 시즈캔디의 상점들이 지역 문화의 중요 요소로 자리잡고 있는 캘리포니아에서 이번 인수는 큰 뉴스거리였다. 또한 당시 16세였던 팝가수 셰어는 후일 워싱턴 정계에 진출하는 소니 보노Sonny Bono를 시즈캔디 매장에서 만난 후로 일을 그만두고 그의 아내가 되기도 하였다.

71세의 메리 시Mary See가 아들인 찰스의 도움으로 로스앤젤레스에 작은 가게를 연 것이 1921년이었다.[3]

캐나다에서 약국을 하고 있던 찰스 A. 시Charles A. See는 산불로 약국 두 곳이 소실되는 재난을 당한 후 다른 길을 걸었다. 그는 초콜릿 회사 영업사원으로 일하면서 언젠가 모친이 개발한 초콜릿 조리법을 이용해서 자신만의 캔디 회사를 차릴 꿈을 키우고 있었다. 1921년, 미망인이 된 모친 메리와 함께 그의 가족은 캐나다를 떠나 훗날 멍거가 고향으로 삼기도 한 아름답고 고풍스러운 파사데나로 이주했다. 1920년대의 로스앤젤레스는 인구 50만의 도시로 폭발적인 성장가도를 달리고 있었다. 수백 개의 경쟁업체가 난립하고 있었기에 찰스 시의 가족들에게는 쉽지 않은 상황이었다. 찰리 시와 그의 파트너 제임스 W. 리드James W. Reed는 우수한 제품으로 명성을 쌓는 데 집중하기로 결심했다.

1929년 증시가 폭락하고 대공황이 몰아쳤을 때 시즈캔디는 초콜릿 1파운드(450그램) 가격을 80센트에서 50센트로 낮춰야 했다. 시즈캔디는 임대료를 전혀 내지 못하는 것보다 조금이라도 내는 게 좋지 않느냐고 건물주를 설득해서 임대료를 낮추어서 살아남았다. 하지만 찰스 시는 다른 초콜릿 업자들이 도산을 하는 상황에서도 시장 확보를 위한 절호의 기회를 간파했다. 2차 대전 동안 설탕 소비 억제책이 펼쳐지면서 시즈캔디는 두 번째 위기를 맞이했다. 시즈캔디는 질 낮은 재료를 이용하거나 조리법을 바꿔서 품질을 떨어뜨리기보다는 자사에 할당된 재료들로 가능한 한 고품질의 제품을 만들기로 했다. 손님들은 매일 정해진 양만을 판매하는 초콜릿을 사기 위해 긴 줄을 섰고, 초콜릿이 다 팔리면 바로 가게 문을 닫았다. 매장을 몇 시에 닫는지에 상관없이 판매 직원에게는 하루치 급료를 다 지불해주었다. 이것은 현명한 마케팅 전략이었는데, 시즈캔디의 초콜릿을 사려는 사람들이 가게 창고까지 긴 줄을 섰던 것이다.

찰스 허긴스(앞에 나온 척 허긴스와 동일 인물)가 입사한 1951년은 시즈캔디가 문을 열고 벌써 30년이나 지난 후였다. 당시 본사는 로스앤젤레스에 있었지만 허긴스는 샌프란시스코 공장에서부터 경력을 쌓기 시작했다.

허긴스가 샌프란스시코에 처음 가본 것은 1943년 낙하산부대원으로 유럽에 가기 전에 휴가를 받았을 때였다. 허긴스는 샌프란시스코에 흠뻑 매료되었다. "나는 전쟁에서 살아 돌아온다면 이곳에서 살겠노라고 말했죠." 전쟁에서 무사히 돌아온 그는 케년 대학Kenyon College에 입학했다. 졸업 후 샌프란시스코로 옮겨간 허긴스는 스탠퍼드대의 학생취업지도실 추천으로 시즈캔디에 일자리를 얻었다.

제일 먼저 그는 초콜릿과 캔디 만드는 일을 포함해 모든 부서의 일을 익혀야 했다. 포장 부서에서 허긴스는 첫 번째 큰 기회를 잡았다. 포장부 직원들이 공정상의 결함을 얘기하는데도 아무도 이를 귀담아 들어주지 않고 있었다. 허긴스가 들어가서는 근로자들의 충고에 따라 공정을 개선시켰다. 이후 그는 차츰차츰 더 큰 일을 맡게 되었다.

메리의 손자인 해리 시Harry See가 형이 죽은 다음 회사를 인수한 후에 허긴스는 회사의 사업 확장을 책임지게 되었다. 해리 시에 대해 허긴스는 이렇게 설명했다. "해리 시는 인생을 몹시 즐기는 사람이었습니다. 세계를 여행했고 나파밸리에 포도농장을 세웠습니다. 그 후에 그의 가족은 회사를 처분하고 자신들의 지분을 현금화하기로 결정했습니다. 내가 그 일의 중재자이자 연락책이었죠."

"매각 시도는 1970년 봄에 시작되었습니다. 하와이에 본사가 있으면서 C&H 등을 소유한 업계 4위의 제당회사를 비롯해 여러 회사들이 진지하게 매수를 검토했습니다. 해리 시의 가족은 상당히 무리한 액수를 요구했고 그 때문에 몇몇 구매자는 등을 돌렸습니다."

한 회사는 시즈캔디에 대한 심층적인 기업실사due diligence 작업에 들어가서는 현재의 사업 상태 및 여러 계약 현황 등을 꼼꼼하게 조사했다. 허긴스가 보기에도 다소 지나친 감이 있다고 생각될 정도였다. "마지막 순간에, 그러니까 매수 계약이 있기 하루 전 자정에 그들은 계획을 철회했습니다. 내가 맥이 좀 빠졌다는 것 이외에는 쌍방의 피해는 없었습니다. 그 사람들과는 그 후로도 몇 년 동안 연락하고 지냈습니다. 정말 좋은 사람들이었습니다."

이 무렵 블루칩의 투자고문이었던 로버트 플래허티Robert Flaherty는 우량 초콜릿 회사가 매물로 나왔다는 소식을 들었다. 그는 블루칩의 이사인 윌리엄 램지에게 연락했고, 램지는 시즈캔디 인수 건에 대해 열광적인 반응을 보였다. 램지는 플래허티의 사무실에서 버핏에게 전화를 걸었다.

"세상에, 그건 '초콜릿' 회사군요. 초콜릿 회사는 우리한테 안 어울린다고 생각합니다만."4)

어찌된 영문인지 전화가 끊겼다. 램지와 플래허티는 버핏에게 다시 전화를 걸었다. 비서가 번호를 잘못 돌려서 몇 분이 경과된 후에야 다시 통화를 할 수 있었다. 두 사람이 입을 열기도 전에 버핏이 자기 얘기를 퍼붓듯이 꺼냈다. "수치를 살펴보고 있었습니다. 좋소이다. 비싼 값을 주고라도 시즈캔디를 사고 싶소이다."[5]

워런은 해리 시를 만나기 위해 곧바로 비행기에 올랐다.

그때가 1971년 11월이었다고 척 허긴스는 회상했다. 해리 시는 하와이를 좋아했다. "우리는 그때 시즈캔디의 하와이 1호 매장을 오픈할 준비를 하고 있었습니다. 나는 본토에서 호놀룰루까지 통근을 하고 있었죠. 해리에게 전화가 왔습니다. 아주 진지한 잠재 구매자가 나섰으니 와서 도와달라고 하더군요. 추수감사절인 목요일을 지내고 토요일에 그 사람들을 만나기로 했습니다."

허긴스는 서둘러 비행기를 타고 약속 장소인 로스앤젤레스의 호텔을 향해 출발했다. 해리 시, 시즈캔디의 CEO인 에드 펙Ed Peck, 그리고 시즈캔디 고문 변호사가 이미 도착해 있었다. 허긴스는 그때 버핏, 게린, 플래허티와 함께 들어오는 멍거를 처음으로 만났다.

"우리는 앉아서 두어 시간 동안 얘기를 했습니다. 해리는 그들이 누구인지 설명을 했지만 별 의미가 없었습니다. 당시에 모든 사람은 버크셔 해서웨이를 셔츠 만드는 회사라고 생각했으니까요. 찰리가 누구인지 아무도 몰랐고, 어렴풋이 릭이 부동산 개발을 하고 있고 블루칩과 어떤 관계가 있다는 것 정도만 알려져 있었습니다. 어쨌든 워런은 여러 가지 얘기를 했습니다. 찰리가 중간 중간 말을 끊고 자신의 의견을 첨부했습니다. 릭은 한마디도 하지 않더군요. 우리는 그 사람들이 진심으로 시즈캔디를 매입할 의사가 있다는 것을 확인할 수 있었습니다. 우선 해결해야 할 문제가 두 가지 있었습니다. 매수자 측에서 얼마에 매수할 것인가와 회사를 어떻게 운영할 것인가에 대한 문제였죠. 워런은 '해리, 인수가에 대해서는 당신과 개인적으로 이야기하고 싶군요'라고 말했습니다. 잠시 후 워런이 해리에게 물었습니다. '회사를 인수한다고 해도 우리가 직접 회사를 운영하지는 않을 겁니다. 누가 회사를 경영할 것인지 알고 싶습니다.'"

에드 펙은 은퇴를 준비하고 있었기에 조만간 이 문제를 해결하기는 해야 했다. "해리가 좌중을 둘러보더니 나를 쳐다보고는 '척이 할 겁니다'라고 하더군요. 그렇게 된 거죠. 그러자 워런이 대답했습니다. '그럼, 괜찮겠네요. 찰리와 릭과 제가 내일 척을 만나겠습니다.'"

허긴스는 마지막 순간에 발을 뺐던 매수 희망자 덕분에 그와 같은 회의를 이미 겪은 바 있었다. 해리 시가 이미 미래의 잠재적인 오너들에게 시즈캔디의 장점을 전부 말했다는 사실을 허긴스는 알고 있었다.

허긴스는 당시의 상황을 자세히 설명해주었다. "시즈캔디가 그때까지 하고 있었던 일을 중심으로 직접 자료를 준비해 갔습니다. 내가 보는 관점에서 시즈캔디가 안고 있는 문제점, 우리가 현재 진행 중인 일, 경쟁사의 내 견해를 피력하려고 했습니다. 해리가 좋은 얘기는 죄다 했으니 내가 나쁜 얘기 쪽을 맡은 것이죠. 저는 그들에게 문제점과 해결책을 목록으로 적어서 제시했습니다."

"워런은 매우 침착했습니다. 릭은 결코 많은 얘기를 하는 법이 없었죠. 찰리는 누가 묻건 묻지 않건 자기 견해를 말하곤 했죠. 워런과 찰리가 동시에 얘기하는 것을 듣고 있노라니 눈이 뜨이더군요. 하지만 나는 세 사람 모두가 마음에 들었습니다. 그들은 자신들이 이룬 성과를 자랑삼아 떠벌리듯 말하지도 않았습니다. 찰리가 변호사라는 것은 알았죠. 겉으로도 드러나더군요. 워런은 마음을 털어 놓고 싶을 만큼 편안했습니다. 찰리는 대학교수나 연방대법원장 같은 분위기를 풍겼고, 릭은 모르는 것이 없는 만물박사처럼 보였습니다. 찰리는 두 사람과는 완전히 달랐습니다. 같은 배를 탔다는 점을 빼면 두 사람과는 완전히 다른 세계의 사람 같았지요. 겉으로는 전혀 진지한 얼굴이 아니었지만, 사실 그는 아주 진지했습니다."

워런은 허긴스에게 먼저 인수를 해야겠지만 다음과 같은 작업이 선행되어야 한다고 얘기했다. "인수가 된다면 두 가지 일을 해주셔야겠습니다. 첫째로, 허긴스 씨가 시즈캔디의 사장이자 CEO로 취임해서 회사를 맡아주십시오. 둘째로, 회사에 시 가족과 연관된 사람이 남아 있어서는 안 됩니다. 그들 중 어떤 이들은 아주 오래 회사에 머무르고 있었을 겁니다. 적절한 보상금을 드리고 내보십시오."

허긴스의 설명에 따르면 워런과 찰리는 그가 회사 전체를 맡아주기를 바랐다. "당신이 회사의 윤리와 기준을 유지해주었으면 합니다." 버핏은 그렇게 말했다.

시 일가가 요구한 금액은 3,000만 달러였다. 하지만 시즈캔디의 장부 가치가 낮은 관계로, 버핏과 멍거는 2,500만 달러 이상은 지출하지 않기로 했다. 협상은 거기서 끝났지만 후에 시 일가는 다시 연락을 해서 2,500만 달러에 합의했다.[6] 멍거와 버핏은 1972년 1월 3일 장부가치의 세 배나 되는 금액을 지불하고 시즈캔디를 매입했다. 두 사람으로서는 처음 해본 일이었다.

"그때 문득 '찰리는 핸콕 파크에 살고, 워런은 오마하로 돌아갈 거잖아' 라는 생각이 들었습니다." 이런 생각이 들자 허긴스는 새 고용주들과 어떻게 연락을 취해야 할지 걱정스러웠다.

버핏은 시즈캔디가 이익의 절반 이상을 크리스마스 시즌에 올리고 있기 때문에 이번 인수가 회사로서는 가장 바쁜 시기에 일어났음을 잘 알고 있다고 허긴스에게 말해주었다. 그러면서 버핏은 연휴가 끝나고 난 다음에 한 자리에 모여서 앞으로 어떻게 회사를 운영할 것인지를 논의하자고 했다.

허긴스가 말했다. "우리는 악수를 나누었습니다. 그게 크리스마스 시즌이 끝날 때까지 그들과 마지막 만남이었습니다. 나는 아직도 워런을 이해할 수 없었습니다. 그의 심중을 알 수가 없었습니다." 그 이후 허긴스는 찰리와 워런에 대해 많은 것을 알게 되었다.

"실제 계약서 조인식은 1972년 1월 31일에 있었습니다"라고 허긴스는 말한다. 그로부터 한 달 후 찰리와 워런이 허긴스의 사무실로 되돌아왔다. "제 책상에 앉아 있는데 어느 순간 두 사람이 내 앞에 있는 겁니다. 워런이 질문을 하고 찰리가 중간 중간 자신의 의견을 수도 없이 끼워넣었죠."

하지만 허긴스는 시즈캔디의 새 주인들에게 호감을 느끼고 있었다. "우린 세상 누구보다도 억세게도 운 좋은 사람들이라고 강한 확신이 들었습니다. 워런을 보면 제가 존경했던 윌 로저스*가 떠올랐습니다. 그는 다정하고 믿을 수 있고 명석한 사람이었습니다. 마치 그가 우리와 같은 종류의 사업을 운영하고 있다는 느낌마저 들었지요. 찰리도 비슷하긴 했는데 저는 그에게 약간의 경계심을 갖고 있었습니다. 그는 절대주의자였습니다. 워런은 상대방이 의견을 말할 여지를 남겨두는 사람이었습니다. 찰리와 있으면 '하나, 둘, 셋, 넷'하고 구령이라도 시작해야 할 것 같았지만, 지나고 나니 익숙해지더군요. 그건 그저 찰리의 스타일이었던 거죠."

---

*Will Rogers: 20세기 초에 활동한 미국의 유명한 유머 작가.

그러나 허긴스는 멍거가 결코 호락호락한 사람이 아니라는 사실을 알았다. "찰리를 소외시키려고 해봤자 시간 낭비일 뿐입니다. 그가 발끈해서 고개를 획 돌리면 그때부터는 아무도 못 말립니다."

허긴스가 다시 말을 이었다. "블루칩이 시즈캔디를 소유했지만 실소유자는 확실히 워런과 찰리, 릭이었습니다. 제가 '당신들 전부 여기 있지 않고 다른 곳으로 가버릴 텐데 어떻게 연락을 취하면 좋겠습니까?'라고 물었죠. 워런은 대답하더군요. '계속 하던 일을 하면 됩니다. 위험의 징후나 골칫거리가 발생했을 때 우리에게 알려주면 됩니다. 적당히 알아서 연락을 취해주기 바랍니다.' 또 그는 '여태껏 시 일가가 이룬 것을 토대 삼아서 좋은 회사를 더욱 훌륭한 회사로 만들어주었으면 합니다'라고 덧붙였습니다."

이윽고 버핏이 초콜릿에 대한 자신의 의견을 보탰다. "시즈캔디 상품 가격이 시장 전체에 비해 너무 낮은 편이더군요."

시즈캔디의 인수에 대해서 허긴스는 긍정적으로 생각하고 있었지만 그럼에도 문제가 없는 것은 아니었다. 가장 먼저 해결해야 할 문제는, 시즈캔디의 단골들에게 주인이 바뀌었을지라도 회사는 변함이 없다는 사실을 알려주는 것이었다.

우선 1972년 신문에 회사 매수 사실이 보도되면서 매수자가 블루칩이라는 사실이 알려지게 되었다. 허긴스가 설명했다. "뭐랄까요, 사람들은 블루칩이라는 회사에 대한 큰 존경심 같은 건 없었습니다. 당시는 블루칩이 반독점 소송건에서 막 빠져나왔을 때여서 세간의 시선이 곱지 못했습니다. 그 때문에 우리 매장 단골 고객들은 쓸개라도 씹은 심정이었죠. 1972년과 73년에 저는 시즈캔디를 망칠 것이 분명한 사람들 손에 회사가 넘어갔다면서 걱정과 분노의 항의를 보내는 고객들을 수습하느라 많은 시간을 보냈습니다. 갑자기 초콜릿 맛이 변했다면서 회사를 비방하는 편지가 수도 없이 밀려들었습니다."

시즈캔디의 오랜 고객들은 가게의 우아한 분위기가 마음에 들어서 매장을 즐겨 찾곤 했지만 지금 그들은 심정은 거의 패닉에 가까웠다. 그들은 근처 시즈캔디 매장으로 몰려가서 근심 걱정을 토로했고, 이로 인해 종업원들도 무척이나 당혹스러워 했다.

허긴스는 사보에서 이렇게 적었다. "시즈캔디의 51년 역사 가운데 지금이 가장 근본적인 변화가 일어나고 있는 시기인 것 같습니다. 하지만 그럼에도 결코 변하지 않을 사실이 있습니다. 종업원이나 고객을 대하는 시즈캔디의 자세는 변치 않을 것입니다. 지금의 시즈캔디를 만든 핵심 요소들을 우리는 하나도 빠짐없이 그대로 고스란히 유지할 것입니다." 시즈캔디 매각과 관련된 소란을 잠재우는 데 허긴스는 거의 두 해를 보냈다.

진화 작업이 끝나자 시즈캔디는 미주리, 텍사스, 콜로라도, 그리고 저 멀리 홍콩까지 시장을 확대하기 시작했다. 시즈캔디는 1982년에 테네시 주의 녹스빌에서 열린 세계박람회에 참가했고, 박람회에서 대호평을 거둔 다음에는 시즈캔디 녹스빌점을 냈다.

그렇지만 1980년대의 불황이 닥치자 다른 주에 진출한 많은 매장들은 문을 닫았다. 먼 지역에 있는 고객들은 카탈로그를 보고 전화로 주문하는 수밖에 없었다.

같은 기간 중에 소매점원노조가 시즈캔디 매장 판매직원들의 노조 설립을 꾀하기 시작했다. 이후 소매점원노조는 회사 판매원들에 대해 네 차례나 노조 설립을 시도했지만, 시즈캔디는 최저임금 이상을 지불한다고 약속함으로써 노조의 시도를 무산시킬 수 있었다. 후에 제품을 배달해주는 화물트럭운전사노조와 충돌이 있었지만 노조 중재자의 도움으로 그들과의 계약을 취소한 다음 노조에 가입하지 않은 트럭운송 회사로 업무를 이전하고는 시즈캔디의 고참 운전사들을 재고용할 수 있었다.

한번은 시스캔디는 미국 중서부에 있는 대규모 초콜릿 회사의 공격을 받기도 했다.

허긴스가 그때를 회상했다. "(지금까지 다른 소매점을 통해 상품을 판매하고 있었던) 러셀스토버 캔디스Russell Stover Candies가 1973년에 자사 제품만을 취급하는 매장을 설립하기 위해 대대적인 투자를 하기 시작했습니다. 그들은 시즈캔디를 공략하기 위한 광고 캠페인을 벌여서 우리의 시장을 빼앗겠다는 계획을 세웠습니다. 매장도 시즈캔디와 똑같이 만든 다음 미시즈 스토버스Mrs. Stover' s라고 이름을 붙였죠. 그들은 우리를 그대로 베껴서 시장을 빼앗아가려고 했던 겁니다. 물론 저는 찰리와 워런에게 이 사실을 알렸습니다."

멍거가 말했다. "이 사람들이 우리 상표를 조금이라도 침해하고 있다면 우린 이들에게 책임을 물을 수 있을 겁니다."

"그런 다음 찰리는 여러 가지 도움이 되는 정보를 일러주더군요." 허긴스가 말했다.

허긴스는 사진사를 시켜서 스토버스 매장에서 체커 무늬 바닥, 격자 모양 창문, 벽에 붙은 고풍스러운 사진 등 시즈캔디의 트레이드 드레스*와 유사한 것들은 전부 사진에 담아 오게 했다.

"찰리는 '멍거 톨스'의 파트너 변호사에게 맡겨서 처리하고 싶습니다. 캘리포니아 출신의 이 여변호사는 현재 UCLA 법대에서 강의를 하고 있

---

* trade dress: 제품의 고유한 이미지를 형성하는 색채, 크기, 모양 등을 총칭하는 용어

습니다. 이번 건을 그녀에게 맡기겠습니다. 제 사무실로 와서 그녀를 만나보십시오' 라고 말했습니다. 그 변호사가 칼라 앤더슨 힐스였습니다. 직접 만나보니 마음에 드는 사람이었습니다. 30분쯤 같이 있으니까 찰리와 비슷한 성격의 사람이라는 것을 알 수 있었죠."

그가 말하는 성격이란 어떤 것이었을까? "가서 끝장을 보는 성격이죠." 허긴스는 손가락으로 딱 소리를 내며 말했다. "정말 신났습니다. 결론을 말하자면 찰리는 그치들에게 계속 이런 식으로 나온다면 계획한 모든 법적인 조치를 취하겠다고 간담이 서늘해지도록 겁을 줬습니다. 그랬더니 그들은 뒷걸음질을 쳤죠. 그 사람들은 시즈캔디 매장을 그대로 흉내낸 가게는 더 이상 세우지 않을 것이며, 이미 그렇게 한 곳은 바꾸기로 합의했습니다."

시즈캔디의 경쟁우위 중 하나는 업계 리더라는 것이다. 멍거가 설명했다. "몇몇 업종의 경우에는, 그 고유의 성격상 시장을 압도적으로 지배하는 회사로 쏠림 현상이 발생하기 마련입니다. 그런 쏠림 현상은 결국 승자독식의 결과를 가져옵니다. 이런 규모의 우위advantage of scale는 대단히 중요한 것입니다. 그렇기에 가령 잭 웰치도 GE에 왔을 때 '사생결단으로 싸워야 한다. 어떤 분야로 뛰어들든 1위나 2위가 되지 못한다면 우리는 시장에서 퇴출당할 것이다' 라고 말했던 것이죠. 이 말은 굉장히 강력한 의지를 표명한다고 볼 수도 있겠지만, 동시에 주주의 부를 최대화하기 위한 올바른 결정이기도 했다고 생각합니다."[7]

그 기간 중에 허긴스는 멍거가 실용주의적인 사고방식을 지닌 사람이라는 것을 알게 되었다. "벤 프랭클린적 사고방식이 그에게 어울립니다. 찰리의 농담은 구식이지만 그 이상 무엇을 바라겠습니까?"

시즈캔디의 영역을 빼앗아가려는 경쟁사의 움직임을 해결하는 데에는 몇 년이나 걸렸으며, 이것 말고도 문제가 더 있었다고 허긴스는 설명한다. 가령 닉슨 정권의 임금 및 물가 통제 기간 중에 시즈캔디는 여느 때와는 다른 방식으로 사업을 운영해야 했다.

초기의 문제들을 어느 정도 통제할 수 있게 되자 시즈캔디는 순조로운 항해를 했고 멍거와 허긴스가 만나는 시간도 줄어들었다. 허긴스가 말했다. "지난 10년 동안 그와 직접 만나는 일은 점차 줄어들었습니다. 그 시절이 그립습니다. 이제 저는 워런에게 정기적으로 보고만 하면 끝입니다. 워런과 저는 열흘 정도에 한 번씩 전화 통화를 나눕니다. 그 다음에 워런은 찰리와 이야기를 하지요. 두 사람 모두한테 전화를 할 필요는 없습니다."

1990년대에 시즈캔디는 보다 신중하게 사세를 확장하기 시작했다. 매장 수를 늘리는 대신에 그들은 공항이나 백화점 등에 시즈캔디 판매대를 마련했다.

1999년에 시즈캔디는 미국 전역에 약 250개 매장을 세웠고 그 가운데 3분의 2가 캘리포니아에 있었다. 이 회사는 한 해 1,500만 킬로그램의 초콜릿을 판매한다. 시즈캔디의 인터넷 사이트에서 판매된 초콜릿만도 3만 4,000킬로그램이 넘는데, 이 사이트의 경쟁사는 자사의 수신자부담 주문 서비스이다. 1999년 시즈캔디의 매출액은 3억 6,000만 달러였으며 세전 영업이익pretax operating profits은 7,300만 달러였다.

연말 연휴 시즌과는 비교할 수 없지만 매년 5월 오마하에서 열리는 버크셔 해서웨이의 연차총회는 시즈캔디에게 중요한 날이다. 허긴스가 말했다. "1999년 연차총회에서는 4만 달러의 매출을 올렸지요. 워런은 그 사실을 자랑스러워합니다."

"시즈캔디……." 멍거가 회상에 젖는다. "장부가치보다 높은 가격을 주고 인수했는데도 성공이었습니다. 호크쉴드 콘Hochschild Kohn 백화점 체인은 장부가치에서 할인한 청산가치로 매수했음에도 성공하지 못했습니다. 이 두 사건을 통해 우리는 더 훌륭한 기업에는 더 높은 가격을 지불해야 한다는 쪽으로 사고를 전환할 수 있었습니다."[8]

찰리와 워런이 시즈캔디를 샀을 때에만 해도 둘은 최저가를 노리는 투자자에 불과했다. 하지만 더 많이 배우고 회사가 점점 커지면서 변화가 필요해졌다. 찰리가 말했다. "아직은 사람들의 발길이 뜸한, 가령 핑크시트* 같은 것을 뒤지다보면 가치 있는 투자 대상을 발견할 기회를 많이 만날 수 있습니다."[9]

블루칩이 시즈캔디를 그 가격으로 인수할 수 있었던 것은 순전히 운이었다. 멍거는 올바른 결단을 내릴 수 있도록 결정적인 도움을 준 사람이 앨 마셜이라고 말한다.

멍거는 이렇게 말했다. "그쪽에서 10만 달러만 높게 불렀어도 우린 인수를 거절했을 겁니다. 그때 그 시절의 우리는 그 정도로 멍청했습니다."[10]

버핏이 설명했다. "우리가 그 회사를 매입했을 때만 해도 시즈캔디를 제외하고는 포장 초콜릿 판매에 성공한 회사는 거의 없었는데, 우리는 그 회사만 성공하는 이유가 무엇인지 그리고 그 성공이 계속 유지될 수 있을 것인지를 알고 싶었습니다."

시즈캔디가 대단히 훌륭한 계속기업ongoing business임이 드러나자, 멍거와 버핏은 곤경에 처한 회사를 헐값에 매입해서 시간과 에너지와 때로는

---

* pink sheet: 장외주식 중 투기성이 매우 높은 종목의 주가가 적혀 있는 일간 시세표

더 많은 자본을 쏟아 붓는 것보다는 훌륭한 기업을 인수해서 그대로 굴러가게 하는 것이 훨씬 쉽고 훨씬 유쾌한 경험이 될 수 있다는 사실을 깨달았다.

버핏이 말했다. "시즈캔디를 사지 않았더라면 우리는 코카콜라도 사지 않았을 것입니다. 그러니 코카콜라에서 거둔 120억 달러의 가치는 시즈캔디에게 그 공을 돌려야 합니다.* 운 좋게도 회사 전체를 인수한 덕택에 우리는 정말 많은 것을 배웠습니다. 우리는 풍차제조업체도 있었습니다. 사실대로 말하면 내가 풍차제조 회사를 갖고 있었습니다. 찰리는 풍차제조업에 발을 들여놓은 적이 없었습니다. 여기에 더해 나는 2류 백화점, 주유소, 섬유공장 따위를 갖고 있었죠." 이런 회사들은 풍차 공장만큼이나 문제가 많았다.

멍거는 자신과 버핏이 비싸더라도 고품질 기업을 인수하는 것이 더 낫다는 사실을 진작 깨달았어야 했다고 말한다. "우리가 그랬던 것처럼 그렇게 우둔하게 굴 필요는 없었습니다."[11]

시즈캔디는 서서히, 하지만 꾸준하고 신뢰할 만한 속도로 성장한다. 그리고 무엇보다도 추가적인 자본 투입을 요하지 않는다.

"우리는 시즈캔디에 자본을 투하하기 위해 50가지 방법을 시도해보았습니다." 버핏이 설명했다. "만일 우리가 시즈캔디에 추가로 자본을 투입해서 기존 사업에서 얻고 있는 수익률의 4분의 1만이라도 얻을 수 있다면 당장이라도 그렇게 할 겁니다. 정말 그러고 싶습니다. 여러 가지 아이디어를 시도해봤지만 도무지 어떻게 해야 좋을지 정말 모르겠습니다."

---

* 버핏은 1988년 코카콜라 지분 8%를 10억 달러에 인수했고 10년 후 이 주식의 가치는 120억 달러가 되었다.

덧붙여 멍거는 이렇게 말했다. "그런데 우리는 사실 이런 상황에 대해 불평해서는 안 됩니다. 왜냐하면 우리가 신중하게 택한 여러 기업들은 매년 엄청난 돈에 파묻히고 있으니까요."[12]

멍거는 버크셔 주주에게 미국에는 현금은 많이 창출하면서도 사업은 크게 확장하지 못하는 기업들이 많이 있다고 말한다. 그런 기업이 사업 확장을 위해 노력하는 것은 밑 빠진 독에 물 붓기나 다름없다고 그는 말했다. 그런 회사들은 대다수 기업들에게는 인수 욕구를 불러일으키지 못하지만 버크셔에서라면 환영이다. 멍거와 버핏은 남아도는 자본을 회수해서 더 높은 이익을 낼 수 있는 다른 곳에 투자할 수 있기 때문이다.[13]

우연이지만 버크셔가 배당금을 지불하지 않는 것도 같은 이유에서이다. 버크셔 해서웨이는 주주들에게 이익을 배당금 형태로 나눠주는 것보다는 사내유보retained earnings로 남겨두는 것이 주주들에게 더 많은 가치를 창출해줄 수 있다고 여겨질 때에는, 현금을 배당하지 않고 회사 내에 그대로 보유한다.

멍거는 이렇게 말했다. "시즈캔디를 통해 우리는 기업의 사고방식과 운영방식에는 시간의 풍상을 이겨낸 가치가 포함돼 있다는 것을 배웠습니다. 이런 교훈 덕에 우리는 다른 인수거래에서도 더 현명하게 행동해서 훨씬 나은 결정을 내릴 수 있었습니다. 우리는 시즈캔디를 보유함으로써 말로 표현할 수 없는 아주 커다란 무언가를 얻었습니다."[14]

시즈캔디는 버크셔에서 영예로운 자리를 차지하고 있지만 오늘날 버크셔가 지닌 가치에서는 극히 일부분에 지나지 않는다. 비록 매출액을 기준으로 했을 때 현재 시즈캔디의 가치가 10억 달러에 달한다고 해도, 이것은 버크셔 시가총액의 2%도 되지 않는 금액이다.

12
벨루스 사건

> 싸움이나 대결이라는 관점에서 보면 찰리는 적이 없습니다.
> 하지만 시샘이라는 더 큰 관점에서 보자면 적이 많은 편이지요.
> 그는 독특한 성격의 소유자인데 그런 점을 모두가 좋아하는 것은 아닙니다.
> 내가 아는 어떤 여자들은 디너파티에서는 찰리 곁에 앉으려 하지도 않더군요.
> — 오티스 부스

영국의 국왕 조지 2세는 아메리카 식민지 사람인 벤저민 프랭클린을 일컬어 "아메리카에서 가장 위험한 사람"이라고 했지만, 그럼에도 1757년 처음 영국에 도착했을 때 프랭클린은 대대적인 환영을 받았다. 영국에 어느 정도 익숙해진 프랭클린은 곧바로 이 나라 사람들이 식민지에 대해 아는 것이 거의 없다는 사실을 알게 되었다. 약간은 장난도 섞여 있었지만 프랭클린은 자신에게는 영국인들의 오해를 바로잡을 책임이 있다고 생각했다. 그는 이렇게 적었다. "영국의 신문을 읽어보면 이 나라 사람들은 미국의 연간 양모 생산량이 스타킹 한 켤레도 만들지 못할 정도라고 생각하는 것 같다. 하지만 실제로 미국은 양 한 마리에서 나오는 양털만도 대단히 많아서 그것을 다 담으려면 작은 수레 여러 대를 연결해야 할 정도이다."[1]

영국에서 16년을 머무는 동안 프랭클린의 창의력은 영국인들을 놀라게 했다. 그는 원근시 겸용 안경과 항해용 24시간 표시 시계를 발명했고, 서머타임 도입을 추진하기도 했다. 반면에 템스 강을 헤엄쳐서 건너거나 전라로 아령 운동을 하면서 런던 사람들을 아연실색하게 만들기도 했다. 결국은 정치적 견해차가 주된 원인이 되고 그의 인기를 몇몇 사람들이 시샘한 것도 일부 원인이 되어서 그는 영국에서 추방당했다.[2]

프랭클린은 1776년 미국 대사가 되어 프랑스로 건너갔는데 이번에도 이 유명한 미국인은 따뜻한 환대를 받았다. 1999년 주미 프랑스 대사인 프랑수아 뷔종 드 레스탕François Bujon de l'Estang은 이렇게 설명했다. "프랭클린에게는 프랑스 사람들이 존경할 만한 품성이 있었다고 합니다. 활기차고 위트와 유머가 넘치는 사람이었지요……. 그가 독립선언문 작성에 참여하지 못한 이유가 농담을 숨겨놓을지도 몰라서였다는 말이 돌기도 했습니다."[3]

워런 버핏도 찰리 멍거가 『가난한 리처드의 달력Poor Richard's Almanac』을 자주 인용하면서 프랭클린의 도덕적 교훈을 설파한다고 곧잘 놀리곤 한다.

> 버핏: "찰리는 젊은 시절에 벤저민 프랭클린을 맹렬히 탐독했습니다. 그래서 그는 1페니를 아끼다가 1페니를 잃게 된다고 생각합니다."
> 찰리: "워런에 대해 말하자면, 그를 보면 벤저민 프랭클린이 생각납니다. 벤저민 프랭클린에 대해서도 해줄 말이 아주 많습니다."

멍거가 말했다. "나는 위인전을 아주 좋아합니다. 그리고 오늘날에도 위대하고 유용한 사상을 누군가에게 가르치고자 할 때에는 그런 사상을 만들어낸 사람의 일생이나 인격과 결부시키는 것이 좋은 방법입니다. 가령 애덤 스미스의 일생을 이해하면 그의 경제학도 더 잘 배울 수 있습니다. 말도 안 되는 소리처럼 들리겠지만 저명한 고인들을 친구로 삼는 것이 좋습니다. 올바른 사상을 전파했으며 죽어서까지 그 이름을 남긴 저명한 이들을 친구로 삼을 수 있다면, 더 나은 삶은 물론이고 교육에서도 효과를 볼 수 있습니다. 기본 개념을 주입하기만 하는 것보다는 훨씬 좋은 방법입니다."[4]

멍거는 알베르트 아인슈타인, 찰스 다윈, 아이작 뉴턴의 일생과 과학서들을 공부했다. 하지만 죽은 유명인사 가운데서 그가 가장 존경하는 인물은 벤저민 프랭클린이었는데, 워런 버핏의 처음 멘토인 벤저민 그레이엄도 프랭클린을 존경하기는 마찬가지였다. 멍거는 벤저민 프랭클린이 당대 미국 최고의 작가이자 가장 훌륭한 투자자이자 과학자이자 외교관이자 상인이면서도 교육 및 시민운동에 있어서도 가장 많은 공헌을 한 사람이기 때문에 그를 존경한다. 프랭클린이 호색가였으며 어쩌면 아내를 방치했을지도 모른다는 사실은 인정하면서도, 멍거는 프랭클린에 대한 책이나 글이 그의 인격이나 개인사, 혹은 시대 상황을 제대로 이해하지 못한 채 잘못된 품행만을 비난하고 있다고 말한다.

멍거가 인류에게 마음껏 공헌하기 위해서는 부자가 될 필요가 있다는 생각을 하게 된 것도 프랭클린을 통해서였다. "나는 항상 부자로 죽는 것보다는 더 유용한 존재가 되고 싶다고 생각했습니다. 하지만 가끔은 이런 생각에서 너무 멀리 벗어나버리곤 합니다."

양초장수의 아들로 태어난 프랭클린은 형제자매가 많았고, 심술궂은 형과 함께 도제 생활 하는 것을 피하기 위해 어린 시절 보스턴에서 필라델피아로 옮겨갔다. 어렸을 때부터 프랭클린은 더 나은 인간이 되어서 훌륭한 삶을 살고자 노력했다. 『가난한 리처드의 달력』이 대성공을 거두

면서 부유한 유명인사가 된 프랭클린은 그 후로는 공익을 위해 거의 전 생애를 바쳤다.[5]

프랭클린과 마찬가지로 멍거도 올바르고 적절한 사회에 대한 자신의 생각이 다른 사람들과 전적으로 일치하는 것만은 아님을 알게 되었다. 프랑스 사람들 대부분은 프랭클린이 파리에 머무는 동안 그를 재미있고 호감 가는 사람으로 여겼지만, 프랑스 왕은 그를 대단히 시기하면서 밑 바닥에 그의 초상화가 붙은 요강을 정부에게 주기도 했다. 1998년 연차 총회가 열리기 전 일요일 저녁, 오마하에 있는 고라츠 스테이크하우스 Gorat's Steak House 입구에 모여든 버핏과 멍거의 팬 수백 명은 당혹스러운 광경을 마주해야 했다. 대여섯 명의 시위자들이 현수막을 들고서 보도를 오가고 있었던 것이다. 선정적인 현수막에는 병 속에 담긴 태아의 그림과 함께 버핏과 멍거가 재생산권*의 오랜 지지자였으므로 유아 살해자나 다름없다고 항의하는 글이 적혀 있었다. 어떤 현수막에는 버핏이 세운 자선재단의 목적이 먹는 낙태약인 RU-486의 임상시험 비용을 마련하기 위한 것이라는 공격적인 내용이 적혀 있었다.[6]

연차총회에서 버크셔가 낙태 찬성 운동에 기부를 하는 것에 대한 질문이 나왔다. 이에 대해 버핏은 현재 회사의 기부 정책에 따라 주주들은 자신들이 원하는 자선기관을 선택해서 보유 지분 비율에 따라서 기부를 할 수 있다고 설명하면서 다음과 같이 덧붙였다. "이 기부 정책을 정한 것은 주주들입니다. 많은 주주들이 가족계획협회 Planned Parenthood를 지정합니다. 버핏재단도 가족계획협회에 기부를 합니다. 찰리도 같은 협회에 돈

---

*reproductive rights: 강제불임을 거부할 수 있는 출산의 권리, 피임 또는 낙태를 결정할 수 있다는 출산을 하지 않을 권리, 출산을 사적인 영역으로 보호 받을 수 있는 권리를 말한다.

을 기부하고요. 서류에는 찰리가 서명을 합니다."

찰리는 이 사실이 불만인 듯했다. "주목받지 않을 수 있다면 기꺼이 그러고 싶습니다."

시위자들 대부분은 버핏과 찰리가 가족계획협회를 비롯해 인구문제를 주로 다루는 여러 자선단체에 오랫동안 많은 돈을 기부해왔다는 사실만 알고 있었다. 그들 대부분은 찰리와 워런이 낙태권 운동의 선구자라는 사실은 전혀 몰랐다. 멍거의 노력 덕분이기는 하지만, 두 사람은 캘리포니아에서 낙태가 합법화되는 데 많은 영향을 미쳤다. 그들의 노력은 미연방대법원의 로 대 웨이드 사건Roe vs. Wade을 통해 낙태가 헌법상 위헌이 아니라는 판결이 나오게 된 결정적인 계기가 되었다.

버핏은 이렇게 말한다. "찰리의 친구 99%는 공화당원 아니면 극우파들입니다. 찰리도 대체로는 그렇다고 여겨지지요. 찰리 친구들 역시 대부분은 그가 낙태 찬성 운동을 벌이고 있다는 것은 전혀 모릅니다."

멍거는 1993년에 나온 개릿 하딘Garrett Hardin의 베스트셀러인『경계선 안에서 살아가기Living within Limits』의 생각에 동조하면서 그에게 재정적인 지원을 해주기도 했는데, 그의 이런 행동에 보수주의자들은 당황스러워 했고 종교계는 화를 냈다. 하딘은 인구 증가 문제를 가장 처음에 지적한 과학저자 중 하나였다. 그를 비롯해 몇몇 과학자들은 인류문명은 1804년이 되어서야 10억 인구에 달했지만, 50억 인구가 현재의 60억에 달하기까지는 불과 12년밖에 걸리지 않았다고 지적한다. 앞으로 100년 뒤에는 미국의 인구는 2억 7,500만의 두 배인 5억 7,100만 명으로 불어날 것이다. 전문가들은 세계 인구 증가 추세가 중단되지 않는 한, 지구상의 인구는 100억 명까지 늘어날 수 있다고 점친다. 폭발적인 인구 증가는 지구의 자원에 막대한 스트레스를 주고 있는데, 특히 식량 생산 및 배급의 문제는 그 정도가 더욱 심각하다. 20세기 말에는 충분한 식량을 기를 수 없거나 구입할 수 없어서 영양실조에 걸린 인구만도 8억 명에 달하는 것으로 집계되었다.

샌타바버라 소재 캘리포니아 대학의 인류생태학 명예교수이기도 한 개릿 하딘은 생물학, 생태학, 윤리학 등 광범위한 분야에서 집필 활동을 펼치고 있다. 1960년대에는 미 전역에서 낙태를 옹호하는 수백 개의 강연을 행함으로써 "낙태 전도사"라는 별명을 얻기도 했다.

멍거 톨스 법률회사의 창립 멤버이기도 한 로드릭 힐스Roderick Hills의 말에 의하면, 찰리는 캘리포니아 대법원에 상고된 한 형사사건에 대한 신문 기사를 읽으면서 재생산권에 처음으로 관심을 가지게 되었다고 한다. 그 즉시 그는 멍거 톨스의 변호사들에게 무료로 사건을 변호해주자고 설득했다. 그것은 바로 한 여성에게 낙태 전문의를 추천한 죄로 유죄 평결을 선고받은 닥터 레온 벨루스Dr. Leon Belous 사건이었다.

"벨루스 소송건은 아마 1972년쯤엔가 일어났을 겁니다. 우리는 걸핏하면 그 얘기를 화제로 삼았고 찰리는 거기에 흠뻑 빠져 있었습니다." 버핏이 말했다.

여덟 자녀를 거느린 대가족의 헌신적인 가장이며, 그 누구보다도 보수적인 정치 성향이 강한 사람답지 않게 멍거는 낙태 합법화를 지지하면서 이를 실현시키기로 결심했다.

멍거가 당시를 회상했다. "인간의 생명을 존중하는 저로서는 낙태 지지자가 된다는 것은 감정적으로 무척이나 힘든 결정이었습니다. 하지만 그 중요성을 고심한 끝에 나는 내 보수적인 성향을 일부라도 억누를 필요가 있다고 결론지었습니다."

엄마가 될지 안 될지를 결정하는 것은 여성 본인의 권리라는 판단을 내리자 멍거는 자신의 모든 에너지와 자원을 쏟아 부으며 사태를 바꿀 방법을 찾아다녔다. 그는 회계 문제에 있어서는 보수적이지만 사회 문제에 있어서는 진보적 성향을 지닌 버핏을 설득해서 닥터 벨루스의 변호비용을 일부 부담하게 하는 데 성공했다. 멍거와 그의 법률회사 파트너들인 로드 힐스나 짐 애들러가 나머지 비용을 부담했다.

버핏의 설명을 들어보자. "그 사건을 맡은 찰리는 최고 수준의 변호사들로부터 법률에 대한 조언과 의견서를 얻어내는 한편 의대 교수들에게서도 의견서를 확보했습니다. 찰리는 그 소송에 자신의 모든 노력을 쏟아 부었습니다."

힐스도 두 집단의 법정 의견서를 모으는 데 힘을 보태주었다. 하나는 멍거와 다른 저명한 변호사 17명이 작성해서 날인한 의견서였고, 다른 하나는 178명의 의대 및 치의대 교수들이 작성해서 날인한 의견서였다.

벨루스 사건이 캘리포니아 대법원에서 계류 중인 동안에 멍거와 버핏은 속칭 전기독교교우회Ecumenical Fellowship라고도 불리는 "교회"를 후원했는데, 여기는 여성들에게 가족계획 문제를 상담해주는 일을 하는 곳이었다. 낙태 찬성 운동으로 소속 교파와의 문제에 휩싸인 한 담임목사가 운영하는 이 교회는 때로는 여성들이 미국 밖에서 안전한 낙태 수술을 받도록 주선해주기도 하였다.

멍거가 말했다. "워런과 나는 혁명가처럼 행동했습니다. 우리는 비밀조직 비슷한 교회를 만들었지요. 우리는 성직자상담협회Clergy Counseling Service를 지지했습니다. 그곳을 운영하는 목사는 여성들의 낙태를 도운 탓에 자기 교회에서 면직당한 사람이었습니다. 처음에 나는 그가 계속 재직할 수 있도록 교회를 설득하고자 했지만 실패했습니다. 그래서 워런에게 전화를 걸어서 우리가 직접 교회를 만드는 게 어떠냐고 물어봤지요.

그리고 그렇게 했습니다. 여러 해째 같은 목사가 교회를 맡고 있습니다. 그것이 우리의 공헌입니다. 우리는 사회가 여성에게 출산을 강요하지 못하도록 하는 데 일조하고자 노력했습니다. 그리고 그 덕분에 개릿 하딘이 '강제적 모성애'라고 말한 제도를 어느 정도는 막을 수 있었습니다."

캘리포니아 대법원에서 벨루스 사건에 대한 공청회가 열렸을 때, 이 의사가 판사 중 한 명의 주치의라는 사실이 밝혀지면서 어떤 결과가 나올지 불투명해지고 말았다. 하지만 1969년 9월 벨루스는 기념비적인 승소를 거두었고, 미국 역사상 처음으로 주 대법원에서 반낙태법이 위헌이라는 판결이 선언되기에 이르렀다. 이 판결은 이후 캘리포니아에서 법률 판례로 이용되었을 뿐 아니라 멍거의 말에 따르면 "낙태 제한이라는 갑옷에 생긴 최초의 균열"이기도 했다.

캘리포니아 대법원의 판결이 나오고 2년이 지나면서 이 사건의 영향은 더욱 일파만파로 퍼져나갔다. 로 대 웨이드 사건의 상고인은 진술에서 벨루스 사건을 인용했고, 미 연방대법원은 결국 "아이를 낳을지의 여부를 결정하는 것은 여성의 가장 기본적인 권리"라는 판결을 확정지었다.[7]

론 올슨이 말했다. "찰리는 단지 많은 시간을 쏟아 부은 것만이 아닙니다. 그는 자선단체를 바꾸고 있습니다."

법원 판결이 나왔다고 찰리의 일이 끝난 것은 아니었다. 벨루스 사건 이후에도 그는 로스앤젤레스 가족계획협회의 재단이사 및 CFO를 수년 동안 겸하고 있는데, 이 재단은 가족계획에 대한 자문을 제공해주는 것 외에도 필요하면 환자들에게 낙태가 가능한 병원을 소개해주는 일도 했다.

멍거는 이렇게 말했다. "우리는 전미 가족계획협회가 진행하는 낙태 상담 사업보다 훨씬 앞서 나갔습니다. 가족계획협회 로스앤젤레스 지부는 그 일에 본격적으로 뛰어들기를 원했지만 방법을 전혀 모르고 있었지요. 우리는 성직자상담협회의 수장이기도 한 목사가 운영하는 전 기독교 교우회를 가족계획협회 로스앤젤레스 지부와 병합시켰습니다."

그가 가족계획협회의 이사회에 합류했을 당시 이 협회의 중요한 후원자는 단 한 명, 부유한 부동산 개발업자인 레오 빙Leo Bing의 미망인 애너 빙 아널드Anna Bing Arnold밖에 없었다. 그녀의 헌신적인 도움에도 불구하고 협회는 규모도 작고 재정도 빈약하기 짝이 없었다.

"우리는 만성적인 재정 적자에 시달리고 있었지요." 멍거와 함께 이사회 일원이 된 오티스 부스는 설명했다. 이사회는 기부자층을 확장했지만 평소처럼 찰리와 협회는 반대 입장을 취했다. "전미 차원에서 회비를 걷는 것에 대해 의견이 분분했습니다. 우리는 그들에게 (전국 차원의 회비는) 안 된다고 말했습니다. '당신들이 우리한테 큰 액수를 기부해주지는 않을 거고, 우리도 회비를 내지는 않을 겁니다.' 우리는 어쨌든 결국에는 전미 가족계획협회의 움직임에 동참했습니다."

시위자들의 거센 항의나 때로는 낙태 반대 운동가들의 과격한 행동에도 불구하고, 낙태와 인구문제에 대한 멍거의 입장은 수년 째 변함이 없다.

배리 멍거는 로스앤젤레스의 유명 산부인과 의사이자 낙태권리 싸움에서 찰리의 든든한 동지이기도 했던 키스 러셀Keith Russell을 위해 열린 파티에서 일어난 사건을 회상했다. 한 환자가 러셀 박사가 수많은 아기들의 분만을 도와준 것에 대해 건배를 했다. 찰리도 자신의 잔을 들면서 맞장구를 쳤다. "러셀 박사가 수천 명의 아기들의 분만을 '도와주지' 않은 것에 대해 건배를 합니다."[8]

1990년 멍거는 「포천」지에 항의 편지를 보냈는데, 내용인즉 저명한 생물학자 폴 에를리히Paul Ehrlich와 앤 에를리히Anne Ehrlich가 저술한 『인구 폭발The Population Explosion』의 서평이 중요한 논지를 간과했다는 것이었다.

멍거는 편지에 다음과 같이 적었다. "책의 서평자는 바람직한 인구 증가에 훨씬 더 빠른 속도의 기술 발전이 결부된다면 인간의 복지가 계속 개선될 것이라고 말합니다. 맙소사, 그게 그렇게 간단한 문제가 아닙니다. 물리학 법칙을 근거로 말하자면, 이 제한된 세상에서 인구와 1인당 복지라는 두 가지 변수는 결코 양립해서 극대화될 수가 없습니다."

서평자는 지금은 미지에 불과하나 모종의 기술 개발이 이루어지면 오염이나 토양 침식 같은 문제들이 모두 비약적인 해결책을 마련할 수 있을 것이라고 주장했는데, 멍거는 말도 안 되는 헛된 기대라고 일축했다. "앞으로 벌어질 환경 문제에 대한 에를리히 부부의 설명을 조금이라도 진지하게 생각해보았다면 '완만한 인구통계학적 변화'가 발생한다거나 아니면 100년 뒤에 인구 증가로 인한 환경 변화가 별로 심각하지는 않을 것이라고 절대로 자신할 수 없을 것입니다. 무엇보다도 평시의 인구 증가가 이루어지기 위해서는 기술 발전이 필요하나, 이런 기술 발전은 보다 혼잡한 세상에서 더 많이 사용될 것이 분명한 강력한 무기도 만들어낼 것이기 때문입니다."[9]

버핏도 멍거만큼 단호한 입장이다. 1994년 버핏은 이렇게 선언했다. "이 나라에서 그리고 이 세상에서 태어나는 모든 아이가 원해서 태어나는 아기라면 세상의 문제는 지금보다 훨씬 줄어들 것입니다……. 이를 도와주기 위해 우리 곁에 가장 가깝게 있는 것이 바로 가족계획협회입니다. 여성이 출산의 운명을 스스로 결정할 수 있는 권리를 지니게 될 때 우리는 비로소 평등한 사회를 구현할 수 있습니다."[10]

CHARLIE MUNGER
13
버펄로 이브닝뉴스

네가 만일 환난 날에 낙담하면 네 힘의 미약함을 보임이니라.
— 『성경』잠언 24:10

멍거의 자녀들은 아버지와 파트너인 워런 버핏이 버펄로 이브닝뉴스를 인수했던 1997년의 여름을 결코 잊지 못한다. 미네소타 별장의 호숫가 근처에 삼삼오오 모여서 동전줍기를 하던 아이들은 찰리와 함께 호수 건너편의 요트 계선장에 있는 공중전화 박스로 갔다. 아이들은 아버지가 버핏과 통화를 하면서 신문사 인수 전략을 구상하는 동안 옆에서 열심히 동전을 대주었다.

몰리 멍거는 이렇게 말했다. "버펄로 이브닝뉴스는 정말로 중요한 인수 건이었습니다. 어린 저도 중요한 거래라는 것을 알 수 있었어요."

몰리는 아버지와 버핏이 동부 유명 일간지를 인수하면서 두 사람이 한 단계 높은 고지로 올라섰다는 느낌을 받았다. 그들은 지금껏 소규모의 지방 기업을 인수하던 것에서 벗어나 보다 유명한 기업을 향한 행동을 취함으로써 한층 더 넓은 영역에 발을 들이밀고 있는 셈이었다. 이것은 이름만 대면 누구나 알 수 있는 회사를 인수하는 첫 번째 움직임이었던 것이다. 이제부터는 아버지가 무슨 일을 하는지 설명하느라 애를 먹지 않아도 되었다.

버펄로 이브닝뉴스 인수는 블루칩 스탬프스의 부동자금을 통해 이루어진 가장 인상 깊은 거래였다. 또한 한동안은 가장 악몽과도 같은 거래이기도 했다.

버펄로 이브닝뉴스는 1880년에 창간되었으며 수년 째 버틀러 일가가 회사를 경영하고 있었다. 1974년에 케이트 로빈슨 버틀러Kate Robinson Butler가 죽은 후 창립 때부터 공화당 편향적이던 이 신문사는 그녀의 유언에 따라서 시장에 매물로 나왔다. 1977년 첫 번째 토요일에 코네티컷 주의 웨스턴에 도착한 버핏과 멍거는 이번 인수 거래의 중개자로 선정된 빈센트 마노Vincent Manno와 만나 대화를 나누었다. 버핏은 처음에 3,000만 달러의 인수가를 제시했으나 신문사가 거절했다. 그러자 버핏은 입찰가를 3,200만 달러로 높였다. 버펄로 이브닝뉴스의 1976년 세전순이익이 170만 달러에 불과했다는 사실을 감안할 때 3,200만 달러는 상당히 높은 금액이었다. 하지만 이번 입찰가도 거부당하자 버핏과 멍거는 일보후퇴 전략을 취했다. 두 사람은 법정에서 흔히 쓰이는 노란색 용지에 가격을 적어서 돌아왔다. 금액은 3,250만 달러였고, 이번에는 낙찰이 되었다. 이번 인수 거래는 무모한 시도였는데 3,250만 달러라는 인수가는 당시 버크셔 해서웨이 순자산의 거의 25%에 해당하는 금액이기 때문이었다.

가격 협상이 이루어지고 나자 버핏과 멍거는 세부 사항을 논의하기 위해 뉴욕 서부로 날아갔다. 그곳에 도착해보니 버펄로 시 역사상 최악의 눈보라가 몰아치고 있었다. 캘리포니아의 따뜻한 날씨에 익숙해진 멍거에게 버펄로의 혹독한 겨울 한파는 거의 충격이나 다름없었다. 캐서린 그레이엄에게 보낸 편지에서 찰리는 버펄로를 가리켜 "이 도시에는 조지 워싱턴 동상이 프리메이슨을 상징하는 무릎덮개를 두르고 있고 겨울바람이 어찌나 거센지 고층 건물의 우편물 투하 장치에 있는 우편물이 한 번 위로 솟구치면 다시는 내려오지 못할 정도"라고 설명하기도 했다.

낡은 데가 별로 없는 신문사 사옥과 인쇄소를 둘러보던 멍거가 비꼬듯이 말했다. "신문을 펴내는 데 굳이 '궁전'까지 필요한 이유는 뭘까?" 버핏이 이 건물이 '타지마할'에 버금간다면서 멍거의 말에 장난스럽게 맞장구를 쳤다.[1]

훌륭한 건축물에 대한 열정을 지니고 있는 멍거는 유명 건축가가 했다는 건물 설계가 마음에 들지 않았다. 그 건축가는 별세한 버틀러 부인에게 깊은 인상을 주고 싶어서 그녀와 똑같은 모델의 롤스로이스까지 몰고 다닌 사람이었다. 그는 바람이 많이 부는 버펄로에는 전혀 어울리지도 않게 건물에 커다란 발코니를 배치한 데다, 예술성을 살린 건축 방법으로 인해 건물 곳곳에 치명적인 누수까지 발생하고 있었다. 이를 처리하는 데 막대한 비용이 들었다. 그것은 훌륭한 설계에 대한 찰리의 평소 생각과는 거리가 멀었다.

하지만 2000년이 되면서 버펄로의 오래된 시내 중심가에 위치한 네모진 콘크리트 건물은 오히려 적당히 웅대하면서도 위엄 있게 보인다. 더도 덜도 아니고 대도시에 위치한 신문사들과 비슷한 정도로만 화려한 분위기를 풍긴다.

버핏이 1973년에 많은 투자를 행했으며 캐서린 그레이엄의 근무처이기도 했던 워싱턴포스트처럼 버펄로 이브닝뉴스도 적절한 사업 제안business proposition이 힘들기는 마찬가지였다. 두 신문사 모두에 대해 버핏과 멍거는 공평한 인수 거래를 한 것에 자부심을 가지면서 굳건한 사업 포지션을 정하고 이를 지켜나갈 수 있었다.

블루칩이 버펄로 이브닝뉴스를 인수했을 당시 이 신문사는 뉴욕 주 서부에서 안정적인 구독자 층을 확보하고 있긴 했지만, 문제는 버펄로 시가 전형적인 사양도시로 접어들고 있다는 점이었다. 문제는 이것 말고도 많았다. 워싱턴포스트와 마찬가지로 버펄로 이브닝뉴스에도 극성 노조가 여럿 존재했다. 또한 버펄로 쿠리어 익스프레스Buffalo Courier-Express라는 강력한 경쟁사도 있었는데, 이 신문은 한때 마크 트웨인이 편집장으로 일한 역사적으로 유명 일간지이기도 했다. 게다가 버펄로 이브닝뉴스는 일요일자를 발행하지 않았다. 평일 판에 있어서는 버펄로 이브닝뉴스가 4배의 판매고를 자랑하지만 버펄로 쿠리어 익스프레스는 일요일자 신문을 통해 짭짤한 수익을 올리고 있었던 것이다.

버핏과 멍거는 장기적으로 볼 때 버펄로에서는 하나의 신문사만이 살아남을 수밖에 없으며 자신들이 인수한 신문사가 죽든가 혼자 살아남든가 둘 중 하나가 될 것임을 잘 알고 있었다. 많은 위험이 따른다 해도 버펄로 이브닝뉴스에는 일요일 신문을 발행하는 것이 꼭 필요한 일이었다. 블루칩을 통해 신문사를 인수한 후 즉시 버핏과 멍거는 신문사 이름에서 "이브닝"이라는 말을 빼고 일요일에도 신문을 발행했다. 처음에는 기존 구독자에게는 일요일 신문을 무료로 배포하고, 가판대 판매용의 경우에는 1부당 30센트로만 가격을 정했다. 당시 뉴욕 주 서부에서 활동하는 버펄로 쿠리어 익스프레스나 다른 신문사들의 경우 일요일자 신문의 1부당 가격은 50센트였다.

구독자와 광고주에게 특별가로 신문을 제공하자 버펄로 쿠리어 익스프레스는 버펄로 이브닝뉴스가 셔먼 반독점법*을 위반했다며 소송을 제기했다. 1977년 11월 9일 미 지방법원 판사는 소송을 받아들여 새로운 일요일판 신문의 가격 인하 조치를 당장 중단하라는 권고 명령을 내렸다.

앨 마셜이 말했다. "그들은 신문사를 인수하면서 소송도 자초한 셈이었습니다. 하지만 나는 그들이 패하리라고는 생각도 못했습니다."

멍거는 이 신문사가 괜찮은 매수 대상임을 잘 알고 있었으며, 법률상의 불리한 점이나 유리한 점을 낱낱이 파악하고 있던 것은 그와 버핏이 버펄로 이브닝뉴스를 인수했을 때 특히 많은 도움이 되었다. 그들은 일요일자 신문 발행이 결코 쉽지 않은 일이며 어쩌면 구세대적인 신문 전쟁을 유발할 수도 있다는 사실을 잘 알고 있었다.

멍거와 그가 고용한 변호사들이 필사적으로 노력했음에도 불구하고 법원의 이행 명령은 2년이나 지속되었다. 멍거와 마셜은 로스앤젤레스에 사는 친구인 어니스트 잭Ernest Zack의 도움을 받아 버펄로 시에서 벌어진 법적 분쟁을 해결하려 했지만 힘든 소모전이 계속되자 잭은 완전히 지치고 말았다. 힘들고 좌절한 잭이 불평을 늘어놓자 멍거는 "그래도 자네한테는 좋은 경험이 될거야"라는 말로 그를 타일러야 했다.

오랜 법적 분쟁과 사업상의 공방전이 벌어지는 동안 주위 사람들은 52세가 된 멍거의 시력에 문제가 발생했다는 사실을 알아차렸다. 밥 데넘은 멍거의 시력에 대해 이렇게 말한다. "찰리와 함께 일하거나 그의 사무실에 들러서 상황에 대해 논해보니, 그가 서류를 아주 꼼꼼하게 읽는 사람임을 알 수 있었습니다. 그렇게 꼼꼼하게 서류를 파고드는 사람은 많지 않지요. 어쨌든 멍거한테도 그렇게 하는 것은 이제 힘들어지고 말았지요. 그는

---

*Sherman Anti-trust Act: 가격인하로 시장 독과점을 꾀하는 기업을 처벌하기 위해 1890년에 제정된 반독점법.

시력 손상을 회복하려고 했습니다. 글을 꼼꼼히 읽는 버릇이 있는 찰리로서는 시력 손상이 매우 걱정되는 문제였음이 틀림없습니다."

심지어 데넘은 이렇게 덧붙였다. "그는 자신의 시력 손상을 내색하지 않으려 했습니다. 속으로는 꽤 실망했을 것이 분명한데도 말입니다. 그 문제에 대해 솔직하게 털어놓지는 않았지요."

마침내 자신이 옛날처럼 서류를 세심하게 살펴볼 수 없음을 인정하게 된 멍거는 동료들에게 자신이 서류상의 허점을 찾아줄 것이라고 기대하지는 말라고 경고했다. 데넘에게도 서류를 자세히 검토하는 것은 이제는 데넘의 책임이라고 못을 박았다.

멍거는 자신이 많지 않은 나이에 급성 중증 백내장에 걸렸다는 사실을 알았다. 선글라스도 끼지 않은 상태로 캘리포니아의 환한 햇빛을 과도하게 쐰 것이 눈이 손상되게 된 원인일 수도 있지만, 그보다는 어렸을 때 조명등을 이용했던 것이 더 큰 원인일지도 모른다고 멍거는 짐작한다. 멍거는 어떤 이유에서인지는 모르지만 조명등에 너무 매혹된 나머지 나중에 벌어질 일은 생각도 하지 못하고서 눈 보호 장치도 착용하지 않은 채 그것을 과도하게 이용했던 것이다.

시력이 점점 악화되었음에도 멍거는 계속해서 전화로 버핏과 사업 문제를 논의했기에 버핏은 그의 건강에 별 문제가 없다고만 생각했다. 처음에는 그랬다. 버핏은 멍거가 자신의 건강 문제에 대해 아무 소리도 하지 않았다는 것에 놀랐다.

몰리 멍거가 당시를 회상했다. "정말 끔찍했어요. 생각하기도 싫은 일이 아버지한테 일어난 거죠. 아버지는 선착장으로 보트를 몰아가고 있었는데 앞을 전혀 보지 못했어요. 아버지는 혹시 장님이 되는 건 아닌가 걱정했어요. 수술은 불가피한 일이었지요. 아버지의 시력은 점점 사라지고 있었거든요."

그러는 동안 비록 5년이나 걸리긴 했지만 버펄로 뉴스의 문제에 조금씩 해결의 실마리가 보이기 시작했다. 상고심의 배심원단이 실질적인 독점법 위반 증거를 찾을 수 없다며 지방법원의 권고 명령을 뒤집었던 것이다.

여기에 대해서는 론 올슨이 설명해 주었다. "1심의 판사는 4주 동안 신문을 무료 배포하는 것은 명백히 퀸즈베리 규약*을 위반했다고 생각했습니다. 하지만 이 판결을 번복한 판사는 어디에서도 퀸즈베리 규약 위반 혐의를 찾을 수 없다고 말했습니다. 결과에 자신이 있었는지 찰리는 판결이 선언될 때 변호사들 옆에 서 있었습니다."

버펄로 쿠리어 익스프레스와 버펄로 뉴스는 적자 발행을 계속 유지했다. 1979년 버펄로 뉴스는 460만 달러의 적자를 봤는데, 네브래스카와 캘리포니아 출신의 두 사업가에게는 아주 큰 금액이었다. 찰리가 말했다. "내가 직접 계산 수치를 철저하게 확인했습니다. 내가 얼마나 손해를 봤는지 그리고 우리 멍거 가족이 얼마의 손실을 감당할 수 있는지 정확히 알 수 있었지요."[2]

1980년대 초에 미국에 심각한 경기 침체가 불어 닥치면서 상황은 더욱 악화되었다. 점유율 싸움을 이겨내지 못한 버펄로 쿠리어 익스프레스는 미니애폴리스에 사는 코울스Cowles 일가에게 매각되었고, 결국 코울스 일가도 1982년 9월 19일에 백기를 들고 사업을 접어야 했다.[3]

구독자 및 광고주 확보 경쟁이 줄었을지라도 버펄로 뉴스의 이익은 별

＊rules of Marquis of Queensbury : 퀸즈베리 규약은 원래는 근대 복싱의 기본 규약을 의미하지만 오늘날은 정당한 경쟁 법칙의 의미로 사용되기도 한다.

로 호전될 기미를 보이지 않았다. 1980년대에 베들레헴 스틸Bethlehem Steel 산하의 제철소 여러 개가 문을 닫으면서 버펄로 시에서는 제조업 분야의 일자리가 23%나 줄어 있었다. 당시 버펄로 시의 실업률이 15%를 넘기면서 여러 소매기업이 줄줄이 도산했고 이로 인해 광고 수주도 현격히 줄어든 상태였다. 1981년에서 이듬해까지 영업이익은 절반으로 떨어졌고 앞으로 몇 년간의 전망도 상당히 불투명했다. 경기 침체로 인해 버펄로가 여타 도시들보다 더 많은 타격을 받은 것은 맞지만, 불황만이 유일한 문제는 아니었다. 텔레비전이나 다른 새로운 매체가 속속 등장하면서 신문의 입지가 점차 줄고 있는 것도 큰 문제였다.

여전히 시력을 완전히 잃을지도 모른다는 두려움에서 벗어나지 못하고 있던 멍거는 한편으로는 블루칩 주주들에게 보고된 손실을 훨씬 초과하는 기회비용 상실에 대한 책임을 질 수 있도록 경영진을 두어야 한다고 주장했다. 1981년에 멍거는 블루칩 스탬프스의 주주들에게 다음과 같은 내용의 편지를 보냈다. "버펄로 이브닝뉴스는 현재 적자를 면치 못하고 있지만 다른 자산들의 가치는 현재 7,000만 달러가 넘으며 매년 1,000만 달러가 넘는 이익을 벌어들이고 있습니다. 버펄로의 미래에 어떤 불운이 닥칠지라도 우리는 이 신문사를 인수하지 않았다면 경제적인 위치에 있어서 지금과 같은 수준에 도달하지는 못했을 것이라고 100% 확신합니다."[4]

하지만 시간이 지나면서 멍거의 예측은 완전히 엇나간 것임이 밝혀졌다. 버펄로의 경기가 바닥을 치고 회복되면서 신문사의 이익도 급상승했다. 미국과 캐나다의 자유무역협정도 버펄로 부활에 일조했는데, 현재 이 도시에는 미국에 진출한 캐나다 기업들이 대거 포진해 있다. 버펄로 뉴스의 순이익은 상승 가도를 달렸다.

버펄로 뉴스의 최일선에 나서서 경쟁 및 신문조합과 발생한 마찰을 해결하기 위해 고군분투한 사람은 버핏이었다. 멍거는 대부분은 장막 뒤에 가려져 있긴 했으나 버핏과 계속 연락을 위하면서 사업 전략이나 법적 전략을 논의했다.

스탠퍼드 립시Stanford Lipsey는 "멍거가 버펄로 이브닝뉴스 매수에 대단히 깊이 관여했다"라고 말한다. 립시는 오마하의 주간지이며 버핏이 소유하고 있는 「더 선The Sun」의 편집장을 지낸 바 있다. 립시의 지휘 하에 「더 선」은 고아 및 불량아 수용소가 있는 보이스 타운Boys Town에 대한 폭로기사로 1973년에는 퓰리처상을 수상하였다. 립시는 최악의 암흑기를 맞이한 버펄로를 오가면서 버펄로 뉴스의 발행인과 편집자들을 도와주기 시작하다가 결국에는 신문사 운영을 맡게 되었다.

립시가 덧붙였다. "신문사가 힘든 시기를 겪고 있기는 했지만 찰리는 결코 한 번도 화를 내지 않았습니다. 워런과 찰리는 어떤 원칙을 한 번 신봉하면 절대 거기에서 벗어나지 않습니다. 비록 주위 사람들이 그 원칙에 찬성하지 않더라도 말입니다."

버펄로 뉴스는 현재 버펄로에 남아 있는 유일한 도시 일간지로서 뉴욕 주 서부의 10개 카운티에 8개 일간지와 3개 일요일자 신문을 공급하고 있다. 일요일자 신문의 점유율은 약 80%이고 평일자 신문은 약 64%에 달하며, 시장 침투 차원에서 말하면 버펄로 뉴스는 미국 내에서도 50위 안에 드는 굴지의 신문사이다. 버펄로 뉴스의 최대 자랑거리는 다른 주요 일간지들보다 지면 대비 기사 비율이 월등히 높다는 것이다. 버펄로 뉴스의 발행부수는 거의 30만부에 달하며 매출은 1억 5,700만 달러이고 세전순이익은 5,300만 달러나 된다. 또한 미국에서 수익성이 가장 높은 신문사이기도 한데 자산수익률return on assets이 무려 91.2%나 된다.

투자 초기에 신문사 인수에 그토록 관심을 보인 것과 달리 버핏과 멍거는 신문사들이 예전만큼 안전한 투자처는 아니라고 말한다. 텔레비전이나 인터넷 등의 기술 발전은 사람들이 정보를 입수하는 방법에 대대적인 변화를 불러왔고 이로 인해 신문의 전망도 불투명해졌다는 것이 그 이유이다. 사실 멍거는 인터넷으로 인해 경쟁이 더욱 치열해지면서 어떤 신문사든 이익을 내기가 훨씬 힘들어질 것이라고 말한다.

몰리 멍거가 기억하는, 버펄로 뉴스의 성공이 가시화되기 전의 아버지의 모습은 핸섬하고 옷도 잘 입고 시력에도 문제가 없는 남자이다. "영화배우처럼 근사한 아버지였지요. 사람들이 아버지가 항상 두꺼운 안경을 써왔다고 생각하지는 말기를 바랍니다. 안경은 수술을 받은 후부터 쓰게 되었지요."

버펄로 뉴스의 문제들은 바람직한 방향으로 해결되었지만 찰리는 시력을 잃었고 모친도 잃었다.

백내장으로 시력을 잃게 되었다는 것이 분명해지자 멍거는 로스앤젤레스에 있는 굿서매리튼 병원에서 백내장 수술을 받았다. 멍거는 구식 수술이었다고 말한다.

"25년 전이었습니다. 당시에도 새롭고 개선된 수술이 개발되기는 했지만 나는 전혀 관심이 없었습니다. 그냥 의사를 찾아갔는데 그 의사는 자기가 잘 아는 구식 수술법을 추천해주더군요. 새로운 수술법의 합병증 발병률은 2%에 불과했지만 구식 수술은 5%나 되었지요. 처음 수술을 해준 사람이 누구냐고요? 말할 생각이 없습니다. 그 사람은 아주 좋은 사람이었습니다. 우리 가족의 안과 주치의였지요. 그건 제 실수였습니다. 순전히 제 잘못입니다."

수술이 끝나고 멍거는 드물지만 치명적인 합병증에 걸리고 말았다. 그가 설명했다.

"상피눈속증식이라는 합병증에 걸렸습니다. 쉽게 말해 눈 바깥쪽의 세포 일부가 눈 안쪽으로 파고들어가는 병인데, 새로운 수술법으로도 치료가 불가능한 병이었지요. 그 병에 걸리면 눈 바깥쪽에서부터 세포가 증식합니다. 증식한 세포가 내부를 뒤엎으면서 안압이 높아지고 결국 시신경이 파괴되고 말지요."

이 상태는 증식하는 세포가 눈 바깥쪽으로 퍼져나가지 않는다는 점을 제외하면 암과 비슷하다. 고통이 극심해지자 멍거는 보이지 않는 눈보다 더 나쁜 것이 있다면 보이지도 않으면서 아프기까지 한 눈이라는 생각이 들었다. 1980년에 멍거는 왼쪽 눈의 내부를 완전히 들어내 속을 비운 후 안구를 의안으로 대체하는 수술을 받았다.

"눈 내부를 제거하는 수술이 얼마나 고통스러운지는 겪어보지 않은 사람은 모릅니다. 나는 여러 날 동안 상처 입은 동물처럼 으르렁댔습니다. 통증에다 구역질까지 너무 심해서 간호사가 목욕시켜주러 왔을 때에는 심지어 그녀의 손길도 제대로 견디지 못하겠더군요."

왼쪽 눈이 수술 후유증에 시달리는 동안 오른쪽 눈에서도 서서히 백내장이 진행되고 있었다. 멍거는 똑같은 경험을 반복하고 싶은 생각은 추호도 없었다. 그래서 그는 오른쪽 눈에 대해서는 가장 최소한의 위험만 감수한다는 전략을 취하기로 했다.

"의사에게 뿌연 수정체만 제거해달라고 했습니다. 그냥 백내장용 안경을 쓸 테니 새롭게 인공 수정체 따위는 이식하지 말라고 말했습니다." 백내장용 안경은 그가 어렸을 때에는 노인들이나 사용하던 것이었다.

"요새 백내장용 안경을 이용하는 사람은 거의 없습니다. 아마도 제가 지상에서 마지막일 겁니다." 멍거는 각종 의학보고서, 노란색 법정 용지에 직접 적은 메모지들 및 당시 사건에 대한 자세한 내용을 적어넣은 종이로 구성된 파일을 아직도 보관하고 있다.

병 바닥만큼이나 두툼한 안경을 끼게 되었다는 사실만 제외하면 변한 것은 없었다. "제 생활은 별로 달라지지 않았습니다. 주변시력은 없지만 정면시력은 아주 좋습니다." 찰리는 1999년에 안경을 낀 상태에서 오른쪽 눈의 시력을 측정했는데 20/15(1.25)가 나왔다.

왼쪽 눈이 보이지 않아도 멍거는 차를 운전하고 다닌다. 왼쪽으로 차선을 바꿔야 할 때에는 후방거울로 뒤에 있는 차들의 수를 세어보고 바로 뒷차와의 간격을 가늠하면서 요령 있게 차선을 변경하는 방법을 익혔다. 그는 강력한 엔진이 달린 렉서스를 모는데, 필요할 때마다 재빨리 차를 움직이기 위해서이다. 그에게는 다른 주 운전자들이 소위 캘리포니아식 정지행동California stops이라고 부르는 운전습관이 있다. 이것은 정지 신호 앞에서 속도를 줄이며 멈출 것처럼 굴다가도 앞이 뚫리면 갑작스럽게 밀고 나가는 행동을 의미한다. 아마도 이런 운전습관은 그의 시력과는 아무 상관도 없을 것이다.

과거 그의 파트너였던 앨 마셜의 주장에 따르면 멍거는 운전할 때 딴 생각을 하는 버릇이 있기 때문에 시력이 좋았을 때에도 모범 운전자는 아니었다고 한다.

"멍거는 트렁크 안에 휘발유 1갤런(약 3.8리터)을 넣고 다니기도 했습니다. 게다가 트렁크 안에 휘발유가 있다는 것도 기억하지 못했으니 아주 위험천만한 행동이었죠."

멍거와 마셜이 하와이에서 휴가를 보내고 있을 때였다. 찰리는 렌트카로 좁은 시골길을 달리는 동안 몸짓을 섞어가며 대화를 나누고 심지어 주위 경관을 둘러보기까지 했다. 고개를 들어 정면을 본 앨은 앞쪽 다리가 유실돼 있는 것을 발견했다. 그가 찰리에게 "멈춰"라고 소리쳤으나 찰리는 전혀 속도를 줄이지 않고 오히려 "왜?"라고 반문했다. 너무 놀란 마셜은 어떻게 설명해야 할지 몰랐지만, 다행히 멍거가 상황을 금세 알아차렸다. 다리 가장자리 바로 앞에서 차가 끼이익 소리를 내며 급정거했다.

오티스 부스는 이렇게 회상한다. "시력을 잃자 찰리는 실용적인 방법으로 문제를 다루었습니다. 자신한테 효과가 있는지 알아볼 겸 점자책 몇 권을 구입했지요."

자신의 시력이 글을 읽기에는 무리가 없다는 사실을 알게 되자 찰리는 점자에 대한 생각은 깨끗이 단념했다.

이에 대해 할 보스윅이 한마디 덧붙였다. "독서광인 사람한테는 결코 유쾌한 경험은 아니었지요. 아버지는 책 없이는 못 사는 분입니다. 집 구석구석마다 책이 놓여 있지요. 의자 옆에 서너 권, 침대 옆에서도 서너 권씩은 꼭 책이 쌓여 있었습니다. 사실 아버지는 독서 취향이 한정된 편입니다. 소설은 안 읽죠. 대개는 경영서나 위인전, 역사책, 과학책을 즐겨 읽는 편입니다. 모두 논픽션이라는 공통점이 있군요."

멍거는 시력에도 아랑곳없이 골프나 여행, 독서를 즐기는 편이긴 하지만, 가끔은 의안 때문에 상당한 불편을 겪기도 한다. 오티스 부스가 들려준 바에 따르면, 한번은 운전면허증 갱신을 위해 차량국Department of Motor Vehicles에 갔는데 시력검사를 받아야 했다고 한다.

"멍거는 창구 직원에게 한쪽 눈이 안 보인다고 말했습니다. 검사관이 의사 소견서를 제출하라고 하자 찰리가 이렇게 답했습니다. '그냥 지금 이 자리에서 보여드리리다. 이건 의안이외다. 꺼내서 보여줄 테니 원하면 카운터 위에 올려놓으시구려.' 검사관은 계속 의사 소견서를 가져오라고 하다가 찰리가 감독관에게 직접 말하겠다는 소리에 고집을 꺾었지요. 그렇게 해결하는 데 거의 30분이나 걸렸습니다."

이렇듯 많은 일이 벌어지는 가운데 찰리의 모친이 세상을 떠났다. 투디 멍거는 남편이 죽은 후 15년을 더 살았다. 그녀는 말년을 에드 데이비스의 미망인인 도로시 데이비스와 많은 시간을 보내면서 함께 여행을 다니곤 했다.

월라 데이비스 시맨이 말했다. "한번은 어머니와 토디 아주머니가 같이 프랑스로 여행을 갔다 온 적이 있어요. 집에 올 때쯤 되자 두 분 다 몸이 안 좋아졌어요. 휠체어에 앉아서 서로를 밀어주면서 공항을 빠져나오더군요."

몰리 멍거는 할머니가 지성을 유지하고 세월의 변화에도 발맞추기 위해 노력했다고 말한다. "할머니와 내가 같이 저녁을 사먹으려고 외출한 적이 있었어요. 오마하에 사는 다른 미망인 친구들도 함께였지요. 한 분이 말하더군요. '이번 여름에는 톨스토이를 다시 읽어야 할 것 같아.' 그분은 할머니 하면 으레 떠오르는 쿠키나 다정다감한 것들하고는 거리가 멀었지요. 말솜씨가 유창한 분이었어요. 제 사촌인 로저는 히피였거든요. 우리 할머니가 한번은 미망인 친구와 함께 늘 그러듯 유럽으로 여행을 떠났어요. 할머니가 새 친구한테 '댁의 손자도 빵을 굽나요?'라고 물었다는군요. 그렇다는 대답이 나오자 두 사람은 눈을 반짝 빛냈어요. 상대방한테도 히피 손자가 있다는 것을 알게 되어서였지요."

투디 멍거의 장례식에서 찰리는 우피 이모를 비롯해 모친의 좋은 친구들이었던 미망인들의 얼굴을 쳐다보았다. 그는 아버지와 친조부모, 외조부모인 러셀 부부를 떠올렸다. 그리고 자신의 어머니가 "축복받은 삶"을 살다 갔음을 깨달았다.

14
저축대부 산업과 일전을 치르다

똥에 건포도를 섞은들 그것은 여전히 똥일 뿐입니다.
— 찰리 멍거, 버크셔 해서웨이 연차총회, 2000년 5월

한때 파사데나에 소재한 뮤추얼 세이빙스라는 평범한 이름의 작은 저축대부은행의 모회사였던 웨스코 파이낸셜은 인수한 직후부터 찰리 멍거와 워런 버핏에게 아주 흡족한 수익을 내주는 곳이었다. 하지만 대주주인 버크셔 해서웨이의 사업이 완전히 변했듯, 웨스코 파이낸셜 역시 처음과는 완전히 다른 모습으로 변모하였다. 버크셔는 버핏이 멍거의 도움을 받으면서 자신의 일생일대의 걸작을 그리는 커다란 캔버스이다. 웨스코는 멍거가 버핏의 도움에 힘입어 자신만의 화려한 색채를 수놓는 보다 작은 캔버스라고 말할 수 있다.

블루칩 스탬프스가 1974년 웨스코 지분을 어느 정도 매수한 직후 버핏과 멍거는 캘리포니아에 있는 다른 저축은행의 인수 시도를 피하기 위해 한바탕 싸움에 돌입했다. 이어서 SEC는 버핏과 멍거를 비롯한 여타 사람

들의 기업 인수 방식에 대한 조사에 들어갔다(10장 참조). SEC 조사로 인해 많은 소란이 빚어졌지만, 결국 버크셔 해서웨이는 이 일을 계기로 상당한 자산을 갖춘 지주회사로 거듭났고 이는 결과적으로 전화위복이 된 셈이었다.

당시 멍거와 저축대부 조직의 유력 회원들, 연방 감독기관 사이에 큰 견해차가 발생하면서 웨스코는 버크셔와 흡사한 체계를 지닌 지주회사로 전면 탈바꿈했다. .

1976년부터 웨스코와 이 회사의 소유주인 블루칩 스탬프스는 버크셔 조직으로 완전히 흡수되었다. 그럼에도 불구하고 버핏은 이렇게 말했다. "블루칩 스탬프스가 여전히 웨스코 주식을 소유하고 있습니다. 원래부터 그래왔기 때문입니다. 우리는 지금 70년대에 보유했던 80.1%의 지분을 그대로 유지하고 있습니다."

소유관계로 살펴봤을 때 버크셔가 블루칩 지분 100%를 소유하고 있고 버크셔에서는 35% 이상의 지분을 보유한 버핏이 가장 큰 주주이기 때문에 실질적으로는 그가 웨스코를 지배하고 있다고 말해도 과언이 아니다. 하지만 버크셔에 속한 다른 회사들과 마찬가지로 버핏은 블루칩이나 웨스코 경영에 직접 관여하지는 않는다. 웨스코가 자회사인 웨스코-파이낸셜보험회사Wesco-Financial Insurance Company(웨스픽Wes-Fic)와 프리시전 스틸 웨어하우스Precision Steel Warehouse의 지분을 모두 소유하고 있고 버핏이 두 회사의 이사로 등록돼 있을지라도 이 사실은 변함이 없다.

웨스코의 현재 회장은 멍거다. 그는 회사 본사가 소재한 지역에 살고 있으며, 무엇보다도 창립 가문의 일원인 베티 피터스Betty Peters와 사이가 아주 좋다. 피터스 가문이 현재 보유하고 있는 웨스코 지분은 약 1.3% 이다.

웨스코 회장 자리를 맡고 있는 것에 대해 멍거는 아무 보수도 받지 않는다. 하지만 버크셔 해서웨이의 부회장 및 블루칩 스탬프스의 회장 직분에 대해서는 10만 달러의 연봉을 받는다. 또한 코스트코에서도 이사 보수를 받는다. 과거에는 버크셔 해서웨이가 많은 지분을 보유하고 있었던 살로먼과 US에어에서도 이사 보수를 받았다.[1]

버크셔 주주총회가 버핏이 모든 조명을 한 몸에 받는 방대하고 선명한 원이라면, 최근 몇 년 동안 웨스코 연차총회는 이 원 밖의 장소에서 찰리가 자신의 의견을 기탄없이 개진할 수 있는 일종의 왕궁과도 같은 곳이 되었다. 한동안 웨스코는 1950년대 스타일의 낡아빠진 카페에서 총회를 열었는데, 파사데나의 번화가인 콜로라도 대로Colorado Boulevard에서 한참 들어간 후미진 곳에 위치한 가게였다. 연차총회에 참석하는 인원이 매년 계속 늘어나면서 빛바랜 꽃무늬 벽지와 때에 절어 거무튀튀해진 카펫이 장식된 길쭉하고 좁아터진 연회실은 사람이 더 이상 들어갈 수 없을 정도로 북적거렸다.

버크셔 해서웨이 총회가 끝나고 2주가 지난 5월에 열린 1997년 웨스코 연차총회에는 약 100여명 정도의 사람들이 참석했다. 멍거가 투덜댔다. "이들은 맷집 좋은 권투선수나 마조히스트의 전형입니다. 절대 물러서는 법이 없으니 참석 인원은 매년 계속 늘어날 테죠."

찰리의 말이 옳았다. 1997년에 카페가 문을 닫으면서 1998년 웨스코 연차총회는 장소를 옮겨야 했다. 파사데나의 매코믹 앤드 슈믹스McCormick & Schmick's 씨푸드 레스토랑을 빌렸지만 이번에도 장소가 너무 좁아서 사람들이 다 들어갈 수가 없었다. 1998년에는 참석 인원이 두 배 이상 늘었고 1999년에는 500~600명의 사람들이 참석했다. 이 총회에는 많은 신도가 참석한다. 버지니아에서 온 개인 투자자인 앤위 부부, 앨라배마에서 온 킬패트릭 일가, 캘리포니아에서 온 졸린 크로울리 등을 비롯해 아주 많은 사람들이 열성적으로 매년마다 자리를 함께한다. 또한 애널리스트나 투자컨설턴트, 기관투자자들도 모습을 비춘다.

멍거가 매코믹 앤드 슈믹 레스토랑에 모인 주주들에게 말했다. "이 방의 화려한 모습에 우선 사과의 말씀을 드립니다. 여러분들 대부분은 낡은 뮤추얼 세이빙스 건물 지하에 있는 카페 시절부터 연차총회에 참석해온 분들입니다. 그런 다음에는 우리 소유의 건물에 세 들어 있는 카페에서 괜찮은 방 하나를 빌려서 총회를 열었지요. 하지만 결국 그 카페도 망했고, 건물은 지금 텅 빈 상태입니다."

멍거는 건물을 청소하고 텅 빈 식당에 가구를 들여놓느니 몇 시간 동안 레스토랑을 빌리는 것이 돈이 더 적게 든다고 설명했다. 그러면서 농담 한마디를 덧붙였다.

"하지만 이렇게 화려한 장소에서 주주총회가 열리는 것에 대해 실망을 금치 못하는 분들도 많을 것입니다. 이번에도 워낙에 많은 분들이 참석해서 1평방미터당 인원이 신기록을 세우긴 했지만 말입니다."

웨스코 총회의 스타는 단연코 찰리이다. 그리고 1999년 연차총회에서 주주들은 3시간 동안이나 자리를 지키면서 75세의 노^老 자본가에게 질문 공세를 퍼부었다. 그렇다고 멍거가 하룻밤 만에 스타가 된 것은 아니었다. 그가 버크셔나 웨스코 주주들을 비롯해 비즈니스 세계의 주목을 받기 시작한 것은 1980년대부터였다.

워런 버핏이 버크셔 해서웨이 연차보고서에서 그 유명한 '주주들에게 보내는 회장의 편지'를 쓰는 동안 찰리도 웨스코 주주들에게 회장의 편지를 썼다. 웨스코의 연차보고서는 버크셔와는 별도로 발행되었다가 나중에 버크셔 보고서 뒷부분에 일부 내용이 따로 실린다. 멍거는 처음에 회장의 편지를 두 가지 용도로 이용했다. 첫째로는 버크셔에 합병된 이후 웨스코의 발전 상태를 설명했다. 이와 동시에 주주들을 비롯해 기꺼이 귀를 기울일 생각이 있는 모든 사람들에게 저축대부 산업에 불어올 폭풍우를 경고하는 내용도 담기 시작했다. 버핏의 지원 아래 멍거는 결국 과감한 내용도 서슴지 않고 발표했는데, 저축대부 산업은 그의 말에 귀를 기울이긴 했지만 업계 리더들의 행동은 별로 달라진 것이 없었다.

저축대부조합S&L의 역사는 수백 년 미국의 역사와 맥을 같이 하지만, 저축은행이 중요한 금융기관으로 부상하게 된 것은 2차 대전에서 돌아온 퇴역군인들 사이에서 갑자기 주택 구입 바람이 불면서였다. 전후 시작된 주택 경기 호황이 1980년대 중반까지 이어지면서 저축대부업은 번창 일로를 걸었다. 특히 캘리포니아에서는 그 열풍이 더욱 거셌다.

지금까지 대부분의 기간 동안 저축대부조합은 정부 감독당국의 허가하에 저축성예금passbook account이나 양도성예금증서certificates of deposits, 그외 다른 예금에 대해서 은행보다 더 높은 이자율을 매길 수 있었다. 그에 대한 급부로 저축대부조합은 자금 대부분을 주택담보대출에 빌려줘야 한다는 조건을 지켜야 했다. 기업대출이나 그 밖의 여러 금융서비스를 제공하는 것은 법으로 금지되어 있었다. 그러다가 1980년대에 이르러 여러 사건이 발생했다. 소위 비은행 금융기관non-bank banks으로 불리는 증권사와 뮤추얼펀드 회사들이 자체적으로 정한 이자율로 머니마켓계좌money market account, MMA를 출시하기 시작했으며, 로널드 레이건 대통령 행정부도 경제에 대한 정부 역할 축소를 위해 저축대부산업에 대한 규제를 완화하기 시작했다. 이는 저축대부조합의 대출 및 투자 영향력이 늘어나게 되는 첫 수순이 되었다.

정부 규제를 지지하는 쪽은 아니었지만 멍거가 생각하기에 규제 완화의 시기나 수위 모두 위험한 수준이었다. 멍거는 저축대부조합의 예금보험deposit insurance 증가나 일부 규정 변화에 분통을 터뜨렸는데, 특히 규제가 거의 없이 운영되는 비은행 금융기관들이 저축대부조합의 새로운 경쟁자로 들어선 후에는 더욱 그러했다. 그들이 제공하는 머니마켓펀드money market fund, MMF에는 예금보험이 따로 없었고, 저축대부조합과 달리 펀드 운용사들은 지점을 유지해야 한다는 조건도 없다. 멍거의 지적에 따르면 MMF 운용에 드는 비용은 효율성이 가장 높은 저축대부조합의 절반도 되지 않았다. 이런 비은행 금융기관들이 한때 저축대부조합에서 가장 수익률이 높았던 자금원을 뺏어가고 있었고 그로 인해 이익률이 심각할 정도로 줄어들었다. 이와 동시에 예금보호제도로 인해 저축대부조합은 압박감을 줄이기 위해서라면 더 많은 리스크를 감수할 수 있다는 생각까지 하게 되었다.

1983년에 주주들에게 보낸 편지에서 멍거는 이렇게 적었다. "미 정부 당국(연방저축대부보험공사Federal Savings and Loan Insurance Corporation)은 예전과 마찬가지로 저축대부조합의 저축예금에 대한 보험 제도를 계속 유지하고 있습니다. 이는 당연히 (그리고 이전보다 대출 및 투자 여력이 늘어난 지금) 많은 저축대부조합들이 훨씬 과감한 행동을 취하는 결과를 불러올 것입니다. (나쁜 대출 관행이 좋은 대출 관행을 몰아내는) 일종의 변형된 그레셤 법칙*이 예금보험 가입 기관deposit-insured institution들을 제외하고 완전히 시장을 장악하게 될 수도 있습니다. 혹시라도…… '무모한 행동이 신중한 행동을 구축한다면' 무모한 신용연장으로 인한 지불 불능 사태가 일파만파로 퍼져서 큰 불행이 닥치게 될 수도 있습니다."[2]

---

*Gresham's law : 악화가 양화를 구축한다는 법칙.

멍거와 버핏은 웨스코와 뮤추얼 세이빙스의 사업을 저축대부업에서 옮겨가는 작업을 시작하면서 웨스코가 다가올 미래를 준비할 수 있도록 했다. 웨스코는 살로먼이 1987년 10월 1일에 신주로 발행한 시리즈A 누적적 전환 가능 우선주Series A Cumulative convertible Preferred Stocks 10만주를 1억 달러에 매수했다. 이번 매수는 버크셔가 6억 달러를 대고 웨스코가 나머지를 대는 7억 달러 규모 투자의 일환으로 이루어졌다. 우선주 1주마다 9%의 배당을 받는 것 외에도 1990년 10월 31일 이후에 살로먼 보통주 26.3주로 전환할 수 있다는 옵션이 붙어 있었다. 이 계약대로라면 웨스코와 버크셔는 전환 당일 주가가 38달러를 넘을 경우 주식 전환으로 이익을 볼 수 있었다.[3]

역사가 입증하듯 1987년 10월 19일은 근래 몇 년 만에 최악의 폭락장이 펼쳐진 블랙먼데이로 기록된 날이었다. 시장 폭락으로 살로먼도 치명타를 입으면서 주가는 16.62달러까지 뚝 떨어졌다. 다행히 1989년 말이되자 살로먼 주식은 23.38달러로 회복했다.

1988년 멍거와 버핏은 뮤추얼 세이빙스의 사업을 원래의 저축대부업에서 옮겨가는 일을 또 한 차례 진행했다. 3시간 동안의 논의 끝에 두 사람은 속칭 프레디맥Freddie Mac으로도 불리는 연방주택대출모기지공사Federal Home Loan Mortgage Corporation에 대한 뮤추얼 세이빙스의 소유지분을 늘리기로 결정했다.

프레디맥은 주택대출 상품을 하나로 모아 유가증권으로 상품화해서 이를 투자자에게 판매함으로써 모기지 시장에 유동성을 제공하는 역할을 한다. 회사는 수수료와 "스프레드"로 수익을 올리는 한편 대부분의 금리 변동 위험에서는 한 발짝 비켜설 수 있다. 게다가 프레디맥은 모기지에 대한 보험도 제공한다. 프레디맥은 일반 서민이 보다 수월하게 집을 소유할 수 있도록 간접적인 주택대출 시장을 마련하고자 정부가 1938년에 설립한 기관이다. 시간이 흐르면서 프레디맥의 성격은 많이 변했다. 1970년 신용위기 때 하원이 마련한 조항에 따르면 대부 기관인 저축대부조합은 프레디맥의 지분을 소유하는 것이 제한돼 있었다. 훗날 프레디맥은 기관투자자들이 다수 지분을 보유하는 민간 소유 형태로 바뀌었다. 그리고 1988년부터는 뉴욕증권거래소에서도 주식이 거래되기 시작하였다.

미국에는 모기지담보부증권mortgage-backed securities을 상품화해서 판매하는 연방기관이 두 곳이 있는데 그 중 하나가 프레디맥이고 다른 하나는 페니메이Fannie Mae라고 불리는 연방모기지협회Federal National Mortgage Association이다. 프레디맥에 대한 연방정부의 암묵적인 지원은 멍거와 버핏이 원하는 경쟁우위를 제공해주고 있었다.

저축대부조합 업체가 프레디맥의 주식을 소유하는 것이 법적으로 가능해지자 웨스코는 뮤추얼 세이빙스를 통해 7,200만 달러에 프레디맥 주식 2,880만 주를 매수했다. 그것은 규제가 풀린 이후 프레디맥을 대상으로 행해진 가장 큰 투자였다. 또한 후일 저축대부산업이 붕괴되는 동안 튼튼한 성벽이 되어 웨스코를 안전히 지켜준 투자이기도 했다. 1999년 말이 되었을 때 웨스코가 보유한 프레디맥 주식의 시장가치는 13억 8,000만 달러로 늘어나 있었다.[3]

멍거가 말했다. "저축대부 사업에서 프레디맥 주식을 보유하는 것으로 사업을 옮기면서 우리의 장기적인 관점이 옳았음을 확인할 수 있었습니다. 미리 준비를 한다면 평생 몇 번의 기회가 왔을 때 단순하지만 논리적으로 그리고 즉시 전폭적인 움직임을 취할 수 있습니다. 그리고 그것은 평생의 재무성과를 획기적으로 끌어올려줍니다. 탐구적인 마인드로 꾸준히 탐색하고 기다리면서 다양한 변수를 고려하는 태도를 길러야 합니다. 그런 사람에게는 이처럼 아주 훌륭한 기회가 분명 몇 번은 찾아오기 마련이죠. 그 다음에는 성공 가능성이 최대한 높다 싶을 때, 인내와 끈기를 발휘하며 과거에 모았던 자원을 활용해서 과감하게 배팅하고자 하는 태도가 필요합니다."[5]

페니메이의 경우에도 마찬가지로 대량 매수할 수 있는 기회가 찾아왔지만 버핏과 멍거는 망설였다. 버핏은 페니메이의 지분 보유를 더 늘리지 않은 것이 아쉬울 따름이라고 말한다.

"내가 놓친 기회 중 가장 아쉬운 것은 아마 페니메이일 것입니다. 우리는 저축대부조합을 소유하고 있었기에 페니메이가 처음 민간 투자를 허용했을 때 4% 지분을 매수할 수 있는 자격을 얻었습니다. 우리는 지분을 매입했습니다. 하지만 같은 이치로 따져서 페니메이 지분을 더 확보해야 했습니다. 내가 뭘 하고 있었냐고요? 손가락이나 빨고 있었죠."

1989년에 저축대부 산업 전체에 흉흉한 분위기가 감돌았다. 전국 각지에서 문 닫는 저축대부조합이 속속 등장하면서 조지 부시 행정부는 대대적인 긴급구제금융 조치를 단행했다. 찰리 멍거는 그 과정을 "체비 체이스*가 등장하는 아주아주 긴 영화"라고 비꼬면서 업계 리더들이 자칭 그럴듯한 직함을 만들어서 워싱턴에서 로비를 하며 상황이 악화되든 말든 자신들의 체면 살리기에만 급급하다며 맹렬히 비난했다.[6]

"찰리와 나는 상황이 아주 끔찍하게 돌아가고 있음을 절감했습니다. 우리는 거기에 휘말리고 싶지 않았지요. 우리 모두 확실한 열정을 가지

---

* Chevy Chase : 미국의 코미디 배우.

고 있었습니다." 버핏이 말했다.

1980년대 초의 여타 저축대부조합 회사들과 마찬가지로 뮤추얼 세이빙스도 전미저축기관연맹United States League of Savings Institutions이라는 강력한 로비 조직의 회원이었다. 멍거가 저축기관연맹에 쓴 항의 편지는 저축대부산업은 물론이고 이 업계에 평생 모든 돈을 저축한 일반 시민들에게도 큰 충격을 주었다. 그는 편지에서 연맹이 저축대부조합 업계의 개혁을 지지할 의사가 전혀 없다며 비난을 퍼부었다.

1989년 5월 30일에 쓴 편지 내용은 다음과 같다.[7]

신사숙녀 여러분,

이 편지는 뮤추얼 세이빙스가 전미저축기관연맹에서 공식적으로 탈퇴한다는 의사를 공표하는 편지입니다.

ASE에 상장된 웨스코 파이낸셜 및 NYSE에 상장된 버크셔 해서웨이의 자회사인 뮤추얼 세이빙스는 더 이상 연맹에 가입해 있을 뜻이 없습니다.

뮤추얼 세이빙스 입장에서도 수년 동안이나 회원으로 있던 연맹에서 탈퇴하기로 한 것이 결코 쉽지만은 않은 결정이었습니다. 하지만 우리는 현재 연맹이 행하고 있는 로비가 매우 잘못되었으며 불명예스럽다고 판단하기에 더 이상은 회원 자격을 유지하고 싶은 생각이 없습니다.

현재 저축대부산업은 미국 금융 제도 역사상 가장 커다란 혼란을 야기하고 있습니다. 지난번에 주주들에게 발송한 연차보고서에서도 그 내용을 간략히 요약했듯이, 이런 혼란이 빚어진 데에는 여러 이유가 있지만 상황이 훨씬 악화된 원인을 여기에서 간단히 적으면 다음과 같습니다. ①저축기관연맹이 로비를 하면서 성공적인 방해공작을 벌인 탓에 감독기관은 사기꾼과 바보가 다스리는 일부 예금보험에 가입한 저축대부조합의 운영방식에 대해서 수년 동안이나 제대로 된 대응을 하지 못했습니다. ②미키 마우스식의 낙관적인 회계 처리로 인해 예금보험에 가입한 많은 저축대부조합들의 재무상태가 실제보다 건전한 듯 과대포장 되었습니다. ③저축대부조합은 저축계좌 소유주들에게 예금 보장을 약속하고 있지만 이를 뒷받침할 실제 자기자본은 형편없이 낮은 수준입니다. 지금 의회가 마주하고 있는 상황을 암에 비유하고 연맹을 발암인자에 비유하는 것은 결코 지나친 일이 아닙니다. 암을 도려내야 하는 것처럼, 의회가 지혜와 용기를 가지고 문제를 유발하는 요인들을 잘라내지 않는다면 지금과 같은 문제는 계속해서 재발할 것입니다.

더욱이 뼈를 깎는 재조정을 포함해 실질적인 법제 개혁을 반드시 단행해야 함에도 불구하고 연맹이 최근 벌이고 있는 로비는 최소한의 개혁마저도 거부하고 있는 듯합니다. 가령 연맹은 ① '영업권goodwill(이것은 금융 제도의 맥락에서 볼 때 '부풀리기'에 불과합니다)'을 자본으로 계상해서 감독기관에게 설명하려는 잘못된 회계 관행의 연장을 지지하고 있으며, ②연방예금보험federal deposit insurance에 가입해서 예금 전체를 보전할 수 있어야 한다는 조항을 준수하는 데 필요한 실질 자기자본의 비율을 최소화해야 한다고 주장하고 있습니다.

현재 나라 전체에 재앙이 불어 닥친 데에는 연맹의 로비도 한몫을 했음이 분명함에도, 연맹은 방만한 회계원칙과 불충분한 자본 보유를 계속 유지해야 한다는 고집을 꺾지 않고 있습니다. 이는 예금보험에 가입한 수많은 저축대부조합들의 잘못된 자금 운용이 계속되어야 한다고 주장하는 것과 다르지 않습니다. 연맹이 저축대부산업의 혼란에 대응하는 방식은, 엑손 사가 발데즈 호 기름 유출 사건에 대해 부적절하게 대응한 것과 마찬가지로 서투르기 짝이 없습니다. 사실 유조선 선장이 과음을 하지 않았더라면 그런 사고도 일어나지 않았을 테니 말입니다. 다른 분야의 제조업체가 의회에 공식 사과를 했던 선례를 따르는 것이 연맹으로서도 더 현명한 선택입니다. 연맹은 오랫동안 정부당국을 오도하면서 결과적으로는 납세자들에게 큰 피해를 입혔습니다. 따라서 계속 당국을 오도하는 데 두 배의 노력을 쏟아 붓는 것이 아니라 공식 사과를 하는 것이 순리입니다.

산업협회라면 현실적인 기준을 유지해야 하며 전미저축기관연맹처럼 행동하는 것이 당연하다고 생각하는 사람들도 있기는 합니다. 이런 관점에서 본다면 각 산업이 협회를 만든 이유는 터무니없는 잘못을 저지른 후에 진실이나 합리적인 생각, 혹은 도의적이며 정상적인 관례를 제시하기 위해서라고 보기는 힘듭니다. 단지 다른 산업협회가 자가당착적인 부조리나 정치적 영향력을 발휘하는 것처럼 자신들도 여기에 걸맞은 자가당착의 부조리와 정치적 영향력을 기르기 위한 법적 제반 장치를 마련하기 위해서일 뿐이라고 생각할 수밖에 없습니다. 하지만 연맹의 사례가 잘 보여주듯, 산업협회가 이런 식으로 잘못 행동하고 하원선거구 내의 부유하고 힘 있는 선거구민들이 그 행동을 지지할 때 국가 전체가 막대한 피해를 입게 된다는 것을 우리는 분명히 깨닫게 되었습니다. 따라서 "블랙 삭스" 스캔들 이후 메이저리그 야구협회가 전면 개혁의 길을 걸었듯, 전미저축기관연맹의 공식적인 책무는 지금까지의 행동을 완전히 뒤집는 것입니다. 과거 연맹의 근시안적인 행동으로 혼란이 가중되면서 현재의 고객 예금제도가 악화일로를 걷게 되었듯이, 오늘날 연맹의 근시안적인 행동은 미래의 고객 예금제도에 많은 해악을 끼칠 것이 분명합니다.

이 사실을 의심하지 않기에 워런 E. 버핏과 저는 뮤추얼 세이빙스를 전미저축기관연맹에서 탈퇴시키기로 결정하였습니다. 또한 작은 항의의 표시로서, 많은 사람들이 이 사실에 주목할 수 있도록 본 탈퇴 서한을 언론에 발표하는 바입니다.

여러분의 진실한 벗

찰스 T. 멍거 배상

연맹은 회원조합 다수의 지지를 받고 있는 데다가 행정부에 있는 지인들도 연맹 편을 들어주고 있었다. 연맹의 대변인인 짐 그롤Jim Grohl은 「워싱턴 포스트」지에 멍거의 편지를 심각하게 논하지는 않을 것이라면서도 "우리로서는 회원의 입장을 대변하고자 최대한 노력했다. 우리가 부시 행정부에 제도 변화를 위한 압력을 충분히 가하지 않았다고 생각하는 회원들 사이에서 앞으로도 탈퇴 행렬이 이어질 수 있다"라고 덧붙이기도 했다.[8]

멍거가 저축대부업계의 관행에 분통을 터뜨리는 것은 맞지만 그렇다고 정부 소속의 일부 비평가들의 생각처럼 예금보험이라는 개념 자체에 반대하는 것은 아니었다. 오히려 멍거의 입장은 정반대였다. "금융에도 보험이 필요합니다. 금융 패닉은 생각만 해도 끔찍합니다."[9]

멍거가 뮤추얼 세이빙스의 연맹 탈퇴를 결정한 바로 그 해에 하원은 저축대부산업에 대한 개혁입법안을 상정했다.

다음 해 멍거는 이런 내용의 편지를 적었다. "웨스코 연차보고서를 발표했던 지난 해, 하원은 저축대부법의 개정을 고려하고 있었습니다. 하지만 그 직후 저축대부조합들에 대한 '재규제' 조치가 행해지면서 새로운 예금보험 손실 사태가 빚어질 가능성은 줄어들었습니다. 이런 손실은 고스란히 납세자 부담으로 돌아가기 마련이지요. 과거의 예금보험손실이 이런 입법안 상정을 유발했는데, 아마 그 손실액 규모는 1,500억 달러를 넘어설 것으로 보입니다. 그토록 큰 예금보험 손실이 발생하게 된 데에는 여러 요인이 복합적으로 작용했기 때문입니다. ①연방예금보험이 제공되고 금융기관들이 예금 유치를 위해 자유롭게 금리를 정할 수 있게 되면서, 저축대부조합과 은행의 지급이자 및 수취이자 사이의 '스프레드'를 둘러싸고 발생한 경쟁 압력, ②조합 자산 배치asset deployment에 대한 느슨한 규정, ③사기꾼 아니면 바보에 불과한 조합 경영자들이 감독기관의 간섭 없이 자산 운용을 승인하고 유보한 것, ④특정 대도시의 전반적인 부동산 폭락, ⑤저축기관연맹의 불건전 로비를 계속해서 무책임하게 보호해주고 장려하는 한편, 일부 하원의원이 가장 비열한 저축대부조합의 후원을 받고 있다는 사실 등을 그 요인으로 꼽을 수 있습니다."[10]

멍거는 뮤추얼 세이빙스의 전미저축기관연맹 탈퇴 의사를 밝힌 서한을 언론에 대대적으로 공표한 것이 오히려 단호한 입법 조치가 마련되는 계기가 될 수 있었다는 데 어느 정도 자부심을 가지고 있었다. 낙태 합법화를 지지했을 때와 마찬가지로 이번 사태로도 그는 공화당 소속의 친구들과 다른 행보를 걷게 되었다. 전미저축기관연맹에는 레이건 대통령의 캘리포니아 지지자들이 다수 포진해 있었다. 연방주택대부은행위원회 Federal Home Loan Bank Board의 수장은 대통령이 임명하는 것이 전통적인 관례였다. 당시 위원장은 캘리포니아 저축대부 업계의 거물이며 레이건의 오랜 지기이자 공화당의 중요 기부자인 고든 루스 Gordon Luce라는 사람이었다.

멍거가 저축대부 업계의 선두 회사 및 정치권을 대상으로 열변을 토한 시기는 버펄로 뉴스의 법적 문제를 해결하고자 애쓰고 있던 때이기도 했다. 수술한 왼쪽 눈에도 부작용이 발생하면서 줄어든 시력으로 살아가는 방법도 익혀야 했다. 또한 탈퇴 의사를 밝히면서 연맹을 신랄하게 비난하던 1989년 바로 그 해에, 사랑하는 큰누나 메리가 오랫동안 파킨슨병을 앓다 죽는 일까지 발생했다.

1989년 웨스코 연차보고서에서 멍거는 여러 문제가 잘 해결되면 뮤추얼 세이빙스가 저축대부 사업을 그대로 유지할 수 있겠지만 그렇지 못할 경우 저축대부 사업에서 완전히 철수할 수도 있다고 적었다. 법제 개혁을 통해 상황이 호전될 수도 있다는 낙관적인 기대를 품었지만, 기대는 여지없이 무너졌다. 저축대부 사업에 대한 멍거의 좌절감은 점점 불어났다. 그는 당시 저축대부 업체들이 새롭게 뛰어들고 있는 몇몇 투자상품에 대해서도 멸시감을 감추지 못했다.

"모기지담보부증권을 선택한다고 해서 우리가 복잡한 투자상품을 매입할 가능성은 지극히 낮습니다. 코미디를 좋아하긴 하지만 우리는 최신형 '점프 Z 트랑셰 등급의 REMICS*'는 피할 생각입니다. 점프 Z 트랑셰는 REMICS 풀 중에서도 특정한 계약형 프랙션**을 말하는데, 발행기관은 투자은행가의 조언을 받아들여서 현재 이 풀을 ①일관형 점프 Z 트랑셰sticky Jump Z tranche와 ②비일관형 점프 Z 트랑셰non-sticky Jump Z tranche라는 두 종류의 새로운 계약형 프랙션으로 세분화했습니다. 지금과 같은 속도라면 조만간 세분화가 더 심화될 것입니다. 우리는 복잡성을 아주 싫어하기 때문에 이런 증권을 살 생각이 전혀 없습니다. 또한 물리학 박사학위도 없으면서 주나 연방 정부의 조사관들이 건전성을 중시한 우리의 선택을 이리저리 조사한 다음에 늘어난 가치를 반영한다면서 원가가산방식cost-plus basis으로 정산서를 작성해서 내밀 수도 있다고 생각하면 벌써부

---

*Jump Z tranches in REMICS: 86년 세법 개정 이후 오늘날 대부분의 CMO는 발행기관에 일정수준의 세금우대를 제공해주는 부동산담보투자(Real Estate Mortgage Investment Investment Conduits, REMICS)로 발행되며 현재 REMICS와 CMO는 거의 같은 개념을 의미한다. 불어로 부분이나 몫을 뜻하는 트랑셰는 증권 발행이나 차입금 인출 시의 보증활동에 적용되는 단어이지만 여기에서는 REMICS 등급 구분의 의미도 포함하고 있다. Z 트랑셰는 선순위 트랑셰에 대한 원리금이 지급되기 전까지 일정 기간 동안은 증권보유자가 현금 수취를 할 수 없는 가장 마지막 등급의 트랑셰를 의미한다. 단, 점프 Z 트랑셰는 선순위 트랑셰보다 앞서서 원금 수취가 가능한 예외적인 Z 트랑셰이다. 바로 뒤에서 나오는 일관형 점프 Z는 바뀐 우선순위가 상환 전까지 계속 유지되는 트랑셰이고, 비일관형 점프 Z는 시급한 상황이 발생했을 경우에 한해서만 바뀐 우선순위를 일시적으로 유지하는 트랑셰를 말한다.

**contractual fraction: 운용실적과 연계해서 실질 가치를 보전할 수 있게 하는 투자 상품.

터 소름이 돋습니다. 현재 금융의 몇 가지 경이는 우리와는 상관없이 진행되고 있습니다. 우리는 가장 이성적인 사람들이 최선의 노력을 기울임으로써 당면한 상황을 이해할 수 있었던 잃어버린 옛 시절이 그립습니다."[11]

약 2,800개의 저축대부 업체가 회원으로 가입해 있었던 전미저축기관연맹은 결국 해산했고, 탈규제 비용에 대한 멍거의 비관적인 예측은 현실이 되어 나타났다. 결국 저축대부 산업의 위기는 미국 역사상 가장 엄청난 금융스캔들 중 하나로 기록되었다. 회복에만 10년이 걸렸으며 일부 분석가들의 주장에 따르면 납세자들이 여기에 쏟아 부은 돈은 1조 달러에 달한다고 말한다. 남녀노소를 불문하고 국민 1인당 4천 달러의 비용이 든 셈이다.[12]

새로운 연방법의 불합리성은 차치하더라도 멍거는 이 새로운 법이 대다수 저축대부 업체와는 상당히 다른 길을 걷고 있는 뮤추얼 세이빙스에 부정적인 영향을 미칠 수도 있음을 깨달았다. 실제로도 그랬다. 그것도 아주 오랜 기간 동안.

저축대부조합에 대한 재규제가 시행되면서 뮤추얼 세이빙스는 배당률이 연 10.8%인 고등급우선주 포트폴리오를 처분해야 했다. 1989년 말이 투자 포트폴리오의 장부가치는 4,110만 달러였다. 이 주식을 매각하면 뮤추얼 세이빙스는 870만 달러의 이익을 볼 수 있겠지만 그와 동시에 여기에서 나오는 높은 배당수익도 같이 사라진다는 뜻이기도 했다.

새로 바뀐 법률에 맞춰서 뮤추얼 세이빙스는 연 9%에 세금우대가 적용되는 배당을 제공하는 살로먼의 전환가능 우선주를 매각해야 했다. 이 증권의 취득가액은 2,600만 달러였고 멍거가 볼 때에도 증권 매도를 통해 이익이 실현되기는 하겠지만 선택할 수만 있다면 그는 살로먼의 우선주를 자신이 원하는 방식대로 다루고 싶었다.

개정법에 따라 뮤추얼 세이빙스는 3억 달러의 총자산 중 70%를 주로 부동산 대출 형태로 보유하고 있어야 했다. 게다가 예금보험료도 올라갈 것이 분명했다. 이 상황에 대해 멍거가 주주들에게 설명했다. "……1990년대 중반이 되면 보험료 증가로 인해 뮤추얼 세이빙스는 예금의 0.23%에 해당하는 금액을 보험료로 납부해야 합니다. 그렇게 될 경우 수년 동안 0.083%의 보험료를 납입하던 때에 비해서 뮤추얼 세이빙스의 연간 수익력earning power은 약 20만 달러씩 감소하게 될 것입니다."[13]

1992년에 뮤추얼 세이빙스는 저축대부 사업에서 손을 떼고 자산 대부분을 청산했고, 1993년에 웨스코는 저축대부조합 법률의 규제를 받지 않는 금융지주회사로 거듭났다. 멍거는 저축대부 사업이 자본 규모에 비해 시간을 너무 많이 잡아먹는다고 설명했다. 약 3억 달러의 자본이 웨스픽으로 이전되었는데 이 회사는 오마하에 있는 버크셔의 계열사인 내셔널 인뎀니티National Indemnity와 관련된 사업을 행하고 있었다. 웨스픽은 일명 "슈퍼캣supercat"이라고도 불리는 초재해 보험을 판매하는 회사이다. 웨스픽은 프레디맥의 주식을 그대로 보유하고 있었지만 뮤추얼 세이빙스는 일전에 9,200만 달러의 대출 포트폴리오와 2,300만 달러의 예금을 센페드 파이낸셜CenFed Financial Corp에 매각하였다. 센페드는 뮤추얼 세이빙스의 두 지점에 대한 사업 운영권을 넘겨받았다.

웨스코가 자산의 대부분을 보험 사업으로 전환했을 즈음에 버크셔는 세계 최대 수준의 자본을 가진 손해보험사들을 계열사로 거느리고 있었다. 손해보험업은 웨스코에게도 적절한 사업이었을 뿐 아니라 버핏과 멍거에게도 딱 맞는 일이었다. "우리가 더 잘 할 수 있고 골치도 훨씬 덜 아

픈 일을 하지 않을 까닭이 없지 않습니까?"라며 멍거가 반문했다.[14]

웨스코가 저축대부 사업을 접은 것은 맞지만 멍거는 앞으로 금융지주회사로서의 행보가 쉬울 것이라고는 확신할 수 없었다. 가장 큰 이유는 좋은 인수 거래를 찾기가 어려워지고 있기 때문이었다.

"웨스코는 차입매수를 행하지 않기 때문에 적절한 인수 거래를 하기가 언제나 어려운 편이었습니다." 멍거가 말했다. 그것은 미네소타 주의 리치 호Leech Lake에서 머스키 낚시를 하는 것과 비슷했는데, 멍거의 최초 파트너였던 에드 호스킨스는 인디언 가이드와 이런 대화를 나누었다.

"이 호수에서는 머스키가 좀 잡힙니까?" 호스킨스가 물었다.
"미네소타에 있는 다른 호수보다는 많이 잡히는 편이죠. 이 호수는 머스키 낚시로 유명하거든요."
"여기서 얼마나 오래 머스키 낚시를 했나요?"
"19년이요."
"그동안 몇 마리나 잡았나요?"
"한 마리도 못 잡았습니다."[15]

멍거가 말했다. "웨스코에 비전秘傳의 방책이 있는 것은 아닙니다. 그보다는 단순명료한 사실을 항상 유념하면서 더 많은 이익을 얻기 위해 계속 노력하고 있습니다. 똑똑해지려고 노력하는 것이 아니라 바보처럼 굴지 않기 위해 노력하는 우리 같은 사람들이 장기적으로는 훨씬 유리합니다. '수영을 잘하는 사람이 익사한다'는 속담 속에 진리가 숨어 있습니다."[16]

그러나 웨스코가 인수한 몇몇 회사는 좋은 성과를 내지 못했다. 캘텍 출신의 전기 엔지니어이자 멍거가 사업적 능력을 인정하는 친구인 글렌 미첼Glen Mitchel이 찾아낸 뉴아메리카 일렉트릭New America Electric도 그 중 하나였다.

찰리는 미첼에게 이 회사 인수를 제안하면서 인수 거래에 자신도 참여하기로 했다. 당시 찰리는 현금이 부족한 상태였기에 그와 릭 게린은 뉴아메리카펀드를 통해 이 전기 회사에 투자했다. 남부 캘리포니아의 주택 건설회사와 이동주택용 공원 개발회사에 전기용품을 제공하는 뉴아메리카 일렉트릭은 여러 해 동안 캐시카우cash cow의 자리를 지키고 있는 회사였다.

뉴아메리카펀드가 청산 절차를 밟을 때에도 그 회사는 여전히 캐시카우였다. 당시 멍거는 미첼에게 세 가지 선택권을 주었다. ①뉴아메리카 일렉트릭의 주식을 뉴아메리카펀드 주주들에게 배분한다. 이렇게 하면 뉴아메리카 일렉트릭은 미첼이 운영하는 소규모 공개거래 기업으로 바뀌게 된다. ②뉴아메리카 일렉트릭을 통째로 매각하되 방법은 미첼이 원하는 방식을 따른다. ③버핏이 승인한 가격에 따라서 웨스코가 뉴아메리카 일렉트릭 주식 80%를 매수한다. 이때 70%는 뉴아메리카펀드가 출자하고 10%는 미첼이 출자하며, 나머지 20%는 그대로 미첼이 보유한다. 미첼은 ③을 선택했다. 하지만 곧이어 사업 상황이 돌변하면서 미첼의 선택은 그에게 결코 최적이라고는 할 수 없는 결과를 불러왔다. 웨스코에도 불리하긴 마찬가지였으나 멍거와 같은 뉴아메리카펀드 주주에게는 오히려 유리한 결과를 가져왔다. 다음 해 캘리포니아의 주택 경기가 급강하했고, 회사의 가치는 약 30%나 떨어졌다.

멍거가 설명했다. "대공황 이후 남부 캘리포니아에 몰아닥친 최악의 경기 침체였습니다. 뉴아메리카 일렉트릭은 큰 타격을 받았죠. 웨스코는 약간의 손해를 보고서 주식을 매각했습니다. 웨스코가 손실을 입을 수도 있다고는 생각지도 못했습니다. 알았다면 결코 인수 거래를 하지 않았을 것입니다. 정말 당혹스러운 경험이었습니다."

프레디맥 주식과 우선주 몇 종목을 제외하면 웨스코가 뮤추얼 세이빙스 시절부터 보유해온 종목은, 자산 및 부채를 따져서 순장부가치net book value가 1,300만 달러 정도의 소규모 부동산 자회사인 MS부동산회사MS Property Company가 전부이다. MS부동산은 파사데나 시내의 사무건물 몇 채와 캘리포니아 주 업랜드 시의 작은 쇼핑센터 하나를 관리하고 있다. 멍거가 개발한 "멍거빌", 다시 말해 샌타바버라 몬테시토의 바다의 목장도 웨스코의 부동산 부문 사업으로 추진되었다.

오늘날의 모습에서도 볼 수 있듯이 웨스코는 투자사업, 산하 보험회사들의 증권 소유, 비즈니스 부문이라는 세 가지 사업을 행한다. 어떤 해에는 웨스코가 벌어들인 순이익 중 47%가 보유 증권의 실현이익에서 나오기도 했다.

웨스코의 1999년 연결대차대조표consolidated balance sheet에 계상된 유가증권의 시장가치는 28억 달러였다. 가장 큰 부분을 차지하는 것은 19억 달러의 가치가 매겨진 프레디맥 주식이었다. 이것은 1988년에 7,170만 달러를 주고 구입한 프레디맥 주식 2,880만 주를 말한다. 두 번째와 세 번째는 코카콜라와 질레트 주식으로, 두 종목의 합산 가치는 8억 달러였다. 버크셔와 마찬가지로 웨스코도 트래블러스Travelers와 US에어의 우선주, 아메리칸 익스프레스와 웰스파고Wells Fargo의 지분 약간을 보유하고 있다.

웨스코의 사업은 크게 두 범주로 나뉘는데, 하나는 보험업이고 다른 하나는 제조업이다. 웨스코의 주요 자회사 네 곳은 오마하 소재의 슈퍼캣 보험사인 웨스픽, 캔자스은행보증Kansas Bankers Surety Company, 프리시전 스틸, 코트 비즈니스서비스Cort Business Services Corp이다.

1999년 말에 웨스픽이 보유한 투자자산 규모는 25억 달러였다. 멍거는 이 회사를 "초저비용으로 운영되는 대단히 강력한 보험회사"라고 말한다.[17] 그럼에도 멍거는 주주들에게 종종 경고하곤 한다. "수퍼캣 재보험은 겁쟁이에게는 맞지 않는 분야입니다. 앞으로 몇 년 간은 웨스픽에 상당히 불쾌한 미래가 펼쳐질 것이고 그러면 연간 실적이 대대적으로 바뀔 것이 분명합니다."[18]

웨스코는 계속해서 적절한 인수 대상을 찾아다닌 끝에 1996년에 현금 8,000만 달러를 주고 캔자스은행보증KBSC을 인수했다. 1909년 캔자스의 주도인 토피카Topeka에 세워진 KBSC는 약 1,200개의 은행에 보험을 제공하며 이 중 네브래스카 소재 은행들이 약 70%를 차지한다. KBSC는 처음에는 주로 예금보험을 제공하는 회사였다.

웨스코와는 전혀 성격이 맞지 않는 듯 보이기는 하지만, 철강제품 공급업체인 프리시전 스틸도 웨스코의 자회사이다. 이 회사는 현재 일리노이 주의 프랭클린파크Franklin Park와 노스캐럴라이나의 샬럿Charlotte에서 조업을 행하고 있다.

한편 웨스코는 2000년 2월에 현금 4억 6,700만 달러를 주고 코트 퍼니처렌털Cort Furniture Rental의 모회사인 코트 비즈니스서비스를 인수했다.

1999년에 웨스코의 5년 평균 매출증가율은 11.8%, 주당순이익 증가율은 27.64%였다. 1999년의 총수익률은 19.6%였으며 과거 3년 동안의 총수익률은 58.7%, 5년 평균 수익률은 27.5%였다. 버크셔 해서웨이는 배당을 지급하지 않지만, 버크셔가 일부 지분을 보유하고 있는 다른 회사들과 마찬가지로 웨스코 파이낸셜도 배당을 제공한다.

"웨스코는 소액주주들이 선호하는 배당정책을 이용합니다"라고 멍거는 말하는데, 여기서 소액주주는 베티 피터스를 가리키는 것이었다. "우리가 이 회사를 매입하게 된 계기가 된 사람들을 말하는 거죠. 그렇기에 우리는 소액주주들의 의견을 최대한 반영합니다. '특이하군' 이라고 말하는 사람도 있습니다. 사실 그 말이 맞습니다."[19]

버핏이 추가적으로 설명했다. "소수 지분을 다수가 나눠 가지고 있는 웨스코와는 정반대로, 버크셔의 경우에는 80% 이상의 지분을 소유하고 있는 자회사가 서너 군데 되는데 나머지 지분도 몇몇 주주들이 나눠가지고 있습니다. 각 자회사에서 우리는 20% 미만의 지분을 가진 주주들에게 그들이 배당정책을 정해줘야 한다고 말합니다. 그들의 결정에 따르는 거죠. 배당을 시행하면 우리는 세금을 내지 않지만 주주들은 세금을 내야 합니다. 그 외에도 가족 문제 등 주주들은 여러 가지를 고려해야 하므로 소액주주들이 배당정책을 정하는 것이 옳습니다."[20]

버크셔가 다수 지분을 확보하고 있고 설립 가문도 상당 지분을 보유하고 있기 때문에 웨스코의 거래량은 대단히 적은 편이다. 미 증권거래소에서의 하루 평균 거래량은 1,300주 정도에 불과하다. 총 주주 수는 약 5천 명 정도이다.

멍거는 별로 내키지 않지만 많은 투자자들은 버핏과 버크셔 해서웨이의 투자 스타일을 이해하기 위해 웨스코의 분기보고서Form 10-Q를 열심히 탐독한다. 버핏의 투자 방식을 흉내 내는 투자자들에게는 당연한 일일수도 있는데, 웨스코와 버크셔의 보유 종목은 겹치는 것이 많기 때문이다.[21]

애널리스트들은 웨스코를 버크셔 해서웨이의 축소판이나 "2등석" 버전이라고 한다. 사실 웨스코는 버크셔와 매우 흡사하면서도 가격은 훨씬 싼데, 버크셔 클래스 A주가 주당 4만~9만 달러를 오가는 것에 비해 웨스코는 220~350달러 선을 오가기 때문이다. 블루칩이 처음 웨스코 주식에 지불한 가격은 주당 6달러였고 나중에 지불한 가격은 주당 17달러였다.

멍거는 웨스코와 버크셔를 비교하는 것을 달갑지 않아 하면서 이렇게 경고했다. "웨스코는 버크셔와 버금가게 좋으면서 규모만 작은 회사가 아닙니다. 작은 규모로 인해 성장 가능성이 더 높으므로 더 좋은 회사입니다. 게다가 웨스코의 장부가치 1달러에서 내재가치가 차지하는 비중은 버크셔 해서웨이의 장부가치 1달러 대비 내재가치의 비중보다 훨씬 적습니다. 장부가치 대비 내재가치의 비중에서 이렇게 큰 편차가 벌어짐에도 불구하고 최근 몇 년 동안 두 회사의 주가는 버크셔에 유리한 쪽으로 더욱 크게 벌어졌습니다."

멍거가 말했다. "결코 의도한 것은 아니지만 웨스코와 버크셔에서 우리가 만들어낸 것은 일종의 종파입니다. 누군가는 그것이 좋은 종파이고 우리도 교도들을 좋아하지 않느냐고 말하더군요. 물론 그렇기는 합니다. 하지만 약간 지나치다 싶을 만큼 우리 교파의 신도들은 우리 일에 과도한 관심을 보이면서 우리를 따라서 투자하면 안전할 거라고 생각합니다. 아마도 그런 태도가 웨스코와 버크셔의 주가에 영향을 미친 것 같습니다."[22]

사람들의 생각을 바로잡아줄 목적으로 멍거는 버크셔 해서웨이의 투자 철학과 길을 달리하며 연차보고서를 통해 주주들에게 내재가치를 보고한다. 1998년 말에 멍거는 웨스코의 내재가치가 주당 342달러라고 말했다. 당시 웨스코의 거래가는 내재가치보다 겨우 4% 높은 354달러

였다.[23)]

주가가 고평가되어 있을 때에도 멍거는 아무 거리낌 없이 주주들에게 그대로 말한다. 지난 1993년에는 이런 경고도 했다. "오랑우탄이라도 지금 주가가 회사의 청산가치보다 한참 높은 수준에서 거래되고 있음을 잘 알 것입니다. 이 사실을 누차 말하는데도 사람들은 계속 웨스코 주식을 사고 있습니다."[24)]

1999년 6월에 멍거는 주식 가치가 연초보다 조금 내려간 주당 294달러라고 말했다. 웨스코가 보유한 상장주들의 가격이 크게 변동했고 그 결과 웨스코의 비실현이익도 영향을 받은 것이다. 1999년 말 웨스코는 52주 만에 최저가인 253달러로 뚝 떨어지면서 연말에는 353달러까지 주가가 오를 것이라고 기대하던 투자자들에게 실망을 안겨주었다. 웨스코의 주가 하락은 프레디맥의 주가 하락에서 그 원인을 찾을 수 있었다. 프레디맥은 2년 연속 50% 이상의 상승세를 보여 주었지만 금리가 인상하면서 주가가 곤두박질했다. 1999년 12월부터 2001년 2월까지 14개월 동안 주가는 30%나 더 떨어졌다.

주가 하락에도 멍거는 침착함을 잃지 않았다. "나는 76세입니다. 살아오면서 주가 하락을 부지기수로 겪었습니다. 그만큼 오래 살았으면 한때의 시장 분위기에 휩쓸리지 않을 줄도 알아야 합니다."

멍거는 웨스코 주주들에게는 내재가치를 계산하는 것이 적절한 일이지만, 버크셔 주주들에게는 내재가치 계산이 옳은 행동이 아니라고 말한다. 두 회사는 완전히 다른 회사라는 것이 그 이유이다.

"웨스코는 아직은 변할 소지가 많고 사업 운영 규모도 크지 않기 때문에 자산의 실제 가치를 계산하기가 다소 쉬운 편입니다. 혹시라도 회사가 문을 닫고 주주들에게 우편으로 수표를 발송한다고 해도 그 파장이 어느 정도일지는 짐작할 수 있으니까요."

부분적으로는 버크셔의 후광을 입고 있기 때문에, 부분적으로는 웨스코와 버크셔의 보유 종목이 겹치는 것이 많기 때문에, 그리고 부분적으로는 멍거의 훌륭한 인격에 대한 믿음 때문에, 웨스코에도 열렬한 추종자들이 몰려들고 있다.

멍거는 지나친 추종은 삼가야 한다고 말하면서도, 주주들과 언론을 위해 기꺼이 몇 시간이고 한 자리에 앉아서 사람들의 질문에 답해준다. 멍거가 시간이 다 되어서 연차총회 직후에 예정된 이사회에 참석하기 위해 자리를 떠야 할 때까지 주주들은 자리를 지키며 그의 강연을 열심히 듣는다.

주가가 요동쳤던 1999년 연차총회에서 찰리 멍거는 웨스코 주주들에게 회사와 관련된 몇 가지 문제가 지금은 심각해 보이지만 시간이 지나면 대단치 않은 것임이 드러날 것이라고 말했다. 장기 투자가 승리를 거두는 것도 바로 이런 이유 때문이다. "웨스코는 과거 시큐리티 퍼시픽* 계정을 해지하고 뱅크오브아메리카 계정으로 옮겨갔습니다. 그곳에서 우리의 계정이 잔액 부족 사태에 처했지만 은행의 어느 누구도 잔액을 복구시켜주지 못했습니다. 계정을 폐쇄하자 계약이 해지되었고 우리는 몇 가지 회계 수정을 행해야 했습니다. 5년이 지나자 아무도 기억하지 못하더군요……."

---

* Security Pacific: 미국의 은행지주회사.

15
만개하는 버크셔 해서웨이

> 자동차 운전을 배울 생각이라면 액셀러레이터 작동법만 알아가지고는
> 아무 소용도 없습니다. 시스템을 정확히 이해하기 전에 우선 네다섯 가지 사항부터
> 익혀야 합니다. 어쩌면 몇 가지는 다른 사항들보다 더 중요할 수도 있습니다.
> 우리가 벌이는 게임에서는 규모의 우위가, 다시 말해 경험의 규모와 공장의 효율성,
> 임대차 경험의 정도를 비롯해 여러 가지 규모의 우위가 중요합니다. 애덤 스미스의
> 핀 공장은 굉장히 중요한 기본 개념이기는 하지만 그것은 단지 일례에 불과합니다.[1]
> — 찰리 멍거

찰리 멍거는 법정의 증언대에 섰다. 로스앤젤레스의 소규모 법률지가 불공정 상거래 관행으로 데일리저널 사를 고소했기 때문이었다. 멍거가 기업 가치 평가와 관련해 경험이 풍부하다는 것을 입증하기 위해 론 올슨 변호사는 제일 먼저 그가 버크셔 해서웨이의 부회장이자 웨스코 파이낸셜의 회장이며 블루칩 스탬프스의 전직 회장임을 밝혔다. 멍거의 증언은 버크셔가 오늘날과 같은 모습이 되기 위해 어떤 성장 과정을 겪어 왔는지를 간단하게나마 알려주었다.

Q. 멍거 씨, 이처럼 과거에 여러 번 사업 연합을 구축하는 과정에서 종종 다른 회사들을 사고팔기도 했습니까?

A. 글쎄요, 우리는 파는 것보다는 주로 사는 것을 위주로 했습니다. 결과가 좋

왔기 때문에 우리는 계속해서 기업들을 인수했습니다. 지금까지 우리가 인수한 기업이 아마 100개도 넘을 겁니다. 되판 곳은 두 개 정도 될 겁니다. 우리는 항상 기업을 사고파는 일에 몰두하는, 소위 진러미*식 경영은 좋아하지 않습니다. 그보다는 사서 보유하는 쪽을 더 좋아합니다.

Q. 인수 거래를 행하기 전에 기업을 분석할 때 주로 어떤 식으로 하는지 배심원단에게 설명해주실 수 있습니까?

A. 물론입니다. 일단은 회계수치부터 살펴봅니다. 하지만 그것은 시작에 불과합니다. 회계수치에만 의존해서 판단을 내린다면 연달아 끔찍한 실수를 저지를 가능성이 아주 높습니다. 회계수치와 그것이 의미하는 바를 이해하고 철저히 분석한 다음에, 실제 그 기업의 상황을 이해할 수 있도록 여러 현명한 질문을 던져야 합니다.

Q. 그런 질문들을 통해서 특정 산업이나 기업의 전반적인 사업 분위기의 향방을 가늠합니까?

A. 예. 그렇게 하는 경우도 있습니다. 하지만 그보다는 우리는 개별 기업의 질적 특성을 더 많이 고려합니다. 존경할 만한 경영진이 존재하고 회사의 경영방식도 훌륭하다는 판단이 들면, 불황인 업종일지라도 회사를 인수하기도 합니다.

Q. 경영진에 대한 평가도 인수 시 중요한 고려 요소가 됩니까?

A. 물론입니다.[2]

찰리 멍거와 워린 버핏은 젊은 시절 만났다. 30대 중반이었던 멍거와

---

*jin rummy: 3~4개의 짝패나 연속된 같은 무늬 패를 만드는 카드 게임. 보통은 손을 빨리 떼는 플레이어가 이긴다. 여기서는 끼워 맞추기 식으로 기업을 사고파는 행위를 의미한다.

20대 후반이었던 버핏은, 낸시 멍거의 지적에 따르면 둘 다 매우 바쁜 사람들이었다. 같이 일하기 시작한 이후부터 둘은 날개를 단 것과 같았다. 버핏은 벤 그레이엄과 제롬 뉴먼이 파트너십의 문을 닫으면서 물려받은 동부해안의 고객들을 다루는 한편 네브래스카를 위주로 새로운 투자자들을 모집했다. 멍거 역시 버핏의 지휘 아래 캘리포니아에서 투자자들을 모으는 일에 착수했다.

"찰리는 워런의 천재성을 가장 일찌감치 알아본 사람입니다. 워런에 대해 찰리가 하는 말을 더 귀담아 들었다면 저는 지금보다 훨씬 더 큰 부자가 되었을지도 모릅니다." 과거에 멍거와 함께 부동산 개발과 투자 사업을 했던 앨 마셜은 그렇게 말했다.

멍거의 말에 '더 많이' 귀를 기울인 사람은 오티스 부스였다. 인쇄소 매입 건으로 조언을 구하기 위해 멍거의 법률회사를 찾아왔던 부스는 결국 그의 파트너가 되어 수익성이 높은 두 건의 콘도 건설 사업을 행하기도 했다. 1963년에 멍거는 부스에게 버핏을 만나보라고 말해주었다.

부스는 당시를 이렇게 회상했다. "찰리의 파트너십에서 일하고 한두 해가 지났을 즈음, 그가 워런에 대해 말해주면서 1957년부터의 실적을 보여주었습니다. 1963년이나 64년 쯤 나는 오마하로 가서 밤새도록 워런 버핏과 함께 투자에 대한 얘기를 나누었습니다."

두 사람의 대화는 밤새도록 그치지 않았다. 부스가 말했다. "그 후 즉시 수표를 작성했습니다. 파트너십은 1년 만에 다시 문을 열었습니다. 그 해에 절반, 다음 해에 나머지 절반, 도합 100만 달러의 금액을 적어넣을 생각이었죠. 첫 번째 수표에는 50만 달러를 이서했지만 당시 소득이 그 정도였기에 다음 해에는 그보다 적은 금액을 이서했습니다. 게다가 찰리의 파트너십에도 100만 달러를 묶어두고 있었거든요."

버핏의 파트너십은 약 5년 정도만 유지되었다. 1950년대 후반과 1960년대 초에 버핏은 뉴잉글랜드 소재의 오래된 제조회사의 지분을 사 모으기 시작했다. 섬유와 손수건, 양복 안감을 생산하는 이 회사는 당시 경영 악화로 고전을 면치 못하고 있었다. 세간의 생각과 달리 버크셔 해서웨이는 셔츠를 생산하는 회사는 아니었다. 버핏은 처음에는 벤 그레이엄과 관련이 있으며 엄격한 가치 평가 방법으로 평판이 높은 뉴욕 소재 투자회사인 트위디브라운을 통해 지분을 매수했다. 그랜드 센트럴 역 근처에 위치한 트위디브라운 투자회사는 멍거의 설명에 따르면 "버핏이 젊고 가난했던 시절 걸핏하면 놀러가는 장소"였다.[3]

버핏은 주식시장에 거품이 너무 많아서 싼 주식을 찾기가 대단히 힘들다고 설명하면서 1969년에 파트너십을 접었다. 주주들에게는 차후 돈을 관리하는 방법에 대해 몇 가지 방법을 추천해주었다. 버핏은 친구인 윌리엄 루앤이 운용하는 명망 높은 세쿼이아펀드(현재는 새로운 투자를 받지 않고 있다)에 참가하거나 아니면 자신처럼 직접 자본을 운용하는 방법을 선택하라고 투자자들에게 제안했다.

파트너십을 접었을 무렵 버핏은 회사 지배권을 장악할 수 있을 만큼 버크셔 해서웨이 주식을 충분히 확보한 상태였다. 그는 펀드를 청산하고 남은 자산과 자신의 개인 자금 대부분을 버크셔로 이전할 생각이었다. 이를 위해서는 투자자들의 절대적인 신뢰가 필요했는데, 사실 버핏이 회사를 어떤 식으로 운영할지는 아직은 미지수였기 때문이다. 20년 동안 그는 제조업과 투자업을 동시에 수행하고자 노력했다. 하지만 멍거는 버크셔를 "뉴잉글랜드 소재의 작고 불운한 섬유회사"라고 묘사했다. 딱 맞는 묘사였다.[4]

버크셔 인수를 일생 최악의 재무적 실수라고 말하면서 버핏은 제조업에서 수익성을 내겠다는 생각을 포기했다. 1985년에 그는 제조업을 청산한 후 다른 회사들을 매수해서 보유하는 일에 전적으로 집중하기 시작했다. 심지어 처음부터 버핏을 전적으로 신뢰하던 투자자들도 재정비된 버크셔 해서웨이가 이후 대단한 성공가도를 달리는 것에 깜짝 놀랄 정도였다.

오티스 부스, 앨 마셜, 릭 게린도 예외는 아니었는데, 서부해안 출신인 세 사람을 버핏의 투자자들로 끌어들인 사람은 바로 찰리 멍거였다. 현재 부스가 살고 있는 튜더 양식의 저택은 로스앤젤레스의 부촌인 벨에어에 위치해 있으며 이웃에는 디즈니 회장인 마이클 아이스너가 살고 있다. 부스의 순자산은 14억 달러로 추정된다. 게린과 그의 가족은 비버리힐스에 있는 스페인 시대 식민지 양식의 커다란 저택에서 살고 있는데, 탁 트인 전망으로는 산과 높은 나무들과 로스앤젤레스 시내가 한눈에 보인다. 마셜과 아내 마사는 팜스프링스의 골프코스가 딸린 집에서 안락한 노년을 보내고 있다.

1976년부터 86년까지 수많은 사건이 일어났다. 멍거와 버핏은 모두 자신들의 파트너십 사업을 접었고, 블루칩 스탬프스와 이곳의 자회사들은 버크셔에 병합되었으며, 삶은 더 단순해졌다. 보험회사 및 기타 자회사들의 지주회사로 탈바꿈한 버크셔는 다른 연기금이나 뮤추얼펀드와 달리 감독기관의 압박에 못 이겨서 자산을 다각화하지 않아도 된다. 버크셔는 현금이 풍부한 회사들의 지분을 100% 보유하고 있으며, 주식 포트폴리오도 엄선한 몇몇 기업에 주로 집중돼 있다. 멍거와 버핏이 기반을 닦으면서 버크셔 해서웨이는 오늘날과 같은 모습으로 발전하기 위한 토대를 마련할 수 있었다.

아무리 단순한 방법으로 행한다 해도 한 번에 여러 사건이 일어나고 여러 인수 거래가 겹치다보니 정신없이 돌아가는 인수 상황에 눈이 핑 돌 정도였다. 멍거와 버핏이 사업을 합치고 2년도 안 되어서 버크셔는 아메리칸브로드캐스팅American Broadcasting Companies Inc. ABC, 가이코의 보통주와 우선주, 금융회사인 세이프코SAFECO Coporation 등의 지분을 보유하게 되었다. 얼마 안 가서는 네브래스카 퍼니처마트와 오마하의 고급 보석회사인 보샤임스Bosheim's도 직접 인수했다. 광고대행사인 인터퍼블릭Interpublic과 오길비 앤드 매더Ogilvy & Mather를 비롯해「보스턴글로브Boston Globe」의 주식도 매수했으나 후일 셋 모두 매도했다.

버핏은 대학 시절에도 가이코 주식을 보유하고 있다가 판 적이 있다. 그가 1976년에 가이코 주식을 다시 매수했을 당시 이 회사는 심각한 경영난에 시달리고 있었다. 최고경영진에 속한 경영자 한 명이 자살을 하면서 회사는 파산 직전까지 내몰렸다. 버핏은 구원의 손길이 필요한 회사 주식을 매수할 생각은 원래 없었지만 가이코가 기본적인 경쟁우위를 갖추고 있기에 적절한 방향으로 체계적으로 운영하기만 한다면 살아남아서 번성할 수 있을 것이라고 판단했다. 1963년 아메리칸 익스프레스에 대해서도 비슷한 결정을 내린 적이 있었는데 알다시피 그 결과는 대만족이었다.

1976년부터 81년까지 버크셔는 가이코에 4,500만 달러를 투자했고 95년에 이 돈은 19억 달러 이상으로 불어나 있었다. 결국 버크셔는 가이코 지분을 모두 매수했다. 멍거는 기다리면서 기회를 노린 것 외에는 별다른 전략은 구사하지 않았다고 말한다.

"우리는 순전히 기회주의 규칙만 따릅니다. 마스터플랜 같은 것은 세우지 않습니다. 혹시라도 버크셔에 마스터플랜이 있다면 저한테 감추고 있는 거겠죠. 우리는 마스터플랜을 세우지도 않을뿐더러 마스터플래너도 없습니다."[5]

1985년에 멍거와 버핏은 적대적 기업사냥꾼 이반 보에스키Ivan Boesky의 손에 넘어가기 직전에 3억 1,500만 달러에 스콧 앤드 페처Scott & Fetzer를 낚아챘다. 스콧 앤드 페처는 월드북 백과사전World Book Encyclopedia과 커비Kirby 진공청소기 회사의 모회사이다.

1989년 하반기에 버크셔는 금융계의 현명한 경쟁자로서 이름을 드날리게 될 커다란 인수 거래 세 건을 단행했다. 회사는 질레트, US에어, 챔피언 인터내셔널Champion International 3개 사에 13억 달러를 투자했다. 버핏과 멍거는 콜먼 모클러Coleman Mockler 질레트 회장과 협상을 벌였다. 89년 7월 버크셔는 6억 달러를 투자해 나중에 보통주로 전환할 수 있는 질레트 우선주를 매수했다. 멍거와 버핏은 질레트가 서민적인 역사를 향유하고 있다는 것이 마음에 들었다. 이 회사의 시작은 킹 C. 질레트King C. Gillette가 1901년에 세운 아메리칸 세이프티 레이저American Safety Razor Co.시절로 거슬러 올라간다. 처음에는 보스턴 해안가의 수산시장 근처에 사무실을 마련했다. 1904년에는 질레트 세이프티 레이저로 회사명을 바꿨다. 현재 질레트의 면도기 부문 세계시장 점유율은 40%나 된다. 면도기 사업 외에도 질레트는 리퀴드페이퍼Liquid Paper, 페이퍼메이트Paper Mate, 펜 회사인 워터맨Waterman, 칫솔 회사인 오랄비Oral-B를 자회사로 두고 있다. 1996년에는 78억 달러에 듀라셀Duracell 건전지를 인수했는데, 이는 질레트 역사상 가장 큰 규모의 기업 인수였다.

1985년 질레트의 이익률은 15.9%를 기록했지만, 1990년대 후반에 들어서는 막대한 연구개발비를 투자해서 개발한 신형 면도기가 예상한 만큼 좋은 성적을 거두지는 못했다. 결국 질레트의 순이익이 급감했고, 질레트 주식이 거둔 빈약한 실적은 버크셔 해서웨이 주가가 떨어지는 한 요인이 되기도 하였다.

일부 분석가들의 주장과 달리 버크셔 해서웨이는 폐쇄형 펀드사가 아니다. 멍거가 말했다. "아니요, 그렇지 않습니다. 우리는 항상 유가증권보다는 운영회사operating company를 더 선호했습니다. 부동자금을 이용해서 다른 주식을 구입했죠. 버크셔는 많은 유가증권을 보유하고 있고 더불어 큰 규모의 운영회사들도 많이 거느리고 있습니다. 그런 시스템에 아무 불만 없습니다. 지금 많은 현금을 창출하고 있으니까요. 우리는 처음부터 현금을 많이 버는 기업을 인수한다는 정책을 펼쳐왔습니다. 굳이 바꿀 이유가 없지 않습니까?"

버핏은 대학원 시절 당시 가이코의 회장인 벤저민 그레이엄 밑에서 수학할 때 보험업의 기본 사항을 익혔다. 버핏은 이때 익힌 전문지식을 버크셔에 적용하고 있다. 멍거와 버핏이 블루칩 스탬프스 주식을 인수했을 때를 되돌아보면, 버크셔는 860만 달러를 주고 오마하 소재의 보험회사인 내셔널 인뎀니티의 매수를 시작으로 보험업에 본격적으로 진출하게된 것이라고 말할 수 있다. 현재 버크셔의 대규모 투자 중 상당수가 내셔널 인뎀니티를 통해 이뤄지고 있다.

그 동안에도 멍거의 머릿속에서는 보다 고품질 기업을 인수해야 한다는 생각이 떠나지 않았다. 다시 말해 장기적으로 강력한 이익 잠재력을 갖추고 있으며 자체적인 문제가 비교적 적은 기업을 의미하는 것이었다.

멍거가 말했다. "한 개인이 몇 건의 큰 투자를 한 다음 뒤로 한발 물러나 있는 식의 투자 방식을 취하면 여러 중요한 우위를 누릴 수 있습니다. 우선은 주식중개인에게 지불하는 수수료가 적게 되죠. 그리고 말도 안되는 소리도 더 적게 들을 수 있죠……. 게다가 세금에 있어서도 이득이 될 수 있습니다. 복리효과로 인해 연간 수익률이 1에서 최고 3%포인트까지 올라가는 결과가 나올 수도 있거든요."[6]

시즈캔디를 시작으로 멍거는 버핏으로 하여금 고품질 기업을 매수하는 쪽으로 투자 방향을 선회하게 했다. 론 올슨이 설명했다. "찰리는 워런에게 코카콜라처럼 여러 세대 동안 가치 창출이 가능한 독점적인 기업에 투자해야 한다고 적극 밀어붙였습니다. 그것은 찰리 본인의 삶의 방식과도 일맥상통합니다. 그는 빠르고 쉽게 얻는 승리가 아니라 장기적인 성공을 중시합니다."

1988년부터 버크셔는 코카콜라 주식을 매수하기 시작했고, 6개월 정도가 지났을 무렵 코카콜라 지분은 7%까지 늘어나 있었다. 매수가는 1주당 평균 5.46달러였고 총 투자금액은 10억 200만 달러였다. 원래부터 카페인이 들어간 청량음료 마니아였던 버핏은 코카콜라가 장기적으로 아주 뛰어난 전망을 갖춘 고품질 기업임에 분명하다고 확신했다. 실제로도 그는 그간 마셔온 펩시를 중단하고 코카콜라를 마실 정도였다.[7]

버펄로 뉴스 발행인인 스탠 립시가 말했다. "지금까지 여러 번 찰리는 워런의 사고 수준을 한 단계 끌어올리게 도와주었습니다. 가령 보다 강력한 독점기업을 찾아내야 한다는 것과 같은 사고 말입니다. 그들의 대화에는 제한이 없습니다. 폭넓게 사고하고 살아가는 사람이 곁에 있으면 그들과 지적인 대화를 나눌 수 있을 뿐 아니라 유익한 조언도 얻을 수 있습니다."

개인 투자에 있어서 멍거와 버핏의 투자 행보가 항상 일치하는 것은 아닌데, 가끔은 멍거가 더 좋은 결과를 거두기도 한다. 버핏은 캐피털시티즈 커뮤니케이션스Capital Cities Communications 주식을 1978년~80년에 걸쳐 매도했지만 훗날 이런 결정을 후회했다. 하지만 캐피털시티즈에 대한

개인 지분을 그대로 보유하고 있던 멍거는 여기에서 막대한 투자수익을 볼 수 있었다. [8]

눈부신 성공을 거두긴 했지만 버핏과 멍거가 시도한 여러 아이디어 중에는 실패한 것도 많았다. 워싱턴포스트 주식을 매수하기 전에 버핏과 멍거는 캐서린 그레이엄에게 전화를 걸어서 「뉴요커New Yorker」지 인수에 참여할 생각이 있는지를 물어봤다. 그레이엄은 포토맥 강 서쪽 출신의 이 두 남자가 누군지도 몰랐기에 두 번 생각하지도 않고 제안을 거절했다.

그레이엄이 말했다. "사람들은 늘 내게 프로젝트를 들이밀거든요. 나는 우리가 「뉴요커」의 파트너가 되기를 원하는지 아닌지에 대해 생각해봤습니다. 아니라는 결론이 나왔지요. 내 생각에 그 잡지에는 새로운 편집자가 필요했지만 누구를 선택해야 할지는 모르겠더군요. 그래서 두 사람에게 프리츠 비비Fritz Beebe를 보냈습니다."

「뉴요커」를 인수하지는 못했지만 그렇게 큰 손해는 아니었던 것으로 보인다. 다시 기록을 살펴보면 사업적인 실패나 불발된 인수 거래가 어느 정도 눈에 띈다. 버핏은 1977년 버크셔 연차보고서에 이렇게 적었다. "근 10년 동안 우리는 제품에서나 사람을 다루는 일에 있어서나 몇 가지 큰 실수를 저질렀습니다." 그러면서 다음과 같이 덧붙였다. "몇 가지 실수에도 불구하고 전반적으로 상당히 만족스러운 성과를 달성하는 기업에 속해 있는 것이 대단히 마음이 놓입니다. 어떤 면에서 보면 훌륭한 경영진을 두었는데도 평균 실적밖에 내지 못하는 우리의 섬유사업과는 정반대인 셈입니다. 우리 경영진은 역풍보다는 순풍을 맞이하는 사업에 속해 있는 것이 중요하다는 교훈을 배울 수 있었습니다(그리고 불행히도 앞으로도 똑같은 교훈을 배울 것 같습니다)." [9]

1980년대부터 20세기 말까지 버핏과 멍거는 진정으로 훌륭한 인수 거래가 무엇인지를 몸소 보여주었다. 기업을 인수하더라도 기존 경영진은 대부분 그대로 머물기 때문에 인수 거래에는 별로 많은 노력과 비용이 들지 않는다. 두 사람이 할 일은 이익을 회수해서 가장 훌륭한 수익률을 내줄 만한 다른 분야에 자본을 재배치하는 것밖에 없다.

멍거가 말했다. "인수한 기업에 대해서 우리가 가장 크게 도움을 주는 점은, 바로 아무것도 하지 않는다는 것입니다." 아무것도 하지 않는다는 말은 유능한 경영진의 일에 간섭하지 않는다는 뜻이다. 특히 그들이 인품적인 면에서도 훌륭하다면 더더욱이나 아무 간섭도 하지 않는다.[10]

찰리 멍거가 추가로 설명했다. "정직, 현명함, 경험, 헌신이 중요합니다. 인간이 꾸리는 기업이 잘 굴러가기 위해서는 이 네 가지가 필요합니다. 운이 좋았는지 우리는 지난 여러 해 동안 이 네 가지 품성을 모두 갖춘 훌륭한 경영자들과 일할 수 있었습니다. 우리가 직접 경영했어도 그보다 잘하지는 못했을 것입니다."

공인손해보험인Chartered Property and Casualty Underwriter인 존 노스John Nauss가 말했다. "워런과 찰리는 자신들은 경영에 간섭하지 않고 경영자들로 하여금 다른 일은 신경 쓰지 않고 회사를 운영하게 할 따름이라고 말합니다. 하지만 두 사람은 그 이상의 일을 하고 있는 것입니다. 그들은 기업 운영을 위한 최상의 환경을 만들어주고 있는 셈입니다. 이런 경영 환경은 확대회의나 세세한 서류(우리는 이것이 올바른 사업 방식이라고 착각하고 있습니다) 없이 현명한 평가를 내리는 것 외에도 자본 접근capital access, 적절히 초점을 맞추는 보상정책, 개인의 역량을 최대한 발휘할 수 있는 자유 등을 포함하지요." 노스는 기업계가 이런 방식에 더 많은 관심을 기울여야 한다고 말했다.[11]

찰리와 워런은 간접비overhead cost를 최소한도로 유지함으로써 버크셔 자회사들에게 일종의 모범을 세우고 있다고 말한다. 버크셔 본사 건물은 단출하고 직원 수도 적다. 회사의 간접비 비율은 여타 뮤추얼 펀드의 1/250에 불과하다.

멍거가 말했다. "우리보다 간접비 규모가 적은 회사는 아마 없을 겁니다. 우리는 계속 그렇게 할 생각입니다. 회사가 한번 화려해지기 시작하면 걷잡을 수 없기 십상이거든요."

"사실 워런은 약 4분의 1 가격에 급매로 나온 건물을 구입할까 생각해본 적도 있습니다. 유지비가 배로 늘어날 것을 감수하면서요. 마음이 흔들리긴 했지만, 워런은 건물을 구입하면 다른 모든 이에게 화려한 근무환경을 갖출 필요가 있다는 잘못된 생각을 심어줄지도 모른다고 결론지었습니다. 그래서 우리는 수수한 건물에서 계속 보험 사업을 운영하기로 했습니다."[12]

한번은 인수 거래 건과 관련한 '내부직원용 문건'에 대해 버크셔에 소환장이 발부되기도 했지만 멍거는 "그런 문건도 없고, 내부직원용도 없었다"고 잘라 말했다.[13]

하지만 멍거가 입버릇처럼 말하듯 버크셔에 옳다고 해서 다른 회사에도 다 들어맞는다고는 말할 수 없다. "우리는 사업 운영에 있어서 거의 전권 이양 직전의 수준까지 힘의 분산을 실행해왔습니다……. 우리의 사업 모델은 모두에게 적당하다기보다는 우리에게, 그리고 우리와 함께 하는 사람들에게 적절한 것입니다. GE처럼 계획에 따라 움직이고 계획과 성과를 비교하는 식으로 사업을 하는 다른 회사들을 비난할 생각은 전혀 없습니다. 그 방식은 우리의 방식이 아닐 뿐인 거죠. 버크셔에서는 자산이 아주 순조롭게 모이고 있기 때문에 본사의 유능한 일꾼을 유지하는

데 굳이 많은 돈이 들지는 않습니다."

버크셔 해서웨이 주식은 시장 역사상 가장 훌륭한 실적을 낸 종목 중 하나로 손꼽힌다. 지난 34년 동안 S&P 500에서 버크셔의 수익률을 앞지른 종목은 5개에 불과하며 지금까지 장부가치가 떨어진 적은 단 한 해도 없었다. 1965년에 버크셔에 1만 달러를 투자했다면 이 투자자의 자산가치는 1998년 1월 1일 5,100만 달러로 늘어나 있을 것이다. S&P에 투자한 1만 달러가 같은 기간 동안 13만 2,990달러로 늘어난 것과 크게 대조된다. 1999년에 증권사 페인웨버PaineWebber의 보험분석가인 앨리스 슈뢰더Alice Schreoder는 버크셔의 내재가치를 주당 9만 2,253달러로 추산했다. 더 보수적으로 접근한다고 해도 바우포스트펀드Baupost Fund의 세스 클라만Seth Klarman은 주당 내재가치를 6만 2,000~7만 3,000달러로 추산했다. 당시 버크셔의 주가는 사상 최고점이던 9만 달러 수준에서 떨어져 6만 5,000달러 선에서 보합선을 그리고 있었고 이후 반등하기 직전에는 더 아래로 내려가기도 했다.

주주들이 이런 훌륭한 실적을 보여준 회사에 충성을 바치는 것도 이해할 만한 일이다. 2대, 3대, 심지어는 4대째 버핏의 회사에 투자하는 가족들도 있다. 에드 데이비스 박사와 그의 아내만이 아니라 데이비스 부부의 자식들과 가족들까지도 버크셔 해서웨이에 투자해서 높은 수익을 보았다. 윌라 시맨과 리 시맨 부부는 1957년부터 버크셔 주식을 보유해왔다. 시맨은 이렇게 주장했다. "사람들은 버크셔 주가가 너무 높다고 말합니다. 저는 '그렇긴 해, 하지만 더 오를 거야'라고 말합니다. 돈을 버는 방법은 정말로 훌륭한 주식을 사서 계속 보유하고 있는 것입니다."

시간이 흐르면서 버크셔의 보유 종목이 점점 늘어난 것과 마찬가지로 연차총회 참석자도 계속해서 늘어났다. 스탠 립시가 말했다. "옛날에는 버크셔 연차총회도 지금처럼 참석자가 바글대지는 않았습니다. 워런이 '이사회를 열 생각이니(실제로 점심만 먹고 끝냈죠) 참석해주게나' 정도로만 말했으니까요." 그 정도로 연차총회 규모는 크지 않았다.

오티스 부스는 1970년에 처음으로 연차총회에 참석했다. 동부해안에 막 돌아온 참인 그에게 버핏이 오마하에 잠깐 들르라고 말했다. "갔더니 프레드 스탠백Fred Stanback, 게린, 멍거를 포함해 일곱 명인가 여덟 명인가 밖에 없더군요. 다 끝나고 나가서 저녁이나 사먹었습니다."

1990년을 기점으로 버크셔와 버핏, 그리고 어느 정도는 멍거까지 조금씩 세간에서 좋은 평판을 받기 시작했다. 립시가 말했다. "처음으로 멍거가 추종꾼들에 대해 걱정하는 말을 하더군요. 영화배우나 록스타를 따라다니는 추종꾼들 말입니다. 10년도 더 전의 일인데 우리는 그때 미술관에서 만나고 있었죠." 그날 멍거를 보면서 립시는 그의 인품을 더 자세히 파악할 수 있었다고 한다. "나는 중간 크기의 차를 렌트했습니다. 그런데 보니까 찰리는 나보다 작은 차를 렌트했더군요."

1985년 참석자 수가 250명이었던 버크셔 연차총회는 1999년 1만 1,000명으로 불어났다. 오마하 지역 대부분이 버크셔 연차총회가 열리는 주말을 준비하기 위해 총 박차를 가한다. 버핏의 단골 스테이크하우스인 고라츠는 1,500명의 손님을 예상하면서 안심과 T-본 부위를 3천 파운드(1,360킬로그램)나 추가로 주문했다.[14]

버크셔 해서웨이 연차총회에 참석한 사람들 중에는 많지는 않지만 유명인들도 간혹 눈에 띈다. FCC의 전 회장인 뉴턴 미노우, 마이크로소프트의 창립자인 빌 게이츠, 매년은 아니지만 가끔씩 참석하는 빌 게이츠 1세, 디즈니의 마이클 아이스너 회장, 디어 애비Dear Abby 칼럼으로 유명한 애비게일 반 부렌Abigail Van Buren, 시카고의 억만장자 레스터 크라운Lester Crown 등이 그들이다.[15]

참석 인원이 늘어난 것이 달갑지 않다는 뜻은 아니다. 주주들을 만나기를 좋아하는 버핏은 평소의 자신을 벗어던지고 기꺼이 훌륭한 쇼를 보여준다. 버크셔 해서웨이의 공식 총회는 기껏해야 5~10분에 불과하지만 그 다음에 주주들이 80여 개의 질문을 쏟아 붓는 통에 질의응답 시간은 최대 여섯 시간 동안 이어지기도 한다. 총회에서 멍거는 버핏의 익살스런 농담에 짤막하고 불퉁하게 응수하는 사람 역할을 맡는다. 그렇더라도 멍거가 버크셔에 계속해서 강력한 영향을 미쳤다는 것은 누가 보기에도 분명했다. 버크셔의 로스앤젤레스 지역 담당 변호사였던 론 올슨이 1997년에 버크셔 이사로 임명되었다는 사실만 봐도 알 수 있다.

버핏과 멍거는 일종의 접견식을 베푸는 셈이다. 찰리가 즐겨 그러는 것처럼, 두 사람은 이 접견식에서 세상을 있는 그대로 바라볼 수 있는 비즈니스의 지혜를 나눠준다. 한 주주들은 코카콜라를 제외하면 버크셔 보유 종목에는 위대한 독점 기업이 하나도 없다면서 이런 식의 투자 방식은 조만간 큰 손실을 보게 될 것이라는 불평을 토로했다. 멍거가 대답했다. "두세 번 대박을 터뜨리는 것이 가족을 위한 평생의 부를 일구는 더 쉬운 방법이라고 생각하는 것이 과연 옳을까요?"[16]

버핏처럼 멍거도 버크셔가 소유한 자회사 제품들의 애용자이다. 버핏만큼 자주는 아니지만 찰리도 코카콜라를 즐겨 마신다. 단 코카콜라만 마시는 버핏과 달리 멍거는 가끔씩은 콜라 대신에 맥주나 와인도 마신다. 1994년 연차총회에서 멍거는 월드북 백과사전에 대한 칭찬을 아끼지 않았다.

버크셔 해서웨이의 자회사가 만들어내는 제품 중에서도 월드북 백과사전이 가장 감탄스럽습니다……. 아주 근사하고 훌륭한 인간 성취의 전형이죠. 그토록 많은 지식을 담은, 이용자친화적인 책을 편집한다는 것은 정말로 대단히 멋진 일입니다.[17]

투자자들처럼 멍거도 버크셔의 성공에 대단히 만족하면서도 지금의 위치에 다다르게 된 원인을 아무 주저 없이 사람들에게 들려준다.

"여러분 모두를 매년 이곳에서 볼 수 있어서 정말로 좋습니다." 버크셔 연차총회가 열린 주말에 자신이 주최한 디너파티에서 멍거가 친구들에게 말했다. "그런데 왜 우리는 매년 여기에 참석하는 것일까요? 예, 재미있어서죠. 또한 '난 부자다' 라는 것을 은근슬쩍 알릴 수 있으니까요. 더불어 '난 똑똑해' 라고 은연중에 말할 수 있는 방법이기도 하니까요."

이어서 멍거는 초기 주주들이 나이가 들면서 자식들에게 주식을 나눠주는 것이 버크셔의 한 가지 문제가 되고 있다고 말했다. 그것이 문제가 되는 이유는 버크셔 주주 층이 다루기 힘들 정도로 넓어지기 때문이었다. 찰리는 주주들이 미혼의 자녀나 손자손녀와 함께 연차총회에 참석해서 훗날의 상속인들이 서로 소개 받고 결혼할 수 있게끔 해준다면 주식을 보유한 가족 수가 늘어나지는 않을 것이라고 말하기까지 했다. 그야말로 찰리 식의 뜬금없는 농담의 전형이라 할 수 있다.

버크셔 해서웨이의 규모와 영향력이 커지고 멍거의 부도 계속 늘어났지만 그의 가족은 행인지 불행인지 자신들의 인생에 어떤 일이 벌어지고 있는지 전혀 의식하지 않았다. 에밀리 멍거의 관점에서 보면 부친인 찰리 멍거는 블루칩 스탬프스의 회장이고 블루칩 스탬프스가 나눠주는 스탬프는 아무 상점에서나 얻어서 쿠폰북에 붙일 수 있는 그런 것에 불과했다.

"언제부터 버크셔의 몸집이 커지기 시작해서 아버지가 다른 리그에서 뛰게 되었는지는 기억이 안 나요. 우리 부모님은 정말로 사생활을 중시했어요. 사생활이 알려지는 걸 원치 않았지요. 아버지는 모든 것이 다 똑같이 유지되어야 한다는 습관의 표본인 분이에요. 우리가 부잣집에서 자란다는 생각은 한 번도 들지 않았어요."

찰리는 오마하에서, 스타들이 차고 넘치는 로스앤젤레스에서, 그리고 서부해안의 다른 지역에서 유명인사가 되었지만 실제로 많은 주목을 받지는 않았다.

에밀리가 말했다. "시간이 흘러도 사람들이 우리를 보는 시선은 전혀 변하지 않았습니다. 1989년 내가 로스쿨에 입학하기 전까지는요. 비즈니스스쿨에 있는 몇몇 사람들이 내 이름을 알아보더군요."

멍거의 자녀들이 아버지의 성공에 별 관심을 두지 않은 것에 대해 에밀리는 이렇게 설명했다. "아마도 1960년대나 70년대 세대들이 겪은 것과 관련이 있지 않을까 싶습니다. 내가 다닌 대학은 상당히 진보적인 성향이었지요. 반기업 정서가 팽배한 곳이었습니다. 사회주의가 만연했고, 주식회사 아메리카는 악마나 다름없었지요. 우리 때의 대학은 공공서비스나 공공정책에 더 관심이 많았습니다. 그러다 웬디와 몰리가 대학에 들어갔을 즈음에는 분위기가 전혀 달라져 있었어요."

혹시라도 에밀리 멍거의 동기들이 버크셔와 그 회사의 사업관행을 주의 깊게 살폈다면 다른 거대 기업과 닮은 점이 하나도 없다는 사실에 깜짝 놀랐을지도 모른다. 버핏은 경영진이 낮은 보수를 받아야 한다는 입장을 전혀 바꾸지 않았다. 경영진은 10만 달러의 연봉을 제외하면 버크셔가 직접 통제하지 않는 여러 기업에서 이사 활동비를 받는 것이 고작이다. 1983년에 멍거가 받은 이사 활동비는 8만 1,300달러였다. 그들의 막대한 부는 버크셔 주식을 보유한 데서 비롯한다. 물론 멍거보다는 버핏이 주식으로 모은 부가 더 많은 것이 사실이다. 버핏의 주식 보유 비율이 훨씬 많다는 이유 외에도 멍거가 재무적으로 그와 약간 다른 길을 걸은 것도 한 이유이다.

버핏이 설명했다. "찰리의 가족은 버크셔 주식에 재산의 90%를 묻어두고 있습니다. 나와 아내인 수지는 99% 이상을 묻어두고 있습니다."

버핏은 주식을 파는 일이 거의 없지만 멍거는 가끔씩은 주식 매도를 한다. 실제로 1993년~97년까지 그는 버크셔 주식 2,500만 달러어치를 팔았다. 게다가 멍거는 주식 수백 주를 양도하기도 했다. 대표적인 예가 『설득의 심리학Influence』 저자인 로버트 치알디니인데, 멍거는 치알디니와 이 책이 마음에 든다는 이유로 주식을 그냥 주었다.

멍거가 말했다. "지난 몇 년 동안 버크셔 주식 상당수를 무상으로 양도해주었습니다. 꽤 많은 편이죠. 그냥 그게 옳은 행동이라고 생각했기 때문입니다. 그 외에도 제 개인적인 일로도 일부 주식을 매도했습니다."[18]

멍거의 개인적인 성공사는 물론이고 버크셔 해서웨이의 발전사를 통해서 우리는 여러 교훈을 배울 수 있다. 멍거는 모두가 배울 수 있다고는 장담할 수 없지만 단순함과 쉬움을 혼동하지 않는 한 어느 누구든 익힐 수 있는 교훈이라고 말한다.

"사람들은 몇 가지 단순하면서도 위대한 아이디어의 중요성을 과소평가합니다. 나는 버크셔 해서웨이가 기업이 취해야 할 올바른 사고체계에 대한 귀중한 가르침을 선사하고 있다고 생각합니다. 가장 중요한 교훈은 몇 가지 위대한 아이디어가 진정으로 중요하다는 것입니다. 우리가 갖춘 이 여과장치들이 제 역할을 톡톡히 해낸 이유는 단 하나, 대단히 단순하기 때문입니다."

그러면서도 멍거는 버크셔에 대해 한마디를 더 덧붙였다. "버크셔는 앞으로도 잘나갈 겁니다. 하지만 지금처럼은 아니겠죠."[19]

멍거의 자녀들은 아버지가 보여준 모범을 통해 많은 것을 배우고 있다고 말한다. 몰리 멍거가 말했다. "아버지는 정말로 훌륭한 교훈을 가르쳐주었습니다. 앞으로 열심히 나아가면서 단 하나라도 소홀히 하지 않는다면 인생은 지금보다 훨씬 좋아질 것이라는 교훈이죠."

16
파워하우스로 발전하는
1990년대의 버크셔

투자 게임이란 남들보다 미래를 더 잘 예측하는 게임을 의미합니다.
그러려면 어떻게 해야 할까요? 한 가지 방법은 자신의 능력의 영역을 제한하는 것입니다.
모든 것의 미래를 예측하려는 행동은 지나친 욕심입니다.
전문적인 능력이 부족한 탓에 실패할 것이 분명하거든요.[1]
— 찰리 멍거

"변호사 일에 있어서 찰리가 가슴에 새기고 있는 좌우명 한 가지는 '법적인 일의 가장 훌륭한 원천은 책상 위에 존재한다'는 것입니다." 멍거 톨스 앤드 올슨의 변호사로서 버크셔 해서웨이의 법률적인 일 대다수를 처리하는 로버트 데넘은 그렇게 말했다. 데넘은 이런 좌우명을 그대로 따르면서 찰리와 워런, 버크셔와 "유기적으로 발전하는" 업무 관계를 맺을 수 있었다고 설명했다.

실제로 멍거 톨스와 이 법률회사 최고의 의뢰인인 버크셔는 1970년대와 80년대를 거치면서 함께 성장했다. 하나하나 천천히 사업을 구축하면서 버크셔는 1990년대에 들어서야 기업의 아이덴티티를 갖추고서 비즈니스 세계에 확실한 자리를 마련할 수 있었다. 그때부터 멍거와 버핏이 가는 곳에 스포트라이트가 쏟아지는 일도 심심치 않게 생겼다. 1990년대 초입 무렵이 되면서 버크셔는 이미 여러 훌륭한 기업 및 강력한 증권 포트폴리오를 갖춘 상태였다. 운영기업들이 막대한 현금을 창출해주었을 뿐 아니라 버크셔의 보험회사들 역시 상당한 부동자금을 구축해주고 있었다. 이들 자금은 모두 버핏과 멍거과 운용할 수 있는 돈이었다. 기업 인수 속도가 빨라졌지만, 대부분은 고품질 기업에 대해서만 인수가 행해졌다.

버핏이 말했다. "찰리는 나한테 위대한 기업의 장점을 갖추고 있으며 앞으로도 수익력이 증가할 가능성이 높은 회사에만 집중해야 한다고 했습니다. 또한 확신할 수 있을 때에만 투자해야 한다는 말도 잊지 않았습니다. 수익력이 과대포장 돼 있는 텍사스 인스트루먼트나 폴라로이드 같은 회사는 안 된다는 거였지요." [2]

버핏은 벤저민 그레이엄에게서 배운 몇 가지 재정거래 기법을 계속 행하고 있었으며 가끔은 단기 투자도 했다. 버크셔는 1989년~90년까지 RJR나비스코RJR Nabisco의 정크본드를, 1989년~91년까지는 웰스파고의 주식을 매입했다. 그리고 1991년에 버크셔 해서웨이는 북아메리카의 선두 구두회사인 H. H. 브라운슈H. H. Brown Shoe Company를 인수했는데 이는 결과적으로는 로웰슈Lowell Shoe Company를 인수한 셈이었다.

1992년에 버핏은 오랜 친구들인 시카고의 크라운 일가가 지분 대다수를 소유하고 있는 제너럴 다이내믹스General Dynamics, GD의 주식 14%를 인수했다. 냉전 종식으로 방위산업체인 제너럴 다이내믹스의 군수사업이 심각한 타격을 입자 경영진은 규모가 축소되고 새로워진 사업체들에 맞게 전사적인 구조조정을 단행하고 있었다. 그러다가 동유럽의 내전이나 자사주 매입을 위해 기업이 주관하는 주식역경매* 제도가 시작되는 등 세계 곳곳에서 여러 사건들이 발생했다. 버핏이 주당 11달러에 매수했던 GD 주식은 43.50달러로 치솟았고 훗날 그는 주식을 매도해 상당한 시세

차익을 볼 수 있었다. 또한 같은 해에 버크셔는 신용보험회사인 센트럴 스테이츠 인뎀니티Central States Indemnity의 지분 82%도 매입하였다.

1993년에 버크셔는 살로먼 브러더스에 대한 보유 지분을 25%까지 늘려도 좋다는 연방거래위원회Federal Trade Commission, FTC의 승인을 받아냈고, 같은 해에는 주식스왑stock swap으로 덱스터슈를 인수함으로써 제화 업종에서의 보유 종목 수도 확대하였다. 1995년에는 R. C. 윌리 홈퍼니싱 R. C. Willey Home Furnishing과 헬츠버그 다이아몬드숍Helzberg' s Diamond Shops을 인수하면서 가정용 가구 및 보석 판매업에 신규 종목을 편입시켰다.

이 무렵부터 버핏과 멍거는 다른 투자자들보다 더 유리한 상황에서 인수 거래를 성사시킨다는 이유로 세간의 무수한 비난을 받았으며, 그중에서도 「월스트리트저널」이 가장 맹렬한 비난을 퍼부었다. 살로먼이나 US에어의 경우에는 인수 조건이 대단히 매력적인 편이었는데, 그 이유는 두 회사가 공개시장에 매물로 나온 상태가 아니기 때문이었다. 이런 상황 속에서도 기업 경영진은 적대적 경영권 인수에서 회사를 구해주거나 혹은 긴급 자금을 수혈해주는 백기사 역할을 해달라며 버크셔에게 도움을 요청했다. 협상이 타결되었다. 대부분의 경우는 금리 요소가 반영돼 있고 지정가에 보통주로 전환이 가능하다는 조건이 붙어 있는 전환주를 그 대가로 받았다.

멍거는 세간의 비난에 대해 버크셔를 옹호하면서, 버크셔는 "우리보다 피인수기업 쪽에 더 많은 돈을 벌어주므로" 다른 인수자들보다 더 유리한 조건을 얻어내도 잘못된 일은 아니라고 말했다. 또한 멍거는 버핏이

＊Dutch action : 주주들이 회사가 정한 범위 내에서 주식 매도를 위한 입찰가를 제시하면, 기업은 입찰가를 기준으로 가장 낮은 가격을 선택해서 그 가격에 자사주 매입으로 목표했던 주식 전량을 살 수 있는 제도.

자금 운영에 대한 조언과 전문지식은 물론이고 경영진으로 하여금 장기 전략을 추진할 수 있게 해주는 일명 "인내 자본patient capital"도 제공해준다고 덧붙였다. 또한 멍거는 다른 주주들 역시 회사 주가 상승으로 이득을 보게 된다는 말도 잊지 않았다.[3]

이 인수 기업 목록에는 1990년대 초 버크셔가 행한 기업 인수 중 몇 건만이 포함돼 있지만 한 가지 뚜렷한 패턴을 보여주고 있다. 버크셔는 버핏과 멍거가 가장 잘 안다고 자부하는 산업에 대해서만 인수를 행하며 그 중에서도 특히 보험업에 초점을 맞추고 있다는 패턴이 드러났다.

이보다 훨씬 중요한 사실을 꼽자면, 버핏과 멍거는 가능한 한 회사 전체를 매입하는 인수 전략을 선호했고 20세기 마지막 10년 동안에는 실제로도 그렇게 할 수 있었다는 것이다. 버크셔가 회사 주식 전부를 매수할 경우 두 사람은 피인수기업에서 나온 이익을 적절하다고 여겨지는 곳에 재배치할 수가 있다. 버크셔의 자산 구조는 극적인 변화를 겪었다. 1996년 초 버크셔 자산에서 주식 포트폴리오가 차지하는 비중은 76%로 금액으로는 260억 달러에 달했다. 1999년 1/4분기가 끝날 무렵 주식의 비중은 32%에 불과했지만 그 가치는 1,240억 달러나 되었다. 1996년~99년까지 3년 동안 버크셔는 273억 달러를 투자해서 7개 회사를 매입했다.[4] 2000년 연차총회에서 멍거와 버핏은 이 회사들의 주식을 100% 보유함으로써 변덕스러운 주식시장이나 버크셔 주가의 영향을 최소화할 수 있게 되었다고 설명했다.

버크셔는 현금 및 현금등가물을 3억 6,600만 달러나 보유하고 있고 신용등급도 AAA인 덕분에 멍거와 버핏은 막대한 구매력을 행사할 수 있었다. 페인웨버의 보험분석가인 앨리스 슈뢰더와 그레고리 래핀Gregory Rapin은 회사를 계속 운영하기를 원하면서 동시에 자본 확충과 재배치의 책임에서 자유로워지고 싶은 기업 소유주에게 버크셔는 "1순위 매수자"가 되었다고 지적한다. 매도 기업에는 개인 기업 및 주주가 몇 명밖에 안 되는 폐쇄형 기업closely-held corporation도 포함돼 있는데, 이들 회사의 대주주들은 원할 때 지분의 일부나 전체를 현금으로 상환 받을 수 있기를 원하는 편이다. 그들의 주식을 버크셔 주식과 교환하고 이에 따른 세금을 낸다면 나중에 필요할 때 시장에서 버크셔 주식을 팔 수 있기 때문에 원할 때마다 자본을 인출할 수가 있다.

버크셔는 현금을 주고 피인수기업의 주식을 구입하는 것을 선호하지만 필요하다 싶으면 주식스왑도 기꺼이 행한다. 소유주 일가 대부분은 세금 액수를 최대한 줄이기 위해 될 수 있는 한 비과세형 주식 양도를 선호한다.

멍거가 말했다. "최근의 버크셔 인수 거래가 주식으로 행해진 것도 우연은 아닙니다. 인수 거래 시장에서는 현금 거래를 행하기가 힘들거든요."

슈뢰더와 래핀은 이렇게 적었다. "버크셔가 자본을 즉시 투자 아이디어에 대입할 수 있다는 것은(투자위원회의 회의나 자세히 작성한 투자전망서 등은 필요 없습니다) 바꿔 말하면 훌륭한 투자 아이디어가 오마하로 제일 먼저 가고 있음을 의미합니다. 우리가 보기에 ① 버크셔는 일반적으로 인수를 원하는 기업에 딱 한 번만 먼저 접근하며, ② 어떤 기업도 두 번째에서 첫 번째보다 더 높은 가격을 받아내지는 못합니다. 이런 인수정책도 기업 인수 활동에서 버크셔에 강력한 우위를 제공해줍니다."[5]

막대한 부동자금을 보유한 고품질 보험사들은 버크셔의 수직 상승에 연료를 대주는 로켓 역할을 계속 유지해주었다. 앞에서도 말했듯 버핏이 보험업을 처음으로 배우기 시작한 시기는 컬럼비아 대학에서 가이코의 회장이기도 했던 벤 그레이엄 밑에서 수학할 때였다. 버크셔는 1967년에

860만 달러를 투자하면서 보험업에 처음 진출했다. 1990년대 후반까지 모아진 보험 자본은 100억 달러에 달했다.[6] 멍거는 버크셔 산하의 보험사들이 보수적인 사업 방식 덕분에 아주 훌륭한 성과를 거두었다고 말했다. 1993년 웨스코 연차총회에서 버크셔가 규모에 비해 보험을 더 판매하지 않는 이유를 질문 받았을 때 멍거는 이렇게 대답했다.

> 사람들은 버크셔에 곧잘 이렇게 말합니다. '자본 규모에 비례해서 보험 판매를 늘리는 게 어떨까요? 다른 보험사들도 다 그렇게 하잖아요. 등급평가기관들은 그만한 자본 규모라면 보험 판매를 연간 두 배까지 늘릴 수 있다고 말하더군요.' 등급평가기관들은 우리가 가진 100억 달러의 보험 자본을 보면서 '그럼 연간 200억 달러인 셈이군, 그런데 왜 10억 달러어치 보험만 판매하는 걸까?'라고 말합니다. 그러다가…… 다른 곳에서 다른 질문이 튀어나옵니다. '지난 해 다른 보험사들은 전부 치명타를 입었는데 왜 여기만 멀쩡한 것일까?' 아마 두 질문이 연관이 있겠지요.

멍거는 버크셔가 판매하는 초재해 보험인 "수퍼캣" 보험으로 인해 회사의 취약성이 높아질 수도 있음은 인정하면서도, 자신들은 리스크를 적절히 평가하고 다룰 수 있는 전문가가 되었다고 생각한다. 캘리포니아 지진이 발생했을 때 버크셔가 입은 보험 손실은 6억 달러나 되었지만 멍거는 그냥 "신경 쓰이는" 수준이었을 뿐이라고 말했다. 회사가 정확히 밝히지는 않았지만 1994년 캘리포니아 주 노스브리지에서 발생한 지진이 버크셔에 많은 손실을 초래한 것은 분명했다. 그러나 같은 해 버크셔의 보험 사업부는 보험에서 1억 2,990만 달러의 이익을, 그리고 투자를 통해 4억 1,940만 달러의 이익이 발생했다고 보고했다.[7]

"정말로 거대한 재해가 닥친다면, 가령 허리케인 앤드루가 지나가고 1주일도 안돼서 동급의 거대한 허리케인이 또 불어 닥친다면, 버크셔는 아주 불쾌한 한 해를 보내게 되겠죠." 멍거가 말했다.

멍거와 버핏은 주주들에게 회사의 자산 규모가 늘어나고 있기 때문에 이익증가율이나 주가 상승을 지난 20년과 같은 수준으로 유지하는 것이 더욱 힘들어지고 있다고 재차 경고했다.

멍거가 설명했다. "규모가 일정 수준에 이르면 오히려 자신을 아래로 잡아끄는 닻이 되어버립니다. 우리는 그 사실을 언제나 잊지 않고 있습니다. 여러분은 100억 달러 규모의 유가증권을 보유하고 있는 셈입니다. 100억 달러를 보유한 사람들은 믿기 힘들 정도로 높은 복리수익을 벌어들이기가 힘든 법입니다."[8]

말은 그렇게 했지만 그들은 돈을 투자할 적절한 대상을 찾을 수 있었다. 1994년 8월 워런 버핏의 주머니에는 캐피털시티즈/ABC^{Capital Cities/ABC}를 월트디즈니에 매각하면서 받은 20억 달러 수표가 들어 있었다. 같은 달, 버핏은 가이코의 루이스 A. 심슨과 협상에 들어갔다. 버크셔가 보유하고 있지 않은 나머지 지분 50%를 매수하기 위해서였다. 해결해야 할 까다로운 문제가 한두 가지가 아니었고, 여기에는 배당을 행하는 가이코와 하지 않는 버크셔가 주식 거래를 어떻게 적절히 행하느냐의 문제도 포함돼 있었다.

협상은 7개월이나 계속되었고 양쪽은 가이코의 적정 가격을 정하기 위해 뉴욕의 투자은행인 모건스탠리의 도움을 청했다. 현금흐름과 기타 기준을 이용해서 모건스탠리는 가이코의 1주당 가치는 최저 50.80달러에서 최고 73.43달러라고 평가했다. 결국 모건스탠리는 적정 가격으로 70달러를 제시했다. 버핏은 멍거와 논의해봐야 할 것 같다고 말했다. 같은

날 오후 그는 가이코 주주들에게 주당 70달러에 현금으로 주식을 사겠다고 제안했다.[9]

버크셔가 주당 70달러에 가이코의 주식 나머지 절반을 매수하는 데에는 총 23억 달러가 들었다. 가이코의 지분 전체를 보유하게 되면서 버크셔는 세간에 버핏의 후계자로 알려져 있던 루 심슨도 완전히 자사 소속의 경영자로 확보하는 일거양득의 수확을 거둔 셈이었다. 프린스턴 출신에 숫기 없는 성격의 루 심슨은 지금까지 그래왔듯이 인수 거래가 끝난 다음에도 가이코 부동자금을 투자하는 책임을 지게 되었다. 가이코 자산 중에서 고정이자fixed income를 거두는 자산은 현재 버크셔 본사가 관리하고 있다. 적어도 1980년부터 시장 수익률을 앞지른 루 심슨은 거의 버핏만큼이나 훌륭한 투자 실적을 자랑한다. 하지만 1997~98년까지 심슨의 수익률은 S&P 500의 수익률을 밑돌았는데, 이는 심슨이 보너스를 받는 위치가 아니라 버크셔의 돈을 관리하는 위치에 있음을 의미한다고 할 수 있었다.

심슨이 투자자들에게 알려지기 시작한 것은 1990년대 중엽 무렵 60대 중반의 버핏에게 주주들이 후계구도를 드러내라는 압력을 가하면서였다. 워런은 다소 무심한 어투로 심슨을 포함해 자신의 뒤를 이을 후보가 많이 있다고 말했다. 하지만 멍거는 버핏의 말은 심슨이 그 뒤를 잇는다는 뜻이 아니라 필요할 경우에는 그도 즉시 후보에 오를 수 있음을 의미한다고 말한다. 멍거는 "그래야 한다면 우리는 간접적으로 언급해서 혼란을 야기하는 대신에 후임자 누구인지 직접적으로 언급할 것입니다"라고 주장했다. [10]

가이코를 인수하고 몇 년이 흐른 후 버크셔는 보험업계에 지각변동을 일으키는 거래를 단행했다. 220억 달러에 재보험사인 제너럴리General

Reinsurance, Gen Re를 인수한 것이다. 일부 분석가들은 이 거대한 인수합병을 일컬어 버크셔 역사에 "분수령을 이루는 사건"이라고 칭했고 버핏 본인도 "우리는 포트 녹스*를 건설하고 있다"라고 말할 정도였다.[11]

1998년에 버핏이 주식스왑으로 이 거대 재보험사를 인수한 시점은 버크셔 해서웨이 주식이 거의 사상 최고가 수준에서 거래되고 있을 때였다.

오티스 부스가 말했다. "워런의 인수 타이밍은 적절하다고는 말할 수 없었습니다. 그가 주식스왑으로 제너럴리를 인수했지만 그때 버크셔 주식은 거의 8만 달러 수준에서 거래되고 있었거든요."

하지만 멍거가 지적하듯 당시에는 제너럴리도 높은 가격에서 거래되고 있었다. 결국 전반적으로 고평가된 시장이 조만간 조정장에 처할 것임이 분명했다.

제너럴리를 인수하면서 상당수 기관투자자들이 버크셔 주주명단에 합류하게 되었다. 제너럴리의 지분 중 70%는 뮤추얼 펀드, 보험회사, 연기금이 보유하고 있기 때문이었다.

보험업 위주로 사업을 추진해온 것이 이유이긴 하지만 이때가 되자 재해보험 사업은 전체 매출 및 영업이익의 79%를 차지하면서 버크셔의 가장 주요한 사업으로 자리매김하게 되었다. 보험료를 기준으로 할 때 버크셔는 미국 4위의 재해보험사이다. 40억 달러 매출 규모를 자랑하는 가이코는 미국 내 7위의 자동차 보험사이며 보험회사 전체로 따지면 18위이다. 하지만 제너럴리는 보험회사들의 리스크에 대한 보험 인수에 초점을 맞추고 있으며, 그래서 정식 명칭도 재보험을 의미하는 제너럴 리인

＊Fort-Knox : 보통 켄터키주 포트녹스 근처에 있는 미국의 금괴 금고를 지칭한다. 주로 미국 공식정화(금괴)를 보관한다..

슈어런스이다. 보험료와 잉여자금을 기준으로 할 때 제너럴리는 국내 1위이자 세계 3위의 직접인수형 재보험direct-writing reinsurance 제공사로 1997년 매출 규모는 83억 달러나 되었다. 여기에 더해 버핏의 브리지 친구인 아지트 자인이 이끄는 내셔널 인뎀니티는 미국 내 최고의 슈퍼캣 보험사로 평가받고 있다.

제너럴리 인수로 버크셔의 순자산은 미국 내 기업들 중 최고 수준인 560억 달러가 되었으며 시가총액은 1,200억 달러로 늘어났다. 1999년 초에 슈뢰더와 래핀은 버크셔의 클래스 A의 1주당 실질가치를 의미하는 내재가치를 9만 1,253달러로 추산하였다(클래스 B의 경우에는 주당 3,041달러). 물론 그 동안에도 버크셔의 보험업이 벌어들이는 부동자금은 계속 증가했다. 추산에 따르면 1998년 버크셔 보험업의 부동자금은 230억 달러에 조금 못 미치는 수준이었으며 2008년에는 거의 530억 달러까지 늘어날 것으로 보인다.

하지만 한 가지 난관이 있었다. 제너럴리를 인수하고 얼마 안 가 이 회사가 보험 인수에서 중요한 착오를 저질렀으며 이것이 단기 이익에 영향을 미칠 수도 있다는 사실이 드러난 것이다. 하지만 멍거와 버핏은 아랑곳하지 않았다. 그들의 경험은 장기적인 안목에서 볼 때 제너럴리가 훌륭한 실적을 낼 것임을 의심하지 않았다.

대중은 멍거와 버핏에게 예외적으로 높은 기준을 부여하고 있다. 대중은 두 사람이 무탈하게 행한 인수 거래보다는 까다로웠던 인수 거래에 더 많은 관심을 보인다.

한 예로 US에어 인수 건을 들 수 있다. 1990년에 버핏과 멍거는 주식 12%로 전환 가능하다는 옵션이 붙은 US에어의 우선주를 3억 5,800만 달러에 매입했다. 두 사람은 US에어의 이사회에 합류했다. US에어가 버크셔에 지분을 매각한 이유에는 긴급 자금을 끌어오는 것 외에도 다른 사람의 적대적 인수합병에서 회사를 지킨다는 동기도 포함돼 있었다.

레이크센트럴Lake Central, 모호크Mohawk, 피에드몬트Piedmont, 퍼시픽 사우스웨스트 에어라인이 차례로 합병되면서 탄생한 US에어는 명실 공히 국내 최고의 항공사가 될 만한 자격을 갖추고 있었다. 그러나 화려한 시작과는 달리 US에어는 곧바로 심각한 문제에 부딪혔다.

멍거와 버핏은 진짜 혼란에 발을 들이민 셈이었다. 1991년 버크셔 연차총회에서 멍거는 항공업은 "날개 달린 한계비용"이라고 설명했다. 찰리의 푸념은 생존을 위해 몸부림치다 결국 다른 항공사들까지 몰락하게 만든, 지금은 망하고 없는 이스턴 에어라인Eastern Airlines를 겨냥한 말이었다. 멍거는 파산법정의 판사가 좀더 일찍 이스턴에 파산 선고를 내렸어야 한다고 생각했다. 멍거는 항공사가 파산 신청을 하고 나서 부채에서 벗어나 영업을 할 수 있게 되면 오히려 지급능력이 좋은 항공사보다 더 높은 경쟁력을 가질 수 있다고 설명했다.

저축대부업 분야의 규제 완화가 오히려 업계 불안을 야기했던 것처럼, 항공업의 규제 완화가 진행되면서 업계 선두를 차지하기 위한 자리다툼만 치열해졌다. 이스턴의 저가 정책에 맞서야 했던 것 외에도 US에어는 1991년~94년까지 비행기 추락 사고가 몇 건이나 발생하면서 직원 사기는 물론이고 고객 충성도에도 치명타를 입었다. 연방교통안전위원회National Transportation and Safety Board는 132명을 죽음으로 몰고 간 펜실베이니아의 US에어 비행기 추락 사고에 대한 과학 조사를 행한 후 객관적인 어조로 "강하 시의 제어 불능 및 지형과의 충돌"이 사고 원인이라고 설명했다.[12]

US에어는 1994년부터 우선주에 대한 배당금 지급을 중단했다. 같은 해 버크셔는 보유 중인 US에어 주식에 대해 2억 6,950만 달러의 평가 절하를 행해야 했다. 3억 5,800만 달러에 인수했던 US에어 주식이 1995년에는 불과 8,600만 달러밖에 되지 않았다.

여러 건의 소송과 회사 운영상의 문제, 그리고 무엇보다도 노사 갈등이 진전될 기미가 전혀 보이지 않자 버핏과 멍거는 주식을 인수하고 2년이 지난 후 이사회에서 물러났다. 1995년에 US에어가 원가 절감에 대해 노조의 양보를 전혀 얻어내지 못하자 두 사람은 발을 빼기로 결정했던 것이다.

한 투자자가 버크셔가 어떤 경제적 장점 때문에 US에어의 주식 매입을 고려한 것인지 설명해달라고 묻자 멍거는 대답했다. "내가 조금이나마 겸손하게 굴 수 있는 기회를 마련해주셔서 정말 감사합니다……. 우리는 그 어떤 탁월한 능력도 보여주지 못했습니다."

1996년에 버핏은 US에어의 지분은 팔고자 했지만, 매각 시도가 성공하지 못한 것이 다행이었다. 바로 다음 해 US에어는 회사 역사상 최대의 분기 이익을 보고했던 것이다. 그것은 타이타닉이 빙산을 피해가는 것만큼이나 어려운 일이기는 했지만 어쨌든 US에어는 흑자로 돌아설 수 있었다.[3]

버핏이 빈정거리는 투로 "찰리와 내가 이사회를 떠나자마자 US에어가 갑자기 상승세로 돌아서기 시작하더군요"라며 자신들이 이사회와 멀리 떨어져 있는 것이 모두에게 더 좋은 일일 수도 있다고 말했다.[4] US에어는 결국 밀린 우선주 배당금을 모두 지불할 수 있었으며 1998년 2월 3일에는 버크셔가 매수한 우선주 대금 3억 5,800만 달러를 상환했다.

멍거가 회상했다. "정말로 비참한 경험이었습니다. 가만히 앉아서 1억 5천만 달러가, 더 지나서는 2억 달러가 사라지는 것을 바라봐야 했으니까요. 여러분의 천금 같은 돈이 사라지고 있었습니다……. 현실을 자신들의 입장에서만 생각하는 그 모든 노조들. 그리고 어리석은 경쟁. 여기에는 파산한 경쟁사들도 포함되었죠. 그들의 파산으로 돈을 잃은 채권단은 뻣뻣한 자세로 일관했고 그 덕분에 우리까지도 망할 지경이었습니다. 정말 불쾌한 경험이었습니다. 모두가 말하듯 항공업은 경기에 상당히 민감한 사업입니다. 한번 상승세를 타기 시작하자 업계 전체가 상승세로 돌아서더군요. US에어도 예외는 아니었습니다……. 버크셔에는 좋은 결과를 가져왔죠. 그래도 같은 경험을 두 번 할 생각은 없습니다."

버핏은 항공업은 여행자들에게는 근사한 업종이지만 투자자에게는 재앙이라고 늘 말한다. 그럼에도 그는 번번이 항공 관련 주식을 매입한다. 버크셔의 투자 중에서 사람들이 가장 당혹스러워하는 부분은 PS그룹 홀딩스PS Group Holdings의 주식 20%를 매입한 일이었다. 이 회사와 관련을 맺게 된 원인은 멍거가 퍼시픽코스트증권거래소와 일을 하면서 버핏에게 친구인 릭 게린을 소개해주었던 시절로 거슬러 올라간다. 게린은 멍거와 버핏과 함께 블루칩 스탬프스와 시즈캔디를 비롯해 그 밖에 여러 투자에 참여했다.

게린은 퍼시픽 사우스웨스트 에어라인의 대주주 겸 이사였다. PS그룹은 퍼시픽 사우스웨스트가 1987년 US에어에 매각된 후에 남은 잔류 회사이다. 자산 규모가 7억 달러인 PS그룹의 주 사업은 비행기 임대였는데, US에어는 항공사는 인수했지만 비행기는 매입하려 하지 않았다. 비행기 중 일부는 US에어에 임대차 계약부로 매각했다. 또한 PS그룹은 여행사, 석유 및 천연가스 탐사회사, 쓰레기 재활용 회사, 연료 공급 및 배분 회사의 지분도 가지고 있었다.[15]

1990년에 버크셔는 PS그룹의 지분 11.04%를 1,868만 달러에 인수했다. 총 60만 3,275주를 주당 30.96달러에 매입한 것이었다. 처음 인수를 행하고 4개월이 지난 후 버핏은 주식보유 비율을 22.5%로 늘렸다.[16]

몇몇 전문가는 버핏이 PS그룹의 부회장인 게린을 궁지에서 구해주기 위해 주식을 매수해준 것이라고 믿는다. 여러 해 동안 게린의 재정은 상당히 불안정한 상태였다. 한번은 은행 빚을 갚기 위해 버크셔 주식 5,700주를 비교적 싼 가격에 내놓아야 했던 적도 있었다.[17]

게린이 말했다. "버핏이 PS그룹의 주식 20%를 산 이유는 뉴욕의 브로커가 전화를 걸어서 자기가 그 주식을 확보해놓고 있다고 알려주었기 때문입니다. 우리는 싸게 나온 편이라고 생각했습니다. 버핏은 내게 가격이 합리적인지 알아보라고 맡겼죠. 하지만 PS그룹이 버크셔 자산에서 차지하는 부분은 아주 미미합니다. 장부가치가 2,000만 달러 정도에 불과하니까요. 잘 찾기도 힘들 정도죠. 어쨌든 그것은 여러 이유에서 버핏에게나 저에게나 최악의 투자가 되어버렸습니다."

멍거의 전 법률 파트너였던 척 리커스하우저 역시 PS그룹과 관련이 있었다. 리커스하우저가 말했다. "우리는 US에어 매각 대금을 받아서 나쁜 것에서 끔찍한 것까지 여러 대상에 투자했죠."

버크셔는 그 주식을 여전히 보유하고 있다. 그리고 US에어가 재무적 건강을 회복하면서 PS그룹의 사업 상태도 좋아지기 시작했으나 이 회사 자체의 문제는 아직 해결되지 않고 있다. PS그룹의 순이익은 부침이 심한 편이고, 현금을 투자해서 여러 가지 사업 다각화를 꾀했지만 결과는 실망스러웠다.[18] 1999년에 PS그룹 이사회의 일원이자 대주주인 조지프 S. 피리니Joseph S. Pirinea는 이사회를 탈퇴하면서 회사의 경영 정책에 대해 불만을 토로했다. 피리니는 이사회가 회사를 매각해야 한다고 제안했다.

뉴욕 주 시포드의 한 회계사는 말했다. "회사의 주당 장부가치는 13달러이다. 그런데 현재 거래가는 8달러이다."

버핏은 출장의 피로를 조금이라도 덜기 위해 전용기를 구입했지만 멍거는 계속 일반 여객기를 이용하면서 버핏이 낭비를 한다고 꾸짖었다. 버핏은 멍거의 비난에 대응하듯 자신의 전용기를 "인디펜서블Indefensible, 방어할 수 없는"이라고 부르면서도, 전용기를 '찰스 T. 멍거' 기로 부를까 한때는 진지하게 고민하기도 했었다고 말했다.

버크셔가 현금 및 주식교환을 통해 파일럿 훈련 회사인 플라이트세이프티 인터내셔널FlightSafety International 주식 15억 달러어치를 보유한 후부터는 멍거도 지금까지의 태도를 바꾸었다. 그는 주주들에게 말했다. "이 회사 창립자인 알 율치Al Ueltschi에 자극받아 우리는 회사 전용기 이름을 '인디펜서블'에서 '인디스펜서블Indispensible, 필수의'로 바꿀 생각입니다."[19]

1999년 존 F. 케네디 2세가 비행훈련을 받으면서 유명세를 얻었던 플라이트세이프티 인터내셔널은 버크셔의 비보험 사업부문에서는 규모가 가장 큰 기업이다. 창립자인 알 율치는 1951년에 집을 담보로 자금을 빌려서 회사를 차렸다. 뉴욕 주 플러싱에 본사를 둔 플라이트세이프티는 정교한 시뮬레이터와 기타 훈련장비를 이용해서 비행기 및 선박 조종사들에게 하이테크 장비에 대한 훈련을 시켜준다. 플라이트세이프티는 전국에 500명의 임직원을 두고 있으며 훈련시장의 약 90%를 점하고 있고 장기계약 덕분에 미래도 안정적이다. 고객은 대부분 항공사나 대기업, 정부이다. 에어버스, 벨헬리콥터, 보잉, 브리티시 에어로스페이스, 레이시온, 시코르스키, 리어젯, 록히드, 세스나, 걸프스트림을 비롯해 여러 항공사들이 이 회사에 조종사 훈련을 위탁한다. 1997년의 순이익은

8,440만 달러로 비보험 사업부문에서 버크셔 세후순이익의 28%를 차지했다.

1990년대는 버크셔가 근육을 단련하는 시기였다. 버크셔가 행한 투자 중 몇 가지는 아주 훌륭했고 대부분은 사람들의 예상에서 벗어나지 않는 것이었다. 그러다 1998년에 예외적인 일이 발생했다. 세간이 생각하기에 버핏은 여전히 저평가된 자산을 찾아다니는 사람이었는데, 은 시장에서 누군가 움직임을 취하고 있다는 신호가 포착되기 시작했다. 은 투기가 기승을 부렸고 고발 고소가 횡행했지만, 이런 은 시장의 혼란이 오마하에서 비롯되고 있다고 의심한 사람은 아무도 없었다.

버크셔는 법적으로 필요하다 싶을 때까지는 은 투자를 대외적으로 알릴 생각이 전혀 없었다. 그러다 은 트레이더들을 상대로 한 위협적인 소송이 진행되고 감독기관에 특정 트레이더들이 시장을 조작하고 있다는 고소가 제기되는 등 은 상품시장의 혼란이 최고조에 달하게 되었다. 버핏과 멍거는 법원에 출두해서 자신들이 대량의 은을 사 모으고 있었음을 인정했다. 버핏은 버크셔가 1997년 7월 25일부터 1998년 1월 12일까지 1억 2,971만온스(약 367만 7,317킬로그램)의 은을 구입했다고 진술했다.

버크셔는 언론에 이렇게 밝혔다. "30년도 전에 버크셔의 CEO인 워런 버핏은 미 정부가 은의 통화 자격 박탈을 감행할 것이라 예상하면서 은을 구입하기 시작했다. 그때부터 그는 은의 펀더멘털 변화를 계속 추적했으나 그가 관리하는 회사 중 은을 보유해놓은 곳은 하나도 없었다. 최근 몇 년 동안 언론 보도는 수요가 은광산의 산출량과 재생산량을 훨씬 웃돌고 있기 때문에 은 재고가 거의 바닥을 드러내고 있다고 밝혔다. 그래서 지난 여름 워런 버핏 회장과 찰리 멍거 부회장은 은의 수급 균형은 가격이 지금보다 올라야만 가능한 것이라고 결론지었다."

1998년 버크셔 주주총회에서 멍거는 회사가 세계 은 공급량의 20%에 해당하는 6억 5,000만 달러어치를 구입한 것이 은 시장에 영향을 미쳤을지도 모른다고 설명했다. 그러면서 그것은 버핏답지 않은 투자였지만 버크셔의 이익에서 차지하는 비중은 매우 미미했다고 말했다.

"이번 에피소드가 버크셔의 미래에 미치는 영향은 워런의 브리지 게임만큼이나 미미한 것입니다. 그냥 소문만 무성한 잔치였다고나 할까요."

멍거는 버크셔가 은을 사거나 아니면 항공사의 전환가능 우선주를 사거나 혹은 다른 일들을 했다고 해서 다른 사람들도 똑같이 행동해서는 안 된다는 평소의 경고를 재차 반복했다.

"버크셔 해서웨이가 미국 전체의 적절한 롤모델이라고 생각한다면 큰 실수입니다. 미국의 기업이 너도나도 갑자기 버크셔 해서웨이의 클론이 되고자 한다면 무시무시한 재앙이 벌어질 것입니다."[20]

그들은 1997년에 1트로이온스(약 31.1035그램)당 4.60~4.80달러를 주고 은을 매입했다. 1998년 2월에 은 가격은 9년래 최고치인 온스당 7달러까지 올랐지만 연말까지 온스당 5달러 수준으로 떨어졌고 그 후로 비슷한 가격대를 유지하고 있다. 멍거는 버크셔가 그 시점에서 은에 대해 매수나 매도 중 어떤 포지션을 취하고 있는지 밝히지는 않으면서도, 은의 가격 차익에 대한 자신들의 기대치가 아직 실현되지 않은 것은 "완벽하게 명백한" 일이라고 덧붙였다.

멍거와 버핏은 아직도 가끔씩은 투자 세계를 깜짝 놀라게 하는 성향이 있는데, 과거에도 그랬던 것처럼 멍거는 버핏이 완전히 동의하지 않아도 자신의 생각대로 밀고나가곤 한다. 한 예로 워싱턴 주 이세쿼Issequah에 본사를 둔 창고형 소매점인 코스트코의 경우가 그랬다.

멍거가 말했다. "이곳이 너무 마음에 들어서 나는 (이사회에서 멀찌감치 떨어져 있겠다는) 규칙까지 위반했습니다. 소매업 분야에서 이보다 더 좋은 변화를 만든 사람들은, 다시 말해 고객의 인간적인 행복 증진에 이보다 더 많은 기여를 한 사람들은 떠올리기가 힘들더군요."[21]

멍거는 코스트코가 질 좋은 상품을 원가에 가깝게 판매함으로써 충성도가 대단히 높은 고객 기반을 쌓고 있으며 이는 독점기업의 자격으로 충분하다고 말한다. "가족과 함께 코스트코에 가는 재미에 빠져들면 평생 그 재미에서 빠져나오지 못할 겁니다"라고 말할 정도였다.[22]

멍거가 코스트코를 마음에 들어 하는 이유 중 하나는 이 회사의 대표인 짐 시네걸의 사무실에 칸막이가 없어서 직원들도 마음대로 옆에 올 수 있다는 것이다. 시네걸 회장은 캘리포니아 샌디에고의 솔 프라이스Sol Price 밑에서 경영을 배웠는데, 프라이스는 창고형 소매점의 개념을 처음 생각해낸 기업가였다. 프라이스는 처음에 캘리포니아에서 페드마트Fedmart라는 소매점 체인을 운영하다가 독일계 회사에 매각했지만 그 회사는 창고형 소매점의 개념을 제대로 이해하지 못했고 영업도 지속하지 못했다. 프라이스는 이어서 프라이스클럽Price Club을 오픈해서 플레인 랩 쇼핑*이라는 한 차원 발전된 창고형 소매점 개념을 선보였다. 최종적으로는 코스트코가 프라이스클럽을 인수하면서 코스트코는 월마트의 샘스 클럽Sam's Clubs에 이어 현재 2위의 창고형 소매기업으로 자리 잡고 있다.

찰리는 코스트코의 페이퍼타월과 관련된 이야기에 대단히 열광하는데, 그가 볼 때 그 이야기는 존경할만한 기업윤리의 모범을 보여주는 것

---

*plain-wrap shopping: 상표명이나 무늬 등이 없는 단순한 포장지로 싼 상품을 판매하는 형태.

이었다. 코스트코는 자체 브랜드인 커크랜드Kirkland를 출시하면서 이 제품이 타사 제품만큼 우수하거나 혹은 더 좋은 품질을 자랑한다고 보장했다. 코스트코의 페이퍼타월이 기대했던 품질에 미치지 못하자 회사는 제품을 회수하고 만족할 만한 품질이 나올 때까지 페이퍼타월을 판매하지 않았다.

시네걸은 "멍거는 우리 회사를 진심으로 믿어줍니다"라고 말하면서 76세의 멍거가 이사회에 불참한 적이 한 번도 없었다고 덧붙였다. "그는 즐겁게 이사회 회의에 참석합니다."

버핏은 멍거가 코스트코 주식을 보유하고 있으며 심지어는 이사회 일원이기도 한데 그 자신은 왜 그 주식을 매수하지 않느냐는 질문을 받았다. 그가 대답했다.

"좋은 질문을 하셨습니다. 우리는 코스트코 지분을 더 보유해야 했지만 그러지 못했습니다. 찰리가 오마하에 계속 머물렀다면 코스트코 주식을 더 매입했을지도 모릅니다. 찰리는 코스트코가 아주 근사한 유통 방법을 보유하고 있다고 알려주었지만 나는 10년 정도가 흐르고 나서야 그가 하는 말이 이해되기 시작하더군요. 그래서 우리는 버크셔를 통해 코스트코 지분을 약간 매입했습니다."

"실제로 추가 매수에 대해서도 의논을 했습니다. 나는 아주 흔하게 저지르는 실수를 하고 말았습니다. ……매수를 시작하는데 가격이 올랐고, 결국 계속 매수하는 대신 포기해버렸습니다……. 우리는 15달러에 주식을 매수하고 있었습니다. 만약 코스트코가 15달러를 유지했다면 우리도 주식을 더 많이 매입했을 것입니다. 하지만 주가는 15와 1/8달러까지 올랐고, 15달러에 살 수도 있었는데 15와 1/8달러를 지불할 사람이 누가 있겠습니까. 사실 그 정도면 아주 나쁜 가격은 아니었는데도 말입니다. 어쨌든 나는 그런 실수를 여러 번 저질렀고 그 때문에 아주 짜증이 납니다."[23]

1999년 2월에 멍거는 코스트코와 관련된 투자를 했는데, 자신과 가족의 돈으로 샌디에이고에 있는 프라이스 엔터프라이즈^{Price Enterprise Inc}의 주식 8~9%를 매입했다. 프라이스 엔터프라이즈는 예전 프라이스클럽 소매제국 시절부터 보유해 온 부동산을 가지고 세워진 부동산투자신탁 real estate investment trust, REIT 회사였다. 회사는 현재 31개의 쇼핑센터를 보유하고 있으며 이중 일부에는 코스트코 매장이 입점해 있다. 멍거 일가는 프라이스 엔터프라이즈의 우선주 2,370만 주 중에서 약 200만 주를 보유하고 있다.[24]

버핏도 나름의 원칙대로 독자적인 투자를 행한다. 한 예로는 1999년 여름에 캘리포니아의 작은 전자회사인 벨 인더스트리스^{Bell Industries}의 지분 5.3%를 매수한 것을 들 수 있다. 버핏이 이 회사의 주식을 보유하고 있다는 소식이 세간에 알려지고 한 달이 지난 2000년 1월에 그는 100만 달러의 시세차익을 보면서 조용히 주식을 매도했다. 투자수익률은 50%였다.

버핏과 멍거는 버크셔 해서웨이도 다른 많은 기업들처럼 마이너스 사이클을 겪을 수 있다고 경고한다. 그들은 오랫동안 같은 경고를 해왔지만 주주나 애널리스트 모두 어느 순간부터 그 말을 믿지 않았다. 그러나 그들은 진실을 말하고 있었다. 1998년에 버크셔는 투자 이득이 절반 이상 줄어든 관계로 1997년 순이익이 24% 하락했다고 보고했다. 그렇다고 버크셔가 실제로 손실을 입고 있었다는 뜻이 아니다. 다만 1996년 순이익은 24억 8,900만 달러이고 주당순이익은 2,065달러였던 데 반해 1997년 순이익은 19억 200만 달러에 주당순이익이 1,542달러로 줄었다는 말일 뿐이다.[25]

버크셔의 역사를 살펴보면 이 회사의 단기 이익은 변동이 심한 편이었다. 보험업의 실적이 부침이 큰 것이 한 이유이기도 하고, 멍거와 버핏이 장기적인 이익을 위해서는 단기 실적을 기꺼이 희생하는 성향이 강한 것도 한 이유가 된다. 20세기 말 무렵에 버크셔 철학에 맞는 사업체로 재탄생시키기 위해 제너럴리에 대한 대대적인 구조조정이 단행되었고, 그러면서 제너럴리는 성장에 박차를 가하기 위한 준비를 할 수 있었다.

1999년 거의 10년 만에 처음으로 버크셔 주가는 19.9%가 떨어졌고 2000년 초까지도 주가는 계속 떨어졌다. 하지만 어쩔 수 없는 일이었다. 멍거는 투자자들에게 시장에서 어떤 미친 일이 벌어져도 그에 상관없이 게임을 유지할 수 있으려면 재정 관리를 잘해야 한다고 말한다. 그는 버크셔 해서웨이 주식이든 다른 주식이든 50% 이상 떨어지는 것을 감당할 수 없는 투자자는 주식을 보유해서는 안 된다고 경고했다. 주가 하락으로 인해 멍거와 버핏에 대한 대중의 환상에 흠이 갈 수도 있지만 어떤 면에서는 두 사람의 인기 하락이 오히려 다행일 수도 있다. 현재에도 두 사람은 연설이나 개인적인 조언을 해달라거나 아니면 수백 곳의 자선단체로부터 돈을 기부해달라는 요청을 쉴 새 없이 받고 있기 때문이다.

주가 하락에도 불구하고 1999년에도 버크셔는 여전히 강력한 기업이었다. 영업수익operating revenues은 포천 500 기업 중 75위를 차지했다. 투자 수익을 제외하고 순이익만을 기준으로 삼았을 때에는 45위였다. 하지만 몇몇 투자자들은 1998년에 업계 1위로 올라선 후부터 버크셔가 상당한 순이익 감소를 겪게 될 것이라고 염려하였다. 순이익 수치는 여전히 높기는 하지만 1999년도 순이익은 15억 달러로 1998년의 절반도 안 되는 수치였던 것이다. 주당 장부가치 증가는 0.5%에 불과했고, S&P 500과 비교했을 때 실적이 20.5%나 떨어졌던 것이다.

전반적으로 장기 차원에서 바라볼 때 멍거는 버크셔 해서웨이의 미래가 낙관적이라고 생각한다. 이유는 간단하다. "기본적으로 우리는 훌륭한 기업을 많이 소유하고 있습니다. 부동자금은 계속 늘어나고 있으며 유가증권의 수익률도 꽤 좋은 편입니다. 실패한 것은 하나도 없었습니다." 실제로도 2000년 1/4분기 동안 버크셔의 순이익은 49% 증가하였다.

회사가 커지고 점점 틀이 잡혀 가면서 멍거와 버핏의 관계도 약간은 변했다. 1970년대와 1980년대 동안에는 그들은 하루에도 여러 번 회의를 벌이곤 하였다.

버핏이 말했다. "지금은 옛날처럼 자주 문제를 논의하지는 못합니다. 25년 전에는 유망한 아이디어를 더 많이 논의했었지요. 그때는 둘이서 하루에도 몇 번이고 의견을 조율하곤 했습니다. 아주 오래 대화를 나눴지요. 지금 찰리의 주요 관심사는 하버드스쿨과 멍거빌의 병원이죠. 그건 우리가 의논하고 말고 할 문제가 아닙니다. 찰리는 나보다는 버크셔 일에 덜 관여하는 편이지만, 중요하고 특정한 문제가 대두되면 여전히 의논을 합니다. 그는 회사와 회사의 원칙을 아주 잘 이해하고 있습니다. 찰리는 나처럼 버크셔에 얽매여 지내는 사람은 아니지만 그럼에도 돌아가는 사정을 훤하게 파악하고 있습니다."[26]

버핏은 70세를 앞두고 있고 멍거는 그보다 여섯 살 반이나 많지만 두 사람 모두 은퇴할 생각은 전혀 없다.*

멍거가 말했다. "워런은 게임을 좋아하고 나도 게임을 좋아합니다. 남들이 정말로 힘들게 여기는 그런 시기가 닥치면 우리는 오히려 흥이 납니다."[27]

---

*현재 버핏의 나이는 만 76세이고 멍거는 만 82세이다.

CHARLIE MUNGER

17

살로먼 브러더스

찰리의 말이, 나이가 들수록 오래된 친구에게는 인내심이 늘고
새로운 친구에게는 조급하게 굴게 된다고 하더군요.
— 워런 버핏

찰리가 살로먼 브러더스에 무언가 문제가 생겼다는 전화를 받은 시각
은 밤 10시 30분이었다. 그는 타호 호에 있는 레스토랑 내부의 시끄러운
소음이 들려오는 공중전화 박스에 서 있었다. 버크셔 해서웨이의 부회장
이며 살로먼의 이사회 일원이기도 한 찰리 멍거는 몇 시간 전, 미네소타
주의 여름 별장에서 식구들과 저녁 식사를 하고 있을 때 살로먼에 대한
전갈을 받았다.[1]

원래 멍거는 호숫가 별장에서 머무르는 동안에는 일은 절대 안 한다.
그러나 1991년 여름은 달랐다. 전화를 끊고 난 후 찰리가 보인 재빠른 반
응을 보면서 가족은 무언가 심각한 일이 벌어졌음을 알 수 있었다.

웬디 멍거가 말했다. "아버지는 우리들 앞에서는 긴장한 내색을 전혀
보이지 않는 분이에요. 그런데 그날만은 휴가 생각을 완전히 잊은 듯했어

요. 아버지가 스타아일랜드에서 양복을 차려 입은 건 그때 처음 봤어요."

버크셔 역사상 가장 충격적이고 공개적인 문제가 시작되고 있었다. 뉴욕 소재 투자은행인 살로먼 브러더스가 122억 달러의 재무부중기채권 Treasury notes에 대해 불법거래를 하면서 "쇼트 스퀴즈*"를 초래했다는 뉴스가 보도된 것이었다. 버크셔는 이때 살로먼 브러더스의 우선주를 상당량 보유하고 있는 상태였다.

일파만파로 퍼져나간 사건의 중심에 선 인물은 이 회사의 매니징디렉터이자 채권딜러인 34세의 폴 W. 모저Paul W. Mozer였다. 그는 1990년 12월과 1991년 2월에 단일 투자은행에 허용된 법적인 한도 이상으로 재무부 채권을 거래하였다. 게다가 모저는 허락도 받지 않은 채 대리인 행세를 하면서 고객 계좌 명의로 채권을 사들인 후 이를 살로먼 자체 계좌로 옮겨놓기까지 하였다**.

멍거가 살로먼 사태를 처음 들은 것은 8월 8일 화요일, 살로먼의 사장인 토머스 스트라우스Thomas Strauss와 상임변호사인 도널드 퓨어스타인Donald Feuerstein에게서였다. 처음 전화를 받는 순간부터 멍거는 살로먼에 대한 공식 보도가 무언가 불완전하다는 의심을 지울 수가 없었다.

버핏은 버크셔 자회사의 임원진들과 타호 호에서 저녁 식사를 하던 중에 스트라우스와 퓨어스타인과 통화를 하게 되었다. 그들이 사건 개요를 담담한 어투로 말했기에 버핏은 정말로 심각한 위기가 닥쳤다는 생각은

---

* short squeeze : 실물의 양이 시장에 충분치 않은 상황에서 가격이 상승할 경우, 공매도 투자자는 계약 이행에 필요한 현물을 확보하기 위해 경쟁적으로 현물을 매수하는데 이는 실물 품귀 현상을 더욱 가중시켜 가격 급등으로 이어지게 된다. 이런 상황을 쇼트 스퀴즈라고 한다.
** 당시에는 한 기관이 채권의 35% 이상을 입찰하는 것이 금지돼 있었다. 하지만 폴 모저는 살로먼 이름으로 35%를 입찰한 것 외에도 다른 고객의 대리인인 것처럼 위장해서 2년 만기 채권의 94%를 매점하였다.

하지 못했다. 그날은 토요일이었고, 버핏은 스타아일랜드에 있는 멍거와 통화를 하면서 그때야 비로소 살로먼이 심각한 법률 위반을 저질렀다는 것을 알게 되었다. 살로먼의 변호사는 멍거에게 사건의 요점을 정리한 내부 문서를 읽어 주었다. 살로먼 경영진은 새롭게 밝힐 보도 내용을 두고 언론 인터뷰를 할 때 그 내부 문건을 이용할 예정이었다. 내부 문건의 요점은 "문제의 한 단면은 지난 4월부터 드러나기 시작했다"는 것이었다. 멍거는 문서가 소극적인 어조로 작성되는 것에 반대하면서 사실을 정확히 아는 사람이 누구누구인지 알려달라고 요구했다.[2]

멍거는 사건 개요에 사용된 언어에 이의를 제기했지만, 변호사는 경영진과 변호인단 모두 다른 단어를 이용할 경우 회사의 자금모집에 문제가 생길지도 모른다고 염려하고 있음을 알려주었다. 다시 말해 조만간 만기가 다가오는 수십억 달러의 단기 채무를 신규 채권으로 차환하는 능력에 차질이 빚어질 수도 있다는 것이었다. 이렇게 되면 부채 비율이 대단히 높고 자기자본이 40억 달러밖에 안 되는 살로먼으로서는 큰 위험에 처할 것이 분명했다. 단기 채무 외에도 살로먼은 중기채권이나 은행 부채, 기업어음도 160억 달러나 되었다.

「포천」지에서 살로먼 사태를 설명하면서 캐럴 루미스Carol Loomis는 이렇게 적었다. "따라서 이번 살로먼 사건을 통해 경영진이 모저의 위법 행위를 알고 난 후에도 사실 공개를 꺼렸다는 것을 이사회와 감독기관이 알게 되었음을 말해준다. 멍거는 경영진의 그런 태도는 솔직하지도 현명하지도 못한 태도라며 못마땅해 했다. 하지만 '펀딩funding' 전문가를 자처하지 않는 멍거가 이번 사태를 진정시킨 주역이었다."[3]

멍거는 이번 사태를 단순한 개인적 과실로 몰아가려는 시도에 대해 화를 냈다. 그러면서도 찰리와 워런이 살로먼의 CEO인 존 굿프렌드John

Gutfreund를 높이 평가하고 개인적으로도 막역한 사이이기 때문인지, 멍거는 첫날 저녁에 "워런과 나는 존의 몰락을 바라지 않았다"라고 솔직히 인정한다.[4]

그럼에도 불구하고 멍거는 사건이 터지자마자 살로먼이 거름통을 뒤집어썼음을 직감했다. 다른 것은 차치하고 총 2조 2,000억 달러 규모인 재무부 채권은 미국 재정의 근간이 되는 중요한 사업이다. 살로먼 브러더스는 미 정부가 발행하는 채권의 주요 딜러이다. 연방정부로부터 기간별 채권을 매수해서 고객에게 재판매할 수 있는 권한을 지닌 기업은 40여 개에 불과하며 살로먼도 그 중 하나이다. 미국 및 해외의 개인이나 기업, 타국 정부가 미 재무부 채권에 투자하는 이유는 미 정부와 정부의 재정시스템을 신뢰하기 때문이다. 하지만 채권 시스템 자체가 워낙에 미묘한 신뢰의 균형을 바탕으로 움직이기에, 일부 전문가들은 살로먼의 위법행위로 인해 미 채권 시장에 대한 해외의 평판이 훼손되고 결과적으로 정부의 부채 조달 비용이 올라가게 될 것을 염려했다.[5]

멍거와 버핏은 살로먼 문제에 대해 계속 의견을 나누면서 다음 수요일인 8월 14일에 화상회의로 이사회를 열기로 했다. 화상회의에서 이사회는 두 번째로 언론에 발표할 내용을 미리 들었다. 보도자료는 약 세 페이지 가량의 세부 사항을 담고 있었다. 경영진이 "다른 시급한 일" 때문에 거의 네 달 동안이나 감독기관에 이 일을 보고하지 못했다고 설명하는 문장에 대해서는 이구동성으로 반대 의견을 표했다. 이사회가 보기에도 어설픈 변명은 아무 소용도 없을 것이 분명했다. 문구를 바꾸기로 합의를 봤다. 그리고 결국 멍거와 버핏은 경영진이 지난 4월에 회의를 연 자리에서 모종의 범죄행위가 발생한 사실을 즉시 감독기관에 보고해야 한다고 합의를 봤다는 사실을 알게 되었다. 어떤 이유에서인지는 모르지만

경영진 중 아무도 그렇게 하지 않았던 것이다.[6]

늦여름까지도 「뉴욕타임스」와 「월스트리트저널」이 살로먼 사태를 계속 머릿기사로 다루면서 긴장감이 고조되었다. 살로먼이 발행한 회사채에 대한 대량 환매 소동과 더불어 증권 시장도 민감한 반응을 보이고 있었다. 금요일, 양복을 차려입은 찰리는 생애 가장 골치 아픈 사건을 해결하기 위해 비미드지발 뉴욕행 비행기를 탔다.

1901년 세워진 살로먼은 수익성이 가장 높고 존경도 가장 많이 받는 미국 최대의 증권중개사 중 하나였다. 버핏과 멍거가 살로먼과 연을 맺게 된 것은 여러 해 전, 살로먼이 버크셔를 대행해서 투자 금융과 중개 서비스를 제공해주던 시절로 거슬러 올라간다. 버크셔는 1987년에 살로먼 주식을 매입했는데, 그때 살로먼은 레블론Revlon Inc.의 회장이며 기업 사냥꾼으로 유명한 로널드 O. 페럴먼Ronald O. Perelman의 적대적 경영권 인수의 타깃이 되어 있던 시점이었다. 존 굿프렌드는 페럴먼의 공격을 피하기 위해 버핏에게 도움을 청했다. 그는 페럴먼을 저지하기 위해 버크셔를 통해 주식을 매수해달라고 버핏에게 부탁했다.

버크셔의 고문변호사인 밥 데넘은 처음 살로먼 일을 하게 되었던 9월의 어느 주말을 아직도 기억한다. 토요일 아침에 데넘은 전화 한 통을 받았다. "아이들에게 축구를 가르쳐주고 막 집 안으로 들어왔는데 그들이 전화를 걸어와서는 좋은 인수 거래가 생겼다면서 나한테 당장 일을 시작할 수 있냐고 묻더군요. 즉시 사무실로 가서 다른 변호사들을 불러 모았습니다. 월요일에는 계약이 체결되었습니다. 상당히 신속하게 진행되긴 했지만, 찰리와 워런과 일하면 그 정도는 예사입니다. 두 사람은 상당히 긴밀하게 일을 하거든요. 두 사람은 미국이 낳은 가장 현명하고 가장 창의적인 사업가라고 말할 수 있습니다. 두 사람은 새로운 투자 방법이 없나 끊임없이 고민합니다. 두 사람 사이에는 높은 신뢰가 존재합니다. 인수가를 터무니없이 깎으려 하지 않고, 계약 조항에 대해 나중에 가서 이의를 제기하지도 않습니다. 그래야 할 경우에는 처음부터 툭 까놓고 말합니다."

1987년 가을, 버크셔는 살로먼의 상환전환우선주redeemable convertible preferred stock를 인수하는 데 7억 달러를 투자했다. 당시로서는 회사 역사상 최대의 투자금액이었다. 우선주의 배당금은 9%이고, 3년 후에는 주당 38 달러에 보통주로 전환할 수 있다는 조건이 붙어 있었다. 그때 살로먼 보통주의 거래가는 30달러 수준이었다. 주식으로 전환하지 않을 경우에는 1995년부터 5년 동안 살로먼이 주식 대금을 상환하기로 되어 있었다. 또한 거래 조건에는 7년 동안의 "스탠드스틸*" 규정도 포함돼 있었는데, 이기간 동안 버핏은 살로먼 주식을 추가로 매입하지 않겠다고 동의했다.

매수 결과 버크셔는 살로먼 주식 12%를 취득하면서 최대 주주가 되었다. 살로먼에 있어서 이 거래의 본 목적은 버크셔가 투자한 현금 7억 달러로 남아프리카의 거대 복합기업 앵글로–아메리칸Anglo-American Corp의 자회사인 미노르코Minerals and Resources Corp., Ltd, Minorco가 보유한 살로먼 주식 12%를 매수하기 위해서였다. 굿프렌드는 미노르코가 가진 지분이 페럴먼이나 다른 적대적 경영권 사냥꾼의 손에 넘어갈 것을 염려했다.[7]

버크셔의 지분 인수에 살로먼의 일부 주주들은 화를 내면서 자신들에게도 페럴먼의 제안을 고려해볼 기회 정도는 주었어야 하지 않느냐고 생

---

*standstill : 인수기업과 피인수기업 사이에 일정 기간 보유지분을 증가하지 않거나 일정 비율 이상을 취득하지 않겠다는 계약. 정지협정이라고도 한다.

각했다. 더욱이 살로먼의 고위 경영자 몇 명은 버크셔의 주식 인수는 수세에 몰린 굿프렌드를 이용한 일종의 담합과도 같은 것이었다고 여겼다. 그러나 살로먼의 주주들도 굿프렌드와 버핏 사이의 거래에서 상당한 이득을 보았다. 거래 결과 살로먼의 자본이 증가했고 손실에 대비한 재무적 완충장치가 마련되었으며 굿프렌드는 자신이 직접 선택한 사람들과 업무 관계를 맺을 수 있게 되었다.[8]

거래 조건에 따라 버핏과 멍거는 살로먼 이사회의 일원이 되었다.

멍거가 말했다. "우리는 어느 정도는 선견지명이 있었던 것 같습니다. ABC와 살로먼의 주식을 대량으로 매수하면서 워런은 내가 ABC 이사회의 일원이 되어야 한다고 제안하더군요. 나는 '내가 굳이 이사회에 속할 필요는 없어 보이는걸'이라고 말했지요. 살로먼은 문제의 소지가 많은 곳이었기에 우리 둘 모두 이사회에 참여할 필요가 있었습니다."

월스트리트의 베테랑 투자자들은 두 사람이 살로먼에 투자했다는 소식을 듣고 깜짝 놀랐다. 그도 그럴 것이 두 사람은 증권사나 투자회사의 업무에 대해 상당히 좋지 않게 평하고 있었을 뿐 아니라 두 업종의 최고 경영자들이 지나치게 높은 연봉에 사치스런 생활을 하고 있다고 대놓고 비난한 적도 많았기 때문이었다. 1982년 버크셔 연차보고서에서 버핏은 투자은행가들이 높은 이익을 위해서라면 어떤 종류의 투자자문도 마다하지 않는다고 비난하면서 이렇게 적었다. "이발사에게 머리를 깎아야 할 필요가 있는지 물어봐서는 안 됩니다."[9]

후일 버핏은 살로먼 투자가 자신이 주장하는 일명 "3루타 투자"에는 속하지는 못한다는 것을 알고 있었다고 말했다. 그러나 그때 그는 보유 현금을 투자할 마땅한 대상을 찾지 못해 애를 먹고 있었으며 과거 살로먼과 일했을 때 어느 정도 만족하기도 했다. 특히 버크셔가 가이코 주

식을 처음 절반 매집하던 1976년부터 81년까지는 일을 아주 훌륭하게 잘 해주었었다.[10]

사업 수행 방식에 대해서 버핏과 멍거 사이에는 항상 견해 차이가 존재했고, 그건 월스트리트의 투자 전문가들하고도 마찬가지였다. 살로먼 경영진은 이 중서부인 특유의 보수적 기질을 실감할 수 있었다.

찰스 멍거 2세는 이렇게 회상했다. "두 사람이 살로먼 이사회에 참석했다는 것은 살로먼에 스타급 셰프가 참여했다는 의미였습니다. 워런 버핏은 자리에 앉자마자 코카콜라와 햄버거를 먹기 시작했죠. 회사 문화에 일대 변화가 불어올 것이라는 신호였습니다."

재무부채권 사건이 터지기 훨씬 전부터, 버핏과 멍거가 굿프렌드와 사이가 틀어졌다는 소문이 돌고 있었다. 그러나 1987년 버크셔 연차보고서에서 버핏은 이런 소문은 소문일 뿐이라고 일축했다. "우리는 투자금융의 방향이나 미래 수익성에 대해 특별한 통찰력을 갖고 있지는 않습니다. 우리는 다만 살로먼의 CEO인 존 굿프렌드의 능력과 정직성을 강력하게 신뢰할 따름입니다."[11]

버핏의 말에 따르면, 굿프렌드는 살로먼 고객들에게 채권 거래에 참여하지 말라고 간간이 충고했다고 한다. 이는 막대한 수수료를 먼저 포기한 것이나 마찬가지였다. 버핏이 설명했다. "타인의 이익을 중시하는 이런 식의 서비스는 월스트리트가 당연히 여기는 태도와는 한참 동떨어진 것입니다."[12]

1987년 살로먼이 트레이딩으로 막대한 손실을 입으면서 800명의 직원을 정리해고 해야 했을 때 굿프렌드가 보여준 행동은 워런과 찰리를 감동시키기에 충분했다. 그 해 굿프렌드는 자신의 보너스를 200만 달러나 삭감했다. 1989년 이익이 감소했을 때에도 그는 50만 달러를 삭감시킨

350만 달러의 보수만을 받아갔다.[13]

하지만 1990년대로 접어들면서 버핏과 멍거는 살로먼 고유의 기업문화라고 할 수 있던 과정 중시의 문화가 사라지고 혼란스러워진 것에 대해 마음이 불편해졌다. 이를테면 이사회에서 지난 분기나 전년도 대차대조표를 나눠주는 것을 보며 두 사람의 마음에도 불안이 싹텄다.[14]

이런 우려가 표면으로 부상한 것은 1991년 8월, 연방 감독기관의 압력을 받은 살로먼이 재무부채권 입찰과 관련한 변칙 및 불법 행위에 대한 내역을 공개하면서였다. 살로먼이 법적 허용치보다 더 많은 122억 6,000만 달러의 채권을 매점해서 채권 가격이 치솟았고 이로 인해 큰 손해를 보게 되었다면서 다른 경쟁사들의 항의가 빗발치자 정부도 조사에 착수하였다.

당시 폴 모저는 자신이 모든 죄를 부당하게 다 뒤집어쓰고 있다고 주장하면서, 자신은 1991년 2월에 치러진 재무부채권 입찰에서 "순간적인 충동"으로 규칙을 위반하긴 했지만 이 단 한 번의 잘못 외에는 아무 죄도 없다고 말했다. 모저는 자신은 희생양으로 이용당했을 뿐이라고 주장했다. 「월스트리트저널」과의 인터뷰에서, 자신은 살로먼의 정부재정거래 담당자로부터 15억 달러의 중기채권에 입찰해달라는 요청을 받고서 이를 수행하기 위해 그런 행동을 했을 뿐이라고 밝혔다. 그렇게 하면 살로먼의 채권 매입이 법적인 허용 한도를 훨씬 초과하게 될 것이 분명했지만 말이다.[15] 살로먼과 같은 대규모 기업이 채권을 매점하는 것을 막기위해 연방정부는 1990년에 단일 기업이 한 번 경매에 나온 재무부채권을 35% 이상 매입하는 것을 금지하는 법을 제정한 바 있었다.

추후 행해진 조사와 재판에서 모저가 1990년과 1991년에 불법적인 채권매매 행위를 두 차례 이상 저질렀다는 것이 밝혀졌다. 자신의 행위가 발각날 것을 두려워한 모저는 살로먼의 부회장인 존 메리웨더^{John} Meriwether에게 4월에 자신의 배임 행위를 일부 자백하였다. 문제를 알게 된 굿프렌드와 살로먼의 토머스 스트라우스 사장이 보인 행동은 살로먼을 더욱 깊은 구렁텅이에 빠뜨리는 결과를 낳았다.

여기에 대해서는 멍거가 설명해주었다. "메리웨더가 굿프렌드에게 와서는 '문제가 있습니다. 회장님께 보고하는 게 마땅하다고 생각합니다'라고 말했습니다. 사실 모저의 상관인 메리웨더의 행동은 탁 까놓고 말해 굿프렌드에게 문제를 보고함으로써 자신은 손을 떼고 있는 셈이었죠. 그러면서도 메리웨더는 '회장님이 그 젊은이를 구할 방법을 찾아줄수 있기를 바랍니다'라고 덧붙였습니다. 굿프렌드가 고문변호사에게 자문을 구하자 변호사는 즉시 연방기관에 사안을 보고해서 뉴욕 연방준비은행의 처분대로 따라야 한다고 답했습니다. 굿프렌드는 결정을 내리지못했습니다. '나나 그 젊은이나 그밖에 여러 사람들에게 손해가 가지 않으려면 어떻게 해야 할까'라면서 고민만 한 거죠. 그는 차일피일 보고를미뤘고 이사회에도 연방기관의 위협이 심해져서야 비로소 문제를 상정했습니다. 그때에도 상황을 있는 그대로 전부 보고하지는 않았지요. 고문변호사가 '회장님, 제가 말한 대로 하지 않으면 지금 자리는 물론이고명성이나 지역 공동체에서의 위상도 다 잃게 될 겁니다. 사모님과의 사이도 틀어질 수 있고, 아이들은 회장님이 자신의 아버지라는 것을 수치스러워할 수도 있습니다. 진실을 말하세요. 있는 그대로 솔직하게 최대한 빨리요'라고 말해주지 않은 것이 안타깝습니다. 굿프렌드는 모저를해고했어야 옳았습니다. 하지만 지지부진한 상태로 그냥 그를 놔두었습니다."

채권거래의 마법사로 불리는 존 메리웨더는 시장의 기술적 움직임에 깊이 관여하고 있었다. 살로먼에서 최고 연봉자 중 하나이기도 한 메리웨더는 굿프렌드가 350만 달러만을 받았던 해에도 무려 8,900만 달러나 되는 보수를 받은 것으로 알려져 있었다.[16] 살로먼 추락의 원인은 메리웨더와 스트라우스, 모저이긴 했지만 멍거와 버핏은 무엇보다도 굿프렌드의 행동에 가장 실망하고 경악을 금치 못했다.

금융 분야의 전문 작가인 로저 로웬스타인은 이렇게 적었다. "찰리 멍거에게 있어서 굿프렌드는 살로먼의 모든 숭고한 기업문화를, 무엇보다도 정직한 태도로 자본을 다뤄야 한다는 문화를 되살려낸 인물이었다. 그는 새로운 경영자 종족이 가지지 못한 위대한 품성을 가지고 있었다."[17]

강인한 의지를 가진 경영자로 정평이 나 있는 굿프렌드는 38년의 경력 중 13년을 살로먼에 몸담고 있었다. 다소 무뚝뚝한 성격에 언론에 대처하는 방법은 서투른 편이었지만, 그는 살로먼을 투자금융의 파워하우스로 길러낸 일등 공신이었다. 살로먼의 신입사원들에게는 매일 아침 "곰의 엉덩이를 물어뜯을 준비를 합시다"라고 말하곤 했다.[18]

그러나 이번 재무부채권 사건에서 굿프렌드는 담대하게 굴기는커녕 찰리의 비난처럼 "엄지손가락만 빨면서" 우물쭈물하는 행동만을 보였다. 그해 8월 소집된 이사회에서 굿프렌드가 살로먼이 영속기업으로서 영업을 지속하는 데 치명타가 될 수도 있는 정보를 공개하지 않고 있었다는 사실이 드러난 순간, 그에 대한 이사회의 신뢰는 완전히 박살나버렸다.[19]

미네소타에서 뉴욕으로 날아간 멍거는 8월 17일 토요일에 버핏을 만났다. 두 사람은 즉시 굿프렌드를 비롯해 살로먼의 다른 경영자들과 만났다. 면담은 밤 11시까지 이어졌다. 사건의 전모와 관련자를 완전히 공개하는 것이 제일 먼저라는 결론이 나왔다.

버핏이 말했다. "찰리는 일의 전말을 모두 알아야겠다고 말했습니다. 우리는 여전히 어떻게 된 건지 잘 모르고 있었으니까요. 그는 토요일 오후 3시부터 일요일까지 경영자들과 만난 다음에, 나와 함께 월요일에 워싱턴으로 갔습니다."

버핏과 멍거는 즉시 멍거 톨스 앤드 올슨의 최고 변호사인 론 올슨과 밥 데넘에게 전화를 걸었다. 그들이 복잡한 법률문제를 비롯해서 형사 소송 준비까지 하고 있는 일단의 격노한 연방 감독관들을 다루는 일을 도와주기로 했다. 올슨이 설명했다. "멍거가 직접 나서서 문제를 해결하고자 노력한 것이 가장 큰 도움이 되었습니다. 그는 8월 18일 아침부터 서둘러 움직였지요. 그는 중요한 이사회 회의에 참석하기 위해 살로먼으로 갔습니다. 살로먼 이사회와 회사의 과거 변호사들은 변호사와 의뢰인 사이의 비밀유지특권을 포기하기로 결정했고, 그 결정은 살로먼이 형사 고발을 피하게 된 것과 아주 많은 연관이 있었지요. 멍거와 버핏이 함께 그 결정을 내렸습니다. 우리는 신속하게 정보와 자료를 긁어모아서 두 사람에게 건네줬습니다. 그렇게 해서 결국 형사 고발은 하지 않겠다는 결론이 나왔습니다. 우리는 새로운 경영진이 회사를 일신해줄 것이라고, 그리고 그들이 속속들이 썩지는 않았으며 문제와는 관련이 없다고 믿을 수 있었습니다."

버핏과 멍거가 보다 큰 구상을 하기 시작하게 된 것은 SEC의 리처드 브리든Richard Brreeden 의장을 만나고 난 후의 일이었다. 두 사람은 뉴욕연방준비은행 이사회의 제럴드 코리건Gerald Corrigan 의장이 굿프렌드에게 편지를 보냈다는 사실을 알게 되었다. 코리건은 편지에서 불법 입찰로 인해 살로먼이 앞으로는 연방준비은행과 사업을 지속할 수 없을지도 모른다고 말하면서, 벌어진 사건에 대해 살로먼이 알고 있는 모든 "규칙 위반, 위법, 태만 행위"를 설명한 일괄보고서를 열흘 내에 제출해달라고 요구했다. 편지에 대한 일을 알게 된 살로먼의 이사들은 혼란에 빠졌다.[20]

굿프렌드의 행동에 대해 멍거는 이렇게 회상했다. "그는 외부 변호사들에게는 편지를 보여주었으면서 우리 이사회에는 단 한 부도 보내지 않았습니다. 워런과 나는 사건의 전말을 다 알지도 못한 채 위기를 해결하겠다고 나선 셈이었지요. 우리가 들은 건 미적지근하고 모호한 답변이었습니다. 제대로 알았다면 완전히 다르게 움직였을 겁니다."

멍거의 말에 따르면, 뉴욕연방준비은행이 살로먼에 보낸 메시지는 분명했다. "늙다리 경영자 분들, 여러분의 시대는 끝났습니다. 더 이상 당신들을 신뢰할 수 없습니다. 당신들의 프라임 딜러 지위를 박탈합니다. 우리는 우리의 당연한 권리에 주목했고, 인식이 변하면서 우리의 생각도 변했습니다." 굿프렌드가 이사회에게 사건을 완전히 설명하지 못하게 되자 버핏은 "우리는 용서를 할 기회도 잃었습니다"라고 말했다.[21]

굿프렌드와 사장인 토머스 W. 스트라우스는 1991년 8월 18일에 사임했다. 한때 「비즈니스위크」지가 "월스트리트의 제왕"이라고 부르기까지 했던 굿프렌드의 비참한 말로였다.

채권 매매가 잠정 중단된 살로먼은 정부에 의해 강제로 문을 닫기 직전까지 치달았고 사내 변호사들은 파산 준비를 위한 절차를 밟기 시작했다. 36달러가 넘던 주가는 단 일주일 만에 27달러 아래로 곤두박질쳤다. 살로먼이 발행한 회사채에 대해 환매 소동이 벌어지면서 회사는 자사의 회사채 거래를 일시적으로 중단하는 유례없는 조치까지 취해야 했다. 걷잡을 수 없는 사태가 벌어지는 것을 막기 위해서라도 대중에게 살로먼이 난파당할 위험은 없다는 확신을 심어줄 필요가 있었다. 론 올슨과 밥 데넘이 최소한의 피해로 살로먼을 구해내는 선봉장 역할을 맡았다.

1992년 살로먼의 연차보고서에서 버핏은 이렇게 적었다. "적어도 다섯 개의 감독기관(SEC, 뉴욕연방준비은행, 재무부, 뉴욕남부지검, 법무부의 반독점 부서)이 살로먼에 대해 깊은 관심을 보였습니다."[22]

법적 문제를 제대로 해결하지 못할지도 모른다는 것은 다시 말해 큰 재앙으로 이어질 수도 있다는 뜻이기도 하다고 버핏은 말했다. "우리가 파산을 선언해서 문을 닫았다면 결제를 해줬어야 하는 10억 달러를 지불하지 못했을지도 모릅니다. 온갖 비극과 온갖 사람과 온갖 공포가 혼재했습니다. 그것은 마치 (운명의 날을 부르는) 장치 같았습니다."

대니얼 모이니핸Daniel Moynihan 상원의원은 조금이라도 도와줄 것이 있는지 알아보기 위해 뉴욕으로 갔다. 이번 사태의 해결 여부에 뉴욕 주민 9,000명의 일자리가 달려 있었다. 버크셔가 소유한 버펄로 뉴스도 모이니핸이 대표하는 그 주에 본사를 둔 신문사였다. 찰리가 설명했다. "우리는 모이니핸에게, 뉴욕 FRB의 의장(제럴드 코리건)이 현재 최고책임자를 맡고 있는 만큼 그가 기분 나빠할 수도 있다고 말했습니다. 정치권 개입에 그가 불쾌해할 것이 분명하니까요. 모이니핸에게는 집무실로 돌아가서 개입을 자제해달라고 부탁했습니다. 그는 그렇게 해주었습니다."

데넘이 말했다. "워런이 경영진에 대한 문제와 중요 인사들과의 소통을 책임지는 동안 찰리는 한발 뒤로 물러나 더 넓은 시각에서 법적인 문제를 생각해볼 수 있었습니다. 그는 차후의 전략을 신속하게 아주 열심히 궁리했습니다. 뉴욕에서 한 주를 머문 끝에 고문변호사가 퇴진해야 한다는 결론이 내려졌습니다. 토요일 아침 워런이 전화를 걸어서 제게 살로먼의 고문변호사를 맡아줄 수 있겠냐고 묻더군요."

굿프렌드, 스트라우스, 고문변호사의 퇴진만으로는 감독기관의 분노를 진정시킬 수가 없었다. 새로운 경영진을, 물론 감독기관과 대중 모두가 완전히 윤리적이고 신뢰할 만하다고 믿을 수 있는 그런 경영진을 임명할 필요가 있었다. 가장 유력한 후보는 버핏이었다. 멍거는 그 자리를 맡는 것은 미친 짓이라고 버핏을 만류했지만 끝까지 말릴 수는 없었다.[23)]

멍거가 말했다. "워런은 그들이 어떤 문제를 떠넘기고 있는 것인지를 잘 알면서도 그 자리에 자원했습니다. 그의 평판은 나무랄 데가 없었습니다. (재무부 장관인) 닉 브래디Nick Brady는 후보 자리를 사양했는데, 그것은 아주 큰 의미가 있는 행동이었습니다. 브래디가 양보하면서 우리에 대한 신뢰가 한층 더 높아졌으니까요."

버핏과 함께 워싱턴 DC로 가서 하원에서 살로먼 사태에 대한 증언을 한 후, 멍거는 집으로 돌아가 원거리 조언자 역할을 하기로 결정했다. 앞으로는 살로먼 이사회에 참석할 때에만 모습을 보일 생각이었다. 버핏이 말했다. "찰리는 내가 어련히 알아서 잘하겠지, 라고 생각했습니다. 이번 일은 우리가 어떻게 할 수 있는 일은 아니었습니다. 우리는 그냥 저들이 우리를 죽이지는 않을 거라고 믿으면서 행동하는 수밖에 없었습니다."

캘리포니아로 돌아간 후에도 멍거는 계속 살로먼 문제 해결에 관여했다고 데넘은 말한다. "그 후에도 우리는 법률적인 문제와 전략에 대해 얘기를 나눴습니다. 찰리는 두 팔을 걷어 붙이고 나섰고, 그는 문제 해결을 위한 최상의 방법에 대한 실질적인 아이디어를 가지고 있었습니다."

살로먼의 이사로 일한다는 것은 상당히 힘든 일이었지만 60대라는 나이도 찰리에게는 전혀 문제가 되지 않았다고 같은 이사회 소속인 루 심슨은 말했다.

"나이가 들어도 찰리의 건강은 끄떡없었습니다. 로스앤젤레스에서 곧바로 살로먼 이사회에 참석했을 때에도 예리한 면은 전혀 줄지 않았습니다. 오후에 살로먼 이사회에 참석하고 다음날 오후에 또 참석한 뒤 찰리는 그날 오후 집으로 가는 비행기를 탔습니다."

"대부분의 경우는 웨스트사이트의 밀레니엄 호텔에서 하루 종일 머물렀습니다. 이사회를 겸한 디너가 끝나면 숙소로 걸어갔습니다." 심슨이 회상했다. 가끔은 낸시 멍거도 동반했는데, 그녀와 찰리는 맨해튼의 트리베카Tribeca 주거지역에 살면서 프리랜서 사진작가로 일하는 아들 배리를 보러갔다. 낸시가 동행할 때면 멍거 부부는 이스트사이트 북쪽에 위치한 칼라일 호텔에 숙소를 잡았다.

"살로먼에서는 사교적인 여흥거리가 별로 없었습니다." 심슨이 말했다. "사업과 관련된 것 투성이였죠. 해결해야 할 문제나 현안이 한두 가지가 아니었습니다. 모두의 인생에서 가장 극적인 시간이었죠. 워런과 찰리도 그렇게 처리할 일이 많을 거라고는 생각지도 못했을 겁니다."

심슨은 살로먼 이사회에 5년 동안 속해 있었는데 그중 4년은 감사위원회의 위원장을 역임했으며 찰리 멍거도 감사위원 중 하나였다. 심슨이 말했다. "찰리는 아주 적극적이고 질문이 많은 감사위원이었습니다. 살로먼의 감사위원회는 전향적이고 굉장히 탐구적인 사람들의 집단이었습니다. 한번 회의를 하면 적어도 3시간은 지속되었습니다. 경영진 대다수에게 찰리는 엉덩이에 박힌 가시 같은 존재였습니다. 그는 힘든 문제를 포착해서는 그들에게 들이밀었지요. 회계, 경영, 파생상품, 리스크 등과 관련해서 까다로운 문제가 무수히 산적해 있었습니다. 여러 사람 속에 섞여 있더라도 임금님은 벌거벗었다고 말할 줄 아는 사람은 필요한 법이지요. 경영진은 긍정적인 측면만 제시하는 경향이 있습니다. 함정이나 리스크 같은 부정적인 측면을 꼬집는 사람을 만나기가 더 어렵기 마련입니다. 사람들이 찰리를 심술쟁이라고 생각할 수도 있습니다. 만사가 다

잘될 때에도 찰리는 '여기에는 대차대조표 외적인 문제와, 수수료 문제도 있습니다'라고 말하거든요. 사업 운영을 이해하는 것은 고도의 집중력이 필요한 정말로 진 빠지는 일이죠. 나는 여기에서 LA까지 대여섯 시간의 비행을 수도 없이 반복했습니다. 찰리는 하루 종일 감사 자료를 읽고 또 읽곤 했습니다. 그가 사업관행과 그 관행에 대한 사고방식에 의문을 제기했을 뿐인데도 아주 많은 도움이 되었습니다."

멍거는 감사위원회가 활력을 유지하는 데에도 일조했다. 론 올슨이 회상했다. "살로먼 사태를 처리하면서 내 능력의 한계에 부닥쳤다는 느낌이 들곤 했습니다. 그럴 때면 나는 찰리에게 달려갔고, 그는 '자네라면 할 수 있어'라고 말해주었습니다."

버핏은 살로먼 사태에 대해 화해를 이끌어내서 2억 9,000만 달러라는 비교적 낮은 벌금만 물고 형사 고발을 당하지 않았던 것은 전부 올슨과 데넘 덕분이라고 말한다. 또한 살로먼은 정부채권을 매매할 수 있는 국고채 전문딜러primary dealer라는 명예와 수익성을 동시에 거머쥘 수 있는 높은 지위를 계속 유지할 수 있었다.

법적 화해 조치의 일환으로, 살로먼은 1991년에 행해진 채권 경매에서 한 중개사에 허용된 수준인 35%보다 훨씬 높은 수준을 부적절한 방법으로 여러 차례나 입찰했음을 인정하였다. 또한 허락도 받지 않은 채 고객 계좌를 도용해서 그들 이름으로 채권 경매에 입찰했으며, 그 결과로 법적 허용치 이상의 채권을 매입할 수 있었다는 사실도 인정했다. 폴 모저는 8월부터 직무 정지를 당했고 나중에는 연방준비은행에 거짓말을 했다는 것도 시인하였다. 그는 4개월의 실형을 살았다.[24]

심슨이 말했다. "주주들은 이번 사태가 화해 조정으로 해결된 것에 대해 크게 반색했습니다. 일의 전말을 다 알고 있었기에 전혀 기대하지는 못하고 있었으니까요."

회사 관계자 다수는 이번 화해 중재가 거의 기적에 가깝다고 생각했지만 살로먼이 아직 곤경에서 벗어난 것은 아니었다. 앞으로 어떻게 회사를 경영해나갈 것인지가, 특히 버핏 다음에 누가 회사를 책임질 것인지에 대한 문제가 큰 숙제로 남아 있었다.

미국에서 보수가 가장 적은 최고경영자로 소문난 버핏과 멍거는 살로먼의 보수 시스템에 불쾌감을 드러냈다. 버핏은 증권사업부의 1990년 한 해 실적이 평균보다 낮은 데도 불구하고 같은 해 이 사업부 직원 106명의 평균 연봉은 100만 달러 이상이었다고 지적했다. 버핏은 살로먼 분기 보고서에 이렇게 적었다. "직원이 주주들에게 좋지 못한 실적을 거둬주었다면 연봉에도 그 점이 당연히 반영되어야 합니다."[25]

한편 버핏이 살로먼의 회장직을 수행하는 동안 버크셔 전용기인 "인디스펜서블"에 대한 멍거의 태도는 한층 부드러워졌다. 멍거는 전용기로 여행할 자격이 있는 CEO를 한 명 꼽는다면 바로 버핏이라고 말했다. "인디스펜서블은 주식회사 아메리카에서 가장 당연히 있어야 할 전용기입니다."[26]

버핏은 살로먼 브러더스에서 9개월이나 온 힘을 다 바쳐서 최고경영자 임무를 수행했지만 그 일을 무기한 할 생각은 결코 없었다. 펀드아메리카Fund America의 CEO인 존 번John Byrne이나 전 FRB 의장인 폴 볼커Paul Volcker와 같은 월스트리트 출신이 버핏이 떠난 자리를 물려받을 것이라는 소문이 돌았다. 1992년 버핏이 텍사스 출신의 밥 데넘을 회장 겸 최고경영자로 지명하자 금융계는 당혹했다.[27]

살로먼 사태가 처음 터졌을 때 데넘은 3일 전에 미리 연락을 받고 이미 뉴욕으로 와서 외부 법률고문 역할을 하고 있던 참이었다. 살로먼의 법률고문을 바꿀 필요가 생기자 데넘은 그 자리를 받아들였다. 결국 이번 뉴욕 체류가 아주 길어질 것임을 깨달은 데넘은 배터리파크시티에 아파트 한 채를 구입했다. 살로먼의 법률고문 일은 결코 쉬운 일이 아닌 데다, 그의 아내는 캘리포니아에서 훌륭한 학자로 인정받고 있는 상태이기까지 했다. 살로먼을 재건하는 것은 힘든 과제였고, 과도한 보너스 제공과 같은 몇몇 문제에 대해서는 멍거와 버핏이 만족할 만한 해결점이 전혀 나오지 않고 있었다.

"살로먼의 문제가 보기보다 더욱 심각하다는 것이 드러났기에 단순히 협력 차원에서 일하는 것만으로는 어림도 없었습니다. 보다 가까이에서 밀접하게 일할 필요가 있었습니다. 멀리 있는 집에서 일하는 것은 도저히 무리였고 자칫 안 좋은 결과를 초래할 수도 있었지요. 제 경력에도 도움이 안 될 게 분명했습니다. 하지만 정부와의 문제가 해결되면서 회사의 소생 가능성이 아주 높아졌습니다. CEO로서 일하는 동안 정말 아찔할 정도로 많은 흥분과 도전을 맛보았습니다. 나쁜 순간보다는 좋은 순간이 더 많았고 결국 좋은 결과를 빚어낼 수 있었습니다."

데넘의 아내도 그를 따라 뉴욕으로 왔고 1997년이 되면서 데넘의 임기가 마침내 끝났다. 살로먼은 트래블러스그룹에 90억 달러로 매각되었고 데넘은 멍거 톨스 앤드 올슨 법률회사로 돌아갔다.[28] 뉴욕에 있을 때 포덤대학Fordham University의 교수로 일했던 그의 아내는 로스앤젤레스로 돌아온 후에는 퍼시픽옥스칼리지 및 아동학부Pacific Oaks College and Children's School의 학장에 임명되었다.[29]

살로먼을 매각하면서 버크셔가 가지고 있던 지분은 트래블러스 지분 3%로 전환되었는데 시가로는 17억 달러에 해당했다. 1998년에 트래블러스가 시티그룹에 합병되면서 세계 최대의 금융서비스 회사가 탄생하였다. 새롭게 탄생한 회사는 현재 금융, 증권매매, 보험 등 다방면의 금융서비스를 제공하고 있다.

살로먼은 어려운 시기를 훌륭하게 헤쳐나왔고 결과적으로는 회사 최고경영진 대부분도 추락을 모면할 수 있었다. 굿프렌드가 권좌에서 밀려난 날 그의 변호사는 캘리포니아에서 버핏과 멍거를 만나 퇴직위로금severance package에 대한 협상을 벌였다. 버핏과 멍거가 굿프렌드를 여전히 좋아하는 것은 사실이었으나 퇴직위로금 문제에 대해서는 쉽사리 합의를 볼 수가 없었다. 살로먼의 이사회는 굿프렌드에게 860만 달러를 제시했으나 굿프렌드는 그 이상을 요구했다. 일부 기사는 그가 5,500만 달러나 요구했다고 보도하기도 했다. 굿프렌드는 회사가 자신에게 복리 혜택, 스톡옵션, 법적 보수 등을 지불해야 한다고 주장하면서 살로먼과 일전에 돌입했다. 하지만 행운의 여신은 그의 편이 아니었다. 중재위원회는 회사 편을 들어주었고, 결국 그는 퇴직위로금도 스톡옵션도 보너스도 전혀 받을 수 없었다. 한 푼도 받지 못했던 것이다.[30), 31)]

SEC와의 합의에 따라 굿프렌드는 10만 달러의 벌금을 물게 되었으며 차후 SEC의 특별 승인이 없는 한 증권사 운영을 금지 당했다. 그는 「비즈니스위크」지 기자에게 말했다. "나는 어떤 불법적인 일도 행하지 않았다. 따라서 그 어떤 불법 행위도 내 책임은 아니었다."[32)]

살로먼을 떠난 굿프렌드는 자신의 회사를 차린 후 시가총액이 5,000만 달러 정도 되는 회사들에 투자자문을 제공하거나 그런 회사들의 투자자가 되었다. 삼각위원회*의 회원이기도 한 그는 여전히 각종 유수 위원회에서 활발한 활동을 펼치고 있다.[33)]

존 메리웨더는 증권업 분야에서 3개월간의 직무정지와 함께 살로먼 사태에 대해 일부 책임이 있다며 50만 달러의 벌금형을 선고받았다.[34] 메리웨더가 살로먼으로 복귀하려 하자, 버핏으로부터 투자금융 사업의 운영을 일임 받은 데릭 모검Deryck Maugham은 그에게 전보다 권한과 책임이 덜한 자리를 제의했다. 메리웨더는 모검의 제안을 거절하고 이미 살로먼에서 마음이 떠난 사람들을 이끌고 나가 코네티컷 주의 그린위치에 새로운 헤지펀드 운용사를 차렸다. 이 회사는 비공식적으로 살로먼의 북부지사, 혹은 드림팀이라는 이름으로 불렸다.

굿프렌드 휘하에서도 문제의 소지가 많았던 살로먼의 분위기는 새로운 경영진이 들어선 후에도 완전히 바뀌지는 못했다.[35] 증권 트레이더나 월스트리트 내부자들은 데넘이나 모검의 경영 방식을 비난했다. 특히 두 사람이 순이익 증가세보다 더 빠른 속도로 증가하는 트레이더들의 초고액 연봉이나 보너스에 제한을 가하려 하는 것을 크게 비난하고 나섰다.

어떤 사람들은 직원들이 살로먼을 이탈하는 것에 대해 불만을 품었다. 이탈 무리에는 과거 메리웨더가 이끌던 팀의 핵심 멤버들도 포함돼 있었는데, 살로먼을 떠난 그들은 메리웨더의 신생 회사에 합류했다. 그 회사가 바로 시작은 창대했으나 비운으로 끝나고 만 롱텀캐피털매니지먼트Long Term Capital Management, LTCM였다.

LTCM은 상품트레이더들이 가장 선호하는 공식인 블랙-숄즈 리스크모형*에 기타 몇 가지 수학적 모형을 결합한 고도의 투자기법을 활용해서

---

*Trilateral Commission : 유럽, 일본, 북미의 민간전문가들이 중심이 되어 전 세계적 문제에 대한 선진 민주국가들의 리더십 책임감을 함양하고자 하는 취지에서 1973년 설립된 위원회. 현재는 일본 외의 아태지역으로도 확대되어 2000년에는 아시아-태평양위원회가 출범하였다.

해외 시장에서의 증권매매시 안전성과 수익성을 동시에 도모하고자 했다. 메리웨더가 출범시킨 증권 매매 팀에는 블랙-숄즈 모형을 다듬고 발전시킨 마이런 숄즈 교수와 이 모형의 창안자인 로버트 머튼 하버드대 교수, 전직 연방준비은행 관료였던 데이비드 멀린스David Mullins, 그리고 살로먼에서 데려온 우수한 트레이더들이 대거 포함돼 있었다.

LTCM의 최소 투자금은 1,000만 달러였으나, 나무랄 데 없는 훌륭한 경력과 넓은 인맥 덕분에 메리웨더의 팀은 금세 30억 달러의 투자금을 끌어 모을 수 있었다. 처음 3년 동안 LTCM은 믿을 수 없을 정도로 훌륭한 수익률을 거두었는데, 첫 해에는 20%, 2년째는 43%, 그리고 3년째는 41%를 달성했다.

그러다 4년째인 1997년에 수익률이 17%로 떨어졌다. 같은 해 태국에서 촉발된 부동산 위기가 아시아 전역으로 급속도로 퍼져나갔고, 다음해 8월에는 러시아가 외채에 대한 채무불이행을 선언하면서 전 세계 금융 시장이 패닉에 휩싸였다. LTCM의 수학 모형은 단 하루에만 5억 달러의 손실을 입으며 비참하게 실패했다. 1998년 9월에 메리웨더는 LTCM이 25억 달러의 손실을 입으며 당년도에만 가치의 52%가 추락했다는 내용의 편지를 투자자들에게 보냈다.[36] 비록 LTCM이 가치 있는 자산을 몇 종목 보유하고 있기는 했지만 레버리지 비율이 상당히 높은 편이기 때문에 마진의무margin obligation의 기한이 다가오면서 회사는 교착상태에 빠지고 말았다. 일부 소식통에 따르면 LTCM의 글로벌 투자는 1조 2,500억 달러로 이는 미 정부의 한해 예산에 맞먹는 엄청난 금액이었다. LTCM이

---

*Black-Scholes risk model: 수학적인 이해를 바탕으로 한 옵션가격결정 모형으로, 로버트 C. 머튼이 처음 소개하고 이후 피셔 블랙과 마이런 숄즈가 이를 정리하고 발전시키면서 블랙-숄즈라는 용어가 굳어지게 되었다.

무너질 경우 그 파장이 전 세계로 퍼질 것은 불을 보듯 뻔한 일이었다.[37]

LTCM 문제가 터졌을 때 버핏은 마이크로소프트의 창립자인 빌 게이츠와 함께 오지 탐사 여행을 하고 있던 참이었다. 결코 첨단 기기 애용자라고 말할 수는 없는 버핏이었기에 그때 그가 외부 세계와 접촉하는 유일한 수단은 위성전화밖에 없었다. 멍거는 하와이로 휴가를 갔기에 위성전화를 하는 것조차도 쉬운 일이 아니었고, 따라서 두 사람은 버핏이 LTCM에 제시한 구제조치에 대해 실질적인 토론은 한 번도 하지 못했다.

버핏은 LTCM의 부실 자산을 2억 5,000만 달러에 인수하고 버크셔 해서웨이가 30억 달러, 거대 보험사인 AIG가 7억 달러, 투자금융기업인 골드만삭스가 3억 달러를 출자해서 LTCM의 자본을 재구성한다는 구제조치를 제시했다. 우발채무*는 이 구제안에 포함되지 않았으며 메리웨더를 비롯한 운영진의 자리를 보장해준다는 내용도 전혀 없었다. 얼마 안가 연방준비은행의 압력으로 14개 시중은행이 참가하는 콘소시움이 결성되어 LTCM을 구제해주었는데, 사실 이 은행들은 LTCM이 추락하면 자신들도 엄청난 손실을 피할 수 없는 입장이었다. 14개 참가은행들이 구제금융의 조치로 36억 달러를 제공했다. 메리웨더를 비롯한 운영진은 10%의 회사 지분을 유지하고서 감독위원회의 감독 아래 펀드를 운용하게 되었다. 충분한 투자 자금이 모인 덕분에 메리웨더는 난관을 이겨내고 1999년 중엽 무렵에는 어느 정도 회복할 수 있었다.[38] 그는 은행에 구제금융 대금을 상환한 다음 몇 주 뒤에 조용히 펀드를 정리했다. 하지만 몇몇 초기 투자자들은 자신들이 투자한 돈을 결코 돌려받지 못했다.

---

*contingent liabilities: 현 시점에서는 아직 법률상의 채무로서 확정되어 있지 않으나 장래 일정 조건의 우발적 사실이 발생하면 법률상의 확정채무가 될 가능성이 있는 추정액을 말한다.

LTCM 사태와는 한 발 떨어진 거리를 유지하긴 했지만 멍거는 이에 대해 나름의 의견을 개진했다. "헤지펀드 운용사인 롱텀캐피털매니지먼트는 과도한 레버리지비율로 자금을 운용하면서도 과잉 확신overconfidence의 오류에서 벗어나지 못해 최근 무너지고 말았습니다. 물론 그 회사의 주체가 된 사람들은 평균 IQ가 160을 넘는 수재들이었습니다. 똑똑하고 열심히 일하는 사람들일지라도 과잉 확신이라는 고질적인 재앙을 피할 수는 없습니다. 대부분 그들은 자신들의 재능이나 방법이 더 뛰어나다는 자화자찬에 빠져서는 굳이 더 어려운 항로를 선택해서 그 자리만 빙빙 맴돕니다."[39]

살로먼 사태는 비즈니스 세계에서 멍거와 버핏이 정직성의 대명사로 자리 잡는 계기가 되었지만 이와 동시에 그들의 소신이 얼마나 강한지를 알리는 계기도 되었다. 아무리 확고한 위치에 올라선 기업 총수들일지라도, 정직함을 지키기 위해 일전을 벌이는 멍거와 버핏을 방해해서는 결코 안 된다.

"사건이 종료된다 할지라도, 살로먼의 행동은 훗날 또 다른 비슷한 행동으로 이어질 것입니다." 멍거가 말했다. "사람들은 현명하니 즉각적인 대응이야말로 우리가 원하는 응답임을 모르지 않을 겁니다. 비록 그로 인해 죄 없는 사람들까지 불가피하게 해고당하는 사태는 피할 수 없겠지만 말입니다."[40]

살로먼 사태는 여러 교훈을 가르쳐주었지만, 심각한 문제가 발생했을 때 최고경영진의 발 빠르고도 철저한 대응이 무엇보다 중요하다는 교훈을 가르쳐주었다고 멍거는 말했다.

"존 굿프렌드가 모저의 배임행위를 알아차렸을 때 바로 뉴욕 FRB에 보고하지 않은 것은 크나큰 실수였습니다. 그랬더라면 FRB는 굿프렌드의 퇴진까지는 요구하지 않았을 겁니다. 위급한 문제를 '직시' 할 줄 알아야 합니다. 깔개로 덮어버리는 건 금물입니다."

살로먼의 붕괴에서도 보이듯 이와 비슷한 일은 미래에도 언제든 또다시 발생할 수 있다고 멍거는 말한다. "워런과 나는 투자금융 풍토의 잘못된 측면을 비난하는 일을 결코 멈추지 않을 것입니다. 후회할 만한 행동을 단 한 번도 저지르지 않으면서 수십억 달러라는 독의 늪에서 무사히 떠다니는 사람을 만나기란 대단히 힘든 일이니까요."[41]

CHARLIE MUNGER

18

드러나지 않는 미디어 제국,
데일리저널 코퍼레이션

일평생 사는 동안 내가 지나치게 겸손하다며 비난한 사람은 아무도 없었습니다.
나는 겸양이라는 품성을 아주 존중하지만 완전히 겸손하게 군 적은 없었던 것 같군요.[1]
— 찰리 멍거

도로시 챈들러 음악당Dorothy Chandler Music Center 건너편에 자리한 로스앤젤레스 연방법원은 유명한 건축물이다. 영화나 드라마의 배경으로 자주 등장하며 O. J. 심슨 재판 때에는 TV에 매일같이 등장한 곳이기도 하다. 1999년 여름, 법률 전문지인 「로스앤젤레스 데일리저널」의 발행사인 데일리저널 사는 작은 신문사인 「로스앤젤레스 메트로폴리탄」이 불공정 상거래 관행에 대한 소송을 제기하면서 이 건물에서 재판을 치르고 있었다. 재판이 진행되는 동안 두꺼운 뿔테 안경에 맵시 있는 양복 차림의 노신사가 관람석에 앉아 재판을 지켜보고 있었다. 마침내 데일리저널의 회장인 찰스 T. 멍거가 증인석에 호명되었다.

멍거의 변호사로서 그의 성격을 잘 아는 로널드 올슨은 자신의 의뢰인에게 증언을 할 때에는 질문에 간단히 답하기만 해야 한다고 이미 경고

한 바 있었다. 찰리는 처음에는 상당히 잘해냈지만, 시간이 흐르면서 버크셔 해서웨이 연차총회나 웨스코 파이낸셜 주총에서 보이곤 하는 특이한 모습을 그대로 드러내기 시작했다. 찰리는 인생이나 일에서 그리고 신문과 뉴스산업에 대한 자신의 열정이 얼마나 큰지를 철학적으로 피력하기 시작했다. 원고측 변호사인 토머스 지라디Thomas Girardi가 이의를 제기하며 판사에게 물었다. "재판장님은 멍거 씨에게 올슨 씨의 질문과 직접 관련이 있는 답변만 해달라고 요구해주실 수 있으십니까? 멍거 씨의 답변은 질문의 요지를 벗어났습니다."

지라디는 자신은 오랜 경력을 지닌 만큼 멍거의 행동이 무엇을 의미하는지는 잘 알 수 있다고 주장했다. "멍거 씨는 분명 연출된 행동을 보이고 있습니다. 배심원석을 향해 의자를 돌리고서 점잖은 체하며 '저는 여기서 돈을 잃고, 저기서도 잃었습니다'라고 말하고 있습니다. 이는 완전히 잘못된 행동입니다."

판사는 올슨에게 증인으로 하여금 해당 질문에만 답하도록 하라고 명령했다.

올슨이 "최선을 다하겠습니다"라고 답했다.[2]

한 시간 정도가 지난 뒤, 참다못한 원고측 변호사가 다시 한번 판사에게 불만을 토로했다.

그는 정말로 영리한 사람입니다. 저도 알고, 론도 알고, 재판장님도 알고 있습니다. 하지만 저는 그가 정말로 부적절하게 행동하고 있다고 생각합니다. 그의 태도로 인해 저는 걸핏하면 자리에서 벌떡 일어나 불평불만만 늘어놓는 변호사처럼 행동하게 됩니다. 멍거 씨는 지금까지 제시 받은 42개의 질문 중 이제 겨우 하나에 대해서만 직접적인 답변을 했을 뿐입니다.[3]

판사도 당황해서 어쩔 줄을 몰랐는데, 찰리의 태도는 그가 원래 그런 사람이기 때문임이 분명해 보였고 다른 방식으로 답변을 제시할 가능성도 전혀 보이지 않았던 것이다. 결국 판사는 멍거에게 관련 없는 말은 삼가라고 말한 뒤 재판을 속개하였다.

30분 정도가 지나고 「LA 메트로폴리탄」의 매각가치가 얼마인지에 대한 증언이 행해질 때에도 멍거는 여전히 증인석에 앉아 있었다. 갑자기 그가 신음성을 토해냈다.

"앗, 앗, 아야, 아야, 아야."

멍거가 다리 통증 때문에 아픈 신음을 내뱉자 판사, 변호사, 그리고 배심원의 눈길이 일제히 그에게로 꽂혔다.

"다리에 쥐가 났습니다. 나이 드니 여기저기가 말썽이군요." 멍거가 변명했다.

원고측 변호사는 판사에게 잠시 휴식시간을 달라고 부탁할 수밖에 없었는데, 멍거의 다리 경련으로 인해 배심원단이 데일리저널 쪽에 동정표를 던질 수도 있다고 우려했기 때문이었다. 판사는 증인에게 잠시 일어서서 경련이 난 다리를 푸는 것을 허락해주었다. 약간의 시간이 지난 뒤 멍거는 다리 통증이 다 가셨으므로 증언을 계속할 준비가 되었다고 말했다.

"저만큼 나이가 들면 이런 일이야 늘 생기는 법이죠." 멍거는 재판정에 참석한 모두에게 말했다.[4]

데일리저널 사의 재판이 행해진 또 다른 날. 이미 소송은 멍거에게 너무나도 익숙한 일이 되어 있었다.

"사실 버크셔는 소송을 당한 적이 한 번도 없습니다. 하지만 법률 신문을 운영하다보니 단 한 해도 소송 없이 그냥 지나가는 적이 없더군요. 차별, 성, 노인 문제, 인종 문제 등등 온갖 분야에서 소송이 제기됩니다. 지금은 「메트로폴리탄」지가 유질처분과 관련해서 우리에게 소송을 걸어왔습니다. 소송의 양상이 갈수록 혼탁해지고 있습니다."

멍거가 저널리즘과 신문업에 관심을 갖게 된 것은, 어린 시절 오마하에서 살 때 그의 아버지가 「오마하 월드헤럴드」의 외부 책임 고문을 맡고 있었던 시절로 거슬러 올라간다. 「오마하 월드헤럴드」의 편집국장이나 편집자는 모두 멍거 가문과 잘 알고 지내는 사이였다.

몰리 멍거가 말했다. "아버지는 신문을 사랑해요. 미네소타에서 신문 읽는 것을 매우 좋아하시죠. (스타아일랜드에서는) 아버지의 신문을 챙기는 것이 정말로 중요한 일이었지요."

멍거와 버핏 모두 인쇄매체에 대해 큰 열정을 품고 있다. 한때나마 신문업에는 훌륭한 경제적 특성이 존재했고 둘 다 신문에 매혹돼 있었기에 워싱턴포스트와 버펄로 뉴스에 흔쾌히 투자할 수 있었던 것이다. 하지만 버크셔는 워싱턴포스트의 일부 지분만을 보유하고 있을 뿐이며, 신문에 대한 실질적인 경영권은 캐서린 그레이엄의 일가가 가지고 있다. 로스앤젤레스의 법률 전문지인 「데일리저널」이 시장에 매물로 나오자 멍거는 자신만의 신문사를 가질 기회로 생각하면서 즉시 관심을 나타냈다. 이 신문사를 확보하면 그는 지금보다 더 많은 영향력을, 그것도 자신이 사는 도시에서 그런 큰 영향력을 발휘할 수 있을 것이 분명했다.

1977년에 멍거는 버크셔 자회사인 버펄로 뉴스를 운영하는 스탠 립시에게 「데일리저널」을 살펴보고 가치를 평가해달라고 부탁했다. 립시는 찰리에게 「데일리저널」은 일반 신문보다 판형이 너무 큰 데다가 아섭기는 하지만 내용이나 스타일도 구식이라서 현대화가 필요하다고 말해주었다.

멍거에게 신문사가 매물로 나왔다는 소식을 전해준 사람은 퍼시픽코스트증권거래소에서 있는 조찬모임의 일원이었다. 그 사람은 멍거의 과거 법률회사 파트너이기도 했던 척 리커스하우저로, 「데일리저널」의 대주주들은 반독점 소송을 해결하고자 신문사를 내놓으면서 그 일을 처리할 사람으로 그를 고용했던 것이다.

"그때 저는 찰리와 매일 조찬을 함께하는 사이였고 그의 두뇌를 빌리고 싶은 마음에 매각을 어떻게 처리해야 할지를 의논했습니다. 그가 '나도 입찰에 응하고 싶은데'라고 말하더군요. 우리는 관련자였기 때문에 다른 변호사를 주선해주었습니다."

결국 멍거는 신문사에 최고 입찰가를 적어내서 낙찰을 받았다. 멍거는 뉴아메리카펀드를 통해 250만 달러에 「데일리저널」을 인수했다. 1986년 5월에 멍거와 게린이 뉴아메리카펀드를 청산했을 때 데일리저널 사의 주식은 장외 공개시장에서 거래되고 있었고 주주는 수천 명에 달했다.

데일리저널 사의 주식은 뉴아메리카펀드 주주들에게 보유 지분 비율에 따라 배분되었다. 주식을 배분 받은 주주들 중에는 오티스 부스를 비롯해 리 데이비스 시맨이나 윌라 데이비스 시맨 등등 오마하 시절부터 찰리의 친구였던 사람들도 포함돼 있었다. 최대 주주는 멍거와 게린이었는데, 그들은 각자의 가족이 보유하고 있는 펀드 지분에 따라서 정확히 똑같은 양의 신문사 주식을 배분받았다.

멍거가 말했다. "하지만 나한테는 오티스한테 없는 법적-사법적 경력이 있었기에 회장으로는 내가 적임이었지요. 그리고 그는 부회장에 앉기로 합의를 봤습니다."[5]

휠러 멍거 법률회사에서 멍거와 같은 파트너였던 앨 마셜은 회사의 총무이사가 되었다.

멍거가 6%, 그의 자녀들이 6%, 그리고 손자들이 지분 6%를 보유하고 있기 때문에 멍거 일가가 보유한 데일리저널의 지분은 총 18% 정도이다.[6] 이 주식은 현재 멍거 마셜 앤드 컴퍼니Munger, Marshall & Co.라는 합자회사가 관리하고 있는데 이 합자회사는 마셜이나 부스, 시맨 일가를 비롯해 뉴아메리카펀드의 몇몇 초기투자자들의 주식도 함께 관리하고 있다. 멍거 마셜 앤드 컴퍼니는 전부 다해 데일리저널 코퍼레이션의 지분 34.5%를 관리하고 있고, 게린이 거의 18%의 지분을 보유하고 있으며, 일반 투자대중이 나머지 지분 48%를 보유하고 있다.

데일리저널의 제럴드 샐즈먼Gerald Salzman 사장은 총 주주 수가 기록상으로는 약 1,700명이지만 그 수는 현재 꾸준히 감소 중이라고 말한다. "이사회는 가끔씩 공개시장에서 주식을 매입하는 정책을 취하고 있습니다. 단 12주만 매입한 해도 있었고 수천 주를 매입한 해도 있었습니다."

시간이 흐르면서 투자에 대한 멍거와 게린의 관심사는 점점 벌어지게 되었지만 둘이 여전히 친구인 사실은 변함이 없다. "지금 우리의 보유 종목에서 겹치는 것은 데일리저널 사뿐입니다." 게린이 말했다.

신문사를 인수하고 난 후, 사업 영역을 보호할 필요를 느끼기도 하고 또한 적당한 기회가 찾아오기도 해서 멍거와 게린은 법률 간행물의 종류를 늘리는 한편 같은 업종에서의 사업 범위를 넓히는 일에 착수했다. 어느 순간 데일리저널 사는 단순히 대도시에 국한된 법률지 차원을 벗어나 일종의 제국으로 변모했다. 특정 지역을 위주로 하는 작은 제국이었지만, 그래도 제국임에는 분명했다.

"찰리는 언제나 열성적으로 일하는 미디어 거물이었습니다. 그렇다고 몸집을 크게 불리지는 않았지요." 앨 마셜은 말했다.

1988년에 데일리저널 사는 「산호세 포스트-레코드San Jose Post-Record」

「산호세 애드버킷 저널San Jose Advocate Journal」「산타크루즈 레코드Santa Cruz Record」지를 인수했다. 회사는 언론사 인수를 계속하면서 1997년에는 18개의 신문과 도합 3만 5,000부까지 유료독자가 늘어났다. 대표 신문사인 「로스앤젤레스 데일리저널」의 발행부수는 1만 5,000부였다.[7] 회사는 캘리포니아 주 변호사협회California State Bar로부터 「캘리포니아 로이어California Lawyer」지를 인수했다. 이 간행물의 유료독자 수는 약 700명 정도이며 그 외에도 캘리포니아 소재의 변호사들에게 무료로 간행지를 배포하고 있다. 데일리저널은 캘리포니아 외에도 현재 애리조나, 콜로라도, 네바다, 워싱턴 주 등지에서도 영업활동을 하고 있다. 회사 전체를 통틀어 기자 수는 100명이고 직원 수는 350명 정도이다.

캘리포니아는 법률 간행물 사업을 벌이기에 다소 유리한 환경을 갖추고 있는 장소이다. 이 주의 변호사 수는 10만 5,000명 정도로 미국 내 변호사들의 7분의 1이 여기에 모여 있는 셈이다.

게린과 멍거는 112년의 역사에도 불구하고 비실거리던 신문사를 내용면에서는 존경받는 「로스앤젤레스 타임스」 못지않은 신문사로 키워냈다고 생각한다.

멍거는 무엇보다도 이 신문사가 판사들의 프로필을 매일 기사로 싣는 것에 대해 자부심을 느낀다. "사실 나는 판사들을 좋아합니다. 판사들이 제 역할을 하지 못한다면 문명 역시 제 기능을 발휘하지 못할 테니까요."[8]

많은 발전을 이루었음에도 「데일리저널」의 애독자층은 여전히 변호사에 국한돼 있다. 그 점에 대해서, 많은 변호사들은 신문에 할당되는 자원이 너무 적고 기사의 폭도 빈약하기 짝이 없다고 불평한다. 로스앤젤레스의 또 다른 소형 신문인 「뉴타임스New Times」는 「데일리저널」을 일컬어 "엄숙한 저널리즘의 구현체이다. 이 신문은 법률 전문지로서의 역사를 자랑스러워한다. 하지만 어떤 면에서 그것은 구제불능일 정도로 따분한 신문이라는 뜻이기도 하다. 실제로「데일리저널」은 아마도 안전한 길을 영원히 벗어나지 않을 것 같다"[9]라고 평하기도 했다. 그러면서「뉴타임스」는 이 신문사가 독자적인 사설을 쓰는 대신 타사의 사설을 다시 싣는 수준에만 그친다고 비난했다.[10]

경쟁 신문사를 선택한 어떤 기자는 멍거와 샐즈먼이 신문 내용에는 관심이 없고 광고와 사설의 보다 깊은 유착관계만을 추진한다고, 다시 말해 헌신적인 저널리스트로서는 생각하지도 못할 관계를 추구하는 데에만 관심이 있다고 말했다. "그들은 업종 전문지 특유의 사고방식에서 벗어나지 못한다. 법률회사에 대한 논란의 여지나 부정적인 생각을 심어줄 소지가 있는 기사는 실을 생각도 안 한다."[11]

주류 신문인「로스앤젤레스 타임스」나 배포 지역이 비슷한 다른 연예전문지들에 비하면「데일리저널」과 이 신문의 자매지들은 대부분 개성이 없어 보이는 것이 사실이다. 이 신문의 여러 페이지는 공판일정표나 변호사들에게 필요한 각종 정보로 도배되어 있다고 해도 과언이 아니다. 하지만 캘리포니아에는 존재하는 수많은 법률 전문 간행물들 중에서「데일리저널」은 대다수 법률지들이 준거로 삼는 유일한 신문이다. 다른 법률지들이「데일리저널」을 모방해서 공판일정이나, 재판 규정에 대한 설명, 혹은 항소 관련 기사 등을 보도하는 것을 보면 알 수 있다.

「데일리저널」이 변호사들에게 볼 만한 특종거리 그 이상을 제공해주고 있다면,「캘리포니아 로이어」지는 이름과 달리 딱딱하고 재미없는 내용만을 전달하는 잡지가 절대 아니다. 데일리저널 사가 처음 이 잡지를 매입했을 때에는 변호사협회와의 협력 하에 잡지를 출간했다. 그러다 1993년에 변호사들은 잡지에 전문적인 기사 외에도 변호사들의 행태를 비난하는 기사도 같이 실리는 것에 불만을 토로했다. 연합 형식의 출간은 결국 끝이 났고 변호사협회는 자체적으로 잡지를 출간하기 시작했다.

「캘리포니아 로이어」는 캘리포니아 주의 법률만이 아니라 법 집행과 관련해 벌어지는 온갖 사건들도 거리낌 없이 기사로 내보내는데, 이 주에서는 기사로 삼을 만한 소재거리가 무궁무진하게 존재하는 것이 사실이다. 대부분의 기사들은 선정적인 제목을 달고 나온다. 한 예로 "대환영, 강력범죄! 이제는 멕시코로 피난을 가야 할 때"라는 제목의 기사는 멕시코와 캘리포니아의 국경 건너편에서 활동하는 현상금 사냥꾼들에 대한 일제 검거 소식을 아주 자극적인 내용의 기사와 함께, 멕시코 티화나 시 소재의 악명 높은 라 메사 교도소에 대한 눈이 휘둥그레질 정도로 선정적인 사진 에세이도 같이 내보내고 있었다. 1999년의 한 기사는 샌디에이고 지검에 일대 파란을 몰고 왔던 성상납 및 뇌물을 통한 증인 매수 사건을 재구성하기도 했다. 실제로 존재했던 엽기 범죄 행각에 대한 자료 수집을 원하는 작가라면 「캘리포니아 로이어」지를 구독하는 것이 스토리 구상에 아주 많은 도움이 될 것이다.

데일리저널 사의 사업 성과를 따진다면, 앨 마셜은 아주 끔찍한 수준이라고 못 박아 말한다. "엄청난 비난에도 끄떡없는 사람은 아무도 없었습니다. 수익성이 뛰어난 것도 아니고, 소송에 휩싸이지 않는 날이 단 하루도 없을 지경입니다." 마셜은 멍거와 버핏 모두 신문사 투자를 예전만큼은 좋아하지 않게 되었다고 지적했다.

「데일리저널」이 지금까지는 만족감의 원천이었다면 이제부터는 짜증의 원천이 되고 있다고 말할 수 있다. 캘리포니아 소재 법률 전문지들의 경쟁이 너무 치열한 탓에 수익성이 좋은 법률회사 광고를 따오기가 무척이나 힘들어졌고, 앞에서도 말했듯 「데일리저널」은 연달은 소송에 제 몸을 지키기에도 바쁜 지경이다. 이윤보다는 개인적인 만족을 위해 신문 사업에 뛰어들었다는 사실은 인정하면서도 멍거는 회사의 경제적 기반 이 위협을 당하거나 부당한 공격을 받고 있다고 여겨질 때면 자신의 사 업 능력을 총동원해서 끝까지 집요하게 맞서 싸운다.

멍거가 보유한 신문사마다 하나둘씩은 다 문제가 불거지고 있었다. 가 장 큰 위협은 데일리저널 사가 주식공개를 행한 직후인 1986년에 터졌 다. 그 위협을 가한 사람은 땅딸막한 몸집에 멜빵바지를 즐겨 입는 스티 븐 브릴Steven Brill이라는 젊은이로, 동부에서 법률 전문 간행물 기업을 일 군 그는 데일리저널에서 일명 "법률지 세계의 루퍼트 머독"이라는 별칭 으로 불리고 있을 정도였다.[12] 훗날 텔레비전과 잡지 출판계에서 전국적 인 유명인이 되는 스티븐 브릴은 데일리저널 본사 건물로 어슬렁어슬렁 걸어 들어와서는 다짜고짜 신문사를 팔라고 요구했다. 자신이 매입하고 싶다는 것이었다. 멍거는 "아무리 높은 가격을 불러도 우리는 절대 신문 사를 팔 생각이 없네"라고 딱 잘라 말했다.[13]

당시 36세이던 브릴은 북쪽으로 가서 발행부수가 최대 3,200부인 「샌 프란시스코 레코더San Francisco Recorder」지를 900만 달러에 인수했다. 「데일 리저널」은 구독자의 25%가 베이에리어에 거주하고 있기 때문에 멍거는 브릴의 인수 행동에 촉각을 곤두세웠다. 곧이어 브릴이 「데일리저널」 편 집실에 대한 공격을 개시했다. 기자진을 보강한 브릴은 그들로 하여금 법조계와 관련된 불만족 사항이나 직권 남용에 대한 정보나 가십거리 등 을 캐내게 했다. 또한 독자들에게는 로스앤젤레스 너머 주의 남부 지역 까지 보도 범위를 확대할 것이라고 약속하면서 "캘리포니아의 법률 뉴스 에 대해서라면 다른 신문을 살펴볼 필요가 전혀 없도록" 3년 안에 남부 캘리포니아에서 신문 하나를 창간할 뜻도 비추었다.[14]

신문 전쟁의 막이 올랐다. 데일리저널 사는 세력 확장을 위해 샌프란시스코 지역의 작은 법률 전문지를 연달아 인수한 후 인기 기사를 재편성하고 북부 지역에서는 기사 내용을 확충하는 전략을 취했다. 사장인 제럴드 샐즈먼과 함께 멍거는 합쳐서 발행부수가 800부에 불과한「샌프란시스코 배너San Francisco Banner」지와「마린카운티 리포터Marin County Reporter」지를 매입했다. 이 밖에 데일리저널은 이미「새크라멘토 데일리레코더 Sacramento Daily Recorder」지와 오클랜드 소재의「인터시티 익스프레스Inter-City Express」지도 보유하고 있었다.

브릴의 진출에 대응하기 위해 데일리저널이 베이에리어로 사업을 확장한 것이냐는 질문에 대해 멍거는 이렇게 답했다. "여러 동기가 혼재할 때에는 어떤 것이 동기인지 알아내기가 힘든 법입니다. 샌프란시스코 지역에서 사업을 좀더 확장해야겠다는 생각은 그전부터 하고 있었습니다."[15]

멍거는 자신은 브릴에 대해 전혀 걱정하지 않는다면서 이렇게 말했다. "우리는「샌프란시스코 레코더」지와 수십 년 동안 공존하면서도 괜찮은 수익성을 내왔습니다. 이제 와서 전체 판도가 완전히 뒤집힐 거라고는 생각하지 않습니다."

"스티븐 브릴. 그는 용감하고 자기중심적이고 똑똑하고, 무엇보다 훌륭한 저널리즘을 위해 자기 한 몸을 바친 사람입니다." 10여 년 정도가 지난 후에 찰리 멍거는 말했다. "현재 샌프란시스코의 신문 경쟁은 치열합니다. 그는 신문사를 매각하고 떠났습니다."

브릴은 1997년에「월스트리트저널」과의 인터뷰에서 어마어마한 부자라서 "푼돈" 정도는 잃어도 별 상관없는 사람에게 싸움을 거는 것은 정신 나간 짓이었다고 말했다. 그러면서 브릴은 한마디를 덧붙였다. "찰리가 법률지 운영에 자신의 시간을 20%만 쏟았어도 우리는 아마 완전히 박살이 났을 겁니다."[16]

이 글을 읽고 멍거는 단순히 농담 삼아 한마디 했을 뿐이지만 실제 기사로 전해진 말은 상당히 가차 없는 분위기를 풍기고 있었다. "각다귀 한 마리 잡아서 뭐에 쓴답니까?"[17]

스티브 브릴의 회사는 대주주가 타임워너였고, 결국 브릴과 타임워너 자회사가 합쳐지면서 법률 전문 방송국인 코트TV가 탄생했다. 하지만 테드 터너Ted Turner가 케이블뉴스 네트워크Cable News Network와 타임워너를 합병하면서 터너가 타임워너의 중요 인물로 부상했다. 그러나 터너는 과거 케이블 방송 사업에서 브릴과 경쟁을 벌인 적이 있던 인물이었다. 결국 얼마 안 가 타임워너는 브릴의 지분을 전부 매입하고 그를 퇴출시켰다.[18]

브릴은 법률 간행물 제국의 주식과 코트TV의 지분을 타임워너에 2,000만 달러에 매각했다. 이 2,000만 달러를 가지고 그는 1998년에 뉴스 매체에 대한 기사와 비평을 전문으로 하는 온, 오프라인 잡지인 「브릴스 콘텐트 Brill's Content」를 출범시켰다. 창간호에는 클린턴 대통령의 아칸소 주지사 시절 발생한 화이트워터 사건의 특검으로 임명된 케네스 스타Kenneth Starr가 사건 조사에서 얻은 정보를 기자들에게 누설했음을 시인하는 다소 충격적인 기사가 실려 있었다.[19]

출판업계의 합병 물결이 계속되면서 타임워너는 투자금융회사인 와서스타인 앤드 페렐라Wasserstein and Perella에 언론사 여러 개를 3억 달러에 매각했다. 여기에는 브릴이 과거 보유했던 샌프란시스코 소재 신문사, 「아메리칸 로이어」 및 타 지역의 몇몇 법률지들도 대거 포함돼 있었다.

1996년 「월스트리트저널」은 데일리저널 사가 「데일리저널」을 운영하면서 10년 동안 한 해 평균 200만 달러의 손해를 봤다고 적으면서 브릴을 물리친 것치고는 너무 비싼 대가였다고 평했다. 멍거는 이 수치에 이의를 표하면서 신문사를 닫는 일은 절대로 없을 것이라고 못 박았다.

데일리저널 사는 100년 전통의 「샌디에이고 데일리 트랜스크립트San Diego Daily Transcript」를 포함해 캘리포니아 전역의 군소 신문사들로부터 잦은 소송을 당했는데 그 이유도 가지각색이었다. 가령 시애틀의 신생 신문사인 「워싱턴 로Washington Law」지의 발행인인 제프 바즈Jeff Barge라는 사람은 1996년에 샐즈먼이 시애틀로 와서 신문사에 대한 매입 의사를 밝히고는 회사 비밀을 빼낸 후에 경쟁 신문사를 차려서 가격을 후려치기하려 했다며 소송을 걸었다. 샐즈먼은 자신이 바지의 신문사를 인수하지 않은 것은 이 신문사가 파산 직전인데다가 직원들의 원천징수세를 비롯해 기타 세금을 체납한 상태임을 알았기 때문이라고 밝혔다. 그러면서 샐즈먼은 바지가 신문을 폐간한 시기는 자신이 「워싱턴저널Washington Journal」을 창간하기 전이었다고 말했다.[20] 시애틀 사건은 전국의 여러 법원에 제소되었지만, 원고의 강력한 이의 신청에도 불구하도 결국은 모두 기각됐다.

「데일리저널」의 경쟁 신문 중에서도 가장 싸움을 많이 걸어온 곳은 로저 M. 그레이스Roger M. Grace라는 변호사가 운영하며 발행부수가 2,000부 정도밖에 안 되는 작은 신문인 「로스앤젤레스 메트로폴리탄뉴스Los Angeles Metropolitan News」였다. 현재까지의 스코어는 전부는 아니더라도 「데일리저널」이 대부분의 소송에서 승소를 거두었다.

「로스앤젤레스 메트로폴리탄뉴스」와 「데일리저널」이 서로 으르렁거리는 사이가 된 일부 원인은 1986년으로 거슬러 올라가서 찾을 수 있는데, 당시 「데일리저널」에서 오랫동안 편집장 겸 사장을 지내왔던 로버트 E. 워크Robert E. Work가 갑자기 사망하는 일이 발생했다. 멍거는 워크 바로 밑의 부하를 승진시키는 대신에 회사의 회계사이자 CFO인 제럴드 샐즈먼을 사장으로 임명했다. 이에 화가 난 사내 2인자였던 존 배비지언John Babigian은 2년 후 회사를 떠나 「로스앤젤레스 메트로폴리탄뉴스」의 부사장 겸 총괄경영자가 되었다.

데일리저널 사가 연령 차별을 한다는 배비지언의 비난을 강력히 부인하면서 멍거는 샐즈먼을 선택한 이유를 이렇게 설명했다. "샐즈먼처럼 대단히 유능하면서도 정직한 사람을 만나기는 정말로 힘듭니다."[21]

머리가 벗겨지고 생각을 그대로 드러내는 큰 눈을 가진 샐즈먼은 신뢰성과 유능함을 두루 갖춘 인물이기는 하지만 야심이 큰 사람은 아니다. 그는 멍거와 게린이 뉴아메리카펀드의 지배권을 확보했던 시절부터 함께 일해왔다. 빅에이트Big Eight라는 회계법인 소속의 회계사였던 샐즈먼은 회사를 떠나 뉴아메리카펀드의 재무관련 업무를 도와주기 시작했다. 나중에는 멍거 톨스 법률회사에 회계 자문을 제공해주기도 하였다. 과거에도 항상 그래왔듯이 멍거는 자신이 잘 알고 능력이 검증돼 있으며 신뢰할 수 있는 사람을 데일리저널의 신임 최고경영자로 선택하기로 마음먹었다. 게다가 샐즈먼은 회사 주식 1%에 해당하는 1만 6,000~1만 7,000주를 보유한 주주이다.[22] 샐즈먼의 아내는 인사 담당자이고 「데일리저널」의 웹마스터인 셰리 샐즈먼Sherrie Salzman을 포함해 그의 세 자녀들 역시 이 회사에서 일하고 있다.

데일리저널 사의 전체를 살펴보면 가족회사에 상당히 가까운 편이다. 1982년에 에밀리 멍거는 「데일리저널」의 부록 신문으로 부동산 전문 석간지인 「데일리 커머스Daily Commerce」에서 일한 적이 있었다. 에밀리는 스탠퍼드로 돌아가서 법학 학위를 따기 전까지 여기에서 기사 작성과 편집, 페이지 레이아웃을 담당했다. 뉴욕에서 프리랜서 사진가로 일하는 베리 멍거도 잠시지만 데일리저널 사에서 일한 적이 있었다.

「로스앤젤레스 메트로폴리탄뉴스」는 데일리저널 사가 1990년에 캘리포니아 신문사업국California Newspaper Service Bureau, CNSB을 인수한 것에 맹비난을 퍼부었는데, 이곳은 주 전역의 간행물에 법률 공지 광고를 게재하는 것을 전문으로 하는 기관이었다. CNSB는 몇몇 정부기관 등으로부터 여러 개의 법률 고지에 대한 광고를 위탁받아서 데일리저널의 간행물 중에 사법적으로 적절한 것이 있으면 여기에 광고를 전부 게재하는 방식을 취한다. 적절한 간행물이 없을 경우에는 위탁 받은 법적 고지 광고를 15%의 수수료를 받고 다른 신문에 싣는다. CNSB의 주요 고객은 패니메이, 로스앤젤레스 아동청 및 법적 고지 광고를 실을 필요가 있는 다른 정부기관들이다.

「로스앤젤레스 메트로폴리탄뉴스」는 한 소송에서 약탈적 행위가 의심된다고 주장하면서 「데일리저널」이 자기네 신문을 업계에서 추방할 의도로 로스앤젤레스에서 원가보다 낮은 가격에 법적 고지 광고의 가격을 책정하였다고 비난했다. 또한 「로스앤젤레스 메트로폴리탄뉴스」는 「데일리저널」이 모기지업계의 거인인 페니메는 물론이고 캘리포니아에서 법적 고지를 내야 하는 다른 기관들과 모종의 거래를 통해 원가보다 낮은 가격에 광고가를 설정했으며, 이는 광고업에서 소위 "미끼상품loss leader" 책략을 금지하는 주법州法에 대한 명백한 위반이라고 주장했다. 멍거는 수익성이 좋기는 하지만 그렇다고 페니메 광고를 따오기 위해 매수 행위 같은 것은 하지 않았으므로 제소의 근거 자체가 잘못된 것이라고 반박했다. 법률 전문가들의 의견에 따르면, 일부 위법행위에 대해서는 손해액의 3배를 배상해주어야 하기 때문에 「데일리저널」의 손해배상금이 3,000만 달러를 초과할 수도 있는 상황이었다.

「로스앤젤레스 메트로폴리탄뉴스」 사건은 공판이 시작되고 3주 후에 배심 평결 불성립으로 끝났다. 그레이스는 증인석에서 보여준 멍거의 "거만하고 얕보는 듯한" 행동이 자신에게 대단히 유리하게 작용했다고 말했다. 하지만 멍거는 재심에서도 얼마든지 더 증언을 할 용의가 있다고 선언했다. "우리는 지지 않을 겁니다.「데일리저널」은 그 어떤 위법 행위도 저지르지 않았습니다."[23]

그럼에도「내셔널 로저널national law journal」의 보도 내용은 조금 달랐다. "멍거는 1999년 6월에 사건이 재심에 회부되어 다시 법정에 올랐을 때 변호인단을 보강했음을 시인했다. 멍거 톨슨 시절부터 알고 지내온 최고의 변호사인 로널드 올슨이 1심의 주임 변호사인 브래들리 S. 필립스Bradley S. Phillips를 지휘해 줄 예정이다."[24]

2심에서「데일리저널」측은 원고에 맞서 자신을 훌륭히 방어할 수 있었다. 배심원은 11대 1로 멍거의 편을 들어주었다. 하지만「로스앤젤레스 메트로폴리탄뉴스」는 판결에 불복하면서 몇 주 지나지 않아 항소를 단행했다.

그러는 동안「메트로폴리탄뉴스-엔터프라이즈Metropolitan News-Enterprise」는 신문 및 웹사이트에서 대문 기사로 실음으로써 자사와「데일리저널」사이의 싸움을 부추겼다. 대부분의 경우 그 기사들은 멍거의 재산 규모를 과장해서 전하거나 그가 거만하게 웃고 있는 듯한 착각을 불러일으키는 사진을 담고 있었다.

신문 발행인 로저 그레이스는 이렇게 적었다. "1997년 메트로폴리탄뉴스 사가 불공정 사업관행으로 데일리저널 사에 대한 고발 조치를 단행해 멍거를 피고석에 세운 이후, 그의 재산은 10억 달러도 넘게 불어났다. 그럼에도 이 75세의 거물은 강박증까지는 아니지만 우리 메트로폴리탄뉴스 사를 무너뜨리는 것을 일생의 사명으로 삼고 있는 것 같다. 멍거의 회사보다 우리 회사 규모가 훨씬 작은 것이 너무나도 유감스럽다."[25]

1998년에 로스앤젤레스 시는 과거 50년 동안 「데일리저널」이 독점으로 차지해 왔던 법적 고지 광고 일체를 입찰 방식으로 진행했고, 이 신문 전쟁에서 「로스앤젤레스 메트로폴리탄뉴스」는 큰 승리를 거둔 바 있었다. 45만 달러 규모의 1년 치 광고가 전부 「로스앤젤레스 메트로폴리탄뉴스」로 갔다. 「데일리저널」은 변호사를 고용해서 시 위원회의 판결을 법원에서 뒤집고자 했지만, 상급법원의 로버트 H. 오브라이언Robert H. O'Brien 판사는 규모가 작은 「로스앤젤레스 메트로폴리탄뉴스」의 손을 들어주면서 「데일리저널」의 고소를 기각하였다.[26] 이후 오브라이언 판사의 판결은 데일리저널 사가 상고를 하면서 결국 뒤집혔다.

법적 분쟁을 비롯해 업계의 문화 및 경제적 특성이 변하면서 신문업은 예전만큼 수지타산이 좋은 사업이 아니다. 무엇보다도 뉴스의 속성 자체가 변해버렸다. 텔레비전과 인터넷이 확대되면서 신문 구독이 줄고 있다. 이런 문제들 외에도 법적 고지 광고업은 부침이 심한 편이다. 경기침체가 닥쳐서 파산이나 유질처분, 유치권 등이 많이 행해질 때에는 법적 고지 광고업은 활황을 맞는다. 반대로 경제 전체가 호황을 누릴 때는 법률 전문지는 여지없이 매출 감소에 허덕이게 된다.

법적 고지 광고는 여전히 멍거가 보유한 신문사에서 중요한 이익원이 되고 있지만, 법적 고지 광고에 대한 필요성 자체가 줄어들고 있는 오늘날의 상황에서 수익원이 조금씩 줄어들고 있는 것이 현실이다. 예를 들어 비영리기관들의 경우 과거에는 매년 자신들의 현황을 보고하는 광고를 게시해야 했지만 현재의 법은 이를 의무사항으로 부과하지는 않고 있다. 전국의 수많은 정부 산하 기관들은 인터넷에서 형식적인 고지만 내는 것이 가능하도록 법적 변화를 모색 중이다. 법원 역시 그들의 요청을 진지하게 검토하고 있다.

샐즈먼은 이에 대한 예방 조치로 "될 수 있으면 법적 고지 광고와 무관한 신문사가 되기 위해 노력하고 있다"라고 말했다. 데일리저널 사가 보유한 신문들은 활자배열을 보강하거나 상업 광고를 늘리기 위해 분투하고 있고 회사 역시 관련 분야 신규사업으로의 확장을 꾀해 왔다.

「캘리포니아 로이어」지와 「하우스 카운셀House Counsel」지를 출간하는 것 외에도 데일리저널 사는 법원 판례집과 법관 인적사항을 비롯해 법률산업과 관련된 가이드북이나 인명부, 매뉴얼집을 출간하는 데에도 상당한 노력을 기울인다.

데일리저널 사는 최근에 사법계에 사건 관리 프로그램을 제공해주는 회사인 초이스 인포메이션 시스템스Choice Information Systems를 인수했다. 데일리저널은 이 회사 이름을 서스테인 테크놀러지스Sustain Technologies, Inc.로 바꿨다. 데일리저널의 가장 유망한 신사업으로 부상하고 있는 서스테인 테크놀러지스는 토론토와 온타리오 주의 합동 사법 시스템 구축을 위한 소프트웨어 프로그램을 제작해주었으며, 현재까지 3개 국가와 미국 내 9개 주의 사법시스템에도 이와 비슷한 소프트웨어를 설치해주었다.

신규사업을 늘리고 캘리포니아 간행물 사업에 사업활동을 집중하면서 데일리저널 사는 로스앤젤레스 본사와 인접한 곳에 신사옥을 지어서 사무공간을 거의 두 배 가까이 늘렸다.

운영상의 난조를 겪고 있음에도 1977년에 멍거와 게린이 250만 달러에 인수한 이후 이 회사의 순자산가치는 크게 증가하였다. 이 드러나지 않는 미디어 제국의 순자산가치는 현재 6,500만 달러에 이르는 것으로 추정된다. 1999회계연도의 매출액은 3,700만 달러로 전년도보다 늘어나 있었다. 반면에 한 해 동안 막대한 소송비가 들어간 탓에 순이익은 전년 보다 40% 감소한 190만 달러에 그쳤다.

잠재 구매자들의 관심이 쏟아지기도 했지만 멍거는 「데일리저널」 덕분에 자신이 "사회적으로 건설적인 사람"이 될 수 있었으며 이 회사의 재무적 전망도 비교적 괜찮은 편이라고 말한다. 게린은 자신과 멍거가 회사에 머무는 이유는 저널리즘에 대한 애정과 회사가 벌어주는 이익 때문이라고 말한다. "두 가지 이유가 결합된 거죠. 우리는 운이 좋습니다. 원하는 일을 할 수 있으니까요. 찰리건 워런이건 우리 중에서 원하지도 않는 일을 해야 하는 사람은 아무도 없습니다. 찰리와 나는 신문사를 가지고 있는 것이 좋습니다. 아주 재미있습니다. 사법계에 일조하고 있다는 생각마저 듭니다. 이익도 나고 있고 회사 가치도 해마다 조금씩 증가하고 있습니다. 우리는 더 좋아지기 위해 노력하고 있습니다."

그러면서 게린은 이렇게 덧붙였다. "찰리에게는 돈이 전부가 아닙니다. 우리의 노력이 문명이 진보하는 데 단 1인치만이라도 도움이 되었기를 간절히 바랍니다."[27]

데일리저널의 상황을 예의 주시하는 것은 맞지만 실제로 멍거가 신문에 할애하는 시간은 채 5%도 되지 않는다. 필요할 때면 즉시 도움을 주는 편이지만 대부분의 경우 멍거는 샐즈먼 곁에서 한발짝 물러나 그가 신문사를 전적으로 경영할 수 있게 해준다.[28]

멍거가 말했다. "하지만 나는 상당히 활발히 움직입니다. 절반만 적절한 속도로 움직이는 따위는 하지 못합니다. 나는 신문 자체에 대해서는 꽤 적극적으로 움직이는 편이지만 사설에는 전혀 간여하지 않습니다."

매년 가을이면 데일리저널 사는 이사회와 각 사업부의 발행인, 편집장, 부서장들과 조찬 모임을 가진다. 멍거와 게린은 그 자리에서 회사 경영진의 익년도 포부 및 사업 계획을 보고한다. 샐즈먼의 말에 따르면 멍거와 게린은 조찬 모임에서 활발한 토론이 진행될 수 있도록 상당한 도움을 준다. "릭은 실질적인 문제점이 무엇인지 아주 빨리, 찰리보다도 더 빨리 이해합니다. 정말 빠릅니다. 제가 알려주고 말고 할 것이 별로 없을 정도죠."

데일리저널의 사옥은 LA 재펜타운 바로 너머, 배트맨 시리즈 촬영을 비롯해 고난도 액션신이나 자동차 추격신 촬영이 자주 행해지는 산업지구에 위치해 있다. 10년 정도 된 데일리저널의 본사 건물 및 편집실은 유쾌하고 온화한 분위기를 풍기며, 법원이나 각종 관공서도 엎어지면 코 닿을 거리이다. 회사 로비에 설치된 분수가 물줄기를 뿜어내고 황동으로 만든 해달 조각상과 자연석이 로비의 아름다움을 더해준다. 멍거의 생각대로 되었다면 로비에는 해달 조각상이 아니라 그가 존경해 마지않는 영웅 벤저민 프랭클린의 청동상이 장식되었을지도 모른다.

프랭클린은 편집자, 저자, 입법자, 과학자, 발명가(프랭클린은 스토브와 원근시 겸용 렌즈를 발명했다), 외교관, 독립전쟁의 영웅 등 평생 다양한 일을 했으며 미국 건국의 아버지이기도 했다. 멍거는 샌타바버라 로터리클럽의 청중에게 이렇게 말했다. "프랭클린에 대해서는 밤을 새워서 말해도 모자랄 지경입니다. 가난하고 무지몽매한 양초장이였던 그의 아버지는 썩은 기름을 가지고 평생 일했습니다. 벤저민 프랭클린은 17남매 중 열다섯째였고, 학교도 2년밖에 다니지 못했습니다. 그래도 84세까지 장수했으며 어쩌면 세상에서 가장 유명한 사람이었을지도 모릅니다."[29]

게린의 말에 따르면 벤저민 프랭클린에 대한 멍거의 애정은 가끔은 상식의 차원을 넘어설 정도라고 한다. "데일리저널의 신사옥을 지을 때였습니다. 나중에서야 우리는 건축비의 3%를 예술작품 구입에 사용하거나 아니면 도시의 예술기금에 기부해야 한다는 규정이 있다는 것을 알게 되었습니다. 그러자 찰리가 '벤저민 프랭클린의 두상을 주문하는 게 어떨까. 온화하고 현명해 보이는 모습을 한 걸로 말이야. 그리고 그의 위대한 명언을 받침대에 새겨넣자구' 라고 하더군요. 나는 강하게 반박했습니다. '찰리, 말도 안 되는 소리예요. 직원들은 설교 같은 건 원치 않는다구요. 그냥 밝고 유쾌한 걸로 하죠.' 그는 잠시 생각하더니 대답했습니다. '자네 말이 옳아.' 우리는 예술가에게 해달 조각상과 분수를 만들어달라고 주문했습니다."

하지만 찰리는 벤저민 프랭클린에 대한 생각을 쉽사리 포기하지 못했다고 게린이 말했다. "이미 벤저민 프랭클린의 흉상을 염두에 있었던 찰리는 예술가에게 20개나 만들어달라고 주문했습니다. 나도 하나 선물로 받았죠. 찰리의 사무실에도 하나 놓여 있고요. 말보로여학교와 하버드 로스쿨에도 기증했죠. 그리고 다른 몇 사람에게도 하나씩 선물한 걸로 압니다."

CHARLIE MUNGER
19
굿서매리튼 병원에서의 활약

젊은 시절의 찰리 멍거는 젊은이들에게는 끔찍한 커리어 모델인 셈입니다.
자본주의에서 많은 득을 봤으면서도 문명사회에는 별 보답을 하지 않았으니까요.[1]
— 찰리 멍거

앤드루 리카Andrew Leeka는 선택의 여지가 없었다. 굿서매리튼 병원의
원장 직을 수락할지 아닐지를 결정하려면 교통지옥으로 유명한 로스앤
젤레스 중심부를 관통하는 간선도로를 달릴 수밖에 없었다. 하지만 리카
의 진짜 걱정거리는 교통체증이 아니었다.

로스앤젤레스에서 가장 유서 깊고 믿을 수 있기로 정평이 난 굿서매리
튼 병원은 캘리포니아 남부의 의료계에서 양질의 의료 서비스를 제공하
는 것으로 유명했지만, 그와 동시에 만성적인 재정 부족과 의료진 및 관
리진의 이직률 문제로 골머리를 앓는 것으로도 잘 알려진 곳이었다. 다
툼과 기강 해이가 너무나도 심각해서 리카는 "보스니아가 따로 없다"라
고 회상할 정도였다.

리카의 지인들은 이사회 의장으로 앉아 있는 찰스 T. 멍거가 2~3주에
한 번씩 걸핏하면 경영위원회를 소집하며 각 과의 장들이 편히 쉴 틈을

주지 않는다고 귀띔해주었다. 친구들의 충고에도 불구하고 리카는 머리보다는 마음의 소리를 따르면서 병원 1층에 마련된 작은 회의실에 모인 경영위원회와 면접을 행했다. 갑자기 문이 벌컥 열리더니 멍거가 성큼성큼 걸어 들어와서는 의장석에 앉았다.

리카가 그때를 회상했다. "찰리가 들어오긴 했지만 나를 보러 온 것 같지는 않았습니다. 그는 '이 병원은 문제가 너무 많습니다. 이런저런 문제 등등등' 이라고 말했습니다. 한 35~40분 정도 계속 말하더군요. 마침내 말을 중단하고 내게 질문을 했지만 대답할 틈도 주지 않았지요."

몇 분 뒤에 멍거가 일어서자 리카도 따라 일어서며 손을 내밀어 악수를 청했다. 멍거는 내민 손을 완전히 무시하고는 몸을 돌리더니 들어왔던 그 문으로 방을 나갔다.

"다른 이사회 멤버에게 '멍거는 제가 마음에 들지 않나 봅니다' 라고 말했지요." 그들은 하나 같이 고개를 가로저으며 "아니, 절대 아닙니다. 당신을 마음에 들어 했습니다" 라고 대답했다.

"그럼 왜 저하고 악수하지 않은 겁니까?" 리카가 물었다.

이사 한 명이 설명해 주었다. "당신의 손을 보지 못했으니까요. 그쪽 눈이 안 보이거든요."

이사들의 설명에도 불구하고 리카는 자신이 탈락했을 것이라고 확신하면서 동시에 그 자리에 굳이 앉을 필요까지는 없을 것 같다고 생각했다. 리카와 멍거 사이에는 공통점이 별로 없었다. 리카는 아무리 좋게 말해도 아이비리그 타입과는 거리가 멀다. 대학교는 집 근처 리버사이드에 있는 캘리포니아 대학을 다녔는데, 안개가 많이 끼는 로스앤젤레스 분지의 동쪽 끝에 있는 이 학교는 외관은 다소 초라해도 학문적으로는 나무랄 데가 없는 곳이었다. 대학을 졸업한 후에는 캘리포니아 주립대학교의 노스리지 캠퍼스에서 MBA와 의료보건행정 분야의 석사 학위를 수료했고, 이후 16년간 비영리목적 병원의 행정 담당자로 일했다. 그는 근사한 할리데이비슨 모터사이클을 가지고 있고 가라데 유단자이다. 두 사람 사이에 유일한 접점이 있다면 리카 역시 중서부 출신이어서 병원에 대해 잘 알고 애정도 깊다는 것이다.

굿서매리튼 병원과 인터뷰를 본 그 주에 리카는 다른 병원의 인터뷰 일정도 여러 개가 잡혀 있었다. 하지만 병원을 나서려는데 이사진이 좀 더 남아서 병원의 주요 스태프들을 만나봐달라고 부탁했다. 리카는 어쩔 수 없이 오후 일정을 취소하고 다음날 시내로 다시 와서 면접을 치러야 했다.

조금 후 그는 멍거를 다시 볼 수 있었는데, 이번에 멍거는 그의 오른쪽에 서 있었다. 멍거는 그를 고용하고 싶다고 말하면서 계약이나 연봉과 같은 얘기들을 꺼내기 시작했다. 조건은 상당히 괜찮은 편이었다. 리카의 대답은?

"그런 중요한 일은 대체로 아내와 의논해서 결정하고 싶다고 말했지요"라고 리카는 그때를 회상했다. 멍거는 아무 말도 하지 않고 리카의 얼굴을 뚫어져라 쳐다보기만 했다. 잠시 어색한 침묵이 흐르고 마음이 약해진 리카가 제안을 수락했다. "이런 상황에서는 심각하게 고민할 필요가 없을 것 같군요."

"그렇지요. 내가 당신을 고용하는 것도 그런 이유 때문입니다." 멍거가 답했다. 멍거의 다소 괴상한 태도에도 리카는 금세 멍거라는 사람이 좋아졌다. 그에게서는 배울 것이 많아 보였다.

리카가 말했다. "의료보건 분야는 굉장히 힘든 사업입니다. 견뎌내려면 굳센 신념이 필요하죠. 나는 이 병원을 사랑하게 되었습니다. 여기가 아닌 곳은 생각할 수도 없습니다."

멍거가 자리를 떠나고 리카도 주변 정리를 위해 병원을 벗어난 후 얼마 지나지 않아 멍거는 병원 경영위원회 회의를 한 달에 한 번 이하로 연다는 데 동의해주었다. 필요 이상으로 경영에 일일이 간섭하는 것은 멍거의 스타일이 아니다. 물론 자기가 소유한 여러 회사의 직원들을 수시로 방문해서 그들과 자신의 생각을 나누는 일은 좋아하지만 말이다. 멍거가 격주로 경영위원회를 소집한 것은 단지 그럴 필요가 있다고 생각했기 때문이었다.

멍거가 굿서매리튼 병원의 이사회에 합류하게 된 것은 로스앤젤레스의 감독주교와 친구인 딕 시버Dick Seaver의 부탁을 받아서였다. 멍거가 말했다. "이러지도 저러지도 못하게 될 거라는 건 아주 잘 알고 있었습니다. 거기는 한번 발을 들이밀면 빠져나올 수가 없습니다." 그러나 뛰어난 역량을 가진 사람이라면 실패의 확률이 대단히 높은 아주 어려운 일일지라도 기꺼이 감수할 수 있어야 한다는 것이 찰리 멍거의 철학이자 소신이었다. 그는 "손끝 하나 더럽히지 않고" 돈을 벌려는 태도를 좋아하지 않았고, 그렇기에 자신의 평판을 걸고서 시간과 재능을 바쳐 어려운 일을 해내는 것은 돈을 기부하는 것만큼이나 중요하다고 굳게 믿고 있었다.

그는 지역사회 활동에 열심히 참여하는데, 많은 재산을 모은 것에 대한 죄책감을 덜기 위해서, 즉 과분할 정도의 부를 거머쥔 것에 대한 양심의 가책을 없애기 위한 것도 한 가지 이유이다. "존 메이너드 케인스John Maynard Keynes는 주식 투자를 하는 '죄'를 속죄하는 마음으로 대학에 돈을 벌어주고 국가에 이바지했습니다. 나 역시 속죄의 마음으로 외부 활동을 하고, 워런은 대중의 위대한 스승이 되고자 투자에서 거둔 성공을 활용하고 있습니다."[2]

멍거는 굿서매리튼 병원, 가족계획협회, 스탠퍼드 로스쿨, 하버드-웨스트레이크 스쿨Harvard-Westlake School 등에 버크셔 주식을 각각 몇 백 주씩 무상으로 양도해주었다. 찰리와 낸시 부부 둘 다 매달 몇 시간씩 틈을 내서 지역사회 활동에 참여하는데 대부분은 로스앤젤레스에서다. 오랫동안 가족계획협회의 일을 도와준 것 말고도 찰리는 하버드-웨스트레이크 스쿨, 전미주택건설조합National Corporation for Housing Partnerships을 비롯해 다른 여러 단체의 이사회에서 수년 간 활동했다. 전미주택건설조합은 저소득층의 주택 마련을 위해 1980년대에 민관 합동으로 세워진 단체였다. 하지만 이 단체의 일처리 방식이 마음에 들지 않았던 멍거는 결국 이사회에서 탈퇴했다.

멍거는 중요해 보이는 두세 가지 공익 운동 단체만을 선택해서 그곳의 발전을 위해 매진하는 편이다. 찰리와 버핏이 투자 및 사업 활동을 행할 때 "능력의 영역circle of competence" 안에 머물면서 진정으로 잘 이해하는 투자 대상만을 선택하는 것과 마찬가지로, 찰리는 자선 활동에 있어서도 능력의 영역이라는 개념을 만들어냈다. 그는 출산 선택권, 의료보건, 교육이라는 세 가지 문제에 주로 집중하는 편이다.

본인이 열성적인 수채화가이기도 한 낸시 멍거는 자선 영역에 예술을 추가했다. 낸시는 로스앤젤레스 시내에서 16킬로미터 정도 떨어진 산마리노에 위치한 명망 높은 헌팅턴 도서관Huntington Library, Art Collection & Botanical Gardens의 이사회 소속이다. 영미 문화유산을 주로 취급하는 헌팅턴 도서관은 방대한 연구자료 외에도 18세기와 19세기의 영미 예술품을 가장 방대하게 보유하고 있기로도 정평이 높다. 헌팅턴 도서관은 18세기 영국의 화가인 토머스 게인즈버러Thomas Gainsborough의 「푸른 옷의 소년Blue Boy」과 19세기에 활동한 영국 화가인 토머스 로렌스Thomas Lawrence의 「핀

키Pinkie」와 같은 명화가 전시돼 있는 곳이기도 하다. 멍거 부부는 골드러시 및 캘리포니아 주 성립 150주년을 기념해서 1999~2000년까지 열린 대규모 전시회의 기금 마련을 도와주기도 했다.

멍거는 시장 자본주의에서는 충족하기 힘든 사회의 니즈를 대중이 충족할 수 있도록 도와주는 것이 가진 자의 의무라고 굳게 믿는다. 더욱이 멍거는 최고경영자가 자기들에게 유리한 일에만 돈을 배분하고 회사의 진짜 주인인 주주는 거기에 대해 아무 이의도 제기할 수 없다면 부당하기 짝이 없는 처사라고 주장한다. 1981년 멍거는 버크셔 해서웨이의 자선 활동에 새로운 장을 마련하는 결정을 내렸다. 약 1백만 정도 되는 버크셔 주주들이(당시의 거래가는 470달러였다) 자선기관을 선택하고 회사가 대신해서 주당 2달러를 기부해주는 방책을 마련한 것이다. 가령 1,000주를 보유한 주주는 자기 몫의 2,000달러를 구세군이나 적십자, 혹은 다른 비영리기관에 기부해 달라고 지정할 수 있게 된다. 새로운 기부 제도는 재산 대부분을 버크셔 주식으로 묶어놓은 주주들 대다수에게 폭발적인 인기를 끌었다. 자선단체 지정 제도 덕분에 주주들은 주식을 현금화하지 않고서도 돈을 기부할 수 있게 되었다. 사실 주식 처분은 대다수가 장기 보유자인 버크셔 주주들에게는 몸서리쳐지는 일일 수도 있는 문제였다.

멍거가 공익에 많은 관심을 갖게 된 것은 성장 배경과 많은 관련이 있다. 버펄로 뉴스의 발행인인 스탠 립시 역시 신문사의 최고경영자 자리를 맡기 전까지 오마하에서 나고 자란 사람이었다. 립시가 말했다. "오마하에서는 아침에 일어나면 '오늘은 우리 시를 위해 무엇을 해야 할까?'라고 자문하는 것이 당연한 일입니다. 가치시스템에서나 가족 구성에서나 문화적 여건에서나 개인이 도시에 이바지하는 것을 당연하게 여기는 편입니다."

멍거는 논란의 여지가 많은 자선활동을 펼치는 것도 꺼리지 않는데 그 중 대표되는 행동이 바로 가족계획협회에 대한 봉사활동이다. 또한 최근 몇 년 동안은 비영리병원인 굿서매리튼 병원의 이사장으로도 활동하고 있다.

하얀 건물 여러 채로 이뤄진 굿서매리튼 병원이 현재 있는 자리는 한 때나마 로스앤젤레스에서 가장 아름다운 장소로 손꼽히는 근린지구였다. 그때는 멀지 않은 곳에 보비 케네디가 암살당한 앰버서더 호텔이 위치해 있었으나, 현재 이 지구는 (점잖게 말하면) 변모 중에 있다. 멍거의 의붓아들인 할 보스윅이 말했다. "그곳이 최종적으로 어떤 방향으로 변할지는 잘 모르겠습니다."

과거에는 고급 백화점과 레스토랑, 아파트가 즐비하게 늘어서 있었지만 지금은 대다수 건물이 텅 비어 있다. 일부는 코리안타운으로 변했지만, 사실 그곳 주민들은 대부분이 히스패닉이나 저소득층 백인들이다. 게다가 노년층이 상당수를 구성한다. 그럼에도 굿서매리튼 병원은 병상 408개, 의사 605명, 간호사 550명, 직원 1,800명에 이르는 대형 병원으로서 로스앤젤레스 지역사회와 떼려야 뗄 수 없는 사이이며, 재정이 탄탄한 노년층 가족들은 대부분 이 병원에서 진료를 받는다. 낸시 멍거, 그녀의 아들 할, 그리고 할의 아들 모두 굿서매리튼에서 태어났다. 그리고 찰리의 백내장 수술이 실패해서 한쪽 눈을 실명하게 된 것도 바로 이 병원에서였다.

병원의 역사는 1885년, 성공회의 메리 우드 수녀가 9개의 병상을 갖춘 간호병동을 세우면서 시작되었다. 다음 해 세인트폴 성공회교회는 캘리포니아 주교 관구와의 협약 하에 병원 시설을 관리감독하는 임무를 맡았고, 그 후부터 이 시설은 로스앤젤레스 요양병원Los Angeles Hospital and Home for Invalids라는 이름으로 불리게 되었다. 초기 시절부터 굿서매리튼 병원은 남캘리포니아 대학University of Southern California, USC에서 공부하는 간호사들과 인턴들의 연수를 담당했다.

이사회에 합류하고 얼마 안지나 멍거는 병원의 운영 상태가 형편없다고 확신하게 되었다. 그가 볼 때에는, 이사회가 의료진의 결정에 토를 달지 않으며 이런 결정들이 환자의 이익을 위하거나 의료 질을 높이는 것이 아니라 특정 의사들의 이익만을 보호해주는 결과를 낳고 있는 것이 가장 큰 원인이었다.

"기존의 이사장은 나와는 생각이 달랐습니다. 나는 스태프들이 환자의 건강과 안전에 해를 끼치고 있으므로 의료진의 조직 체계를 완전히 뒤집어야 한다고 제안했습니다. 이사회에 속한 의사들 몇 명이 제게 찬성표를 던지면서 17대 2로 제안이 통과되었습니다."

이사회 투표가 끝난 후에 이사장은 사임했다. 멍거가 말했다. "그는 유능한 사람이었습니다. 그러니 당연히 의료진의 결정을 뒤집는 아마추어 같은 짓은 하고 싶지 않아 했습니다." 개혁을 추진하면서 혼란을 초래한 사람이 멍거 자신이었기에 그는 자의반 타의반으로 이사장직을 수락할 수밖에 없었다.

본격적인 개혁이 진행되기 시작한 것은 심혈관과에 문제가 발생하면서였다. 당시 심혈관과는 미묘한 세력 다툼과 밥그릇 싸움이 불거지면서 정작 환자 진찰이라는 본연의 임무에는 소홀했다. 병원에서 당연시되고 있던 의료 절차를 뒤집는 조치를 취하기 전에, 찰리는 친구인 내과의의 도움을 받아서 여러 외과 시스템의 사망률을 분석하는 작업에 착수했다. 의료진이 잘못된 결정을 내리고 있다는 것은 멍거가 보기에도 자명했다.

"자리 지키기에만 여념 없는 나이 든" 의사들이 보다 진취적인 의사들을 견제하기 위해 이런 잘못된 결정을 내리고 있음이 분명했다.

할 보스윅은 "병원이란 곳은 소유와 지배, 그리고 통제권을 둘러싸고 엄청난 싸움이 벌어진다는 점에서 대학과 다르지 않습니다"라고 말한다. 현재 그의 아내도 굿서매리튼 병원의 이사회에 속해 있다. "기본적으로 말해서 굿서매리튼 병원은 여러 해 동안 지역의 개인병원과 별 차이가 없었습니다……. 의사가 아주 많다는 것만 다를 뿐이죠. 그들이 무능한 의사들이라는 소리는 아닙니다. 하지만 근처의 개인병원에 가지 않고 굿서매리튼까지 찾아올 특별한 이유가 전혀 없었죠. 찰리는 병원이 살아남으려면 아주 높은 임계점과 능력을 갖춰야 한다는 것을 알게 되었습니다."

보스윅의 설명으로는, 멍거가 이런 목표를 추진하기 시작하자 서로간에 감정이 나빠지고 관계가 틀어지는 일이 생겨났다. "그것은 회사를 인수했을 때의 양상과 다르지 않았습니다. 어쨌든 새로 회사를 인수한 사람은 전 경영진과는 완전히 딴판으로 일을 처리하니까요. 옛날 방식에 젖어 있던 많은 사람들이 적응하지 못하고 병원을 떠났습니다."

다른 이사들 및 간부급 의사들과 오랫동안 치열한 공방을 벌인 끝에 멍거 쪽이 승리를 거두었다. "10년이 지난 지금도 그때의 두통과 비극을 생각만 해도 진저리가 날 정도지만 나는 지금 같이 일하는 사람들을 아주 좋아합니다." 멍거가 말했다.

간부급 의사들을 뽑는 일에는 멍거가 직접 나선 경우가 많았는데 이는 의사 출신이 아닌 비영리 병원의 이사장으로서는 이례적인 행동이다. 찰리는 의학기술에 관심이 많으며 의사들과 함께 일하는 것을 큰 기쁨으로 여긴다.

리카가 병원장 직을 맡았을 즈음 이사진과 의사진의 관계는 좋아져 있었지만 재정 문제는 여전히 해결되지 않고 있었다. 무엇보다도 미수금이 눈덩이처럼 불어나 있었는데 그가 취임한 첫 해에만 2,000만 달러를 대손상각을 행해야 할 정도였다. 하지만 그때를 기점으로 상황이 호전되었다. 리카는 멍거의 성격에 익숙해지게 되었고 그들 사이에는 같은 팀이라는 유대관계가 형성되었다.

리카가 말했다. "그를 전혀 이해하지 못하는 사람들이 있다는 것을 압니다. 그들은 그가 자리에 앉아 딴생각만 하고 있다고 생각합니다. 그렇지 않습니다. 그는 가만히 앉아 3년 간의 현금흐름과 투자수익률을 살펴보고, 그런 다음 현실로 돌아와서 상황을 호전시키기 위해 무엇을 해야 하는지를 알아봅니다."

리카의 말에 따르면 멍거는 병원이 한 가지 목적, 즉 지역사회에 가능한 한 최선으로 이바지한다는 목적을 결코 잊어서는 안 된다고 주장한다. 리카가 말했다. "마음만 먹으면 병원은 여러 편법을 사용해서 저소득층 과 의료보험제도로부터 별도의 수익을 짜낼 수 있지만, 멍거는 그런 일을 용납하지 않습니다."

노스리지 지진이 발생한 후 그 지역의 다른 병원들은 낡은 콘크리트 건물 곳곳에 균열이 갔다고 신고하면서 연방재난관리국Federal Emergency Management Agency, FEMA에서 최대한 많은 지원금을 타내고자 하였다. 굿서매리튼 병원 건물도 정밀 검사를 받았지만 심각한 손상은 아니라는 결과가 나오자 멍거는 FEMA에 지원금을 신청하지 않았다.

"그는 단지 돈만을 위해서라면 움직이지 않습니다"라고 리카는 말한다. "그는 옳다고 판단된 일에 대해서는 돈을 잃을 것이 뻔할지라도 그 (의료보건 분야의) 사업에 뛰어들 것이 분명합니다."

굿서매리튼은 현재 여러 전문시설을 갖추고 있으며 남캘리포니아나

서부 여러 주는 물론이고 해외에서도 많은 환자들을 끌어들인다. 이런 전문시설로는 캘리포니아 최대의 심장센터, 남캘리포니아에서 두 번째로 규모가 큰 심폐수술 센터, 뇌질환을 위한 새로운 치료시설, 산과, 부인과, 신생아 집중 치료, 비뇨부인과, 유방암 및 불임치료 등 여성보건 센터, 관절 교체 및 골반 재건을 전문으로 하는 정형외과, 대규모 망막수술실을 갖춘 안과센터, 종양연구센터, 선진 소화기질병 센터, 그리고 남캘리포니아 최대 중 하나로 손꼽히는 신장결석 센터 등을 들 수 있다.

「US 뉴스 앤드 월드리포트U. S. News & World Report」지 1998년 7월 27일호에 실린 국내 최고 의료시설 명단에 굿서매리튼이 들어갔다는 것이야말로 이 병원이 환골탈태했다는 가장 뚜렷한 증거라 할 수 있을 것이다.

멍거의 조직 개편 방식에 불만을 품고 있는 의사들이 여전히 많은 것은 사실이다. 그렇더라도 굿서매리튼은 의학적 차원에서 과거보다 훨씬 좋아진 것도 사실이다. 상당한 현금 준비금을 가지고 있음에도 재정 상태가 여전히 삐걱대는 것은 분명하지만 말이다. 멍거는 병원이 많은 발전을 이뤘을지라도 도심의 메이저급 종합병원으로 존재하는 이상 많은 어려움과 여러 가지 "만약에"가 언제나 있기 마련이라고 말한다. 최상의 계획을 세워놨을지라도 장기적인 성공을 100% 장담하기는 힘들다.

할 보스윅이 말했다. "굿서매리튼에 많은 애착을 가지고는 있지만 다루기 힘든 패이기도 합니다. 찰리에게 왜 그 일을 하냐고 물어본다면, 아마도 인생에서 쉬운 패만을 다루는 것을 원하지는 않기 때문이라는 대답이 나올 가능성이 높습니다."

10년 동안 굿서매리튼의 이사장으로 있으면서 멍거는 병원에서 흔히 볼 수 있는 사람으로 자리 잡았다. 리카의 말에 의하면, 스태프 의사들마다 좋아하는 "멍거철학"이, 다시 말해 찰리가 한두 번 이상씩은 언급했던 이야기나 금언이나 농담이 있다. 낸시와 멍거는 매년 한 번씩 멋대가리 없게 생긴 강당에서 열리는 디너파티에 참석해 5년, 10년, 그리고 40년 장기근속한 충실한 직원들에게 이를 기념하는 장식핀을 수여한다. 한번은 리카가 찰리에게 연단으로 나와서 몇 마디 해달라고 부탁한 적이 있었다. 연단으로 올라간 찰리는 공교롭게도 전원이 꺼져 있는 마이크를 잡고 말았다. 말을 시작했지만 청중에게는 웅얼거리는 소리만이 들릴 뿐이었다.

낸시가 "찰리, 다른 마이크 잡아요"라고 여러 번이나 소리쳤지만 찰리는 꿈쩍도 하지 않았다. 엔지니어들이 부랴부랴 무대 뒤로 가서 몇 분을 씨름한 끝에 마이크 전원을 켰다. 뚜, 하는 소리가 강당 전체에 울려 퍼지는가 싶더니 멍거가 자신의 말을 끝맺었다. "굿서매리튼에서 일해주셔서 감사합니다." 그러고는 몸을 돌려 연단을 내려갔다.

산들바람이 노르웨이 침엽수림을 살랑대고 캐스 호Cass Lake의 물살은 멍거 가 저택 앞에서 평소보다 좀더 높게 찰싹인다. 찰리는 지금 아침 식사 중이다. 아침 식사 메뉴는 달걀과 칠면조 베이컨, 어제 저녁에 먹고 남은 홈메이드 비스킷을 다시 데운 것이다.

찰리 2세는 어제 저녁 늦게야 스타아일랜드에 도착해 아내와 세 자녀를 만날 수 있었다. 그는 캘리포니아의 새크라멘토에서 날아오느라 늦게 도착한 것이었는데, 그곳에서 그는 캘리포니아 교과 편성 위원회 소속으로 유치원부터 12학년까지 과학과 수학 커리큘럼을 조정해주는 일을 도와주고 있다. 찰리 2세가 자신이 속한 교과 편성 교수위원회가 현재 추진하고 있는 일을 설명하자 교육에 대한 대화가 주를 이룬다.

찰리 멍거는 교육에 대한 멋진 이상을 말하고 싶어 하지만 배리 멍거의 딸인 두 살배기 낸도 대화에 끼어들고 싶어 한다. 어른들의 대화가 계속되는 동안 낸은 할아버지의 옆에 앉아 알파벳 송을 목청껏 부른다. A부터 끝까지 다 부른 다음에 "저 ABC 노래 다 불렀어요, 제 노래 어때요?"라고 묻는다.

어린 손녀딸에게 질세라, 찰리 멍거는 전공도 없고 필수선택 과목을 별로 강요하지도 않는 진정한 교양과목 위주의 대학을 세우고 싶다고 말한다. 교양과목 위주의 커리큘럼을 짜면 학생들이 수학이나 과학, 경제학, 역사와 같은 과목을 충분히 배울 수 있으므로 이것이야말로 현실에 딱 맞는 교육이 될 수 있을 것이다. 전공 선택은 대학원에 진학한 다음에 하면 된다는 논지였다. 자녀들이 잘 납득하지 못하자 멍거는, 너무 일찍 전공을 선택한 탓에 살아가는 데 꼭 필요한 과목을 배울 수 없게 되는 것이 오늘날 젊은이들이 가진 문제점이라고 설파한다. 젊은이들이 세상 돌아가는 이치를 배우지 못한다는 것이다. 자신이 노래를 얼마나 잘하는지 보여주려는 듯 낸이 생글생글 웃으면서 아장아장 걸으며 노래를 한다. "반짝, 반짝, 작은 별." 알파벳 송과 가사만 다를 뿐 음정은 똑같다.

멍거의 자녀들은 초등학교는 국립을 다녔고 중학교는 사립으로 들어갔다(가장 막내인 필립만이 예외로, 그는 초등학교 4학년부터 사립학교에 다니기 시작했다). 아들 다섯 모두 하버드-웨스트레이크 출신이다. 로스앤젤레스 소재의 이 사립학교는 1900년에 창립자가 하버드 대학에 로스앤젤레스에 세울 새로운 중학교 이름에 하버드라는 명칭을 사용할 수 있도록 허가해달라는 편지를 보내서 허락을 받은 뒤로는 하버드-웨스트레이크로 불리게 되었다. 에밀리 멍거도 모친이 나온 말보로여학교를 다녔고, 파사데나에서 친엄마와 살았던 몰리와 웬디 멍거는 웨스트리지중

학교를 나왔다. 몰리는 이 학교를 다니다가 그만두고 다른 공립학교로 옮겨 갔다.

멍거 가족 모두는 교육에 대한 열정이 깊다. 낸시 멍거는 말보로여학교와, 자신이 졸업한 스탠퍼드 대학의 이사이다. 1997년에 낸시와 찰리 멍거 부부는 말보로여학교가 진행하는 능력의 새 지평을 여는 캠페인 Campaign for a New Era in Excellence에 180만 달러를 기부했다.[3] 또한 스탠퍼드 대학의 그린도서관에 거액을 기증했으며, 스탠퍼드 로스쿨의 교수직인 멍거 석좌 직Munger Chair을 마련해서 로스쿨 과정에 경영학을 포함할 수 있도록 자금을 대기도 했다.

찰리가 하버드-웨스트레이크의 이사로 활동한 것은 30년이 넘는다. 그는 적극적인 이사이며 한 동안은 이사장을 맡기도 했었다. 그 학교에 대한 애정이 매우 깊기에 언젠가는 자신의 뜻깊은 봉사활동에 대한 기록이 학교 부속 예배당에 보관되기를 원한다. 말보로여학교에서 찰리는 교육 수준 향상에 대한 자신의 헌신적인 노력과 과학 및 건축에 대한 애정을 결합할 수 있었다. 그와 낸시는 멍거과학관 건립에 700만 달러가 넘는 돈을 기부했으며 건축 디자인 곳곳에는 그의 생각이 많이 배어 있다. 하버드스쿨과 웨스트레이크가 통합되기 전부터 멍거는 두 학교의 과학실이 너무 협소하고 제한적이라고 생각하고 있었다. 통합 후에는 과학 과목을 배우는 학생들이 두 배로 늘어났다. 멍거는 이런 상황에서 과학실을 확충하지 않는 것이야말로 교육적인 직무 태만이자 과실이나 다름없다고 주장하였다.

"대부분의 건물들은 충분한 융통성을 발휘할 수 있는 방향으로 지어지지 못한다는 것이 문제입니다. 우리는 한 세기 정도는 너끈하게 제 기능을 발휘할 수 있는 과학관을 짓기 위해 노력했습니다. 이 과학관은 시간

이 지나도 구식으로 전락하는 일은 없을 것입니다." 멍거는 개관식에서 그렇게 밝혔다.[4]

최신식 시설을 갖춘 과학관은 콜드워터 협곡Coldwater Canyon을 굽어보는 언덕에 둥지를 틀고 있다. 과학관에는 십여 개의 맞춤형 실습용 교실, 회의실, 컴퓨터 센터, 110개의 자리 각각에 노트북 한 대씩을 구비하고 있는 극장형 강의실이 구비되어 있다. 흘낏 보고만 지나가는 사람들은 이 건물의 독특한 특징을 제대로 알아보지 못할 수도 있다. 가령 생물실, 화학실, 물리실에 놓인 의자들은 과목별 실습에 딱 맞는 것들이다. 멍거는 대부분에 대해서는 담당 교사들의 결정을 따랐지만, 최고의 환기시설 및 냉난방 시스템을 갖춰야 하며 내진 설계 역시 현재의 건축 기준보다 훨씬 높은 수준으로 지어야 한다는 뜻을 강력히 밝혔다.

찰리는 몇 시간씩 시간을 내서 학교 건물들의 건축도면을 곰곰이 살펴보기도 한다. 한번은 건축가에게 강당 바닥을 경사지게 바꿔달라고 요구했지만 건축가는 불가능이라고 답했다. 멍거는 고집을 꺾지 않았고 결국 건축가는 방법을 찾아낼 수밖에 없었다.

생각과 달리 그 건축가는 멍거가 고집을 꺾지 않은 것에 대해 별로 기분 나빠하는 기색을 보이지 않았다. 같은 하버드-웨스트라이크의 이사회 소속인 오티스 부스는 말했다. "천만에요. 그는 사람들을 기분 나쁘게 하지는 않습니다. 찰리는 진지한 말을 경구로 바꿔서 재미있게 말하는 능력이 뛰어나거든요."

멍거가 자신의 자녀들이 다닌 우수 사립학교를 돕기 위해 많은 돈과 시간을 들이는 것은 맞지만 그는 곤경에 처한 현재의 공립학교 제도에 대해서도 큰 유감을 표하고 있다.

"나는 오마하에서 공립학교를 나왔습니다. 내가 학생 때에는 공립학교에서 잘 적응하지 못하는 아이들이 주로 사립을 다녔습니다. 오늘날 독일의 사립학교 시스템과 비슷하지요. 그곳의 사립학교는 공립학교에 갈 수 없는 아이들이 가는 곳에 불과합니다. 제 개인으로는 그런 체계가 더 좋습니다. 하지만 그런 시스템의 커다란 한 단면이 처참한 실패를 겪게 되면 무언가 다른 방안을 모색해야 합니다. 실패한 방법을 그대로 답습해서는 안 됩니다."

멍거는, 바우처제도*의 경우에도 가난한 사람들에게만 바우처를 발급해준다면 자신도 그 제도에 찬성이라고 말했다. "부유층은 바우처가 필요 없습니다. 그들에게는 이미 학교를 선택하고 다닐 여유가 충분히 있으니까요. 좋지 않은 학교로 갈 것이 뻔한 학생들에게만 바우처를 발급해준다 해도 저는 전혀 반대하지 않습니다. 그러나 많은 문제를 앓고 있는 현재의 교육제도에 전과는 다른 방식으로 무언가 조치를 취해야 하는 것은 분명합니다. 낡은 방식을 고수하는 것은 미친 짓일 뿐입니다."

찰리의 보수적인, 그리고 청교도적이기까지 한 관점은 오늘날 고등교육의 현주소를 심사숙고할 때 더욱 분명하게 드러난다. 무엇보다도 그는 미국의 대학들이 "피해" 의식을 부추긴다고 화를 낸다.

"학계의 가장 최악으로 우둔한 속성은 바로 유수 대학들의 교양학부에 존재한다고 말할 수도 있을 것입니다. 한 가지 질문을 던져본다면 그 이유를 짐작할 수 있지요. '개인의 행복과 타인에 대한 공헌 등에 가장 치명적인 해를 입힐 만한 정신구조는 과연 무엇일까? 다시 말해 최악의 정신구조는 무엇일까?' 정답은 물론 일종의 편집증적인 자기비하입니다.

---

*voucher plan: 공립기관이 사립학교에 수업료 지불보증서를 발행하여 학생이 공립이든 사립이든 스스로 학교를 선택할 수 있게 하는 제도.

이것보다 더 파괴적인 정신구조는 생각도 할 수 없습니다. 그럼에도 대학들은 개개인이 피해의식을 느끼기를 원합니다. 그래야 자녀에게 돈더미를 들려서 대학으로 보낼 테니까요. 바로 이것이 대학이 사람들에게 가르치고 있는 것입니다! 정말 놀랍게도 무수한 비합리성이 유명 대학 여기저기에 스며들어 있습니다."

그런 다음 멍거는 중서부의 사고방식이 약간은 스며들어 있는 '선禪' 사고방식을 덧붙이는데 그는 그 사고방식을 일컬어 이렇게 설명한다. "강한 의지의 처방: 누군가 혹은 어떤 부당함이 자신의 삶을 좀먹고 있다는 생각이 들 때마다, 삶을 망치는 것은 바로 자기 자신임을 잊지 마라."

캐스 호에서 아침 식사를 하던 어느 해 8월과 마찬가지로 멍거는 대학교육을 개선시키기 위해 종종 여러 방법을 심사숙고하곤 한다. 이런 방법들은 자신이 받은 대학교육을 되돌아보고 여덟 자녀(그리고 지금은 손자손녀들)가 대학에 다니는 모습을 관찰하면서 생각해낸 것들이다. "우리의 교육은 지나치게 통학적unidisciplinary이었습니다. 분명, 여러 학문 분야에 문제들이 교차적으로 퍼져 있습니다. 그렇기에 이런 문제들에 대해 통학적인 해결책을 강구한다는 것 자체가 브리지 게임을 할 때 으뜸패만 중시하고 다른 패는 모두 무시하는 것과 다르지 않습니다. 정신 나간 짓입니다. 『이상한 나라의 앨리스』에 나오는 미친 모자장수의 티파티와 같습니다. 그럼에도 불구하고 그런 사고방식이 학문 분야 곳곳에 남아 있습니다. 특히나 생물학과 같은 기초학문이 아닌 소프트 사이언스에 속한 각각의 학문 분야에서는 오랫동안 이런 사고방식을 조장해왔다는 것이 더욱 심각한 문제입니다."[5]

지식의 분야가 너무 광범위해서 여러 개의 학문을 깊이 있게 습득할 수 있는 사람은 거의 없을뿐더러 평생 한 학문만을 익히기에도 시간이 모자라다고 주장하는 사람들에게 멍거는 콧방귀를 뀌며 이렇게 반박한다. "모든 것을 알 필요는 없습니다. 진정으로 위대한 사상이나 개념이 대부분의 지식을 다 담고 있으니까요."[6]

위대한 사상이나 개념에 대해서도 멍거는 학계 대다수와 의견을 달리하는 편이다. 가령 그는 변호사에게 심리학이나 회계학은 단순한 선택과목이 아니라 반드시 습득해야 할 필수 과목이라고 말한다. 그러면서 대다수 사람들이 파일럿이 비행훈련을 받듯 직업 훈련을 받는다면 더 행복한 삶을 살게 될 것이라고 주장한다. "파일럿은 비행기 조종에 필요한 모든 것을 배웁니다. 그런 다음 현실에서 어떤 사건이 발생하든 즉각 대처할 수 있도록 계속해서 재훈련을 받습니다."

"훌륭한 대수학자가 그러하듯 파일럿도 어떤 때는 순방향으로 어떤 때는 역방향으로 생각할 줄 알아야 합니다. 그렇게 하면서 그는 자신이 원하는 대로 조종하기 위해 언제 최대한 주의를 기울여야 하는지, 반대로 바람직하지 못한 상황을 피하기 위해 언제 최대한 집중해야 하는지를 익히게 됩니다."[7]

멍거는 자신의 인생은 이런 과정의 한 예라고 말한다. 하버드 로스쿨에 들어갔을 당시를 그가 설명했다. "고등학교에 다닐 때 기초생물학을 수강했습니다. 단순 암기식에 내용도 깊지 않았고, 진화론이니 짚신벌레나 개구리의 해부학적 구조니, 지금은 언급도 되지 않는 '원형질'과 같은 개념에 대해서도 아주 어설프게만 알고 있는 수준이었습니다. 지금까지 나는 다른 곳에서도 화학이나 경제학, 심리학, 경영학 과정을 이수한 적이 한 번도 없습니다. 하지만 젊을 적에 들었던 기초물리학과 수학을 토대 삼아서 자연과학 제분야들이 지닌, 기본적으로 비슷한 본질을 어느 정도는 알아차릴 수 있게 되었습니다. 그 다음에 나는 계속 앞으로 나아가면서 소프트 사이언스 쪽으로 방향을 넓혔습니다. 그리고 이런 과정을 체계적인 가이드이자 자료 저장시스템으로 이용한 덕분에 나는 여러 학문 분야들이 말해주는 현실적인 지혜를 쉽게 얻을 수 있었습니다."[8]

이와 같이 멍거는 우연이긴 하지만 자신의 삶이 일종의 교육적 실험의 장이 되었다고 말한다. "이런 비공식적인 수단으로 내 보잘 것 없는 학문적 소양을 넓히고자 이런저런 시도를 해보면서 나는 한 가지 사실을 발견할 수 있었습니다. 비록 내 의지는 지극히 평범할지라도 과학의 기본적 · 체계적인 속성을 안내지침으로 삼아서 그것을 잘 적용할 수 있었기에, 내 정신적 불모지대를 훨씬 뛰어넘는 수준으로 능력을 향상시켜서 내가 사랑하는 모든 것에 이바지할 수 있었다는 사실입니다. 처음 이 방법을 쓸 때는 이토록 커다란 이득을 얻을 것이라고는 생각도 하지 못했습니다. 가끔씩은 나 혼자만 눈가리개를 두르지 않은 채 실패 확률이 높은 '당나귀 꼬리 붙이기*' 게임을 하고 있다는 생각마저도 듭니다. 가령 이 방법 덕분에 심리학도 생산적으로 습득할 수 있었는데, 정식 수업을 받지는 않았지만 나는 심리학에서 배운 것을 아주 유용하게 써먹을 수 있었습니다."[9]

"나는 어설프긴 하지만 벤저민 프랭클린의 삶을 모방하고자 노력했습니다. 프랭클린은 42세가 되었을 때 사업을 접고서 작가, 정치가, 자선사업가, 발명가, 과학자로서의 직업에 더 많은 힘을 쏟았습니다. 내가 기업 경영 말고 다른 일에 눈을 돌리는 것도 바로 그 이유 때문입니다."[10]

---

*미국 아동들이 하는 게임으로, 양쪽 선수는 눈가리개를 하고서 자기편의 지시에 따라 칠판에 있는 당나귀 그림에 꼬리를 갖다 붙이는 게임.

딸 에밀리는 멍거의 인생이 "자기 가족만을 위하면서 움켜쥐고 있기만 해서는 안 된다"는 가장 중요한 교훈 한 가지를 가르쳐준다고 말한다. "아버지는 많은 단체에 기부를 합니다. 특히 교육기관에 많은 도움을 주죠. 단지 돈만 기부하는 것이 아니라 문제 해결을 위해 시간과 지혜도 제공합니다."

딸이기에 아버지에 대해 자랑하는 것이라고 생각하기 쉽다. 그러나 한 세대 전 사람이라서 낯간지러운 감정 표현은 잘 못하는 멍거의 친구 오티스 부스 역시 그가 퉁명스러워 보이는 겉모습 속에 따뜻한 인간애를 감추고 있다고 말한다. "그 모습은 겉으로 잘 드러나지는 않지만 그의 내부에는 아주 높은, 거의 무한대의 열정과 이해가 숨어 있습니다. 그는 속속들이 그런 사람입니다. 그리고 이런 품성은 그가 하는 자선활동에서 극명하게 드러납니다. 그는 마음을 열어 보이는 사람은 아니지만, 그의 심장은 아주 커다랗습니다."

20
투자 세계의 양심

멍거는 개인적인 삶에서나 공적인 삶에서나 똑같은 가치관을 적용합니다.
'단순하게 살아야 한다'
'들판 한가운데서 살다가는 결코 쉬운 길을 찾지 못할 것이다' 라는 가치관이죠.
— 로널드 올슨

"첫 번째 규칙은 스스로를 속이지 말아야 한다는 것이다. 자신이야말로 속이기 가장 쉬운 사람이다". 찰리 멍거는 노벨 물리학상 수상자였던 고故 리처드 파인먼의 이 말을 심심치 않게 인용한다. 어리석은 자기기만에 빠진 사람을 만날 경우 멍거는 굉장히 무자비한 사람으로 돌변하기도 한다.

학계의 투자정책 토론회에 참석했던 한 교수도 그런 어리석은 자기기만에 사로잡혀 있다가 멍거의 무자비한 공격을 당하는 불쌍한 처지가 되었다. 그 일이 일어난 것은 1996년 뉴욕에 있는 벤저민 카르도조 로스쿨 Benjamin Cardozo School of Law에서였는데, 원래 예정된 사회자가 가까운 친구의 죽음으로 불참하게 되자 대신 찰리 멍거가 토론회를 주재하게 되었다.

찰리가 청중에게 말했다. "갑자기 한 분이 타계하시는 바람에, 가톨릭 대중들에게 라틴어로 개혁에 대해 설파해줄 대주교 대신에 촌뜨기 침례

교도가 이 자리에 참석하게 되었습니다. 하지만 제게 이 집회의 사회를 볼 정도의 능력은 있다고 생각되어 참석했습니다."[1]

러트거스-뉴어크 로스쿨Rutgers-Newark School of Law의 윌리엄 브래튼William Bratton 교수의 연구 주제인, '기업의 이익을 재투자하는 것이 아니라 주주들에게 배당을 지급해야 한다'는 내용에 대해 토론하는 것이 패널의 역할이었다. 멍거는 토론회가 시작되자마자 그 연구의 기본 전제가 잘못되었다며 브래튼 교수를 궁지로 몰아세웠다.

멍거: 제가 보기에 교수님은 전천후식의 배당정책은 없다고 생각하시는 것 같습니다. 그런 면에서 어제 전천후식 기업지배구조 같은 것은 없다고 말하신 교수님(포덤대학 로스쿨Fordham University School of Law의 질 E. 피시 Jill E. Fisch 교수)의 생각과 일맥상통한다고 봐도 되겠습니까?

브래튼: 그런 단순한 명제로만 본다면 제 생각은 피시 교수님의 생각과 완전히 일치합니다.

멍거: 하지만 교수님은 최적의 배당정책이나 최적의 투자가 무엇인지에 대해 경제학에서 모호하지만 어느 정도 정립된 견해가 존재한다고 말씀하시지 않았나요?

브래튼: 최적의 투자가 무엇인지는 모두가 잘 알고 있다고 생각합니다.

멍거: 아뇨, 전 모릅니다. 적어도 사람들이 말하는 그런 의미에서는 말입니다.

브래튼: 언제 봤는지는 모르겠습니다만…… 이론적으로 말해서 언제 최적의 투자를 목격했는지 잘 안다면 이 토론회의 주제는 제가 아니라 워런 버핏이 되었겠죠. (청중의 웃음)

멍거: 일반적인 기업에서 최적의 사업과 차선의 사업을 구분할 수 있는 기준은 무엇입니까? 아니면 최적과 차선의 투자를 구분할 수 있는 기준은요?

브래튼: 투자수익률이 자본비용보다 낮을 때입니다.

멍거: 그럼 자본비용이란 무엇입니까?

브래튼: 글쎄요, 좋은 질문입니다. (웃음) 저는······

멍거: 자본비용이라는 말을 꺼내셨으니, 그것이 무엇인지 설명부터 해주시는 것이 적절하다고 생각합니다.

브래튼: 저는 지식 습득에 관심이 많습니다. 이론적으로 논해보는 것도 좋을 듯합니다.

멍거: 아뇨, 저는 자본비용에 대한 정립된 모형이 무엇인지를 알고 싶습니다.

브래튼: 정립된 모형이요? 거기에 대해선 조만간 무언가 설명이 나오겠죠.

멍거: 어디에서요? 욥의 이마 같은 곳에서요?

브래튼: 맞습니다. (웃음)

멍거: 글쎄요, 지금 말씀에 수긍 못하시는 분들이 꽤 될 것 같은데요. (웃음)

브래튼: 자본비용을 실제 투자 결정을 내리기 위한 하나의 모형으로 이용하는 우를 범하고 계시군요. (웃음) 그런 이론들은 인간 행동에 대한 특정적인 견해만을 가지고 사물을 설명하려고 하는 법이죠.

멍거: 하지만 교수님은 설명이 불가능한 세부 개념을 이용해서 이론을 설명하고 계시는데요. 그렇다면 그런 설명은 어떤 관점에서 바라본 해석입니까?

브래튼: 사회과학적인 해석입니다. 한번 생각해볼 만한 가치가 있는 해석이죠.

멍거: 교수님은 그 해석의 의미를 전혀 이해하지 못하는 사람들이 있는 것이 당연하다고 생각하십니까?

브래튼: 물론 당연한 일입니다. 하지만 그래도 저는 최선을 다해 가르치고 있습니다. (웃음)

멍거: 그런가요? 그렇다면 지금 이 일은 왜 하고 계십니까? (웃음)

브래튼: 제 직무설명서에 들어 있는 일이니까요. (웃음)

멍거: 가르치는 것은 다른 사람들의 일이다. 제겐 그런 의미로 들리는군요.
(웃음)[2]

이 대화에서 청중의 웃음을 굳이 표시한 이유는, 두 사람의 대화가 중학교 구내매점에서 먹을 것을 두고 벌어지는 싸움처럼 보이지 않게 하기 위해서이다. 두 사람이 점잖은 어조로 서로 조롱 섞인 말을 주고받긴 했지만 대화의 요점은 상당히 진지한 것이었다. 나중에 멍거는 오해의 소지를 피하기 위해서 자신이 한 말에 대해 다음과 같은 추가 설명을 덧붙였다.

내가 자본비용이라는 말을 언급하기는 했지만 그렇다고 브래튼 교수님의 논문 대부분이 틀렸다는 의미로 곡해하지는 마시기 바랍니다. 기업의 대리인 비용*에 대한 내용, 부채 수준에 대한 이론, 배당 관행에 대한 이론 등에 대해서는 저도 그분의 생각이 상당히 옳다고 생각합니다. 그리고 그것이 학계의 전통적인 해석이라는 점에서 볼 때 브래튼 교수님이 좋은 가르침을 주고 있다고 생각합니다. 다만 저는 자본비용이라는 말만 나오면 항상 이성을 잃고 흥분하게 되더군요. (웃음)[3]

토론회에서는 말하지 않았지만 멍거는 자본비용 측정 방법에 대해 나름의 생각을 가지고 있다. 버핏도 버크셔의 경우는 1달러의 사내유보에 대해 1달러 이상의 가치를 창출해내는 능력을 기준으로 자본비용을 측정

---

*기업의 주체(주주 및 채권자)와 대리인(경영자)과의 상충된 이해관계로 인하여 발생하는 비용.

한다고 설명한 바 있었다. "우리가 10억 달러의 사내유보를 가지고 있다고 칩시다. 그런데 주주가 그 돈으로 우리보다 더 많은 가치를 창출했다면 그건 우리가 자본비용을 초과하는 수익을 거두지 못했다는 뜻입니다."

일전에 한 학생이 찰리 멍거에게 그와 버핏이 사람들에게 지혜를 나눠주는 책임을 다하고 있느냐는 질문을 한 적이 있었다. 멍거의 답은 이러했다.

물론이죠. 버크셔 해서웨이를 봅시다. 나는 버크셔 해서웨이의 방식을 최고의 교습훈련이라고 칭합니다. 그렇다고 워런이 거기에 돈을 들이거나 하지는 않습니다. 대신 그 훈련의 결과를 사회에 돌려줍니다. 그는 사람들이 그의 생각을 들을 수 있도록 강연장을 짓고 있는 셈입니다. 그의 생각은 말할 필요도 없이 하나하나가 모두 대단히 훌륭합니다. 강연장 자체도 괜찮은 편이구요. 하지만 당신이 보기에는 우리도 어떤 면에서는 학자연하는 사람일 수도 있겠군요.[4]

찰리와 워런의 현 인생 단계는, 자신이 할 일을 스스로 선택해서 의미 있고 관심이 가는 것에만 전적으로 집중할 수 있는 그런 단계이다. 멍거는 스탠퍼드 로스쿨이나 남캘리포니아 로스쿨에서, 혹은 절친한 친구들의 부탁으로 몇몇 단체에서 가끔씩 강연을 한다. 워런과 마찬가지로 찰리도 젊은 사람들과, 이를 테면 인생에서 아직 많은 것을 배워야 하고 자신과 워런이 중요하다고 여기는 생각을 일부나마 실행에 옮길 시간적 여력이 있는 학생들과 대화를 나누는 것을 좋아한다.

찰리의 연설에는 정해진 형식이 없지만, 벤저민 그레이엄의 이론처럼 찰리 멍거의 생각 역시 듣는 사람들이 이해하기에는 상당히 어려운 경우가 종종 있다. 그는 대주제를 제시하는 식의 연설 방법을 이용하는데, 가령 청중이 대단히 중요하며 준거로 삼아야 할 몇 가지 위대한 사상이나 개념을 식별할 수 있도록 거기에 대한 조언을 제시해주는 식이다. 찰리는 그런 개념들이 무엇인지는 알려주지만 그 개념을 찾기 위한 단순한 공식이나 목록 같은 것은 제시해주지 않기 때문에 청중은 충분한 가이드라인을 제공받지는 못했다는 느낌을 받게 된다. 하지만 때로는 그도 곧바로 본론으로 들어가서 인생 교훈이나 재무적 교훈을 완전하게 전달해주기도 한다.

몇 가지 교훈은 상당히 실질적인 편이기에 곧바로 생활에, 특히 재정 문제에 곧바로 적용이 가능하다. 많이 받은 사람은 그만큼 많은 것을 해야 한다. 자신의 재무적인 수준보다 한 단계 낮춰 살아야 투자할 돈을 마련할 수 있다. 그런 식으로 투자해야 부채 규모를 최소한도로 줄일 수 있고 더 나아가 적자 상태로 전락할 소지를 미연에 방지할 수 있다.

멍거가 말했다. "똑똑해지고 싶다면 항상 '왜, 왜, 왜?'라는 질문을 던지는 태도를 유지해야 합니다. 그리고 거기에서 얻은 답을 심원한 이론 체계에 연결시켜야 합니다. 중요한 이론들에 대해 공부해야 합니다. 많은 노력이 필요한 일이지만 그만큼 재미도 큽니다."

멍거는 물리학 이론에서는 문제 해결을 위한 가장 단순하고 직접적인 답을 구하는 방식을 배웠다. 언제나 그렇듯 가장 쉬운 방법이 가장 훌륭한 방법이다. 수학 이론을 통해서 멍거는 문제를 뒤집어보거나 거꾸로 유추해보는 방법을 배울 수 있었다. 그렇기에 그는 항상 문제를 뒤집어서 생각한다.

멍거는 1986년 하버드 로스쿨의 졸업식 연설에서 졸업생인 막내아들 필립의 주의를 끌기 위해 이 전도轉倒의 방법을 사용했다. 멍거는 자신이 들려주는 인생 처방은 비참한 삶으로 향하는 지름길이 무엇인지를 설명한 자니 카슨*의 연설을 골조로 한 것이라고 말했다. 기분이나 생각을 바꾸기 위해 화학약물에 의존하는 행동, 시기심에 사로잡히거나 분노에서 빠져나오지 못하는 행동 등이 그 지름길이었다. 카슨은 알코올 중독자가 되어서 평생 동안 온갖 종류의 악마와 싸우느라 인생을 허비한 한 젊은 이의 예를 들어주었다. 카슨이 말한 세 가지 행동 중 단 하나에만 빠져도 불운한 삶이 될 것은 불을 보듯 자명한 일이었다. 멍거는 여기에 실패를 보장하는 네 가지 행동방식을 추가로 덧붙였다. 신뢰를 주지 못하는 행동, 남이 아니라 자신의 경험을 최고로 치는 행동, 한 번, 두 번, 혹은 세 번 불운을 맛보았다고 포기해버리는 행동, 복잡하게 사고하는 행동이 바로 그것이다. "……어린 시절에 '어디에서 죽을지 알면 여한이 없겠구면. 그러면 그 장소에는 결코 가지 않을 텐데 말이야'라며 말하고 다니는 농부에 대해 들었던 이야기는 이제 무시해야 합니다."[5]

버크셔 해서웨이와 웨스코의 투자자들은 버핏과 멍거가 전하는 인생 금언도 소중히 여기는데, 특히 두 사람이 투자에 대한 조언을 한다고 하면 다른 일은 제쳐두고 몰려간다. 여기서 가장 자주 나오는 질문은, "위대한 투자자가 되려면 무엇을 배워야 합니까?"이다.

무엇보다도 자신의 속성을 이해하는 것이 가장 중요하다고 멍거는 말했다. "자신의 한계효용을 감안해서 심리 상태를 잘 파악하면서 게임을 펼칠 줄 알아야 합니다. 손실이 발생했을 때 비참한 상태로 전락할 것 같으면(그리고 일부 손실을 입는 것은 불가피한 일입니다) 대단히 보수적

---

*미국의 코미디언이자 1962~1992년까지 「투나잇쇼」의 진행을 맡았던 사회자.

인 투자만을 행하면서 그런 상황에 빠지지 않도록 미리 피해가는 것이 현명한 선택입니다. 그렇기에 우리는 자신의 특성과 재능에 맞는 투자 전략을 적용할 줄 알아야 합니다. 전천후 투자 전략 같은 것은 존재하지 않습니다."[6]

그런 다음에는 정보를 모아야 한다. "워런과 나는 다른 어떤 것보다도 훌륭한 비즈니스 전문지에서 많은 것을 배웁니다. 훌륭한 비즈니스지들에 실린 기사들을 휙휙 넘겨보는 것만으로도 다양한 비즈니스 경험들을 아주 쉽고 간단하게 익힐 수 있습니다. 거기서 읽은 내용을 이미 입증된 훌륭한 이론의 기본구조와 연결시켜서 생각할 줄 아는 사고방식을 가지고 있다면 투자에 대한 지혜도 하나둘씩 늘어날 것입니다. 폭넓은 분야에서 진정으로 훌륭한 투자자가 되기를 원한다면 방대한 독서량은 필수입니다. 한두 권 읽는 것만으로는 별 도움이 되지 못합니다."

버크셔 연차총회 때마다 멍거는 권장 도서 목록을 주주들에게 제시한다. 여기에는 상대방으로 하여금 상품이나 서비스를 구입하도록 설득하는 방법을 설파한 로버트 B. 치알디니의『설득의 심리학』이나 로버트 해그스트롬Robert Hagstrom의『워런 버핏 포트폴리오Warren Buffett Portfolio: Mastering the Power of the Focus Investment』와 같은 도서들도 포함돼 있다.

멍거는 아무 책이나 골라 읽는 방법은 안 된다고 말한다. "……그 정보를 왜 필요로 하는지에 대한 나름의 생각과 근거를 마련하고 있어야 합니다. 프랜시스 베이컨은 학문 수행을 행할 때 우선 무수히 많은 자료를 수집하고 그런 다음에 자료의 내용을 이해해도 늦지 않다고 말하지만, 그것은 학문을 수행하는 올바른 방법이 아니며 그런 식으로 연차보고서를 읽어서도 안 됩니다. 현실에 대해 어느 정도의 개념을 갖추고서 출발해야 합니다. 그런 다음에 타당성이 입증된 기본 개념에 자신이 찾고 있는 정보가 들어맞는지 아닌지를 알아봐야 합니다."

"무엇보다 여러분은 멋진 실적을 거두고 있는 기업을 찾기를 원할 것입니다. 그렇다면 '이런 상태가 얼마나 오래 지속될 수 있을까?' 라는 질문을 던져야 합니다. 이 질문에 대해 답을 찾는 방법은 단 하나입니다. 그런 훌륭한 실적이 발생하는 이유가 무엇인지를 곰곰이 생각해보는 것입니다. 그 다음으로는 어떤 요인이 이런 훌륭한 실적을 중단시킬 수도 있을지를 이해해야 합니다."

이런 사고방식은 멍거와 버핏이 특정 상품에 대한 독점력, 다시 말해 사업 주위에 "해자moat"를 둘러싸고 있는 기업을 발견하는 데 많은 도움이 된다. 난공불락의 강력한 브랜드를 구축하고 있는 기업들은 많이 존재한다. 비록 끝없이 도전을 받고는 있지만 코카콜라도 그런 예에 속한다. 멍거는 리글리껌 회사를 찾아낼 때에도 이 방법을 사용했다.

"타의 추종을 불허하는 세계 최고의 껌 회사로 알려진 것만으로도 많은 우위가 존재합니다. 그런 이미지는 좀처럼 바뀌기 힘든 법입니다. 리글리껌을 좋아하고 가격도 25센트밖에 안 되는데, 20센트로 좀더 싸긴 하지만 무슨 맛인지 잘 알지도 못하는 글로츠껌Glotz's Gum을 구입할 이유가 굳이 있겠습니까? 다른 껌을 사는 건 고민하고 말고 할 필요도 없는 일이지요. 그러니 리글리껌이 그토록 큰 우위를 가지고 있는 이유를 쉽게 짐작할 수 있습니다."

기업의 가치를 이해한 다음에는 주식을 전부 매입할 마음이든 아니면 통상적인 투자자들이 그러듯 주식시장에서 기업의 일부를 매입하기로 결정했든, 얼마에 그 기업의 주식을 매수하는 것이 좋을지를 결정해야 한다.

"리글리껌처럼 독점력을 갖춘 회사의 문제점은, 그곳이 멋진 기업임을 모르는 사람이 없다는 것입니다. 그렇기에 회사를 관찰하면서 이런 생각이 들죠. '맙소사! 이 회사는 장부가치의 여덟 배 수준에서 거래되고 있네. 다른 회사는 세 배 밖에 안 되는데 말이야.' 아니면 '멋진 기업이긴 한데, 내가 이만큼 높은 가격을 지불해도 될 만큼 충분히 매력적인 기업이라고 볼 수 있을까?' 라는 생각이 들 수도 있습니다."

이런 질문에 대한 답을 찾을 수 있느냐 없느냐에 따라 성공적인 투자자와 그렇지 못한 투자자가 갈라지게 된다.

멍거는 "바꿔 말하면 멋진 기업을 찾아내는 일이 별로 어렵지 않다면 부자가 되지 못할 사람은 아무도 없겠지요"라고 말했다.

오랫동안 기업을 관찰하다보면 투자자는 이런 식의 사고방식을 통해 더 큰 안목을 기를 수 있다. 멍거는 한때는 도심 백화점들이 난공불락의 우위를 구축한 것처럼 보이던 시절도 있었다고 말한다. 엄청난 종류의 상품, 막강한 구매력, 시내의 노른자위에 위치한 매장, 전철역과 바로 연결되는 편리한 교통 등 백화점들은 커다란 우위를 갖추고 있었다. 그러나 시간이 지나면서 개인 자동차가 수송수단의 가장 큰 비중을 차지하게 되었다. 전철 노선은 사라지거나 축소되고 고객은 교외로 거주지를 옮기면서 교외의 쇼핑센터들이 중요한 쇼핑 장소로 자리 잡게 되었다. 몇 가지 생활방식의 변화만으로도 기업의 장기 가치는 180도 뒤바뀔 수 있다.

멍거는 특정 경제이론이나 사업 관행에 대해서는 맹비난을 가하는데, 그는 자신의 부와 지위가 부여해준 자유를 기꺼이 이용해서 거침없이 의견을 내놓는다. 가령 효율적 시장 가설efficient market theory은 엉터리 이론이라고 말하면서 이를 추종하는 투자자나 학계에도 맹공세를 퍼붓는 것을 결코 멈추지 않는다.

멍거가 서슴없이 말했다. "미국에서 심리학이 제대로 가르쳐지지 않는다고 생각한다면 기업 재무를 살펴봐야 합니다. 현대 포트폴리오 이론이요? 정말 쓸모없는 이론이죠!"

대부분의 주요 비즈니스스쿨들은 효율적 시장 가설을 가르친다. 이 이론의 요지는, 주식시장에서 공개적으로 거래되는 기업의 모든 정보는 이미 투자 세계에 전부 반영이 돼 있는 상태이기 때문에 한 투자자가 다른 투자자보다 그 정보로 더 많은 이득을 누리지는 못한다는 것이다. 정보가 나오자마자 즉시 주가에 반영되기 때문에 실제로 시장을 이길 수 있는 사람은 아무도 없다고 말한다.[7]

효율적 시장 가설을 주장하고 다니는 어떤 학자는 버핏이 거둔 엄청난 성공이 단지 연달은 행운 덕분이었다고 몇 년 동안이나 말하고 다닌 적이 있었다. 하지만 버핏의 실적이 계속 유지되고 심지어는 향상되자 그 학자는 버핏의 성공이 이례적인 사항일 뿐이라고 더 이상 떠들고 다닐 수 없게 되었다. 거기에 대해 멍거는 이렇게 말했다. "……그 학자는 결국 행운에 대한 6시그마 이론까지 들먹였습니다. 하지만 행운의 6시그마 값이 너무 크다며 사람들의 비웃음을 사게 되었지요. 그러니까 그 학자가 어떻게 반응했을까요? 그는 이론을 바꿨습니다. 지금은 워런이 투자 기법에 관한 6시그마 혹은 7시그마를 가지고 있다고 말합니다."

금융전문 작가인 마이클 루이스Michael Lewis는 버핏을 주식시장의 탐욕스러운 작전가로 묘사하면서 그의 성공은 주로 우연성의 산물에 불과하다고 말하는데, 그에 대해서도 멍거는 이렇게 반박한다. "그는 지난 40년 동안 워런이 성공을 거둘 수 있었던 이유는 40년 동안 동전 던지기를 해서 40번 모두 앞쪽이 나왔기 때문이라고 말합니다. 그가 굳이 그렇게 믿는다면 나는 그저 그가 하는 말은 하나도 믿을 수 없다고 대답해줄 수밖에 없습니다."

버크셔가 온갖 어려움에도 불구하고 최고 수준의 성과를 달성한 한 가지 가장 큰 이유는 멍거와 버핏이 상식이라는 기본 틀을 결코 벗어나지 않아서였다. 가령 그들은 전체 시장에 대비해 주식의 변동성을 측정할 때 흔히 쓰이는 금융지표인 베타계수 같은 수치는 무시해버린다. 대다수 전문 투자가들은 시장 평균보다 베타계수가 높은 기업은 고위험 종목으로 간주하는 편이다.

"이런 식으로 기업 재무의 변동성에 중점을 두는 것이 우리는 말도 안 된다고 생각합니다. 이렇게 생각해봅시다. 확률이 괜찮은 편이고 주사위 게임 한판이나 다른 비슷한 게임 한판에 회사 전체가 위험에 처하지는 않을 거라고 판단이 들면, 우리는 베타계수가 말하는 변동성에는 별로 신경을 쓰지 않습니다. 우리가 원하는 것은 유리한 확률입니다. 변동성 문제는 시간이 흐르면서 버크셔에서 저절로 해결될 것입니다."

멍거와 버핏은 스톡옵션이 회사의 비용으로 계상되어야 함에도 불구하고 감독기관이 이를 각주로 처리하도록 허락해주는 회계 관행에 대해서도 분노를 표한다. 두 사람은 연차총회가 열릴 때마다 거의 매번 이 문제를 언급한다.

멍거는 이렇게 말했다. "미국의 대기업들이 합리적이고 정직한 회계 원칙을 실행하지 못하는 것은 대단히 잘못된 일입니다. 약간의 부정행위도 절대 허락해서는 안 됩니다. 바늘도둑이 소도둑 되는 법이니까요. 그대로 방치한다면 사리사욕만 챙기는 관행이 눈덩이처럼 불어날 겁니다. 미국의 스톡옵션에 대한 회계 처리 방법은 잘못되어 있습니다. 그렇기에 이런 잘못된 회계 처리 방법을 그대로 놔두는 것은 바람직하지 않습니다."

버핏과 멍거는 대부분에는 뜻을 같이 하지만 기업에 대해 공개 매수를 행할 때 누가 의사결정자가 되어야 하는지에 대해서는 생각을 달리한다. 버핏은 주주의 입장에서 생각해야 한다고 말하지만, 멍거는 어떤 경우에는 사회의 이익도 생각해야 하므로 이런 거래에 대한 법률이 제정되어야 한다고 말한다.

"물론 극장 하나를 소유한 작은 가족회사 정도라면 주주가 그 극장 매각 여부에 대한 결정을 내리는 것이 당연합니다. 하지만 사회에 많은 영향을 미치는 대규모 조직의 경우에는 얘기가 다릅니다. 그런 특정한 상황에서는 여러 번의 인수합병을 거치면서 정말로 거대한 기업집단이 탄생하게 됩니다. 그렇기에 이를 방지하기 위한 적절한 법안이 마련되어야 합니다."[8]

혹시라도 재무를 가르치게 된다면 옳게 행동한 기업과 그렇지 못한 기업 100곳의 역사를 들려줄 것이라고 멍거는 말한다.

"투자 결정을 쉽게 내릴 수 있는 사례를 들어서 가르치는 것이 재무를 적절하게 가르치는 방법입니다. 나는 내셔널 캐시 레지스터National Cash Register Company, NCR의 초창기 역사를 자주 인용하는 편입니다. 이 회사의 창립자는 아주 똑똑한 사람이었습니다. 관련 특허를 모두 구입하고 최고의 영업팀과 최상의 생산시설을 갖추었지요. 그는 굉장히 똑똑하고 열정적이었습니다. 자신의 모든 열정을 현금등록기 사업에 바쳤습니다. 게다가 현금등록기의 발명은 소매업에는 신이 보내준 선물이었습니다. 현금등록기는 전 세대의 제약업과 같다고 생각해도 과언이 아닙니다. 패터슨이 내셔널 캐시 레지스터의 CEO였던 시절의 연차보고서를 읽어보면 바보라도 재능과 열정이 존재하는 아주 훌륭한 회사임을 알 수 있을 정도였습니다. 그러니 투자 결정을 내리는 것도 어렵지 않았습니다."

오하이오의 소매상이었던 존 헨리 패터슨John Henry Patterson은 현금등록기를 발명하지는 않았지만 그것의 가치를 즉시 알아보고서 적자 상태인 회사를 인수했다. 대단한 열정을 발휘하면서 패터슨은 동시대 사업 혁신가의 전형이 되었다. 사실상 그는 직원 복리(가령 가격이 싼 구내 카페테리아가 한 예이다), 영업 조직의 훈련 및 동기부여의 개념을 발명했으며, 최초의 사내지인 「팩토리뉴스The Factory News」의 발행자이기도 했다. 1913년에 데이튼에 대홍수가 났을 때 패터슨은 생산을 멈추고 회사의 전 인력을 동원해서 구조활동에 나서기도 했다. 이재민들에게는 식량과 숙소, 예비 전력, 마실 물을 제공해주는 한편 사내 의사와 간호사를 파견해서 부상자와 노약자들을 돌보게 했다. 공장 근로자들은 물난리에서 빠져나오는 사람들을 위해 보트를 만들어주었다. 하지만 사업에 관한 한 패터슨은 포기를 모르는 싸움꾼이었는데, 한번은 반독점소송에서 패했다가 훗날 상급법원에 항소해서 승소한 일도 있었다. 패터슨의 업적 중 가장 눈여겨봐야 할 부분은 피아노 세일즈맨인 토머스 J. 왓슨Thomas J. Watson을 수년간 데리고 있었던 것이었다. 패터슨에게 해고를 당한 뒤에 왓슨은 컴퓨터 태뷸레이팅–레코딩Computer Tabulating-Recording Company으로 옮겨갔고 NCR에서 배운 사업 기술을 적극 활용하면서 이 회사를 IBM으로 탈바꿈시켰다.

패터슨은 훌륭한 사업체를 유산으로 남겼지만 사회봉사에 너무 많은 돈을 쓴 탓에 정작 그의 유족들에게 돌아간 돈은 거의 없었다. 그런 것은 패터슨에게는 문제가 되지 않았다. 패터슨은 이렇게 즐겨 말하곤 했다. "수의壽衣에는 주머니가 없다."9)

영원히 존재할 수 있는 기업은 거의 없는 것이 사실이지만 어떤 회사든 계속기업으로서 존속한다는 것을 염두로 사업을 구축해야 한다고 멍거는 말한다. 기업 통솔에 접근하는 것은 일종의 "재무적 엔지니어링financial engineering"으로 간주해야 한다. 다리를 짓거나 비행기를 제조할 때에는 여러 보완 시스템을 갖추고서 강한 충격을 충분히 견뎌낼 수 있을 정도로 만전을 기해서 만들어야 하는 것처럼, 기업 역시 경쟁이나 경기 침체, 오일쇼크나 기타 재앙에서 비롯되는 압력을 충분히 견뎌낼 수 있는 체계와 구조를 갖춰야 한다. 과도한 레버리지, 다시 말해 부채 수준이 도를 넘는 기업은 이런 폭풍우에 극도로 취약할 수밖에 없다.

멍거는 이렇게 말했다. "부실한 다리를 짓는 것은 미국에서는 범죄입니다. 부실한 회사를 세우는 것도 마찬가지 아니겠습니까?"[10]

미국은 자산관리인들, 특히 뮤추얼펀드 매니저들의 장점을 지나치게 강조하는 경향이 있다고 멍거는 불만을 토로한다.

"뮤추얼펀드 산업에서 어떤 일이 벌어지고 있는지를 보면 깜짝 놀랄 정도입니다. 뮤추얼펀드는 계속 증가만을 거듭하고 줄어들 기미가 없습니다. 그들은 주식을 그대로 보유하고 있는 것만으로도 12-B-1 수수료*나 기타 수수료 등을 받아갑니다. 나는 뮤추얼펀드의 이런 식의 메커니즘이 마음에 들지 않습니다."

1998년에 캘리포니아 산타모니카에서 열린 한 자선단체장들의 모임에서 멍거는 예일대학이 기부금을 뮤추얼펀드와 비슷한 곳에 투자하는 것을 강도 높게 비난했다. "콘펠드의 평판이 땅으로 추락하고 한참이 지났음에도 주요 대학들이 콘펠드식 투자 시스템에 재단을 맡길 것이라고 예측한 사람은 아마 거의 없었을 것입니다."[11] 버니 콘펠드Bernie Cornfeld는

＊미국 SEC에서 정한 수수료. 연말 뮤추얼펀드 잔액에 대비해서 자산관리인이나 펀드매니저에게 지급되며 펀드마다 수수료 비율은 차이가 난다. 거래비용 등 제비용과는 별도로 부과된다.

1970년대에 펀드의 펀드라는 개념을 도입했지만 이 펀드는 끝내 파산하고 말았다.*

뱅가드펀드Vanguard Funds의 창립자이며 뮤추얼펀드 업계의 숨은 실력자인 존 보글John Bogle은 멍거의 맹비난이 옳은 소리라고 지지한다. 멍거가 위와 같은 연설을 하고 있던 그 시각에, 보글은 기관들이 컨설턴트를 고용하면 이 컨설턴트가 자산관리인을 고용하고 이 자산관리인들이 뮤추얼펀드를 고르면 펀드는 또 다른 자산관리인에게 돈을 맡겨서 운용하는 식으로 진행되는 투자 관행을 비난하는 연설을 하고 있었다. 한 단계가 추가될 때마다 새로운 비용이 나가고 그 결과 자선단체가 자선활동에 사용할 수 있는 돈은 그만큼 줄어들 수밖에 없는 것이다.

보글은 이렇게 말했다. "멍거는 이런 복잡한 과정에서 발생하는 막대한 비용이 재단이나 기부금이 실제로 주식시장에서 거두는 수익률에 악영향을 미친다는 것을 정확히 꼬집고 있습니다. 시장에서 거둔 수익률이 5%이고 총비용이 3%라면, 순수익률은 2%에 불과한 셈입니다."

그러면서 한마디를 덧붙였다. "5% 수익률의 효과를 가벼이 봐서는 안 됩니다. 주식시장의 장기적인 실질 수익률은 7% 수준이었으니, 멍거가 가설로 말한 미래의 수익률 수치가 결코 터무니없는 주장은 아닐 것입니다."[12]

비영리재단의 펀드를 운용하는 매니저들에게 멍거가 해주는 충고는 단순했다. 기부금을 인덱스펀드에 투자해서 시간과 돈과 근심걱정을 덜

＊참고로, 콘펠드는 규제의 손이 미치지 않는 스위스에 인베스터즈 오버시즈 서비스(Investors Overseas Services)라는 미국 최초의 대규모 뮤추얼펀드 회사를 설립해놓고 "누구나 백만 장자가 될 수 있다"는 말로 25억 달러가 넘는 기금을 모았지만 1970년 파산하고 말았다.

라는 것이었다. 이는 바꿔 말하면 버크셔가 보여준 선례에 따라서 지나치게 고평가되어 있지 않은 고품질 기업의 주식을 매수해 오랫동안 보유하는 정책을 취하라는 소리였다.[13]

분산투자에 대해서도 걱정할 필요가 전혀 없었다. 멍거가 말했다. "미국에서는 개인이건 기관이건 3개의 훌륭한 기업을 선정해서 자산을 모두 거기에 투자한다면 십중팔구는 부자가 될 수 있습니다. 그런 상황에서 이 투자자가 다른 대다수 투자자들이 언젠가는 돈을 벌거나 잃게 될 것인지 아닐지 걱정할 필요가 있을까요? 특히나 이 투자자 본인이 저비용이나 장기적인 효과에 대한 신념, 그리고 가장 선호하는 주식에만 집중투자했기 때문에 장기적으로 더 훌륭한 수익률을 거둘 것이 분명하다는 믿음이 확실하다면 분산투자에 대해 걱정할 필요는 더더욱 없습니다."[14]

심지어 멍거는 투자자는 적절한 회사이기만 하다면 그 회사에 투자 자산의 90%를 집어넣어도 괜찮다는 조언까지도 서슴지 않았다. "사실 나는 우리 멍거 가문도 어느 정도는 이런 과정을 따르기를 바랍니다. 우드러프재단Woodruff Foundations에 대한 얘기를 들려주고 싶습니다. 이 재단은 창립자이자 코카콜라의 회장이기도 했던 로버트 우드러프Robert Woodruff가 가졌던 코카콜라 주식에 기금의 거의 90%에 해당하는 금액을 집중시키는 굉장히 훌륭한 투자 정책을 보여주었습니다. 미국의 재단들이 창립자가 남긴 주식을 단 한 주도 팔지 않았다면 얼마나 높은 수익률을 거두었을 것인지 계산해보면 사뭇 흥미진진한 결과가 나올 겁니다. 아마도 대다수가 지금보다는 훨씬 많은 기금을 보유하고 있겠죠."[15]

멍거는 수수료와 거래비용을 감안하더라도 재단의 기금 대부분을 인덱스펀드를 통해 관리한다면 더 많은 수익을 얻을 수 있을 것이라고 말하면서도, 맺음말에서 인덱스펀드 투자에 대한 대안을 제시하는 것을 잊지 않았다.

그렇다고 해서 인덱스펀드에 투자해야 한다는 뜻일까요? 그건 직접투자로 시
장 평균보다 더 나은 수익률을 거둘 수 있을 것인지에 따라 혹은 시장평균보다
더 나은 수익률을 대신 거둬줄 다른 누군가를 찾을 수 있을 것인지에 따라 다른
답이 나올 수 있습니다. 바로 이런 질문들이 있기에 인생이 흥미진진해지는 것
입니다.

멍거의 결론에 따르면, 모두가 인덱스펀드에 돈을 투자한다면 이 펀드
가 투자하는 주식의 가격이 내재가치를 훨씬 뛰어넘을 것이고 그럴 경우
인덱스펀드 투자 자체가 아무 의미도 없어지는 셈이 된다.

버핏과 멍거가 1990년대 중반에 버크셔 해서웨이 주식으로만 구성된
뮤추얼펀드 구성에 반대한 이유도 부분적으로는 자산운용에 대한 이런
실망감이 생겨날 것을 우려해서였다. 이 펀드를 만들기를 원하는 회사들
은 이를 통해 서민 투자자들도 초우량주에 쉽게 접근할 수 있는 통로가
생길 수 있지 않겠냐고 주장했다.

펜실베이니아의 발라 신위드Bala Cynwyd에 위치한 파이브시그마 인베스
트먼트Five Sigma Investment는 SEC에 버크셔 주식 매매를 주 업무로 하는 어
포더블 액세스 트러스트Affordable Access Trust이라는 투자신탁을 만들겠다고
신고서를 제출하였다. 투자자는 초기 예치금 300달러를 넣으면 이 펀드
에 가입이 가능한데 당시 버크셔의 거래가는 주당 3만 5,000달러였다.
일리노이의 리슬Lisle에 있는 나이키증권도 이와 비슷한 단위형 투자신탁
unit trust을 만들 계획이었다.[16]

"솔직히 말하면 보통 서민들도 버크셔 주식을 구입할 수 있게 하는 것

이 우리의 목표입니다." 파이브시그마의 대표인 샘 카츠가 말했다. "부자가 아닐 뿐 그들이 이 회사를 모른다거나 좋아하지 않는 것은 아니니까요."[17]

이번 일과 관련이 있던 한 브로커는 "버핏과 멍거가 지배광임이 여실히 드러났다"라고 말했다.[18]

버크셔는 1995년 12월에 SEC에 제출한 24페이지짜리 비망록에서 이런 식의 증권 판매는 투자자들을 오도할 소지가 다분하다고 적고 있었다. 멍거 톨스 법률회사에서 작성한 이 비망록은 각 주의 감독기관에도 전해졌다.

버핏은 이렇게 말했다. "나는 44년 동안 여러 방법으로 투자금을 운용하면서 아무도 실망시키지 않고자 노력해왔습니다. 그리고 아무도 실망시키지 않고자 노력할 때 중요한 핵심 요소 한 가지는, 그들에게 적절한 기대치만을 심어주고 그들이 얻을 수 있는 것과 얻을 수 없는 것이 무엇인지를 정확히 알려줘야 한다는 것입니다. 여차해서 혹시라도 수만 명의 투자자가 우리에게 실망하는 사태가 벌어진다면 멍거와 나는 제대로 일을 할 수가 없을 것입니다. 그것은 버크셔가 아닙니다."[19]

SEC에 항의서를 제출하고 나름의 대안을 생각해낸 다음에 멍거는 파이브시그마에도 신랄한 비난이 담긴 편지를 보냈다.

워런 버핏은 현재 버크셔 주식의 시가는 새로운 투자자를 끌어들이기에는 매력적이지 못한 가격이라고 생각합니다. 혹시라도 친구나 가족이 그에게 현재의 주가에서 버크셔 주식을 새로 매입하는 것이 괜찮겠느냐는 질문을 한다면 버핏은 단호히 '안 된다'고 대답할 것입니다.[20]

투자신탁의 매력도를 반감시키기 위해 버크셔는 현재 클래스A로 불리는 원래의 주식보다 가격이 3분의 1에 불과한 클래스B 주식을 새로 만드는 예외적인 행보를 취했다. 클래스B는 구성 체계는 물론이고 판매 방식역시 독특했다. 이 주식을 판매해도 증권사가 챙길 수 있는 수수료는 거의 없었기에 그들로서는 고객에게 클래스B 주식을 권할 이유 자체가 거의 없어진 셈이었다. 게다가 클래스B 주식의 인수단에는 저가수수료 증권사인 슈왑Schwab과 피델리티Fidelity도 포함돼 있었다. 저가수수료의 증권사들이 포함되었기에 투자자들로서는 주식 구입이 더욱 쉬워진 셈이었다.

비평가들은 버핏과 멍거가 버크셔의 주주정책에 대한 통제권을 잃지 않기 위해 클래스B 주식을 만들었다고 비난했다. 뉴욕 소재의 드레스드너증권Dresdner Securities의 애널리스트인 제임스 K. 멀비James K. Mulvey는 "이 작은 문제에 대해 미스터 버핏이 너무 크게 접근했다"고 비난하기까지 하였다.[21]

처음에 버핏과 멍거는 클래스B 주식을 10만주 공모할 예정이었으나 나중에는 대중의 수요가 충족될 때까지 공모주 수를 계속 늘리겠다고 발표했다. 공개모집에서 제공된 주식의 수는 4배까지 불어나 주당 1,100달러에 51만 7,500주가 판매되었고, 버크셔 주주의 수는 종전의 두 배인 8만 명으로 늘어났다. 클래스B 주식 공모로 버크셔에는 추가로 6억 달러의 자본이 납입되었다.

나이키증권은 투자신탁을 계속 유지했지만 버크셔 주식을 위주로 하는 투자신탁은 증권사들이 처음 예상했던 것처럼 시대의 획을 긋는 현상으로 자리 잡지는 못했다.

마이클 루이스를 비롯한 몇몇 사람들은 멍거와 버핏이 투자세계에는 높은 도덕 기준을 요구하면서도 정작 자신들의 투자에는 같은 기준을 적용하지 않는다고 비난했다. 그들은 무엇보다도 버크셔가 공익에 반하는 회사, 즉 담배회사에 투자한 적이 있었다는 사실을 맹공격했다.

여기에 대해서는 멍거도 동의했다. "우리 자신의 투자 활동에 대해서도 어느 정도까지는 도덕적 검열을 행하는 편입니다. 그러나 보험사의 주식 일부를 매입할 때조차 투자 세계를 위한 도덕적 검열 기준을 마련해주고 있다는 태도로 거래에 임한 적은 한 번도 없었습니다."[22]

1993년 4월에 버크셔는 코담배 분야의 선도회사인 UST의 주식 5% 정도를 대량으로 매수했다. 당시 UST의 거래가는 주당 27~29달러였으므로, 지분 5%를 매입하는 데에는 3억 달러가 넘는 돈이 들어갔다. UST는 스콜Skoal과 코펜하겐Copenhagen와 같은 코담배 외에도 샤토 생 미셸Chateau Ste. Michelle이라는 와인도 생산한다. 비슷한 시기에 버크셔는 식품 및 담배 대기업인 RJR나비스코RJR Nabisco의 지분을 매각했다.

기업의 주식을 매수하는 것과 전체 지분을 보유하고 있는 것이 어떤 사람에게는 별 차이가 없는 듯 보일 수도 있지만 멍거에게는 아주 다른 일이다. 그는 각각의 투자에 대해 서로 다른 규칙을 적용한다.

"버핏은 거래소에서 거래되는 주식을 매수할 경우 그 회사의 사업이 도덕적이냐 아니냐를 두고 투자 판단을 내리지는 않습니다. 우리는 스스로의 행동을 판단하고 제어할 때에나 그런 도덕적인 잣대를 적용합니다."[23]

멍거의 말에 따르면 버크셔가 한때 담배회사 주식을 보유하고 있기는 했지만 담배회사를 통째로 인수할 수 있는 기회가 왔을 때에는 이를 거절했다고 한다.

"중독성 약물을 판매하는 회사를 통째로 인수하는 것은 물론이고 지배주주로 존재하는 것도 원치 않습니다. 그것은 우리의 게임 방식이 아닙니다. 우리가 그런 회사의 주식을 보유하는 이유는 우리가 아니더라도 다른 누군가가 보유할 것이 분명하기 때문입니다. 하지만 버크셔가 그런 회사들의 지배지분을 매입할 일은 없을 것입니다."[24]

　그러면서도 멍거는 자신과 버핏이 여러 가지 실수를 저질렀다는 사실은 인정한다. "내게 이사회 운영 규칙을 마련할 권한이 있다면, 잃어버린 기회비용까지 포함해서 그동안 자신이 저지른 실수의 결과를 정량화하는 데 3시간씩은 할애해야 한다는 규칙을 만들 것입니다."

　기업계에 잘못된 관행이 많이 존재한다고 비난하면서도 멍거는 미국이나 미국의 기업 모두 전반적으로는 정직한 편이라고 생각한다.

　"기업계 전체가 악행을 저지르고 있다고 생각하지는 않습니다. 물론 미국의 대도시에서는 무수한 사회병리학적 문제가 존재하고 기업계의 저 높은 곳에도 수많은 사회병리학적 문제가 존재하는 것은 사실이지만, 평균적으로는 양호한 편이라고 생각합니다. 제품의 공학적 완전성을 한번 생각해봅시다. 마지막으로 자동변속기가 고장난 게 언제였는지 한번 생각해보십시오. 대단한 신뢰성을 보여주는 것들이 우리 주위에는 많이 있음을 알 수 있습니다. 보잉 사의 비행기가 하늘에 떠 있는 그 모든 시간을 생각해보면, 세 가지 백업시스템이 뒤에서 보이지 않게 뒷받침해주기에 비행기가 하늘을 무사히 날 수 있다는 것을 알 수 있습니다. 감히 말하는데, 미국의 기업계는 감탄할 점이 많이 있으며 좋은 일도 많이 했습니다. 그리고 평균적으로는 이런 구세대식 가치관은 사라지는 것이 아니라 점점 힘을 더해가고 있습니다. 사회병리학적인 문제들은 안타깝기 그지없지만, 저 높은 정치판에서 벌어지는 일들도 참고 넘기는데 기업계 높은 곳에서 벌어지는 일들을 참지 못할 이유가 없지요."[25]

버크셔의 한 주주가 버핏에게 하루를 어떻게 보내냐고 물은 적이 있었다. 워런은 책이나 서류를 읽거나 전화 통화에 대부분의 시간을 보낸다고 답했다. "그게 제 하루 일과입니다. 찰리, 자네는 무슨 일을 하나?"

멍거가 주주에게 대답해 주었다. "그 질문을 받으니 2차 대전 당시 할 일이 없어서 빈둥거리는 부대에 속해 있던 제 친구가 생각나는군요. 어느 날 한 장군이 와서 이 친구의 상사에게 물었습니다. 그냥 이 상사를 글로츠 대위라고 칭합시다. '글로츠 대위, 자네는 무슨 일을 하는가?' 대위가 대답했습니다. '아무 일도 하지 않습니다.'"

"장군은 엄청나게 화를 내면서 이번에는 몸을 돌려 친구에게 물었습니다. '자네는 무슨 일을 하는가?'"

"친구가 대답했습니다. '글로츠 대위님을 도와드립니다.' 이만하면 제가 버크셔에서 무슨 일을 하고 있는지에 대한 대답이 되었을 겁니다."

21
수확의 시기

찰리는 자신이 실천으로 옮겼던 것을 말합니다.
유일한 차이점은 이제는 사람들이 그의 말에 귀를 기울인다는 거겠죠.
— 낸시 멍거

낸시 멍거는 캐스 호를 연결하는 일곱 개의 작은 호수 중 하나인 리틀 라이스 호Little Rice Lake로의 보트 여행을 계획했다. 첫 남편과의 사이에서 낳은 데이비드 보스윅이 보트를 몰 예정이다. 낸시와 찰리가 여행 안내자 역할을 맡기로 했다. 8월의 하늘은 평소보다 두 배는 높고 맑았고 햇빛을 받은 호수는 파란 레이스에 은실을 짜 넣은 듯 눈부시게 아른거렸다. 일행은 가장 큰 보트에 올라탄 후 호수를 거슬러 올라가, 상류에서 흘러들어온 물이 미시시피 강의 발원천을 형성하고 있는, 갈대가 우거진 좁은 지류를 탐사했다. 미시시피 강과 캐스 호 사이에는 댐이 가로지르고 있지만 1999년 이때에는 만수 상태라서 호수 가운데까지 카누를 몰아가는 것이 가능할 정도이다. 이렇게 강을 거슬러 오르다보면 이 지역을 발견한 16세기 탐험가나 프랑스 모피상인이 되어보는 상상에 빠지게 된다. 보스윅은 보트의 속도를 높이며 작은 강을 거슬러 오른다. 다리 밑에 있는 여인숙을 지나치는데 젊은이들이 줄지어 서 있다가 지나가는 보트를 보고 손을 흔들더니, 보트가 다 지나간 후 강으로 뛰어든다. 앞으로 계속 나아가자 멀리 있던 풍광이 조금씩 가까워진다. 그 이름 그대로 주위에 야생미가 빼곡하게 나 있는 라이스 호는 원시의 모습을 그대로 간직한 호수이다. 갈대가 바람에 산들거리고 비버가 만든 댐이 곳곳에 보인다.

"저쪽에 줄을 던져서 낚시하면 되겠군." 찰리가 말한 다음 데이비드에게 강이라고는 하기에는 조금 좁다 싶은 하천 입구 근처에 보트를 대라고 지시한다. "물가에 너무 가까이 가는 것 같은데요." 낸시가 걱정스럽다는 듯 재차 물어본다. "아니야." 찰리가 대답한다. 그는 데이비드에게 하천 한쪽에 배를 대라고 한 다음 강의 후미 입구에 보트를 세워두라고 했다. 갈대가 빽빽이 우거진 호숫가로 다가간 순간 갑자기 보트가 뒤로 밀려나기 시작했다. 얼마 뒤에는 어디선가 강풍이 불어와서 벼가 무성하게 자라 있는 깊은 논두렁으로 보트를 몰아간다. 데이비드가 급히 방향을 틀지만 벼줄기와 잡초들이 보트의 프로펠러에 휘감기는 바람에 모터는 헛돌기만 하고 급기야는 무언가 타는 냄새까지 난다. 찰리와 데이비드, 저택을 방문했던 손님이 보트 뒤쪽으로 몸을 굽혀서 프로펠러에 걸려 있는 긴 풀가지를 제거하고 물길을 정리한 다음에야 모터가 정상적으로 움직이면서 보트는 좀 더 깊은 물 쪽으로 나아갈 수 있었다.

낸시는 "내 말을 들었어야죠"라고 말하고 싶었지만 실망감을 드러내는 대신에 날아다니는 새라도 보고픈 마음에 하늘을 올려다본다. 때마침 독수리 한 마리가 멀리 있는 키 큰 소나무 근처를 선회하는 것이 보인다. 열렬한 조류 관찰가인 낸시는 일전에 라이스 호 근처에 독수리 둥지가 있다는 소리를 들은 적이 있었다. 새가 저 멀리 날아갈 즈음 화제가 그녀가 관심을 가지고 있는 또 다른 분야인 그림으로 옮겨간다. 낸시가 설명했다. "그림을 그리다 보면 구름은 아래쪽이 어둡다는 사실을 알아챌 수 있어요. 하늘은 수평선 근처가 더 밝게 보이고 높은 곳은 더 짙게 보이죠."

아버지와 보트 여행을 해봤던 경험이 있는 몰리는 자신이 바지 속에 수영복을 입고 있으므로 언제든지 호수로 뛰어들어서 보트를 수로 쪽으로 밀 준비가 되어 있노라고 자신만만하게 발표한다. 남자들이 마침내 논에서 배를 빼내는 데 성공하고 물고기 하나 낚지 못한 낚시 여행을 끝낸 일행은 집으로 돌아오기 위해 다시 호수로 들어선다.

보트 여행을 하면서 수초에 걸리거나 모래톱에 빠지는 것은 멍거 일가의 전통이 되어버렸다. 오랜 세월 헌신적으로 일을 하고 우정을 쌓는 틈틈이 식구들과 모이면서 멍거 일가는 일련의 의식 비슷한 것을 마련했다. 그들은 주말마다 틈만 나면 로스앤젤레스에서 차를 몰고 샌타바버라에 있는 집까지 온다. 찰리는 "우리는 이 집을 사랑합니다" 하고 말한다.

샌타바버라의 "멍거빌"에 있는 집은 주변이 녹음으로 둘러져 있고 해변에서는 상당히 먼 편이라 바다는 잘 보이지 않지만 바다내음을 느낄 정도는 된다. 목조와 석조로 지어진 집은 캘리포니아 시골 특유의 프렌치양식이 잘 살아 있다. 집의 중앙에는 커다란 일광욕실이 있고 부엌 근처에는 널찍한 와인 저장실도 구비돼 있다. 곳곳에 장식된 범선 모형, 목각오리, 빼곡히 쌓인 책들은 찰리가 캐스 호의 저택만큼이나 이 집을 장식하는 데에도 많은 신경을 썼음을 알려준다. 서머싯 몸의 저서들, 마거릿 대처나 마크 트웨인, 알버트 아인슈타인과 같은 사람들의 위인전, 로버트 라이트Robert Wright의 『도덕적 인간The Moral Animal』, P. G. 우드하우스Pelham Grenville Wodehouse의 『게으름뱅이 클럽 이야기Tales from the Drone's Club』와 같은 책들이 서가에 꽂혀 있다. 사이드테이블 위에 놓여 있는 것은 『장미 가꾸기에 관한 최고의 책The Ultimate Rose Book』과 『프렌치 인테리어

The French Interior』이다.

"인간 지복의 비밀은 목표를 낮게 잡는 것임을 알게 된 순간 저는 즉시 그렇게 했습니다." 멍거는 그렇게 말하면서 새뮤얼 존슨이 사전을 편찬하면서 했던 말을 덧붙이고 싶다고 했다. "나는 내가 무엇을 위해 노력하는지를 잘 알고 있습니다. 어떻게 해야 하는지도 잘 압니다. 그리고 결국은 해냈습니다."

당연히 멍거는 농담조로 이 말을 했을 뿐이며 자신이 목표를 높게 잡았었다는 사실도 인정한다. 멍거 본인은 억만장자가 된다거나 세계에서 가장 독특하고 세간의 주목을 많이 받는 기업의 2인자가 될 것이라고 예상하지는 못했겠지만, 그는 삶의 질을 높이는 것을 목표로 삼고 이를 실현하고자 모든 노력을 기울였다.

버핏은 개인적인 삶에서나 투자 전략에 있어서나 비교적 순탄한 길을 걸어온 것 같지만 멍거의 길은 그렇게 쉽지만은 않았다. 개인사에 있어서나 직업적으로나 그는 무수한 역경과 고난에 직면해야 했다. 이런 인생이 대다수 삶이 겪게 되는 인생이라고 멍거는 말한다. 인생을 담은 상자를 더 크게 만들고자 고군분투하는 사람은 그 인생을 가둔 상자의 벽을 부술 수 있어야 한다.

멍거는 시즈캔디의 75주년 기념식 연설에서 참석한 직원들에게 말했다. "실패를 담대하게 포용할 줄 알아야 합니다……. 아무리 능력이 출중한 사람일지라도 역풍과 문제가 시도 때도 없이 들이닥치기 마련이니까요. 이 회사를 창립한 시 일가는 최소한 한 번, 그것도 굉장히 심각한 실패를 경험했습니다. 하지만 인생이란 원래 변화의 연속이라는 생각을 계속 유지하면서 올바른 사고방식을 유지하고 올바른 가치관을 따른다면, 결국 끝이 좋기 마련입니다. 그러니 감히 말하건대, 몇 번의 실패에 절대로 굴해서는 안 됩니다."[1]

기본적인 원칙을 철저히 지키고 기회가 왔을 때 재빨리 낚아챈 덕분에 멍거는 존경받고 성공한 변호사에서 국제적으로 능력을 인정받는 개인 투자자로 거듭날 수 있었다. 그가 이룬 부는 젊은 시절 그토록 꿈꾸었던 독립을 마련해주었다.

"단 하나가 아니라 여러 개의 아이디어가 존재했습니다. 무수한 아이디어요. 사물의 속성을 볼 때 진정으로 훌륭한 아이디어는 십중팔구는 승리하기 마련입니다. 훌륭한 개념을 자기 것으로 만들 수만 있다면 자신이 원하는 기회가 저절로 다가온다는 사실을 유념하기 바랍니다……. 다만 훌륭한 아이디어를 무제한으로 습득하는 것은 불가능합니다. 그러니 훌륭한 아이디어를 얻을 기회가 오면 망설이지 마십시오."[2]

멍거는 부를 일구고자 할 때 종잣돈도 없는 상태에서 첫 10만 달러를 모으기가 가장 어려운 법이라고 말한다. 그 다음으로는 첫 100만 달러를 모으기가 두 번째로 힘들다. 이를 위해서는 꿋꿋한 태도로 지출이 수입을 초과하지 않는 상태를 유지해야 한다. 부자가 된다는 것은 눈덩이 굴리기와 같다고 멍거는 말한다. 될 수 있는 한 언덕 꼭대기에서부터 시작하는 것이 좋다. 빨리 시작할수록 그리고 오랫동안 눈덩이를 굴릴수록 좋다. 그것은 평생을 살아가는 데 도움이 된다.

워런 버핏의 라이프스타일은 굉장히 간소하기로 유명한데, 연차보고서를 읽고 정기적으로 브리지 게임을 하고 가끔씩 골프를 치는 것을 빼면 취미생활도 거의 하지 않는다(실제로 버핏은 각계의 친구들과 시간을 보내거나 각종 사업 회의에 참석하는 데 많은 시간을 보내는 편이다).

찰리 멍거도 사치스러운 생활과는 거리가 멀지만 버핏보다는 훨씬 더 다채롭고 화려한 인생을 즐기는 편이다. 버크셔에 위기가 닥쳐서 도움을 필요로 하는 순간에도 그는 지체 없이 달려오며 「로스앤젤레스데일리저널」, 웨스코 파이낸셜, 굿서매리튼 병원, 하버드-웨스트레이크학교에서 맡은 임무도 성실히 수행한다. 또한 낸시와 부부동반으로 메인 주나 아이다 호 등 각지에 사는 친구들을 방문하고 하와이로 골프여행을 가고 여러 대륙이나 강이나 호수, 바다 등지로 숭어, 여을멸, 대서양 연어를 비롯해 이런저런 물고기 낚시를 하러 다닌다. 친구인 이라 마셜 Ira Marshall이나 오티스 부스하고는 오스트레일리아의 열대우림 탐험 여행을 갔다 왔고, 가족들과는 영국과 이탈리아 등 세계 각국을 여행했다. 공룡이나 블랙홀, 심리학 등 다방면에 걸쳐 독서를 즐긴다. 자녀가 여덟이나 되고 그 자녀들이 결혼해서 손자손녀들도 생겼기 때문에 생일파티나 졸업식, 결혼식, 세례식, 휴가철 가족행사에 참석하는 것만으로도 사교 생활에 빈틈이 없을 정도이다.

나이가 들고 재산이 늘어났으나 멍거는 과시적이고 화려한 생활과는 여전히 거리가 멀다. 물론 약간의 편리함은 기꺼이 수용하는 편이다. "워런은 전용기에 대해 내가 예전에 잔소리를 자주 했던 것을 아직도 놀려댑니다. 지금은 낸시와 비행기를 탈 때면 대체로 일등석이나 비즈니스클래스를 이용하는 편입니다." 2000년에 마침내 찰리 멍거는 시간을 아낄 목적으로 버크셔 해서웨이의 자회사인 이그제큐티브젯 Executive Jet의 전용기 서비스를 이용한다는 계약에 사인했다.

재무에 관한 지혜를 얻기 위해 버크셔나 웨스코 연차총회에 참석하는 주주들은 멍거에게 가족을 훌륭하게 일구는 방법도 가르쳐달라며 질문공세를 퍼붓는다. 훌륭한 가족을 꾸리는 것은 멍거의 방대한 경험이 돋보이는 또 다른 분야이기 때문이다.

"대단히 기쁘게도 내 자식들은 모두 도덕성에서나 품행에서나 나무랄 데가 없습니다." 멍거는 그렇게 말하면서도 자식들로 하여금 근면하게 일할 수 있게 하는 방법이 무엇인지 그리고 자신이 해준 것보다 더 많은 부를 일굴 수 있게 해주는 방법이 무엇인지에 대해서는 자신하지 못한다.

"내 자식들은 유복한 환경과 유복하지 못한 환경 둘 다를 겪어봤습니다. 솔직히 말해 돈이 없던 시절을 겪어본 아이들이 더 열심히 일하는 편이더군요."

아버지가 외연만 심술궂다는 사실을 잘 알고 있는 멍거의 자녀들이 이런 말을 기분 나쁘게 여길 것 같지는 않다. 아버지의 무뚝뚝한 모습에 대해 몰리 멍거는 이렇게 말했다. "그건 아버지가 늘 보이는 일종의 자기 패러디적인 행동이에요. 그냥 본인한테 행하는 농담인 거죠. 뻣뻣하고 답답한 사람들이 어떤지 잘 아시죠. 아버지는 그런 사람이 아니에요. 아버지도 상대방이 자신을 그렇게 볼 거라고는 생각하지 않아요. 그냥 아버지만의 특이한 개성을 이용하고 있을 뿐이에요. 아버지는 가슴이 넓은 사람이에요. 그런 모습이 아버지한테는 더할 나위 없이 잘 어울렸죠."

멍거의 자녀들은 법조계 일에 매력을 느끼면서도 서로 다른 길을 선택했는데, 그럼에도 이들을 보면 아버지인 멍거의 모습이 조금씩은 드러난다. 쾌활한 성격의 몰리는 밝은 금발에 아버지와 똑 닮아 외모가 출중한 편이다. 찰리 2세는 아버지처럼 과학에 심취해 있다. 찰리 멍거는 주변 경관이 아무리 훌륭하든 말든 항상 책을 들고 다니며 읽는 습관이 있는 것으로 유명하다. 딸인 에밀리도 똑같다. 한 번은 에밀리의 남편이 집으로 들어가는데 연기가 집안에 자욱했다. 주위를 둘러보니 연기는 부엌에서 나오고 있었다. 오븐에 들어 있는 음식이 타고 있었던 것이다. 에밀리는 부엌에 앉아서 화재의 위험을 의식하지 못한 채 열심히 책을 읽고 있었다. 또 한번은 공항에서 비행기를 기다리는 중에 한 매장에 들어갔다. 책 하나를 집어든 에밀리는 바닥에 앉아서 읽기 시작했다. 책에 열중하느라 그녀는 비행기를 놓쳤다는 사실도 깨닫지 못했다. 공항터미널은 문을 닫았고, 바닥에 앉아 조용히 책을 읽던 에밀리는 서점 안에 갇히고 말았다. 결국에는 전화를 걸어 구조 요청을 한 후에야 밖으로 나올 수 있었다.

멍거가 좋아하지 않는 종교적 신념을 받아들인 자녀들도 있고 한편으로는 평생 큰 돈벌이가 못될 가능성이 높은 일을 직업으로 선택한 자녀들도 있다. 그러나 멍거가 찰리 2세가 과학교육에 헌신하는 것이나 며느리인 맨디가 근처 학교의 이사회 일원으로 선출된 일을 말할 때면 무척이나 자랑스러워하고 있음을 한눈에도 알 수 있다.

"아버지는 내가 과격한 진보주의자라고 생각하지만 일부러 그런 식으로 행동하시는 것도 있어요." 몰리가 말했다. 그녀는 아버지가 좌파 운동이라고 부른 활동에 많은 시간을 할애하며 성인이 된 후에는 가톨릭으로 개종한 바 있다. "아버지는 심술궂게 행동하는 걸 좋아하지만, 내가 지나치게 광적인 사람이라고 생각하지는 않을 걸요."

멍거는 자신이나 버핏이나 역사상 돈만 밝힌 불쌍한 자산가로 기록되지는 않기를 원한다고 말한다. "친구나 가족이 한낱 종이쪼가리 때문에 우리를 기억하지는 않기를 바랍니다."

이런 생각 때문인지 그는 일생에 한 번은 기인적인 행동을 보여도 좋을 것이라고 결론지었다.

"보트를 건조하고 있습니다." 1998년 가을 멍거가 선언했다. "60일 이내에 완성 예정입니다. 이 프로젝트를 멍거의 우둔한 짓거리라고 불러도 좋습니다. 돈벌이는 안 되지만 아주 창의적인 행동입니다. 그런 보트를 건조한 사람은 지금껏 아무도 없었습니다."

플로리다의 한 조선소에서 에폭시 수지, 비행기를 만들 때 사용하는 것과 비슷한 합성재료, 방탄복에 사용되는 초강도 섬유인 케블러Kevlar로 길이 25.6미터, 너비 12.5미터 규모의 쌍동선을 건조 중이었다. 채널 캣 Channel Cat이라는 이름의 이 배는 훗날 이 요트의 31.1미터짜리 마스트보다 몇 센티미터 더 높은 마스트를 단 쌍동선이 세상에 나오기 전까지는 세계 최대의 쌍동선이었다. 채널 캣은 1999년 쉽지 않은 과정 끝에 완성되었다.

찰리와 함께 보트를 설계한 킹 윌리엄스King Williams는 이 일의 구상은 몇 년 전 어느 날 오후 자신이 샌타바버라의 길다란 부두에 정박 중인 고기잡이배에서 일하고 있던 시절로 거슬러 올라간다고 말한다.

전직 잠수함 승무원인 윌리엄스는 처음에는 정유회사에서 그리고 나중에는 스스로 밥벌이를 하기 위해 심해 잠수부 일도 한 바 있었다. 그는 세계 최고의 바다성게를 딸 수 있는 곳으로 유명한 채널제도 근처에서 잠수부 일을 했다. 샌타바버라에서 팔린 성게는 밤사이에 선적되어 애호가들이 많은 일본으로 공수되었다. 불행히도 윌리엄스는 바다 밑에서 너무 오랜 시간을 보낸 탓에 잠수를 할 때면 관절 부위에 통증을 느끼곤 하던 참이었다.

동부해안에서 조업을 하는 윌리엄스의 낡은 가재잡이배는 부두를 산보하는 관광객들의 관심을 한 몸에 받았다. 윌리엄스가 말했다. "두 노인이 감탄이 눈길로 내 보트를 쳐다보더군요. 그들이 자기소개를 했습니다. 찰리 멍거하고 그의 친구였죠. 그들이 어떤 사람인지 전혀 몰랐습니다." 두 남자는 이런 저런 질문을 던졌고 잠시 후 윌리엄스는 보트를 타고 한바퀴 돌아보겠냐고 제안을 했다.

그 다음에도 찰리는 그에게 간간히 들러 점심을 함께 먹었다. 멍거가 끊임없는 열정을 발산하는 두 분야인 낚시와 보트에 대한 이야기를 주고받으면서 이내 둘은 친구가 되었다. 식사가 끝나갈 무렵 뛰어난 재무 전문가인 찰리 멍거는 심해 잠수부이자 취미 삼아 샌타바버라 절벽에서 행글라이딩을 즐기는 킹 윌리엄스 3세라는 뜻밖의 동지를 얻게 되었다.

건장한 체격에 낙천적이고 잘 웃는 성격의 윌리엄스는 힘에 있어서는 당할 사람이 없을 것처럼 생겼다. 그렇다고 멍거가 겁을 먹지는 않았으며 윌리엄스는 멍거와 우정을 쌓으며 많은 것을 배울 수 있었다. "찰리가 질문을 하면 나는 아무 생각 없이 답을 던지곤 했죠. 며칠이 지나면서 '내가 왜 그렇게 말했지? 찰리가 원하는 건 그게 아니잖아' 라는 생각이 들곤 했죠. 지금은 신중하게 생각한 다음에 대답을 해줍니다. 지금은 딱 하루면 그를 따라잡을 수 있다고 농담도 곧잘 합니다."

가끔씩 두 사람은 철학적인 주제에 대해서도 대화를 주고받았다.

"찰리가 묻더군요. '킹, 무슨 일이든 다 할 수 있는 힘이 있다면 자네는 무엇이 되고 싶나?' 나는 이제껏 본적 없는 최대의 쌍동선을 만들어서 대양을 항해하고 싶다고 대답했죠. 그러면 다시는 나를 볼 수 없을 거라는 말도 덧붙였고요." 찰리는 쌍동선을 만들고 싶은 이유가 무엇인지를 물어봤고, 두 사람은 최대의 쌍동선의 장단점에 대해 이런저런 얘기를 나누었다. 윌리엄스는 다음에 무슨 일이 벌어질지 짐작도 못했지만, 모험가들이 늘 그러듯 그는 언제라도 모험을 즐길 준비가 돼 있었다. "어느 날인가 찰리가 '쌍동선을 찾으러 가세' 라고 말하더군요." 애석하게도 그들이 찾는 초대형 쌍동선은 없었고, 특소세 때문에 많은 요트건조회사들이 파산한 상태라 미국 내의 회사를 찾기도 힘들었다. 마침내 윌리엄스는 플로리다 주의 그린코브스프링스Green Cove Springs라는 작은 마을에서 요트 건조가 가능하다고 장담하는 회사를 찾아낼 수 있었다.

프로젝트에 돌입하고 3개월이 지났을 무렵 문제가 발생했다. 윌리엄스와 멍거가 원하는 몇 가지 사항은 일반적인 요트 건조 작업에서는 불가능한 것들이었다. 처음의 조선소에서 얼마나 많은 문제가 발생했는지 멍거가 "플로리다에는 사기꾼과 날건달과 해적이 들끓는다"라는 불평을 늘어놓을 정도였다.

"내가 가봤더니 제대로 되는 일이 하나도 없더군요." 윌리엄스가 말했다. "'자네가 직접 만드는 게 좋은 것 같군'이라는 찰리의 말을 듣고서 나는 그 사람들을 다 해고했죠."

윌리엄스와 아내인 레이첼은 요트 건조 작업에 착수하기 위해 신속하게 짐을 꾸려서 플로리다로 떠났다. 미완에다 덩치만 커다란 요트를 옮길 생각을 하니 아득했지만 다른 수가 없었다. 윌리엄스는 보안관, 압류영장, 주택 이동 전문가들과 함께 조선소로 들어갔다. 또한 전력회사 직원들에게 한발 앞서 출발해서 요트가 전선에 걸리지 않도록 미리 선을 내려뜨려달라고 부탁하였다.

윌리엄스는 원래의 건조장에서 멀지 않은 곳에 있는 세인트존스 강 옆에 땅을 빌렸다. 또한 사무실로 쓰기 위해 트레일러도 여러 대 빌려두었다. 요트에 들어가는 재료에서 나오는 오염물질을 따로 저장하기 위해 멍거와 윌리엄스는 오염물 저장고도 별도로 지어야 했다. 윌리엄스는 "우리만의 건조장을 지은 셈이었다"라고 말한다.

보트 자체에 대해서도 윌리엄스는 이렇게 말했다. "꽤 많은 부분을 찰리가 디자인했습니다. 그가 매주 도안 두세 개를 보냈죠. 나는 선박기관사와 다른 작업공들 46명의 도움을 받아 그 도안에 맞춰 배를 건조했습니다."

멍거는 알아보기 쉽도록 자와 검은 마커로 메모를 달아주었다. 그가 보낸 메인 다이닝룸의 도안에는 의자와 테이블까지 다 그려져 있었으며 각각의 좌석이 편안히 배치될 수 있도록 공간을 정확히 측정하는 것도 잊지 않았다. 윌리엄스는 멍거에게서 받은 지시 노트를 하나도 버리지 않고서 다른 서류들과 함께 잘 보관해두었다. "내게는 그 도안들이 소중한 보물입니다."

멍거는 윌리엄스에게 자주 전화를 걸었지만 필요한 말을 다 하고나면 인사도 없이 갑자기 전화를 끊곤 했다. 그는 체질적으로 잡담을 하는 성격이 아니었다. 윌리엄스는 그렇더라도 놀라거나 기분 나빠할 필요가 없다는 것을 알게 되었다.

한번은 요트 건조가 얼마나 진행되었나를 보기 위해 찰리가 직접 플로리다로 온 일이 있었다. 그는 큰 통 하나를 위쪽 선실로 가지고 올라가서 그 위에 앉아서 한참을 밖을 내다본 후에 창문이 너무 높게 배치돼 있다고 말했다. 윌리엄스는 항해 시의 안전을 위해 창문을 비교적 작게 설계한 것이었다. 하지만 즉시 창문을 들어낸 다음, 사람들이 메인라운지의 안락의자에 앉거나 식사를 할 때 바다가 잘 보일 수 있도록 커다란 창문을 설치했다.

지역의 인부들은 최첨단 원자재나 장비 사용에 익숙하지 않았기 때문에 윌리엄스는 그들을 직접 훈련시켰다. 선박 제조사의 직원들을 건조장으로 초빙해서 적절한 장비 사용 방법에 대한 시범도 보여주었다. 그린코브스프링스는 시골마을이라 인부들 대다수가 넉넉한 급여나 직원복리를 받아본 적이 한 번도 없는 사람들이었다. 윌리엄스는 (멍거의 돈으로) 인부들의 실업보험, 건강보험, 산재보험을 들어주었다. "그들은 아주 충성스런 일꾼이 되어주었습니다"고 윌리엄스는 말한다.

요트 건조는 3년이나 걸렸다. 3년을 동고동락하면서 인부들을 비롯해 그들의 가족과도 친밀한 사이가 된 킹과 레이첼은 이번 작업이 그들에게 얼마나 중요한 것인지를 깨달을 수 있었다. 사무를 담당하던 레이첼은 보트가 완성될 무렵 인근 대형 보트회사들에 전화를 걸어서 건조인부 자리가 있는지를 직접 알아봐주기까지 했다.

"내 전화에 그 사람들이 '이력서나 한번 보내봐라' 는 식으로 시큰둥하게 말하면 나는 '직접 와서 그들이 해놓을 일을 보는 게 어떨까요' 라고 대답했지요. 우리는 떠나기 전에 채널 캣을 작업공들을 위한 일종의 데모 작품으로 활용했습니다."

타이타닉 징크스같은 것은 모른다는 듯 윌리엄스는 채널 캣은 1,500마일을 주항해도 끄떡없다고 말한다. 선체는 셀구조로 되어 있기 때문에 한 셀에 구멍이 뚫려도 다른 셀로 물이 들어갈 일은 없다. 또한 동력으로 움직이는 돛, GPS, 자동파일럿, 레이더, 기상팩스도 완비하고 있다. 맞춤형 컴퓨터 시스템을 갖추고 있으며, 세계 모든 바다와 항구들의 해상도를 자세히 기록해놓은 CD도 구비해두었다.

위층에는 응접실이, 아래층에는 두 개의 특별실과 선원용 침실 하나, 도서관과 라운지 겸용의 방이 하나가 있다. 승객 149명과 선원 6명을 수용할 수 있다. 항해용 안전기준을 모두 준수해서 제조된 채널 캣은 알래스카에서 멕시코의 바하캘리포니아Baja California에 위치한 카보산루카스Cabo San Lucas까지 유료로 승객들을 항해시켜줄 수 있는 면허도 가지고 있다.

채널 캣은 350마력의 커민스 디젤엔진을 장착했으며 두 대의 발전기가 전기를 공급해준다. 담수시설로는 하루 약 1,890리터의 물을 생산해주는데 이 정도면 승객과 선원이 자주 샤워를 하기에 충분한 양이다. 바에는 20리터가 넘는 생맥주 쿨러와 커다란 냉장고가 갖춰져 있고 얼음제조기에서는 하루 100킬로그램 정도의 얼음을 만들어낸다. 또한 최신식 시청각 시설 외에도 전 세계 어디에서나 이용 가능한 위성 TV와 전화도 구비돼 있다.

내부에는 밝은 색 바탕에 연갈색 물결무늬와 암갈색 점무늬가 박힌 단풍목을 둘렀고 가죽가구를 배치했으며, 수입 원단으로 만든 부드러운 초록색 카펫은 엔진오일을 흘려도 종이타월로 쉽게 닦아낼 수 있다.

입구 쪽에 있는 돋을새김을 한 창문에 집어넣은 광섬유에서는 시시각각 다른 색의 부드러운 빛이 뿜어져 나온다. 이 창문을 만드는 데만 5만 5,000달러가 들었다. 플로리다의 유리공예 예술가가 채널 캣 호를 위해 이 장식용 유리에 샌타바버라의 해안 생활을 테마로 해서 한 편의 이야기를 새겨 넣었다. 입구 쪽 창문은 해초를 묘사하고 있고 휴게실과 칸막이 역할을 하는 유리벽에는 이 수초에서 흔히 발견할 수 있는 다양한 바다생물들이 새겨져 있다. 유리창뿐 아니라 보트 전체로 심지어는 아래층의 화장실에서도 같은 테마의 이야기를 들려준다. 여성용 화장실 문에는 조개껍질 속옷을 걸친 인어가, 남성용 화장실 문에는 무성한 수염을 휘날리는 바다의 신 넵튠이 새겨져 있다.

멍거가 말했다. "내 평생 이렇게 어리석은 짓에 돈을 쓴 적은 한 번도 없었습니다. 그냥 내 스스로에게 '아무렴 어때'라고 말했습니다. 창의적인 일이기는 했으니까요." 멍거는 총 건조비를 밝히지 않고 있지만 한 전문가는 대략 600만 달러 정도의 비용이 들었을 것이라고 추산한다.

3년 동안의 건조 작업이 끝나고 보트를 주인에게 전달하고 실제 항해에 들어가기까지 또 1년이 걸렸다. 윌리엄스 부부는 다른 두 명의 선원과 함께 채널 캣을 몰고 1만 1,000킬로미터가 넘는 길이를 항해한 다음에야 마침내 샌타바버라의 품에 안겼다. 일행은 최근 카리브 해의 역사상 최악의 허리케인 시즌 중 하나로 기록된 1999년에 항해를 시작했다. 허리케인 미치Mitch가 몰려오자 하바나 서쪽의 마리나 헤밍웨이Marina Hemingway에 긴급 대피한 선원들은 미치가 물러가고 날씨가 좋아질 때까지 꼬박 25일을 기다려야 했다. 바다가 잠잠해지자 그들은 파나마운하를 통과해서 중앙아메리카와 멕시코의 서부해안을 거슬러 올라가 캘리포니아 해역으로 접어들었다.

규모도 크고 승객을 많이 태우는 편이기에 이 요트에는 항해사가 두 명은 탑승해 있어야 한다. 킹과, 그의 동생이며 과거 버진 제도의 세인트 토머스 섬에서 전세보트를 몰아본 경력이 있는 렉스가 배의 항해사가 되었다. 레이첼과 렉스의 아내인 미셸이 갑판 담당 선원을 맡았다.

찰리는 요트에서 밤을 지새우는 일을 없을 것이라고 호언장담했지만 윌리엄스 일가 사람들이 부두로 들어오고 있다는 소리를 듣자마자 채널 캣 호를 보기 위해 낸시와 함께 카보산루카스로 득달같이 달려왔다. 그들은 바하캘리포니아에서 3일을 머물면서 고래를 구경하고 바다낚시를 했다.

"찰리는 이 배가 두 가지 목적을 수행하기를 원했습니다." 윌리엄스가 말했다. 채널 캣호는 선상 파티에도 안성맞춤이기에 멍거는 이사회 모임 등에 배를 렌트해줄 생각을 하고 있다. 그러지 않을 때면 기금모금 행사용으로 자선단체 같은 곳에 무상으로 대여해줄 생각도 하고 있다. 멍거는 고래 관찰 투어나 가재낚시 파티, 혹은 「푸른 돌고래 섬Island of Blue Dolphins」이라는 동명의 책과 영화로 화제를 불러 모았던 채널제도를 유람하는 크루즈 여행을 구상 중에 있다. 킹과 레이첼은 기업 행사와 자선 행사로 매년 각 50건 정도를 유치하는 것이 적당하다고 생각한다.

지역 관광보트 사업자들의 반대가 심하고 배의 크기도 워낙 크기 때문에 채널 캣 호는 샌타바버라 외의 지역에서 영업을 해도 좋다는 승인을 받지는 못했다. 하지만 몇몇 다른 항구들에서 이 배는 소기의 목적을 달성했으며 가끔은 라이선스를 빌려서 샌타바버라 밖으로 항해를 나가기도 한다. 윌리엄스 형제 부부는 캘리포니아의 몬트레이에서 버핏그룹의 모임을 준비해주었는데, 여기에는 버핏과 빌 게이츠를 포함해 미국의 유명 기업인들이 많이 참석했다. 65명에게는 일곱 코스의 만찬이 제공되었다. 보트에도 더블컨벡션 오븐을 포함해 주방시설이 완벽하게 갖춰져 있지만 이번 식사는 뭍에서 케이터링 서비스로 조달받았다. 캘리포니아의 뉴포트비치에서 에밀리 멍거의 40번째 생일을 축하하기 위해 열린 선상 파티에는 세계 각지에서 친구들이 날아와 그녀의 생일을 축하해주었다.

보트가 완성되고 난 후 킹 윌리엄스와 찰리가 계선장에 있는 주차장을 걷고 있는데, 마침 주차장을 나가던 차 한 대가 그들을 향해 달려오고 있었다. 윌리엄스가 운전자에게 다급히 소리를 질렀고, 차는 급브레이크를 밟으면서 찰리를 치기 직전에 멈춰 섰다.

멍거가 윌리엄스에게 말했다. "자네 덕분에 산 것 같군."

윌리엄스가 화답했다. "찰리, 설마 제가 그런 일을 할 리가 있겠어요."

찰리가 보이지 않는 왼쪽 눈을 가리키며 재빨리 응수했다. "그럼 다른 쪽으로 걸었어야지."

찰리가 순전히 재미로 600만 달러짜리 보트를 건조했다는 사실은, 그의 가족이나 친구들, 심지어는 킹 윌리엄스가 볼 때에도 전혀 뜻밖의 행동이었다.

윌리엄스가 말했다. "찰리는 아주 현실적인 사람입니다. 하루는 차를 타고 가는데 찰리가 '내가 지은 집을 보여주고 싶군'이라고 하더군요."

멍거는 윌리엄스에게 몬테시토의 핫스프링스로드 제일 꼭대기까지 차를 몰고 가라고 지시했다. 그곳에 도착하자 찰리가 정면으로는 태평양이 보이고, 골프 카트를 타고 돌아다녀야 할 정도로 넓은 부지에 작은 풀장과 널찍한 정원이 있는 저택을 손으로 가리켰다. "'당신이 은퇴해서 살 집이군요!' 그렇게 말하자 찰리가 고개를 젓더군요. '천만에. 내가 저런 집에서 살 일은 없을 걸세.'"

"아버지는 감정에 충실한 사람은 절대 아니에요." 몰리 멍거가 말했다. "감정에 따르다 어리석은 행동을 저지를 수도 있다는 말을 수도 없이 들었어요. 아버지가 했던 말이 있는데 그 말을 잊지 않으려 노력하죠. '본능에 따르는 것도 좋고 감정에 충실한 것도 좋다. 다만 그 순간 자기 자신을 잃게 되는 법이다'라는 것이죠. 아버지는 자기 자신을 잃는 법이 절대 없거든요."

하지만 몰리의 말에 따르면, 찰리는 얼마든지 경솔한 행동을 보일 소지가 충분한 사람이기는 하다. "다른 면으로 생각하면, 감정이 메마른 사람의 발걸음이 그렇게 경쾌할 수는 없겠지요. 요모조모 확인하고 안전하다 싶은 마음이 들면 아버지는 사람들에게 매우 헌신적으로 대해요. 아버지가 대단히 감정적이라는 주장도 틀린 말은 아닐 거예요. 그런데도 자신의 심리를 대부분은 통제할 수 있다는 점에서 더 대단한 거죠. 아버지는 포장 밑에 (감성적인) 인격을 감춘 아주 독특한 복합체인 셈이죠."

지금보다 젊었을 때 워런 버핏은 후임자를 궁금해 하는 주주들에게 혹시라도 자신에게 불상사가 생기면 찰리 멍거가 버크셔 해서웨이를 이끌 것이라고 말하곤 했다. 시간이 지나고 나이가 든 후 멍거는 후계 구도를 묻는 질문에 대해 전형적인 중서부식 유머를 섞어가며 돌려 했다. "사람들이 95세가 된 조지 번스에게 '여송연을 그렇게 많이 피우는데 주치의가 뭐라고 안 합니까?' 라고 물었죠. 번스가 대답했습니다. '내 주치의는 죽었거든.'"

지금 버핏이 70세 정도이고 멍거가 70대 후반인 상황에서 사람들이 이런 대답에 만족할 리가 없다.

멍거가 말했다. "때가 되면 버크셔도 경영진에 변화를 맞게 되겠죠. 지금을 경영진을 그대로 유지할 수 있는 방법은 없으니까요."

하지만 두 사람은 누가 후계자가 될 것인지(어쩌면 CEO와 투자책임자가 다른 사람일 수도 있다) 적당하다 싶을 때 밝힐 것이라고 말한다. 더욱이 버크셔 해서웨이는 오랫동안 무위의 경영 방식을 다져온 회사이다.

"다음 CEO가 누가 되든 그에게 워런만큼 훌륭한 자본배치가로서의 능력을 바라기는 무리라는 게 그의 죽음이 남기는 흔적이겠죠. 하지만 그래도 버크셔는 여전히 아주 훌륭한 회사일 것입니다."[3]

멍거는 자신이나 버핏이나 아직은 후계자를 선정해야 한다는 "의무감"은 들지 않는다고 말한다. "불행히도 워런은 아주 아주 오랫동안 살 생각이거든요."

어떤 주주가 차세대 찰리 멍거는 누구일 것 같냐고 질문을 한 적이 있었다. 멍거가 담담한 어조로 답했다. "그런 사람이 별로 필요할 것 같지는 않군요."

멍거가 특유의 심술궂은 농담을 던졌다. "내가 죽으면 사람들은 '멍거가 남긴 재산이 얼마나 되지?' 라고 묻겠죠. 그 대답은 이렇습니다. '그는 모든 것을 남겼다.'"

1. 특이한 콤비

1) "The Forbes Four Hundred", 「Forbes」, 1993년 10월 18일.

2) Linda Grant, 「Los Angeles Times」, 1991년 4월.

3) Carol J. Loomis, "The Inside Story of Warren Buffett", 「Fortune」, 1988년 4월 11일, p. 26.

4) Robert Dorr, "Buffett's Right Hand Man……" 「Omaha World Herald」, 1986년 8월 10일.

5) Roger Lowenstein, 『Buffett: The Making of an American Capitalist』뉴욕: 랜덤하우스, 1995), p. 75.

6) "Richest List has Gates at No. 1, plus 83 Californians", 「Los Angeles Times」, 1997년 9월 29일, p. D-2.

7) 미주 5번 참조, p. 162.

8) Judith H. Dobrzynski, "Warren's World", 「Business Week」, 1993년 5월 10일, p. 32.

9) "The Forbes 400", 1996년 10월 14일, p. 240.

10) Roger M. Grace, "Prospectives", 「Metropolitan-News Enterprise」, 1999년 6월 1일, p. 10.

11) Phil Swigard, "Main Street Journal", 자비출판 소식지, 1999년 5월.

12) Carmen Moran and Margaret Massam, "An Evaluation of Humour in Emergency Work", 「The Australasian Journal of Disaster and Trauma Studies」 Vol. 1997-3.

2. 호숫가-멍거를 알 수 있는 장소

1) 찰스 멍거, 버크셔 해서웨이 연차총회, 네브래스카 오마하, 1999년 5월.

2) 찰스 멍거가 J. D. 램지(J. D. Ramsey)에게 보내는 편지, 1999년 6월 17일. 저자의 허락 하에 사용.

3) "New Trends: Now Hear This", 「Fortune」, 1993년 5월 31일, p. 22.

4) Robert Dorr, "Buffett's Right Hand Man……" 「Omaha World Herald」, 1986년 8월 10일.

3. 네브래스카 사람

1) "Interesting Facts about the Cornhusker State", University of Nebraska, College of Independence Study, 1998-99 Bulletin.

2) 『This Fabulous Century: Sixty Years of American Life, 1920-1930』 New York, Time-Life Books, 1970), p. 25.

3) J. B. Munger, 『The Munger Family』, 족보의 일환으로 1915년 자비출판, Los Angeles Public Library.

4) "33 years……A Federal Judge", 「World Herald」, 1939년 3월 2일.

5) 상동.

6) 상동.

7) 『This Fabulous Century: Sixty Years of American Life, 1920-1930』, (New York: Time-Life Books, 1970), p. 27.

8) 찰리 멍거, 시즈캔디의 75주년 기념 오찬, 로스앤젤레스, 캘리포니아, 1998년 3월.

9) 『This Fabulous Century: Sixty Years of American Life, 1920-1930』, (New York: Time-Life Books, 1970), p. 128.

10) 상동.

11) Carol Loomis, "Mr. Buffett on the Stock Market", 「Fortune」, 1999년 11월 22일, p 212.

12) 찰리 멍거가 쓴 편지: Robert Dorr, "Ex-Omahan Traded Law for Board Room", 「Omaha World Herald」, 1977년 8월 31일.

13) Roger Lowenstein, 『Buffett: The Making of an American Capitalist』(New York, Random House, 1995), p. 20.

14) 상동.

15) 찰리 멍거가 쓴 편지: Robert Dorr, "Ex-Omahan Traded Law for Board Room", 「Omaha World Herald」, 1977년 8월 31일.

4. 전쟁에서 살아남는 법

1) Nicholas Leemann, 『The Big Test: The Secret History of the American Meritocracy』 (New York: Ferrar Straus & Giroux, 1999), p. 189.

2) 상동.

3) Charles Munger, "The Need for more Multidisciplinary Skill from Professionals: Educational Implications", 1948년도 하버드 로스쿨 졸업생 동문회 50주년 기념연설, 1999년 4월 4일.

4) 시즈캔디 75주년 기념 오찬에서의 찰리 멍거의 연설, 로스앤젤레스, 캘리포니아, 1998년 3월.

5) 상동.

6) 찰리 멍거, 하버드 대학 졸업식 연설, 로스앤젤레스, 캘리포니아, 1996년 6월 13일.

7) Roy Tolles와의 인터뷰, Roger Lowenstein, 『Buffett: The Making of an American Capitalist』 (New York, Random House, 1995), p. 20.

8) 로스앤젤레스 카운티 캘리포니아 상급법원(Superior Court of the State of California for the County of Los Angeles), 메트로폴리탄뉴스 컴퍼니 대 데일리저널 코퍼레이션 및 찰스 T. 멍거 사건(Metropolitan News Company v. Daily Journal Corporation and Charles T. Munger), 1999 년 7월 1일, Vol. 12, p. 1810.

9) Nicholas Leemann, 『The Big Test: The Secret History of the American Meritocracy』 (New York: Ferrar Straus & Giroux, 1999), p. 192.

5. 새로운 인생 짜 맞추기

1) 「Outstanding Investor Digest」, 1998년 3월 13일.

2) 찰스 멍거가 쓴 편지: Robert Dorr, "Ex-Omahan Traded Law for Board Room", 「Omaha World Herald」, 1977년 8월 31일.

6. 첫 백만 달러를 벌다

1) Richard Dawkins, 『The Selfish Gene』(Oxford, UK, Oxford University Press 1976), p. 250.

2) Kelly Barron, "Charlie's Pal, Otis", 「Forbes」, 1998년 10월 12일.

3) Andrew Kilpatrick, 『Of Permanent Value: The Story of Warrent Buffet』,(Birmingham, Alabama, AKPE, 1998), p. 684.

4) 찰스 멍거, 회장의 편지, 웨스코 파이낸셜, 1990년 3월 5일.

5) 상동.

7. 위대한 아이디어의 결합

1) 찰스 멍거가 쓴 편지: Robert Dorr, "Ex-Omahan Traded Law for Board Room", 「Omaha World Herald」, 1977년 8월 31일.

2) 워런 버핏, "The Superinvestors of Graham and Doddsville", 연설문, 컬럼비아 비즈니스스쿨, 1984년 5월 17일.

3) David Elsner, "It Works: Buying $1 for 40 cents", 「Chicago Tribune」, 1985년 12월 8일, 섹션 7, p. 1.

4) Robert Dorr, "Buffett's Right Hand Man……" 「Omaha World Herald」, 1986년 8월 10일.

5) 찰스 멍거, 웨스코 연차총회, 캘리포니아, 파사데나, 1991년 5월.

6) L. J. Davis, "Buffet Takes Stock", 「New York Times Magazine」, 1990년 4월 1일, p. 61.

7) 「Forbes」, 1996년 1월 22일.

8) 상동.

9) L. J. Davis, "Buffet Takes Stock", 「New York Times Magazine」, 1990년 4월 1일, p. 61.

10) Carol J. Loomis, "The Inside Story of Warrent Buffet", 「Fortune」, 1988년 4월 11일, p. 26.

11) L. J. Davis, "Buffet Takes Stock", 「New York Times Magazine」, 1990년 4월 1일, p. 61.

12) Andrew Kilpatrick, 『Of Permanent Value: The Story of Warrent Buffet』,(Birmingham, Alabama, AKPE, 1998), p. 684.

8. 머리에서 발끝까지 최고의 법률 회사

1) Carol Loomis, "Mr. Buffett on the Stock Market", 「Fortune」, 1999년 11월 22일, p 216.

2) "The Top", 「California Law Business」, 1998년 9월 28일, p. 21.

3) Nicholas Leemann, 『The Big Test: The Secret History of the American Meritocracy』 (New York: Ferrar Straus & Giroux, 1999), p. 214.

4) www.vault.com/vstore/snapshots/SnapShotHome

5) 상동.

6) Jaclyn Fierman, "The Perilous New World of Fair Pay", 「Foretune」, 1994년 6월 13일, p. 57.

7) 상동.

8) Michael Parrish, "Buffet Finds Aide at L.A. Law Office That Reflects His Style", 「Los Angeles Times」, 1991년 8월 27일.

9. 다용도실에서 운영한 휠러 멍거

1) 워런 버핏, "The Superinvestors of Graham and Doddsville", 컬럼비아 비즈니스스쿨에서의 연설, 1984년 5월 17일.

2) 상동.

3) Nicholas Leemann, 『The Big Test: The Secret History of the American Meritocracy』 (New York: Ferrar Straus & Giroux, 1999), p. 214.

4) David Santry, "Shareholder Heaven at New America Fund", 「Business Week」, 1979년 12월 3

일, p. 103.

5) 상동.

6) Dolly Setton과 Robert Lenzner, "The Berkshire Bunch", 「Forbes」, 1998년 10월 12일.

7) Kelly Barron, "Charlie's Pal Otis", 「Forbes」, 1998년 10월 12일.

10. 블루칩 스탬프스

1) Roger Lowenstein, 『Buffett: The Making of an American Capitalist』(New York, Random House, 1995), p. 170.

2) 상동.

3) 상동, p. 179.

4) SEC File No. HO-784, 'Blue Chip Stamps et al.' 찰리 멍거가 찰스 E. 리커스하우저 2세에게 보 낸 편지, 1974년 10월 22일.

5) 상동, 사설탐정 조사 지시에 관한 명령, 1974년 12월 10일.

6) Robert Dorr, "Five Assigned to Corporate Staff", 「Omaha World Herald」, 1983년 7월 10일.

7) 워런 버핏, 주주들에게 보내는 편지, 버크셔 해서웨이, 1982년 2월 26일.

8) Robert Dorr, "Five Assigned to Corporate Staff", 「Omaha World Herald」, 1983년 7월 10일.

9) 로스앤젤레스 카운티 캘리포니아 상급법원(Superior Court of the State of California for the County of Los Angeles), 메트로폴리탄뉴스 컴퍼니 대 데일리저널 코퍼레이션 및 찰스 T. 멍거 사건(Metropolitan News Company v. Daily Journal Corporation and Charles T. Munger), 1999 년 7월 1일, 12권, p. 1815.

10) 「Outstanding Investor Digest」, 1993년 6월 30일.

11) 스미스 등 대 버크셔 해서웨이 등 사건(Smith et al. v. Berkshire Hathaway, Inc. et al.), 로스 엔젤레스 카운티 캘리포니아 상급법원, 사건번호 BC170173[4/29/97].

12) "Blue Chip Stamp Investors Sue Berkshire Hathaway", Bloomberg News Service, 「Omaha World Herald」, 1997년 5월 2일, p. 18.

13) Andrew Kilpatrick, 『Of Permanent Value: The Story of Warrent Buffet』, (Birmingham, Alabama: AKPE, 1998), p. 308.

11. 시즈캔디에서 얻은 교훈

1) 찰스 멍거, 시즈캔디의 75주년 기념 오찬 연설, 로스앤젤레스, 캘리포니아, 1998년 3월.

2) Mary McNamara, "In Their Capable Hands", 「Los Angeles Times」, 1999년 7월 19일, p. E1.

3) Michael Angeli, "Live, from DC, Sonny Bono", 「Esquire」, 1994년 11월 1일, p 66.

4) Roger Lowenstein, 『Buffett: The Making of an American Capitalist』(New York, Random House, 1995), p. 164.

5) 상동.

6) 상동.

7) 찰스 멍거, USC 강연, 1994년.

8) Andrew Kilpatrick, 『Of Permanent Value: The Story of Warrent Buffet』, (Birmingham, Alabama: AKPE, 1998), p. 679.

9) 찰스 멍거, 웨스코 파이낸셜 연차총회, 캘리포니아 주 파사데나, 1998년 5월.

10) 찰스 멍거, 네브래스카 주 오마하, 버크서 해서웨이 연차총회, 1997년 5월 2일.

11) 상동.

12) Haywood Kelly, "A Quick Q&A with Warren Buffett", http://www.bcpl.net/~rclayton/buf-fett1.htm. *이 링크는 더 이상 연결되지 않음-옮긴이.)

13) 찰스 멍거, 버크서 해서웨이 연차총회, 네브래스카 주 오마하, 1997년 5월.

14) 찰스 멍거, 시즈캔디 75주년 기념 오찬, 로스앤젤레스, 캘리포니아, 1998년 3월.

12. 벨루스 사건

1) Sarah Booth Conroy, "Taking Inventory of Ben Franklin," 「Washington Post」, 1998년 10월 19일자, p. D02.

2) 상동.

3) 상동.

4) 찰스 멍거, 시즈캔디의 75주년 기념 오찬, 로스앤젤레스, 캘리포니아, 1998년 3월.

5) 캘리포니아 주 산타바바라 소재 로타리클럽에서 찰스 멍거가 행한 연설. 1997년 10월.

6) Jim Rasmussen, "Buffett's Fans Fill Events," 「Omaha World Herald」, 1998년 5월 4일, p. A1.

7) Roger Lowenstein, 『Buffett: The Making of an American Capitalist』(New York, Random House, 1995), p. 117.

8) 상동, p. 346.

9) 찰스 멍거가 「포천」지에 보낸 편지, 「Fortune」, 1990년 6월 18일, p. 44.

10) Stephen Buttry, "Buffett Hails Planned Parenthood," 「Omaha World Herald」, 1994년 4월 28일.

13. 버펄로 이브닝뉴스

1) Roger Lowenstein, 『Buffett: The Making of an American Capitalist』(New York, Random House, 1995), p. 205.
2) 상동., p. 218.
3) Carol J. Loomis, "The Inside Story of Warren Buffett", 「Fortune」, 1988년 4월 11일, p. 26.
4) 블루칩 스탬프스, 1981년 연차보고서. 버크셔 해서웨이의 1981년 연차보고서 p. 46에도 재인쇄 되었음.

14. 저축대부 산업과 일전을 치르다

1) 캘리포니아 상급법원, 'Metropolitan News Company v. Daily Journal Corporation and Charles T. Munger' 사건, 1999년 7월 1일, Vol. 12, p. 1818.
2) 찰리 멍거가 보내는 회장의 편지, 웨스코 파이낸셜 연차보고서, 1983년 3월.
3) 찰리 멍거, 웨스코 파이낸셜 연차보고서, 1989년.
4) 찰리 멍거가 보내는 회장의 편지, 웨스코 파이낸셜 연차보고서, 1999년 3월 8일.
5) 찰리 멍거, 주주들에게 보내는 웨스코 파이낸셜 연차보고서, 1998년.
6) 찰리 멍거, 웨스코 파이낸셜 연차보고서, 1999년.
7) 찰리 멍거가 보내는 회장의 편지, 웨스코 파이낸셜, 1990년 3월 5일.
8) Kathleen Day, "Buffett S&L Pills out of U. S. League," 「Washington Post」, 1989년 5월 31일자, p. F1.
9) Brett Duval Fromson, "Money & Markets: Will the FCIC run out of Money," 「Fortune」, 1990년 10월 8일.
10) 찰리 멍거가 보내는 회장의 편지, 웨스코 파이낸셜, 1990년 3월 5일.
11) 찰리 멍거, 웨스코 파이낸셜 연차보고서, 1990년.
12) Kathleen Day, 『S&L Hell』(New York, W. W. Norton, 1993).
13) 찰리 멍거, 웨스코 파이낸셜 연차보고서, 1989년.
14) Jim Rasmussen, "Berkshire Unit to Shed Mutual S&L," 「Omaha World Herald」, 1993년 4월 22일, p. 18.
15) 찰리 멍거, 웨스코 파이낸셜 연차보고서, 1989년.
16) 상동.
17) 찰리 멍거가 보내는 회장의 편지, 웨스코 파이낸셜 연차보고서, 1999.
18) 찰리 멍거가 보내는 회장의 편지, 웨스코 파이낸셜 연차보고서, 1996.

19) "Conversations from the Warren Buffet Symposium," Lawrence A. Cunningham 편집, 「Cardozo Law Review」, Vol. 19, No. 1&2, 1997년 9-10, p. 773.

20) 상동.

21) "Wesco Sold Part of Travelers Stake in 2nd Quarter," 「Blooming News」, 1998년 8월 19일.

22) 찰리 멍거가 보내는 회장의 편지, 웨스코 파이낸셜 연차보고서, 1999.

23) 상동.

24) Brett D. Fromson, "Sharing in a Piece of Buffett's Pie," 「Washington Post」 1993년 11월 26일, p. B12.

15. 만개하는 버크셔 해서웨이

1) 찰리 멍거, 시즈캔디의 75주년 기념 오찬, 캘리포니아 주 로스앤젤레스, 1998년 3월.

2) 캘리포니아 주 대법원, 'Metropolitan News Company v. Daily Journal Corporation and Charles T. Munger' 사건, 1999년 7월 1일, Vol. 12, pp. 1819-20.

3) 「Worth」, 1997년 4월호.

4) Andrew Kilpatrick, 『Of Permanent Value: The Story of Warrent Buffet』(Birmingham, Alabama, AKPE, 1998), p. 158.

5) 찰리 멍거, 웨스코 파이낸셜 연차총회, 캘리포니아 주 파사데나, 1997년 5월 21일.

6) 「Forbes」, 1996년 1월 22일자.

7) Roger Lowenstein, 『Buffett: The Making of an American Capitalist』(New York, Random House, 1995), p. 223.

8) Alan Bresten, "Buffett Tells Shareholders What He Seeks in Firms," 「Omaha World Herald」, 1986년 5월 21일.

9) 버크셔 해서웨이 연차총회, 1978년 3월 14일.

10) 찰리 멍거, 버크셔 해서웨이 연차총회, 네브래스카 주 오마하, 1995년 5월.

11) John Nauss, CPCU, 「Best's Review」, June 1999.

12) 찰리 멍거, 버크셔 해서웨이 연차총회, 네브래스카 주 오마하, 1993년 5월.

13) 찰리 멍거, 버크셔 해서웨이 연차총회, 네브래스카 주 오마하, 1991년 5월.

14) Jim Rasmussen, "Warren Beffett if Selling Omaha," 「Omaha World Herald」, 1998년 5월 2일, p. A1.

15) Judith H. Dobrzynski, "Warren's World," 「Business Week」, 1993년 5월 10일.

16) 찰리 멍거, 버크셔 해서웨이 연차총회, 네브래스카 주 오마하, 1992년.

17) 찰리 멍거, 버크셔 해서웨이 연차총회, 네브래스카 주 오마하, 1994년.

18) John Taylor, "Berkshire Shareholders Quiz Boss," 「Omaha World Herald」, 1995년 5월 2일,
    p. 14.

19) Andrew Kilpatrick, 『Of Permanent Value: The Story of Warrent Buffet』,(Birmingham,
    Alabama, AKPE, 1998), p. 679.

16. 파워하우스로 발전하는 1990년대의 버크셔

1) Brett D. Fromson, "How Do you Think Bing?" 「Washington Post」, 1994년 1월 9일, p. H1.

2) 「Forbes」, 1993년 10월 18일.

3) Laurie P. Cohen, "Warren Buffett: His Folksy Image Belies a Killer Instinct," 「Wall Street
    Journal」, 1991년 11월 8일, p. A6.

4) Anthony Bianco, "The Warren Buffett You Don't Know," 「Business Week」, 1999년 7월 5일,
    p. 54.

5) Alice Schroeder and Gregory Lapin, "Berkshire Hathaway: The Ultimate Conglomerate
    Discount," Paine-Webber Equity Research, 1990년 1월.

6) 버크셔 해서웨이 연차보고서, 1979년 3월 26일.

7) Steve Jordan, "Berkshire Report Notes Insurance, USAir Downside," 「Omaha World Herald」,
    1995년 3월 20일, Business Section, p. 12.

8) Gary Weiss and David Greising, "Poof! Wall street's Sorcerers Lose Their Magic," 「Business
    Week」 1992년 1월 27일, p. 74.

9) Stan Hindon, "The Geico Deal: How Billionaire Buffett Bit at $70," 「Washington Post」, 1995년
    11월 6일, p. 29.

10) Greg Burns, "This Sage Isn't Omaha," 「Business Week」1996년 4월 1일.

11) Alice Schroeder and Gregory Lapin, "Berkshire Hathaway: The Ultimate Conglomerate
    Discount," Paine-Webber Equity Research, 1990년 1월.

12) www.ntsb.gob/publictn/1999/ AAAR9901.htm.

13) Steve Jordan, "Berkshire Report Notes Insurance, USAir Downside," 「Omaha World Herald」,
    1995년 3월 20일, Business Section, p. 12.

14) 워런 버핏, 네브래스카 주 오마하, 버크셔 해서웨이 연차총회, 1997년 5월.

15) Associated Press, "Airplane Firm Attracts Stake by Buffett Firm," 「Omaha World Herald」,
    1990년 5월 5일.

16) UPI, "Berkshire to Buy More of Firm," 「Omaha World Herald」 1990년 9월 17일.

17) Dolly Setton and Robert Lenzner, "The Berkshire Bunch," 「Forbes」, 1998년 10월 12일.

18) Don Bauder, "PS Group Board Member Steps Down with a Parting Shot," 「San Diego Union-Tribune」, 1999년 4월 13일, p. C-1.

19) John Taylor, "Buffett Dazzles 7,700 with Humor," 「Omaha World Herald」, 1997년 5월 6일, p. 1.

20) Lawrence A. Cunningham, ed., "Conversations from the Warren Buffett Symposium," Cardozo Law Review, Vol. 19, Nos, 1 and 2, 1997년 9-11월, p. 813.

21) Tim W. Ferguson, "A Revolution that has a long way to go," 「Forbes」, 1997년 8월 11일.

22) 상동.

23) the Motley Fool, http://www.fool.com, 1999년 5월 5일.

24) Dean Calbreath, "Munger Group Buys Chunk of Price REIT," 「San Diego Union-Tribune」, 1999년 2월 11일, p. C-2.

25) "Berkshire Hathaway Earnings Fall," The Associated Press, 1998년 3월 11일.

26) John Taylor and Jim Rasmussen, "Buffett Takes Center Stage for Upbeat Berkshire Bash," 「Omaha World Herald」, 1998년 5월 5일, p. 18.

17. 살로먼 브러더스

1) Laurie P. Cohen, "Buffett Shows Tough Side to Saloman - and Gutfruend," 「Wall Street Journal」, 1991년 11월 8일, p. A6.

2) Carol J. Loomis, "Warren Buffett's Wild Ride at Saloman," 「Fortune」, 1997년 10월 27일, p. 114.

3) 상동.

4) Laurie P. Cohen, "Buffett Shows Tough Side to Saloman - and Gutfruend," 「Wall Street Journal」, 1991년 11월 8일, p. A6.

5) Kurt Eichenwald, "Saloman's 2 Top Officers to Resign Amid Scandal," 「New York Times」, 1991년 8월 17일, p. A1.

6) Carol J. Loomis, "Warren Buffett's Wild Ride at Saloman," 「Fortune」, 1997년 10월 27일, p. 114.

7) Steve Coll, "Buffett to Buy Stake in Saloman Brothers, Inc," 「Washington Post」, 1987년 9월 28일.

8) Sarah Bartlett, "Changing of the Guard at Saloman," 「New York Times」, 1997년 8월 17일, p. L33.

9) Carol J. Loomis, "The Inside Story of Warren Buffett," 「Fortune」, 1988년 4월 11일, p. 26.

10) 상동, p. 114.

11) 워런 버핏, 회장의 편지, 버크셔 해서웨이 연차보고서, 1987.

12) Sarah Bartlett, "Changing of the Guard at Saloman," 「New York Times」, 1997년 8월 17일, p. L33.

13) 상동.

14) Roger Lowenstein, 『Buffett: The Making of an American Capitalist』(New York, Random House, 1995), p. 374.

15) Daniel Hertzberg and Laurie P. Cohen, "Scandal Is Fading Away for Saloman, but Not fir Trader Paul Mozer," 「Wall Street Journal」, 1992년 8월 7일, p. A1.

16) Sarah Bartlett, "Fate of One Top Officer Still Appears Uncertain," 「New York Times」, 1991년 8월 17일, p. 44.

17) Roger Lowenstein, 『Buffett: The Making of an American Capitalist』(New York, Random House, 1995), p. 297.

18) Leah Nathans Spiro, "The Lion in Winter," 「Business Week」, 1995년 5월 1일, p. 152.

19) Laurie P. Cohen, "Buffett Shows Tough Side to Saloman - and Gutfruend," 「Wall Street Journal」, 1991년 11월 8일, p. A6.

20) Carol J. Loomis, "Warren Buffett's Wild Ride at Saloman," 「Fortune」, 1997년 10월 27일, p. 114.

21) Laurie P. Cohen, "Buffett Shows Tough Side to Saloman - and Gutfruend," 「Wall Street Journal」, 1991년 11월 8일, p. A6.

22) 워런 버핏, 회장의 편지, 살로먼 브러더스 연차보고서, 1992년.

23) Roger Lowenstein, 『Buffett: The Making of an American Capitalist』(New York, Random House, 1995), p. 388.

24) Carol J. Loomis, "Warren Buffett's Wild Ride at Saloman," 「Fortune」, 1997년 10월 27일, p. 114.

25) Jaclyn Fierman, "The Perilous New World of Fair Pay," 「Fortune」, 1994년 6월 13일, p. 57.

26) Andrew Kilpatrick, 『Of Permanent Value: The Story of Warrent Buffet』,(Birmingham, Alabama, AKPE, 1998), p. 676.

27) "Saloman's New Look May Seem Familiar," 「Business Week」, 1992년 6월 15일.

28) Thomas S. Mulligan, "California: News and Insight on Business," 「Los Angeles Times」, 1998년 6월 10일.

29) 상동.

30) Leah Nathans Spiro, "The Lion in Winter," 「Business Week」, 1995년 5월 1일, p. 152.

31) Roger Lowenstein, 『Buffett: The Making of an American Capitalist』(New York, Random House, 1995), p. 409.

32) Leah Nathans Spiro, "The Lion in Winter," 「Business Week」, 1995년 5월 1일, p. 152.

33) 상동.

34) 상동.

35) James Sterngold, "Two More Quit in Turmoil at Saloman," 「New York Times」, 1998년 2월 12일, p. D1.

36) Leah Nathans Spiro, "Turmoil at Saloman," 「Business Week」, 1995년 5월 1일, p. 144.

37) "The Trillion Dollar Bet," 「Nova」, PBS Television, 2000년 2월 8일.

38) David Sherreff, "Lessons form the Collapse of Hedge Fund, Long Term Capital Management," http://risk.ifci.ch/146520.htm. (존재하지 않는 사이트임)

39) Charles Munger, "Investment Pratices of Leading Charitable Foundations," Foundations Financial Officers Group 회합에서의 연설, 캘리포니아 주 산타모니카, 1998년 10월 14일.

40) Laurie P. Cohen, "Buffett Shows Tough Side to Saloman - and Gutfruend," 「Wall Street Journal」, 1991년 11월 8일, p. A6.

41) "How Buffett Cleaned Up Saloman," 「U. S. News and World Report」, 1994년 6월 20일.

18. 드러나지 않는 미디어 제국, 데일리저널 코퍼레이션

1) 찰스 T. 멍거, 버크서 해서웨이 연차총회, 네브래스카 주 오마하, 1987년 5월.

2) 로스앤젤레스 카운티 캘리포니아 상급법원(Superior Court of the State of California for the County of Los Angeles), 메트로폴리탄뉴스 컴퍼니 대 데일리저널 코퍼레이션 및 찰스 T. 멍거 사건(Metropolitan News Company v. Daily Journal Corporation and Charles T. Munger), 1999년 7월 1일, Vol. 12, p. 1823.

3) 상동, p. 1844.

4) 상동, p. 1890.

5) 상동.

6) 상동, p. 1827.

7) Ann Davis, "Meet Mr. Munger: Shrewd Investor with Odd Investment," 「Wall Street Journal」, 1997년 11월 19일, B1.

8) 상동.

9) Ron Russell, "Ranking Muck," 「New Times Los Angeles」, 1999년 8월.

10) Jack Epstein and James Evans, "Brill' s Blitz," 「California Business」, 1987년 6월.

11) 상동.

12) 상동.

13) 상동.

14) 상동.

15) 상동.

16) Ann Davis, "Meet Mr. Munger: Shrewd Investor with Odd Investment," 「Wall Street Journal」, 1997년 11월 19일, B1.

17) 상동.

18) Roger M. Grace, "Perspectives," 「Metropolitan-News Enterprise」, 1999년 6월 1일.

19) "Brash 'Brill' s Content' Makes a Splash," clin403.htmatwww.ustoday.com

20) Roger M. Grace, "Perspectives," 「Metropolitan-News Enterprise」, 1999년 6월 1일.

21) Ann Davis, "Meet Mr. Munger: Shrewd Investor with Odd Investment," 「Wall Street Journal」, 1997년 11월 19일, B1.

22) 상동.

23) Gail Diane Cox, "Munger, Grace spar over retrial," 「The National Law Journal」, 1999년 5월 24일.

24) 상동.

25) Roger M. Grace, "Perspectives," 「Metropolitan-News Enterprise」, 1999년 6월 1일.

26) Ron Russell, "Raking Muck," 「New Times Los Angeles」, 1999년 8월.

27) Ann Davis, "Meet Mr. Munger: Shrewd Investor with Odd Investment," 「Wall Street Journal」, 1997년 11월 19일, B1.

28) 로스앤젤레스 카운티 캘리포니아 상급법원(Superior Court of the State of California for the County of Los Angeles), 메트로폴리탄뉴스 컴퍼니 대 데일리저널 코퍼레이션 및 찰스 T. 멍거 사건(Metropolitan News Company v. Daily Journal Corporation and Charles T. Munger), 1999년 7월 1일, 12권, p. 1832.

19. 굿서매리튼 병원에서의 활약

1) Charles Munger, "Investment practices of Leading Charitable Foundations," 캘리포니아 주 산타모니카의 재무담당자협회(Foundation Financial Officers Group)에서 1998년 10월 14일에 행한 연설.

2) 「Forbes」, 1996년 1월 22일.

3) Mary Lou Loper, "RSVP/The Social City," 「Los Angeles Times」, 1997년 10월 12일, p. E-10.

4) 하버드-웨스트레이크 학교 뉴스레터, 1995년 봄호.

5) Charles Munger, "The Need for More Multidisciplinary Skill from Professionals: Educational Implications." 하버드 로스쿨 1948년 학번 50주년 동창회에서의 연설. 1999년 4월 4일.

6) 상동.

7) 상동.

8) 상동.

9) 상동.

10) 「Forbes」, 1996년 1월 22일.

20. 투자 세계의 양심

1) Lawrence A. Cunningham, ed., "Conversations from the Warren Buffett Symposium," Cardozo Law Review, Vol 19, Nos 1 and 2, 1997년 9-10월, pp. 769-770.

2) 상동.

3) 상동., p. 774.

4) 「Outstanding Investor Digest」, 1998년 3월 13일.

5) Charles T. Munger, 하버드스쿨 졸업식연설, 캘리포니아 주 로스앤젤레스, 1986년 6월 13일.

6) 「Outstanding Investor Digest」, 1998년 3월 13일.

7) 상동.

8) Lawrence A. Cunningham, ed., "Conversations from the Warren Buffett Symposium," Cardozo Law Review, Vol 19, Nos 1 and 2, 1997년 9-10월.

9) "John Henry Patterson," mq.

10) Louis Lowenstein, "Stockholders, Humbug!" 「Washington Post」, 1990년 1월 14일, p. B1.

11) Charles Munger, "Investment practices of Leading Charitable Foundations," 캘리포니아 주 산타모니카의 재무담당자협회(Foundation Financial Officers Group)에서 1998년 10월 14일에 행한 연설.

12) John C. Bogle이 "Money Show"에서 인용한 Charles Munger의 말. 플로리다 주 디즈니 코로나도 스프링스 리조트Disney Coronado Springs Resort, 1999년 2월 3일.

13) Charles Munger, "Investment practices of Leading Charitable Foundations," 캘리포니아 주 산타모니카의 재무담당자협회(Foundation Financial Officers Group)에서 1998년 10월 14일에 행한 연설.

14) 상동.

15) 상동.

16) Frank Lalli, "Buffett's New Stock: Looks Great but it's less filling," 「Money」, 1996년 4월.

17) "Billionaire Buffett Asks SEC to Stop Sale of Cheap Sales," 「St. Louis Post Dispatch」, 1996년 2월 24일, p. 8A.

18) Frank Lalli, "Buffett's New Stock: Looks Great but it's less filling," 「Money」, 1996년 4월.

19) Steve Jordan, "Buffett's Stock Issue a Missile at 'Miniature Berkshires,'" 「Omaha World

Herald」, 1992년 2월 12일, p. 10.

20) "Billionaire Buffett Asks SEC to Stop Sale of Cheap Sales," 「St. Louis Post Dispatch」, 1996년 2월 24일, p. 8A.

21) Frank Lalli, "Buffett' s New Stock: Looks Great but it' s less filling," 「Money」, 1996년 4월.

22) Steve Jordan, "Buffett' s Stock Issue a Missile at 'Miniature Berkshires,' " 「Omaha World Herald」, 1992년 2월 12일, p. 10.

23) 상동.

24) 상동.

25) Charles Munger, 시즈캔디 5주년 기념 오찬, 캘리포니아 주 로스앤젤레스, 1998년 3월.

21. 수확의 시기

1) Charles Munger, 시즈캔디 75주년 기념오찬, 캘리포니아 주 로스앤젤레스, 1998년 3월.

2) Kenneth Kaufman, "Who Manages, Who Leads?" 「Hospitals & Health Networks」, 1995년 11월 5일, p. 62.

3) Anthony Bianco, "The Warren Buffett You Don' t Know," 「Business Week」, 1999년 7월 5일, p. 66.

부록A

휠러 멍거 파트너십의 수익률 추이

연도	파트너십 총수익률	다우존스산업평균
1962	30.1	-7.6
1963	71.7	20.6
1964	49.7	18.7
1965	8.4	14.2
1966	12.4	-15.8
1967	56.2	19.0
1968	40.4	7.7
1969	28.3	-11.6
1970	-0.1	8.7
1971	25.4	9.8
1972	8.3	18.2
1973	-31.9	-13.1
1974	-31.5	-23.1
1975	73.2	44.4
연평균 수익률	24.3	6.4

부록B

인터뷰 명단

오티스 부스, 캘리포니아 주 벨에어, 1999년 11월

데이비드 보스윅, 몰리 보스윅, 미네소타 주 스타아일랜드, 1999년 8월

할 보스윅, 캘리포니아 주 로스앤젤레스, 1999년 5월.

워런 버핏, 네브래스카 주 오마하, 1997년 10월.

로버트 데넘, 캘리포니아 주 로스앤젤레스, 1998년 12월.

스티븐 잉글리시, 미네소타 주 스타아일랜드, 1999년 8월.

캐럴 멍거 에스터브룩, 네브래스카 주 오마하, 1998년 5월.

캐서린 그레이엄, 워싱턴 DC, 1998년 11월.

J. P. "릭" 게린, 캘리포니아 주 비벌리힐스, 1998년 10월.

레니 겁포트, 미네소타 주 스타아일랜드, 1999년 8월.

로드릭 힐스, 텍사스 주 휴스턴에서 전화통화로 인터뷰, 1999년 10월.

찰스 허긴스, 캘리포니아 주 사우스샌프란시스코, 1999년 10월.

앤드류 리카, 캘리포니아 주 로스앤젤레스, 1999년 11월.

스탠 립시, 뉴욕 주 버펄로, 1998년 8월.

이라 마셜, 마사 마셜, 캘리포니아 주 팜스프링스, 1999년 11월.

베리 멍거, 뉴욕 시, 1998년 10월.

찰스 T. 멍거, 네브래스카 주 오마하, 1997년 5월; 캘리포니아 주 샌타바버라, 1997년 10월;
　　오마하, 1998년 5월; 캘리포니아 주 로스앤젤레스, 1998년 5월 1일; 오마하, 1999년 5월;
　　스타아일랜드, 1999년 8월; 로스앤젤레스, 1999년 5월, 11월; 로스앤젤레스, 2000년 3월.

찰스 T. 멍거 2세, 미네소타 주 스타아일랜드, 1999년 8월.

에밀리 멍거, 캘리포니아 주 밀밸리, 1999년 10월.

낸시 멍거, 오마하, 1998년 5월, 199년 5월; 미네소타 주 스타아일랜드, 1999년 8월.

몰리 멍거, 캘리포니아 주 로스앤젤레스, 1998년 12월; 미네소타 주 스타아일랜드, 1999년 8월.

웬디 멍거, 캘리포니아 주 사우스파사데나, 1998년 12월.

척 리커스하우저, 캘리포니아 주 로스앤젤레스, 1998년 12월.

로널드 올슨, 캘리포니아 주 로스앤젤레스, 1998년 12월.

제럴드 샐즈먼, 캘리포니아 주 로스앤젤레스, 1999년 11월 8일.

윌라 데이비스 시맨, 리 D. 시맨, 네브래스카 주 오마하, 1998년 5월.

루이스 심슨, 캘리포니아 주 란초산타페, 1998년 12월.

제임스 D. 시네걸, 워싱턴 주 이세쿼, 1998년 8월.

킹 윌리엄스, 레이첼 윌리엄스, 캘리포니아 주 샌타바버라, 1999년 5월.

부록C

찰스T. 멍거의 인생과 경력

1924	1월 1일 네브래스카 주 오마하에서 찰스 토머스 멍거 탄생.
1941~42	미시간대학 입학
1942	미 육군에 입대해서 기상계측 대원으로 복무.
1943	미 육군에 복무하는 동안에 파사데나 소재 캘리포니아공과대학(캘텍)에 입학.
1948	마그나 쿰 라우데의 성적으로 하버드 로스쿨 졸업. 로스앤젤레스의 라이트 앤드 개릿에서 변호사 생활 시작. 이 회사는 훗날 뮤직 필러 앤드 개릿으로 개명.
1949	캘리포니아 변호사협회 입회.
1950	에드 호스킨스와 교분을 쌓으면서 공동 출자로 트랜스포머 엔지니어스의 지분을 소유하고 경영함.
1959	친구인 에드윈 데이비스 2세 박사의 주선으로 오마하의 디너파티에서 워런 버핏과 조우. 웨스코 파이낸셜 법인 설립
1960	로스앤젤레스 핸콕파크 지역의 베리 일가가 소유했던 집을 허물고 새로 두 채를 건설. 하나는 사업 자금 마련을 위해 팔고 다른 하나에는 멍거 일가가 입주.
1961	멍거와 파트너인 에드 호스킨스, 트랜스포머 엔지니어스 매각. 오티스 부스와 찰리 멍거가 파트너가 되어 부동산 개발 사업 시작.
1962	2월 1일 찰스 멍거와 잭 휠러가 대표 파트너가 되어 로스앤젤레스에 투자자문 회사인 휠러 멍거 설립. 7명의 변호사로 구성된 멍거 톨스 법률회사 발족. 멍거 톨스의 파트너는 로이 톨스, 훗날 SEC의 의장이 된 로드릭 힐스였으며, 힐스의 아내인 칼라 앤더슨 힐스는 다른 정부 요직을 거쳐 미 무역대표부 대표가됨. 버핏은 매사추세츠의 뉴베드포드에 있는 다 망해가는 직물회사인 버크셔

해서웨이 지분 매입.

1965	멍거 톨스 앤드 올슨의 일을 중단. 더 이상 변호사 일을 하지 않음.
	멍거와 릭 게린, 버핏이 블루칩 스탬프스 지분 매입 시작.
	버핏이 버크셔 해서웨이의 지배주주가 되기에 충분한 주식 매수.
1967	멍거와 버핏이 뉴욕으로 가서 어소시에이티드 코튼숍 인수.
	내셔널 인뎀티니와 자매사인 내셔널화재해상보험사를 약 860만 달러에 인수.
1968	멍거를 포함해 최초의 버핏 그룹이 캘리포니아의 코로나도로 여행을 가서 벤저민 그레이엄을 만나 약세장에 대해 의견을 나눔.
	버핏이 버크셔 해서웨이의 자산을 처분하고 지주회사로서의 구조조정 시작.
1969	환자에게 낙태 클리닉을 추천해준 죄로 기소된 벨루스 박사의 캘리포니아 최고법원 항고심에서 멍거와 버핏이 그의 편을 들어줌.
	멍거가 로스앤젤레스의 하버드스쿨 이사로 선출. 이 학교는 훗날 웨스트레이크스쿨과 합쳐짐.
	100명 규모의 버크셔 파트너십이 1969년을 끝으로 영업을 종료. 투자자들은 투자금을 현금이나 버크셔 해서웨이 주식, 디버시파이드 리테일링 주식 중 하나로 돌려받거나 세쿼이아펀드 투자로 전환하는 것 중에서 마음에 드는 방법을 선택할 수 있었음.
	3월에 버핏과 멍거가 일리노이의 내셔널뱅크 인수.
1972	블루칩 스탬프스를 통해 버핏과 멍거가 2,500만 달러를 주고 시즈캔디 인수.
	릭 게린과 멍거가 펀드오브레터스의 지배지분을 인수하면서 회사 이름을 뉴아메리카펀드로 개명.
1973	스탠 립시가 편집국장을 맡고 있는 오마하의 「더 선」지가 보이스타운에 대한 폭로기사로 퓰리처 상 수상.
	버크셔가 워싱턴포스트 사에 대한 대규모 매집을 시작하면서 캐서린 그레이엄 일가를 제외하고 최대 주주로 부상.
1974	멍거가 하버드스쿨의 이사장으로 선출되어 1979년까지 임직.
	버핏과 멍거가 파사데나 소재 저축대부조합의 모회사인 웨스코 파이낸셜 매입.
1975	멍거가 휠러 멍거 파트너십의 대표에서 물러나고 1976년에 파트너십 청산. 휠러 멍거는 1962~1975년까지 20% 이상의 연간복합수익률 달성.
1976	블루칩 스탬프스, 웨스코 파이낸셜, 버크셔의 관계에 대한 SEC의 조사 완료. 워런과 버핏은 유죄도 무죄도 시인하지 않은 상태에서 합의를 보고 자신들의 사업행위에 피해를 봤을지도 모르는 웨스코 주주들에게 11만 5,000달러의 피해보상금 지급.

멍거가 블루칩 스탬프스의 회장에 취임.

1977   블루칩 스탬프스를 통해 버핏과 멍거가 250만 달러에 버펄로 이브닝뉴스 인수.

버크셔가 보유한 블루칩 스탬프스 지분 비율이 연말에 36.5%로 증가.

버크셔가 캐피털시티스 커뮤니케이션스에 1,090만 달러 투자.

1978   멍거가 버크셔 해서웨이의 부회장에 취임하고 같은 해에 비전의 문제 개발.

버크셔의 블루칩 스탬프스 지분이 58%로 증가하면서 이 회사의 대차대조표와 손익계산서를 버크셔의 재무제표와 연결할 것을 당국으로부터 요구 받음.

1979   웨스코 파이낸셜이 프리시전 스틸 웨어하우스 인수.

1980   백내장 수술이 실패하고 심각한 고통과 합병증이 수반되면서 멍거가 왼쪽 눈의 시력을 잃음. 오른쪽 눈도 주변시가 없어지고 정면시만 남으면서 이후 두꺼운 백내장 전용 안경을 착용.

1983   블루칩 스탬프스가 몇 년 간에 걸친 합병 작업을 끝낸 끝에 버크셔에 완전히 합병됨.

1984   1월에 웨스코 파이낸셜의 회장 겸 최고경영자로 취임.

1985   웨스픽이 오마하의 본사에 편입.

버크셔 해서웨이 직물공장 영구 폐쇄.

버핏과 멍거가 월드북백과사전, 커비 진공청소기 및 몇 개 회사의 모회사인 스콧 앤드 페처를 이반 보에스키에게 넘어가기 직전에 3억 1,500만 달러에 인수.

1986   멍거와 게린이 많은 차익을 남기면서 뉴아메리카펀드 청산을 하고 펀드 투자자들에게는 주식의 일부를 배분해줌. 로스앤젤레스 데일리저널이 분사를 하면서 장외 공개시장에서 거래되고 멍거가 회장으로 취임.

1987   버크셔가 7억 달러에 살로먼 브러더스의 지분 12% 매입하고 버핏과 멍거가 이사회에 선임.

1989   전미저축기관연맹이 저축대부업의 위기가 임박함에도 불구하고 합리적인 개혁을 추진하지 않자 자사인 뮤추얼 세이빙스를 보호하기 위해 멍거가 연맹에서 탈퇴를 결심.

버크셔 해서웨이가 질레트, US에어, 챔피언인터내셔널에 13억 달러 투자. 멍거가 질레트의 투자금액에 대한 협상을 담당. 7월에 버크셔가 나중에 질레트 보통주 11%로 전환가능한 우선주 6억 달러 매수.

버크셔가 네브래스카 퍼니쳐마트의 창립 가문이기도 한 블럼킨 일가로부터 오마하 소재의 보샤임 쥬얼리스토어 인수.

멍거의 여동생 메리가 파킨슨병으로 사망.

1991   살로먼 브러더스의 채권딜러가 연방법을 위반하면서 채권 매점을 행해서 회사

가 파산 위기에 몰림. 버핏과 멍거, 법률회사인 멍거 톨스가 살로먼을 살리기
위해 뛰어듦. 버핏이 9개월 동안 살로먼의 CEO로 재직.

1992	뮤추얼 세이빙스가 저축대부 사업 중단을 시작.
1993	멍거, 「포브스」지 선정 400대 부자 리스트에 오름.
	뮤추얼 세이빙스 청산.
	1월에 멍거와 버핏이 재정문제에 시달리고 있는 US에어의 이사회에 합류.
	버크셔가 4억 2,000만 달러의 주식스왑으로 덱스터슈 인수.
1994	1월에 뮤추얼 세이빙스가 흡수합병 형식으로 웨스픽의 자회사가 됨.
1995	버크셔 해서웨이가 23억 달러에 가이코의 나머지 지분 49%를 모두 매입.
	멍거와 버핏이 US에어의 이사회 탈퇴.
1996	웨스픽이 캔자스은행보증 인수.
1997	멍거가 워싱턴 주 이세쿼에 본사를 둔 소매기업인 코스트코의 이사회 일원으로 선임.
	버크셔가 16억 달러에 플라이트세이프티를, 5억 8,500만 달러에 인터내셔널 데어리퀸 지분 인수.
	살로먼 브러더스가 90억 달러에 트래블러스그룹에 매각됨. 버크셔에 돌아가는 몫은 17억 달러였음.
1998	버크셔가 7억 2,500만 달러에 이그제큐티브젯 인수.
	트래블러스가 세계 최대의 금융서비스회사인 시티코프와 합병.

부록D

찰스 T. 멍거의 연설문

다학문적 능력 함양의 교육적 의의*

오늘 저는 과거의 교수들을 떠올리게 하는 '소크라테스식 자문자답'이라는 게임을 해볼까 합니다. 다음과 같은 다섯 개의 질문을 제시하고 이에 대한 간단한 답을 설명하겠습니다.

1. 개입된 분야가 여러 가지인 전문가들에게 보다 다학문적인multidisciplinary 능력이 필요한가?

2. 오늘날의 교육체계는 다학문적 접근법을 충분히 취하고 있는가?

3. 각 분야 최고의 소프트 사이언스에서 현실성을 갖춘 최상의 다학문적 접근법은 어떤 속성을 갖춰야 하는가?

4. 지난 50년 동안 유수의 학문기관들은 최상의 다학문적 교육을 실현시키는 데 있어서 얼마나 많은 발전을 거두었는가?

5. 다학문적 접근법의 발전 속도를 높여줄 수 있는 교육 체계는 무엇인가?

---

* 찰스 T. 멍거가 1998년 4월 24일에 하버드 로스쿨 1948년 졸업동기생 50주년 기념 동창회에서 한 연설.

첫째, 다방면에 걸친 전문가들에게 보다 다학문적인 능력이 필요한가에 대한 답변은 다음과 같습니다.

처음 질문에 답하려면 보다 다학문적인 접근법이 전문가의 인지능력 발전에 도움이 되는지 여부부터 결론지어야 합니다. 또한 인지능력의 오류에 대한 치료 방법을 알아내려면 그 오류의 원인이 무엇인지부터 알아내야 합니다. 버나드 쇼의 희곡에 등장하는 인물들은 전문가의 결함을 "과거의 분석에 따르면 모든 전문직은 아마추어에 대한 음모이다"라고 설명하고 있습니다. 쇼의 진단에는 많은 진실이 존재하는데, 그 옛날 16세기에 가장 촉망받는 직업인 성직자 사회가 윌리엄 틴데일^{William Tyndale}을 성경을 영어로 번역했다는 죄목으로 화형에 처한 것도 쇼의 진단이 사실임을 증명해주는 좋은 예라 할 수 있습니다.

하지만 쇼는 의식적이고 자기본위적인 적의가 주범이라는 뜻을 풍기면서 이 문제의 중요성을 과소평가하는 우를 범하고 있습니다. 이보다 중요한 점은 무의식적인 정신성향이, 특히 문제의 소지가 많은 두 가지 성향이 서로 교묘하게 얽혀서 전문가 집단에게 자주 치명적인 영향을 끼친다는 것입니다.

1. 인센티브 기반의 편견이란 전문가에게 좋은 것이 고객에게, 더 나아가 문명사회 전체에도 좋다는 식의 결론을 자연스럽게 유도하게 만드는 인지적 성향입니다.
2. "망치를 든 사람"의 성향은 "손에 든 것이 망치밖에 없는 사람에게는 모든 문제가 못처럼 보인다"라는 속담에서 차용한 말입니다.

망치를 든 사람의 성향을 일부라도 고칠 수 있는 한 가지 분명한 방법이 있습니다. 이 사람이 여러 학문에 두루 걸쳐 많은 능력을 함양하게 된다면 그는 여러 개의 연장을 갖출 수 있게 되고 그 결과 "망치를 든 사람"의 성향에서 비롯되는 인지적 오류의 영향도 줄일 수 있습니다. 더욱이 그가 자신이나 다른 사람에게 존재하는 두 가지 잘못된 성향이 미치는 악영향과 평생 동안 맞서 싸우기 위해서는 다학문적 능력을 충분히 길러야 한다는 실천철학적인 개념을 깨달을 수 있다면, 이 사람은 세상의 지혜로 향하는 길에 한걸음 성큼 들어설 수 있을 것입니다.

"A"가 한 분야의 전문이론이고 "B"가 다른 학문에서 차용한 광범위하고 유용한 개념으로 구성돼 있다고 가정한다면, "A"와 "B"를 모두 갖춘 전문가는 "A"만 갖춘 불쌍한 사람보다는 대체로 훨씬 훌륭한 삶을 누릴 수 있을 것입니다. 당연한 이치가 아니겠습니까? 따라서 "B"를 더 많이 배우려 하지 않는 행동에 대한 유일하게 합리적인 변명을 둘러댄다면서, "A"를 비롯해서 살아가기 위해 익혀야 할 것이 많기 때문에 "B"까지 공부하는 것은 현실적이지 못한 처신이라고 말하는 것이 고작일 뿐입니다. 통학적 태도를 옹호하는 이런 변명 대부분이 비합리적일 수밖에 없는 이유에 대해서는 조금 뒤에 설명하겠습니다. 적어도 최고의 엘리트 집단을 자부하는 우리만이라도 그러지 말아야 합니다.

두 번째 질문의 경우에는 비교적 답하기가 쉬우므로 굳이 길게 말하지는 않겠습니다. 우리의 교육시스템은 지나치게 통학적인 접근법을 취해 왔습니다. 여러 학문 분야에는 통학적인 범위를 넘어서는 문제들이 교차적으로 퍼져 있습니다. 그렇기에 이런 문제들에 대해 통학적인 해결책을 추구한다는 것 자체가 브리지 게임을 할 때 으뜸패만 중시하고 다른 패는 모두 무시하는 것과 다르지 않습니다. 『이상한 나라의 앨리스』에 나오는 미친 모자장수의 티파티처럼 정신 나간 짓입니다. 그럼에도 불구하고 그런 사고방식이 전문가 사회에 산재해 있습니다. 특히나 생물학과 같은 기초학문이 아닌 소프트 사이언스에 속한 각각의 학문 분야에서 오랫동안 이런 사고방식을 조장해왔다는 것이 더욱 심각한 문제입니다.

우리가 젊었던 시절에조차 당대 최고로 칭송받는 교수 몇 명은, 여러 학계가 뿔뿔이 분열되고 단절되어 자기 분야만을 맹목적으로 신봉하고 타 분야를 배타하면서 자기 분야의 이론을 보전하고자 하는 일종의 고립 상태로 전락했을 때 심각한 악영향이 빚어질 수 있음을 우려했습니다. 가령 앨프리드 노스 화이트헤드Alfred North Whitehead는 오래 전에 "학계 이론들의 치명적인 단절"이라는 연설을 통해 강경한 언어로 이에 대한 경종을 울린 바 있습니다. 그때 이후로 유수의 학술기관들은 화이트헤드의 말에 크나큰 동감을 표하면서 학문 간의 단절에 꾸준히 맞서기 위해 보다 다학문적인 교육을 실천해왔습니다. 그리고 그 덕분에 학술이론들 사이의 경계에 서서 이런 단절과 맞서 싸운 위대한 투사들, 가령 하버드의 E. O. 윌슨E. O. Wilson이나 캘텍의 리누스 폴링Linus Pauling과 같은 사람들의 업적은 오늘날 많은 찬사를 받게 되었습니다.

결국 오늘날의 학계는 우리가 교육을 받았던 시절보다는 더 다학문적 접근법을 취하고 있으며, 또한 그렇게 하는 것이 지극히 당연합니다.

이를 통해 세 번째 질문이 자연스럽게 유도됩니다. 다학문적 접근법의 목표는 무엇인가? 엘리트 교육에 있어서 최상의 다학문적 접근법은 기본적으로 어떤 특징을 지녀야 하는가? 이에 대한 답을 구하기는 전혀 어렵지 않습니다. 이를 위해서 해야 할 일은 가장 성공적으로 진행되는 단일 분야의 교육을 검토한 다음에 그것의 기본적인 요소들을 식별하고 적절히 평가해서 합리적인 해답을 찾아내는 것입니다.

단일 분야 교육에 있어서 최상의 모델을 찾아내기 위해서는 아무 위협도 받지 않고 있는 교육기관을 관찰하는 것은 무의미합니다. 이런 곳은 앞서 말한, 인간 고유의 반생산적인 두 가지 심리 성향이나 그 외의 여러 악영향에 고스란히 노출돼 있기 때문입니다. 대신에 효과적인 교육성과에 대한 인센티브가 가장 강력하게 존재하며 가장 정밀한 결과 측정이 가능한 분야를 살펴봐야 합니다. 결국 우리는 자연스럽게 한 분야를 주목하게 됩니다. 우리는 현재 비행기 파일럿들에 행해지는 의무 교육이 대단히 성공적으로 행해지고 있다는 데 주목해야 합니다(그렇습니다. 이 말은 위대한 하버드조차도 파일럿 훈련체계를 곰곰이 생각해본다면 지금보다 더 훌륭한 성과를 거둘 것이라는 뜻입니다). 다른 직업군들과 마찬가지로 파일럿이라는 직업도 "망치를 든 인간" 성향이 미치는 악영향에서 자유롭지 못하다는 커다란 위험에 노출돼 있습니다. 파일럿이 "X" 위험모델밖에 모른다는 이유로 "Y"위험모델을 "X"위험모델의 입장에서 해석하는 것은 전혀 바람직하지 않습니다. 따라서 이것과 그 외의 이유에서 파일럿은 엄격한 6요소 시스템에 따라 훈련을 받습니다.

1. 파일럿은 광범위한 분야에 걸쳐 교육을 받음으로써 비행 시에 실제로 필요한 모든 지식을 갖추게 됩니다.
2. 한두 가지 시험에 통과할 만큼 교육을 받았다고 해서 파일럿이 비행에 필요한 모든 실질적인 지식을 충분히 배웠다고는 말할 수 없습니다. 오히려 그가 실전에서 능숙한 비행을 하게 될 때까지, 그리고 한꺼번에 두세 가지 위험이 닥쳐도 유연하게 대처할 수 있는 능력을 기를 때까지 그의 지식은 계속 자라납니다.
3. 훌륭한 대수학자가 그러하듯 파일럿도 때로는 순방향으로 때로는 역

방향으로 생각할 줄 알아야 합니다. 그럼으로써 파일럿은 자신이 원하는 상황으로 몰아가기 위해 언제 최대한의 집중력을 발휘해야 하는지 그리고 원하지 않는 상황을 피하기 위해 언제 고도의 집중력을 발휘해야 하는지를 배우게 됩니다.

4. 파일럿은 혹시 비행 중에 발생할 수도 있는 오작동이나 실수에서 비롯되는 피해를 최소화하기 위해 여러 분야에 걸쳐서 훈련을 받습니다. 그렇기에 그의 훈련 성적을 평가할 경우, 충분히 많은 분야에 대한 훈련을 받았는지의 여부와 가장 훌륭한 비행능력을 갖게 되었는지의 여부가 가장 중요한 측정 기준이 됩니다.

5. 파일럿은 기본적인 "체크리스트" 항목들을 반드시 통과해야 합니다.

6. 처음의 훈련이 끝난 다음에도 특수한 지식을 유지하기 위한 재교육을 주기적으로 받아야 합니다. 파일럿은 드물지만 심각한 문제가 발생했을 때 적절히 대처할 수 있도록 비행기 시뮬레이터를 정기적으로 활용해서 오랫동안 사용하지 않은 기술이 퇴화되는 것을 방지해야 합니다.

이처럼 여섯 가지 요소를 정확히 준수하면서 훈련을 시켜야 하는 이유는, 물론 파일럿이라는 분야가 고도의 위험이 존재하기 때문에 엄격한 훈련이 꼭 필요하다는 이유도 있지만, 그보다는 인간 마인드의 심층적인 구조에 그 뿌리를 두고 있습니다. 결국 우리는 광범위한 문제 해결에 필요한 교육은 이런 요소들을 유지하고 있으며 각 요소마다 다뤄야 할 범위도 대단히 넓다는 사실을 당연히 짐작할 수 있습니다. 다른 결론이 나올 수 있을까요?

낮과 밤처럼 결론은 분명합니다. 최고의 원석을 최고의 보석으로 다듬고자 노력하는 우리 시대 최고의 광범위한 엘리트 교육기관이 가장 훌륭한 결과를 거두기를 원한다면, 지금보다 훨씬 더 방대한 차원에서 다학문적 교육이 시행되어야 합니다. 학문들의 경계를 통합할 수 있는 귀중한 능력을 포함해서 실전훈련을 통해 다듬은 훌륭한 기량을 발휘하고 이를 유지할 수 있도록 필요한 모든 기술을 습득시켜주어야 하며, 최고의 인재가 자신들을 필요로 하는 분야에서 최고의 능력을 발휘할 수 있게 해줘야 하며, 대수에서 치환을 하듯이 순방향 혹은 역방향으로 사고할 줄 아는 능력을 길러줘야 하며, "체크리스트" 항목을 절대로 잊지 않게 해야 합니다. 다른 방법으로는 세속의 광범위한 지혜를 얻을 수 없으며, 이보다 더 쉬운 방법도 없습니다. 그렇기에 이 일은 그 어마어마한 범위로 인해 처음 보기에는 다분히 위압적이고 불가능해 보이기까지 할 정도입니다.

하지만 전체적인 맥락에서 세 가지 요소를 고려할 때 이것은 결코 불가능한 일이 아닙니다.

첫째, "필요한 모든 기술"이라는 개념은 다시 말하면 모든 사람이 라플라스의 천체역학 이론에 숙달해야 한다는 뜻이 아니며, 모든 사람이 여타의 모든 지식 분야에서 비슷한 수준의 능력을 갖춰야 한다는 뜻도 아닙니다. 이 개념은 각 학문 분야에서 진정으로 위대한 아이디어들의 정수를 자기 것으로 습득할 수만 있다면 필요한 지식을 대부분은 갖출 수 있다는 것을 의미합니다. 위대한 아이디어들은 그 수가 생각보다는 많지 않으며 지나칠 정도로 복잡하게 얽혀 있지도 않습니다. 결국 훌륭한 인재가 시간과 노력을 들이기만 한다면 방대한 수준의 다학문적 지식을 갖추는 것은 결코 요원한 일이 아닙니다.

둘째, 우리의 엘리트 교육은 필요한 만큼의 많은 인재와 이들을 훈련시키기 위한 많은 시간을 확보하고 있습니다. 결국 우리는 상위 1%의 소양을 지닌 인재들을 확보하고 있으며, 이런 인재들은 대체로는 자신들보다는 학문적 능력이 높은 교사들의 가르침을 완전히 자기 것으로 만들 줄 압니다. 또한 우리는 12세의 장래가 촉망되는 청소년이 한 사람의 전문가로서 인생을 시작하게 만드는 데 대략 13년이라는 많은 시간을 소요합니다.

셋째, 파일럿 훈련에서와 마찬가지로 다방면에 걸친 인생을 겪으면서 치환이나 "체크리스트" 활용 등을 통한 사고방법을 익히는 것은 어려운 일이 아닙니다.

더욱이 우리는 아칸소 주 출신의 한 남자가 세례에 대해서 "나는 그것이 행해지는 것을 목도했다"라고 피력한 것과 같은 이유에서 광범위한 수준의 다학문적 능력을 습득하는 것이 가능함을 믿을 수 있습니다. 우리 모두는 오늘날 벤저민 프랭클린의 정신을 이어받은 사람들이 ① 수많은 똑똑한 청년들이 정규 교육에 할애할 수 있는 시간보다 더 적은 시간에 방대한 규모의 다학문적 통합을 이루어 냈으며, ②그 결과로 전문 분야의 성과가 떨어진 것이 아니라 오히려 향상되었다는 사실을 잘 알고 있습니다. 그들은 없는 시간을 쪼개서 전공 분야 외의 다른 분야도 같이 공부하면서 이런 성취를 일궈냈습니다.

여러 학문을 성공적으로 습득한 사람들이 여기에 쏟은 시간과 재능, 그리고 그들이 보여준 전례를 감안할 때, 오늘날 우리가 "망치를 든 사람" 성향에서 비롯되는 악영향을 최소화하지 못하고 있다는 것은 한 가지를 반증해줍니다. 즉, 현 상태에 만족하거나 혹은 변화의 어려움에 지레 겁을 먹은 나머지 위대한 아이디어를 체득하기 위해 각고의 노력을 기울이지 않는다면 소프트 사이언스 분야에서 다학문적 지식을 습득하는 것은 불가능하다는 사실입니다.

이런 사실은 자연스럽게 네 번째 질문을 이끌어냅니다. 현실적으로 가장 타당한 수준의 다학문적 지식 습득이라는 목표를 기준으로 평가할 때, 유수의 소프트 사이언스 교육기관들은 우리가 졸업한 후 얼마나 많은 발전을 거두었을까요?

이 질문에 대해서는, 교육기관들이 더 훌륭한 다학문적 교육을 위해 수많은 수정 노력을 기울여왔다고 답할 수 있습니다. 또한 몇 가지 부작용이 발생하긴 했지만 대체적으로는 다학문 교육이 상당한 발전을 거두었다고도 말할 수 있습니다. 하지만 가장 필요한 수정 조치는 아직까지 행해지지 않고 있으며 당분간은 먼 미래의 일로 보입니다.

예를 들어 소프트 사이언스 분야에서 전공이 다른 교수들이 합동 연구를 행하거나 한 교수가 두 개 이상의 분야를 전공할 때 학문 발전에 많은 기여를 한다는 것이 밝혀졌습니다. 그러나 조금은 다른 성격의 수정 조치가 가장 큰 효과를 거두었는데, 다른 학문에서 차용한 것이라면 무턱대로 흡수하는 이른바 "원하는 것을 취한다" 관행이 크게 늘어났다는 점을 유념해야 합니다. 이 관행이 가장 큰 효과를 거둔 이유는, 이것이 현재 수정 노력이 행해지고 있는 통학적 어리석음의 원인이자 전통 및 영역주의와 깊숙한 관련이 있는 학계 간의 다툼을 피할 수 있는 방법이기 때문이었습니다.

여하튼, "원하는 것을 취한다" 관행을 더 많이 이용한 덕분에 소프트 사이언스 계통의 많은 학문 분야들은 "망치를 든 남자" 성향에서 비롯되는 어리석음을 줄일 수 있었습니다. 가령 우리 동기인 로저 피셔 교수의 주도 하에 로스쿨들은 협상 이론을 차용하는 식으로 다른 학문 분야를 활용하고 있습니다. 현명하면서도 윤리적인 협상을 주제로 한 로저의 책은 지금까지 300만 부가 넘게 팔리면서 그는 우리 동기생들 중에서 단연코 가장 빛나는 성취를 일궈냈습니다. 또한 로스쿨들은 여러 가지 합리적이고 유용한 경제학 이론을 차용했는데, 가령 게임이론을 통해 경쟁의 실질적인 메커니즘을 보다 훌륭하게 설명하면서 반독점법의 중요성을 일깨우는 데 공헌했습니다.

경제학의 경우는 생물학에서 말하는 "공유지의 비극*" 모델을 도입해서 애덤 스미스의 선한 "보이지 않는 손"과 공존하는 사악한 "보이지 않는 발"의 존재를 규명할 수 있었습니다. 또한 "행동경제학"의 경우에는 심리학을 통해 적절한 해결책을 모색하고자 합니다.

하지만 "원하는 것을 취한다"와 같은 지극히 방임적인 관행이 소프트 사이언스에서 원하는 결과를 100% 충분하게 달성할 수 있다고는 장담할 수 없습니다. 실제로 이 관행은 다음과 같은 변화를 불러오는 최악의 결과를 낳았습니다. ① 몇몇 문예 부문에서 프로이트 학설을 여과 없이 흡수하고 ② 좌파니 우파니 하는 극단적인 정치 이데올로기가 많은 분야에 스며든 탓에, 이런 파벌적 이데올로기를 지닌 사람들은 초기의 순수성은 물론이고 객관성을 회복하기도 힘든 지경에 이르렀으며 ③ 여러 로스쿨이나 비즈니스스쿨이 효율적 시장 가설을 정설로 주입시킨 탓에 미래의 기업재무 전문가들이 오도당하는 사태가 발생했습니다. 심지어 효율적

---

*tragedy of commons: 생물학자 개릿 하딘이 「사이언스」지에 실은 논문에서 밝힌 법칙. 목초지를 공동으로 이용하는 마을 사람들이 자신의 이익만을 위해 소의 수를 늘리고 그 결과로 모든 소가 먹을 풀이 부족해졌지만, 사람들은 수를 줄여야한다는 데에는 동의하면서도 정작 자신의 소는 줄일 생각을 하지 않았다. 공유지의 비극이란 적절히 관리해줄 상급의 권위가 없는 상태에서 이용되는 공유 재산은 결국 모두에게 비극을 초래하고 만다는 것을 역설한 이론이다.

시장가설을 주장하는 어떤 학자는 버크셔 해서웨이의 투자 성공을 행운의 6시그마 이론을 들이대며 설명했습니다. 그는 세간의 비웃음을 사게 되자 심지어는 7시그마로 이론을 변경하기까지 했습니다.

게다가 이런 정신 나간 행동을 피할 수 있다고 해도 "원하는 것을 취한다"는 식의 관행은 그 자체로 몇 가지 심각한 결함을 지니고 있습니다. 가령 사람들은 보다 기본적인 학문에서 원하는 것을 차용할 때 그것이 적절한지 아닌지 계산을 하지 않은 채 가끔 이름만 새로 바꿔서 취하곤 합니다. 또한 이렇게 흡수한 개념들의 근본성에 대해 순위를 매기는 것에는 별 주의를 기울이지 않습니다. 이런 식의 행동은 ① 뒤죽박죽의 문서정리 시스템처럼 작용하기에 흡수한 지식을 성공적으로 활용하거나 통합하는 것을 방해하며, ② 리누스 폴링이 화학의 발전을 위해 물리학 이론을 체계적으로 활용하면서 거두었던 것과 같은 최대의 효과가 소프트 사이언스 분야에서도 발생하는 것을 저해합니다. 우리는 필경 더 좋은 방법을 찾아내야 합니다.

이제 마지막으로 다섯 번째 질문이 남았습니다. 유수의 소프트 사이언스 교육기관에서 어떤 관행이 최적의 다학문적 교육을 이루는 데 가장 도움이 될 수 있을까요? 이번에도 몇 가지 간단한 답을 도출할 수 있습니다.

첫째, 많은 교과 과정들이 선택이 아니라 필수로 행해져야 합니다. 이를 위해서는 방대하면서도 높은 수준의 다학문적 지식을 보유한 사람들이 필수 교과목을 결정하는 역할을 맡아야 합니다. 미래의 파일럿을 훈련시키기 위해 여러 학문을 가르쳐야 하듯 미래에 광범위한 분야에서 활동할 문제 해결자를 훈련시키기 위해서도 이는 꼭 필요한 일입니다. 가령 법률 교육을 행할 때에는 심리학과 회계 과목도 필수적으로 가르쳐야 합니다. 하지만 많은 유수의 교육기관들은 아직까지도 이들 과목을 필수

과목으로 정하지 않고 있습니다. 교과 과목을 정하는 사람들이 이런 식의 협소한 마인드를 지닌 탓에 그들은 무엇이 필요하며 무엇을 놓치고 있는지 인식하지 못하며 잘못된 점을 시정하지도 못합니다.

둘째, 여러 학문 분야를 아우르는 문제 해결 연습을 보다 많이 행해야 합니다. 여기에는 오랫동안 기술을 사용하지 않아서 능력이 쇠퇴되는 것을 막기 위해 파일럿들이 비행기 시뮬레이터의 작동원리를 꾸준히 익히는 것과 같은 식의 연습도 포함됩니다. 기억하는 사람들이 많지는 않지만 수십 년 전 하버드 비즈니스스쿨의 한 교수가 매우 현명하면서도 틀에 얽매이지 않는 강의를 진행한 적이 있습니다.

그 교수는 재무에 밝지 못한 두 노부인이 유산으로 물려받은 뉴잉글랜드의 구두 공장에 대한 문제를 내면서, 자체 상표를 단 구두를 생산하는 이 공장이 경영상으로 심각한 문제를 겪고 있음을 자세히 설명해주었습니다. 그런 다음에 교수는 학생들에게 시간을 넉넉히 주면서 노부인들에게 도움이 될 만한 조언을 답안으로 작성하라고 요구했습니다. 학생들이 제출한 답안에 대해 교수는 한 명에게만 높은 점수를 주고 나머지 학생들 전부에게는 아주 낮은 점수만을 주었습니다. 이 학생은 어떤 답을 써냈을까요? 그 학생은 다음과 같은 간략한 답안을 제출했습니다. "이 특정 지역에서는 이 회사는 물론이고 구두 산업 전체가 해결하기 힘든 심각한 문제에 처해 있기 때문에, 외부 자문을 고용한다고 해도 재무에 밝지 못한 두 노부인이 현명한 해결책을 마련하기는 불가능하다고 여겨진다. 컨설팅을 구한다 해도 각종 어려움 및 대리인 비용의 발생이 불가피하므로 두 노부인은 구두 공장을 즉시 매각 처분하는 것이 현명하다. 이렇게 하면 경쟁사도 한계효용의 우위를 최대한 누릴 수 있을 것으로 사료된다." 결국 최고점을 받은 학생은 비즈니스스쿨에서 최근에 배운 것을 토대로 답안을 작성하는 대신에, 대리인 비용이나 한계효용과 같은 학부 시절 심리학과 경제학에서 배웠던 보다 기본적인 개념을 토대로 답안을 작성했습니다.

하버드 로스쿨 1948년 졸업동기생 여러분. 우리가 이런 식의 테스트를 아주 충분히 많이 치를 수 있었다면 지금보다 훨씬 훌륭한 성과를 거뒀을 것은 자명하지 않겠습니까!

공교롭게도, 현재 많은 훌륭한 사립학교들이 7학년 과학 과정에서 이런 다학문적 방법을 현명하게 사용하고 있지만 오히려 똑같은 접근법을 취하는 대학원은 전무하다고 해도 과언이 아닐 것입니다. 이는 화이트헤드가 말한 교육의 "치명적인 단절"이 무엇인지를 보여주는 슬픈 예라 할 수 있습니다.

셋째, 소프트 사이언스 분야의 대학 및 대학원들은 「월스트리트저널」 「포브스」 「포천」과 같은 훌륭한 경제 간행물을 지금보다 더 많이 활용해야 합니다. 이런 간행물들은 대단히 훌륭한 내용을 담고 있을 뿐 아니라, 해당 사건을 서로 얽혀 있는 다학문적 원인에 결부시키는 연습을 하고자할 경우에는 마치 비행기 시뮬레이터와 같은 기능을 해주기도 합니다. 그리고 이런 경제 전문지들은 단순히 오래된 지식을 상기시켜주는 것만이 아니라 때로는 원인 분석을 위한 새로운 모델을 제시해줍니다. 또한 이런 경제지들은 학생이 학교에서 필수적으로 배워야 할 내용을 익히는 데 아주 많은 도움이 되며, 정규교육을 끝내고 오랜 시간이 흐른 후에도 계속해서 훌륭한 판단력을 최대한도로 발휘할 수 있게 해줍니다. 비즈니스세계에서 훌륭한 판단력으로 존경을 받는 사람들을 보면, 하나같이 다 이런 경제전문지를 이용해서 자신들의 지혜를 유지하기 노력합니다. 그렇다면 학계도 다를 이유가 없지 않습니까?

넷째, 가끔씩 교수진에 결원이 생겨서 새로 임용하려 할 경우 좌파든 우파든 정치적 이데올로기 성향이 강한 교수들은 될 수 있으면 임용하지 말아야 합니다. 학생들 역시 정치적 이데올로기에 좌우돼서는 안 됩니다. 최고의 다학문적 접근법을 실행에 옮기려면 객관성이 필요하지만, 정치적 성향이 강한 사람들에게는 이런 객관성이 존재하지 않으며 이데올로기 추종자들의 마인드로는 까다로운 학문적 융합을 이루기가 힘듭니다. 현재 하버드 로스쿨의 일부 교수들은 이런 이데올로기 편향의 우매함을 단적으로 보여주는 훌륭한 예를 지적한 바 있습니다. 물론 이 예는 예일 대학의 로스쿨을 의미하는 것입니다. 하버드의 많은 교수들은 예일대가 법학 교육을 향상시킨다는 명목으로 특정한 정치 이데올로기를 지배적 요소로 도입한 것이야말로 이데올로기 편향의 우매함을 보여주는 행동이라고 여겼습니다.

다섯째, 소프트 사이언스는 하드 사이언스(하드 사이언스는 수학, 물리학, 화학, 공학이라는 "4가지 기본 학문의 조합"으로 정의할 수 있습니다)의 기본적이고 체계적인 에토스fundamental organizing ethos을 보다 집중적으로 모방해야 합니다. 이런 에토스들은 모방할 만한 가치가 충분합니다. 결국 하드 사이언스는 ①통학적 어리석음을 피하고 ②방대한 수준에서 이용자 친화적인 다학문적 영역을 확보하는 데 있어서 소프트 사이언스보다 훨씬 앞서서 최고의 실적을 거두었습니다. 물리학자인 리처드 파인먼이 우주왕복선 역사상 최악의 재앙이 되었던 첼린저 호 폭발 사고가 기준 이하로 냉각된 O-링이 그 원인이었음을 밝혀내는 등, 하드 사이언스는 다학문적 접근법의 훌륭한 결과를 빈번하게 보여주고 있습니다. 그리고 일찍이 이런 에토스를 보다 소프트한 분야로 확장한 것도 좋은 성과를 거두었습니다. 가령 150년 전만 해도 생물학은 온갖 피상적인 설명이 산재할 뿐 이론적인 깊이는 갖추지 못했습니다. 하지만 새로운 생물학 세대가 "왜?"라는 질문에 대답할 수 있는 여러 모델을 포함해서 보다 훌륭한 사고방식을 이용하게 되면서, 이 학문은 기본적이고 체계적인 에토스를 조금씩 흡수하며 놀라운 향상을 계속해서 일궈냈습니다. 하드 사이언스의 에토스가 생물학보다도 덜 기본적인 학문에 도움이 되지 못할 이유는 전혀 없습니다. 제 생각에 우리는 다음과 같은 기본적이고 체계적인 에토스를 따라야 합니다.

1. 각 학문의 근본성에 순위를 매겨서 활용해야 합니다.

2. 자신의 호불호에 상관없이 검증된 유수의 이론을 철저히 익혀야 하며, "4가지 기본 학문의 조합"을 구성하는 4학문의 가장 핵심적인 부분을 주기적으로 이용하는 습관을 길러야 합니다. 또한 자신의 학문보다 더 기초적인 학문에 특별히 더 집중적인 관심을 보여야 합니다.

3. 지식의 기본 속성도 이해하지 못한 채 교차학문적crossdsciplinary인 지식을 흡수하거나 "경제 원리"에서 출발하는 식으로 학문을 수양해서는 안 됩니다. 경제 원리에서 출발하는 것은 자신의 분야에서든 타 학문 분야에서든 이미 존재하는 보다 기본적인 자료를 이용해서 해결책을 설명하고자 하는 방식을 저해하기 때문입니다.

4. 하지만 위 3번의 방식이 새롭고 유용한 통찰력을 만드는 데 별 도움이 되지 않는다면, 기존의 훌륭한 원칙을 만드는 데 사용된 것과 비슷한 방법을 이용해서 새로운 원칙에 대한 가설을 세우고 그것의 타당성을 검증해봐야 합니다. 그러나 기존의 원칙이 사실이 아니라는 것을 입증할 수 없는 한, 기존의 원칙과 괴리되는 새로운 원칙을 이용하려 해서는 안 됩니다.

현재 소프트 사이언스에서 행해지고 있는 방법과 비교할 때 하드 사이언스의 기본적이고 체계적인 에토스가 보다 엄격하다는 사실을 알아차렸을 것입니다. 하드 사이언스의 에토스는 파일럿 훈련과 비슷한 면이 많은데 이는 결코 우연의 일치가 아닙니다. 현실은 귀를 기울이는 사람에게 진실을 말해줍니다. 파일럿 훈련과 마찬가지로 하드 사이언스의 에토스는 "원하는 것을 취하라"고 말하는 대신 "싫든 좋든 능통해질 때까지 모든 것을 익혀라"고 말합니다. 다학문적 지식 습득을 위한 합리적 체계를 구성하기 위해서는 다음의 두 가지를 의무화해야 합니다. 다름 아니라 ① 학문의 속성을 완전히 파악한 다음에 교차학문적 지식을 습득하는 것을 의무화해야 하며 ② 자신이 선호하는 가장 기본적인 설명이 무엇인지 정하는 것을 의무화해야 합니다.

이 단순한 아이디어는 너무 뻔한 얘기 같아서 실용성이 없는 듯 들릴 수도 있습니다. 하지만 사업이든 과학이든 분야를 막론하고 다음의 두 가지 오래된 규칙이 종종 탁월한 효과를 발휘하곤 합니다. 첫째, 단순하고 기본적인 아이디어를 취하는 것입니다. 둘째, 그 아이디어를 아주 진지하게 받아들이는 것입니다. 또한 기본적이고 체계적인 에토스를 진지하게 받아들이는 것이 대단히 중요하다는 증거로서 제 자신이 직접 겪은 경험을 제시하고자 합니다.

하버드 로스쿨에 입학할 무렵의 제 교육 수준은 형편없었습니다. 공부 습관도 산만했고 학사 학위도 없었습니다. 워런 애브너 시비가 입학 허가를 반대했기에 저는 우리 가족의 지인인 로스코 파운드의 중재로 간신히 입학할 수 있었습니다. 가령 제가 고등학교에서 들은 생물학은 수박 겉핥기식의, 그것도 암기식의 수업이 전부였습니다. 진화론, 짚신벌레와 개구리의 해부학적 구조, 현재는 다루지도 않는 "원형질"에 대한 내용 등을 아주 어설프게만 배웠을 뿐이었습니다. 지금까지도 저는 화학이나 경제학, 심리학, 경영학 강좌를 들은 적이 한 번도 없습니다. 하지만 저는 일찌감치 기초물리학과 수학을 배웠기에 충분한 주의를 기울여서 하드 사이언스의 기본적이고 체계적인 에토스를 어느 정도는 제 것으로 소화 시킬 수 있었습니다. 그 후로 소프트한 분야로 제 공부 범위를 조금씩 넓혀 나갔고 그런 과정에서 나름의 체계적인 가이드라인과 정리시스템을 마련하면서 현실에 맞는 다학문적 지혜를 수월하게 습득할 수 있게 되었습니다.

그런 점에서 제 인생은, 한 인간이 자신의 분야에서 배워야 할 내용을 충분히 숙지하면서도 여러 학문 영역에 걸쳐서 기본적이고 체계적인 에토스를 현실적으로 그리고 매우 효과적인 방법으로 적용할 수 있다는 것을 입증해준 우연한 교육적 실험의 장이 되었다고 말할 수 있습니다.

비공식적인 수단을 동원해 발육 정지 상태였던 제 학문적 수준을 보완하고자 이런저런 노력을 기울이면서 저는 한 가지 사실을 발견할 수 있었습니다. 의지력은 평범하지만 기본적이고 체계적인 에토스를 가이드라인으로 삼은 덕분에, 애정을 쏟고 있는 모든 분야에서 제 능력을 원하던 수준보다 훨씬 더 많이 향상시킬 수 있었다는 것입니다. 아무 기대 없이 시작한 곳에서 기대 이상의 큰 성과를 거둘 수 있었으며, 때로는 실패 확률이 아주 높은 "당나귀 꼬리 붙이기 게임"에서 마치 저 혼자만 눈가리개를 하지 않고 있다는 착각마저 들 정도였습니다. 가령, 저는 아무런 계획을 세우지 않아도 인간의 심리 상태를 효과적으로 파악할 수 있는 능력을 얻었고 이 능력은 제게 많은 도움을 주었습니다. 여기에 대해서는 훗날 또 얘기할 기회가 있기를 바랄 뿐입니다.

오늘은 이쯤에서 마무리 지을 생각입니다. 제 능력 한도 내에서 최대한 짧은 시간 안에 앞서 제시한 5가지 질문에 대한 답변을 제시하고자 노력했습니다. 합리적인 정신과 높은 교육수준을 갖춘 지성인인 여러분이 듣기에는 제 자문자답 식의 연설이 아무 독창성도 없고 진부하기 짝이 없는 말이었다고 생각하실 수도 있습니다. 하지만 제가 성토한 모든 악습이 최고 수준의 소프트 사이언스 교육기관에 아주 두텁고 넓게 존재하고 있다는 사실을 인정해야 합니다. 이런 교육기관에 종사하는 교수들 대부분이 머리부터 발끝까지 통학적 사고방식에 젖어 있기에 같은 대학 복도 건너편에 더 훌륭한 학습모델이 존재한다는 사실을 깨닫지 못하고 있습니다. 이런 어리석은 결과가 발생한다는 것은 다시 말해 소프트 사이언스의 제분야들이 잘못된 인센티브 제도를 용인하고 있음을 의미합니다. 잘못된 인센티브는 굉장히 커다란 문제가 될 수 있습니다. 존슨 박사가 현명하게 지적했듯, 이해관계가 대립될 경우에는 진실을 인정하고 받아들이기가 쉽지 않기 때문입니다. 따라서 인센티브 제도가 문제의 원인이라면 치료가 불가능하지 않습니다. 인센티브 제도를 바꾸면 되니까요.

오늘 저는 이 자리에서 제 경험담까지 들면서 소프트 사이언스 분야에서 통학적 방식을 고집하거나 이를 용납하는 태도가 당연한 일이 아니며 오히려 아무 도움도 되지 못한다는 사실을 설파하고자 했습니다. 제가 제 의지로 여러 가지 총체적인 학문적 결핍을 어느 정도 고칠 수 있었다면, 다른 사람들도 그럴 수 있습니다. 분명 더 좋고 현실적으로도 더 타당한 학습 방식이 존재할 것입니다. 그렇다면 존슨 박사의 말처럼 소프트 사이언스에 적용할 수 있는 에토스도 존재할 것입니다. 끊임없는 면학을 통해 학문적 무지를 없앨 수 있는데도 그대로 유지하는 태도를 두고 존슨 박사가 "배신행위treachery"라고 말했음을 잊지 말아야 합니다.

비록 뚜렷한 학문적 발전을 거두기는 힘들지라도 이득을 볼 수 있는 것은 분명합니다. 저 찰리 멍거가 그랬듯이 로스쿨을 비롯해 여타의 학술 기관들이 다학문적 접근법을 이용해서 공통 및 개개의 문제를 해결하고자 노력한다면 현실적으로 막대한 보상을 거둘 수 있을 것입니다. 또한 더 높은 성취감과 더 많은 재미를 느낄 수 있습니다. 이처럼 더 행복한 정신적 영역에 한번 들어서면 다시는 빠져나오고 싶지 않을 것입니다. 거기에서 나오는 것은 손을 잘라내는 것과 같기 때문입니다.

실용적 사고에 대한 실용적 사고*

오랜 업무 생활을 통해 저는 굉장히 단순하면서도 일반적인 개념 여러 가지를 소화해서 문제 해결에 많은 도움을 받을 수 있었습니다. 이제부터 가장 도움이 된 다섯 가지 개념을 소개하고자 합니다. 그런 다음에는 굉장히 극단적인 규모의 문제 하나를 내겠습니다. 실제로 이 문제는 초기자본 200만 달러를 대단히 큰 업적이 되고도 남기에 충분한 2조 달러로 불리는 것에 대한 문제입니다. 그런 다음에 유용한 다섯 가지 개념의 도움을 받아서 문제를 해결해보겠습니다. 여기까지 듣고 나면 제 설명이 중요한 교육적 의의를 담고 있음을 알 수 있을 것입니다. 이렇게 끝내는 이유는 제 연설의 목적이 교육적인 것이며, 이 게임의 목적이 더 훌륭한 사고방식을 찾는 것이기 때문입니다.

첫 번째 유용한 개념은, 대단히 중요하면서도 "고민의 여지가 없는no-brainer" 질문을 우선적으로 정해서 문제의 단순화를 꾀하는 것이 대체로 아주 큰 도움이 된다는 사실입니다.

두 번째, 수학이 신의 언어라는 가정 하에 대다수 과학적 현실은 수학만으로도 표현할 수 있다는 갈릴레오의 결론을 흉내 내는 것입니다. 갈릴레오 식 태도는 복잡한 실제 생활에서도 많은 도움이 됩니다. 드러나지는 않지만 우리 생활 대부분의 바탕이 되고 있는 수적 개념에 능통하지 못한다면 이는 외다리로 엉덩이 걷어차기 게임에 참가하는 것과 마찬가지입니다.

세 번째, 문제를 순방향으로만 바라보는 것으로는 충분하지 않다는 사실을 유념해야 합니다. 역방향으로도 바라볼 줄 알아야 합니다. 이는 시골 농부가 자신이 죽을 장소에 절대 가지 않기 위해 그곳이 어디인지를 알고 싶어 하는 것과 같은 이치입니다. 위대한 수학자인 칼 자코비^{Karl} Jacobi가 "뒤집어라, 항상 뒤집어 봐라"라고 자주 말한 것도 같은 이유에서 입니다. 피타고라스도 2의 제곱근이 무리수임을 증명하기 위해 역으로 생각했습니다.

네 번째, 가장 훌륭하고 가장 실용적인 지혜는 바로 기초적인 학술 지식이라는 사실입니다. 하지만 여기에는 한 가지 굉장히 중요한 조건이, 다시 말해 다학문적 방식으로 생각해야 한다는 조건이 붙습니다. 신입생 대상의 기초학문 강좌에서 가르치는 쉬운 개념을 일상적으로 이용하는 습관을 길러야 합니다. 기초적인 개념이 적용되기만 한다면 문제 해결 방법에도 제한이 없습니다. 하지만 학계와 기업 관료주의는 극단적인 영역 가르기로 학문을 세세한 분야까지 쪼개버리고는 외부 영역의 도움을 받으려는 태도를 강력하게 터부시합니다. 하지만 우리는 벤저민 프랭클린이 『가난한 리처드의 달력』에서 "그 일을 끝내고 싶으면 가라. 그렇지 않으면 보내버려라"라며 처방해준 것과 같이 다학문적으로 사고해야 합니다.

자신의 영역에서 아주 조금만 벗어나도 전적으로 타인에게 의존하거나 때로는 비용을 지불하고 전문가의 자문을 구한다면, 심각한 재앙을 겪게 될 수 있습니다. 이럴 경우 여러분이 겪게 되는 어려움은 복잡한 의견 조율 과정에서 비롯되는 어려움만이 아닙니다. 버나드 쇼 희곡의 등장인물이 "과거의 분석을 돌이킬 때 모든 전문직은 아마추어에 대한 음모이다"라고 말했듯 현실에서 비롯되는 고통도 겪게 됩니다. 쇼는 찬성하지 않겠지만 이 등장인물은 인간의 공포심을 과소평가하는 우를 범했

---

*1996년 7월 20일, 찰스 멍거의 비공식 강연

습니다. 솔직히 말해 여러분이 고용한 좁은 식견의 전문가가 처음부터 고의적으로 위법행위를 저질러야겠다고 생각하는 일은 거의 없습니다. 대신에 문제는 그의 잠재의식적인 편견에서 비롯됩니다. 당신을 위해 일해야 한다는 것을 알면서도 그의 재무적 동기는 당신과는 다를 수밖에 없고, 이로 인해 그의 인지능력이 손상을 입게 됩니다. 게다가 "망치를 든 사람에게는 모든 문제가 못으로 보인다"는 속담이 말해주듯 그는 심리적인 결함도 겪게 됩니다.

다섯 번째로, 실제로 아주 위대하고 근사한 결과는 여러 요소들을 조합했을 때에만 생겨나는 경우가 많다는 사실입니다. 예를 들어, 지금은 아닐지라도 과거에는 결핵을 치료하려면 세 종류의 약을 하루도 빼먹지 않고 장기간 같이 복용해야 했습니다. 그밖에도 비행기 조종과 같은 위대한 결과들도 비슷한 패턴을 따르고 있습니다.

이제는 실제적인 문제 하나를 내겠습니다.

1884년 애틀랜타. 당신은 다른 20명의 사람들과 함께 부자에 괴팍한 성격의 글로츠라는 사람에게 불려 왔습니다. 당신들과 글로츠는 두 가지 특이한 공통점이 있는데, 첫째로는 문제를 해결할 때는 앞서 설명한 5가지 유용한 개념을 늘 이용한다는 것이고, 둘째로는 양쪽 모두 학부의 기초 과정에서 다루는 기본적인 개념을 잘 알고 있다는 것입니다. 이 개념은 대단히 기본적인 내용이어서 1996년의 대학에서도 그대로 가르치는 내용입니다. 하지만 이런 기본 개념을 발견한 학자들이나 이를 설명해줄 사례들은 모두 1884년 이전에 나온 것들입니다. 당신들도 글로츠도 1884년 이후에 어떤 일이 일어났는지는 전혀 알지 못합니다.

글로츠는 투자금 200만 달러를 대겠다고 제안합니다. 하지만 그는 투자금의 절반은 글로츠 자선재단 운영을 위해 자신이 가지고 있겠다고 말합니다. 그는 자신의 몫을 새로운 사업체에 투자할 생각입니다. 이 회사는 무알코올 음료수를 생산할 계획이며 앞으로도 영원히 무알코올 음료회사로만 존재할 예정입니다. 글로츠는 나름 매력적이라고 생각하는 회사명도 만들어냈습니다. 바로 "코카콜라"입니다.

새로운 회사의 지분 절반은 150년 뒤인 2034년에, 그때의 통화가치를 기준으로 글로츠의 자선재단을 1조 달러 규모로 키울 수 있는 사업계획을 가장 그럴듯하게 제시하는 사람에게 맡길 생각입니다. 단, 그 사람은 매년 상당한 배당을 행하면서도 재단의 지분을 1조 달러로 늘려줄 수 있어야 합니다. 이것이 실현되면 배당금 수십억 달러를 제하더라도 새로운 회사의 가치는 150년 뒤 총 2조 달러에 달하게 됩니다.

한 사람 당 15분씩 답변할 시간이 있습니다. 당신은 글로츠에게 어떤 사업 계획을 말하겠습니까?

저라면 앞서의 유용한 다섯 가지 개념과 똑똑한 대학 2학년이라면 다 알고 있을 지식만을 이용해서 글로츠에게 제 의견을 말하겠습니다.

글로츠 씨, 문제를 단순화하려면 중요하면서도 "고민의 여지가 없는" 결정을 우선적으로 정해야 한다는 것입니다. 그러한 결정은 다음과 같습니다. 첫째, 유사 상품을 판매해서는 결코 2조 달러 가치의 기업을 만들어낼 수 없습니다. 따라서 우리는 "코카콜라"라는 이름을 트레이드마크로 등록해서 법의 강력한 보호를 받아야 합니다. 둘째, 2조 달러의 사업체로 성장하려면 처음에는 애틀랜타에서 영업을 시작하고 그 다음에는 미국 전역으로 사업을 넓히고 이것이 성공한 뒤에는 곧바로 세계 시장에 진출해서 성공을 거둬야 합니다. 그러기 위해서는 강력하고 근원적인 힘을 발휘할 수 있는, 다시 말해 세계적인 매력을 지닌 상품을 개발해야 합니다. 그리고 학부 수준의 기초학문 강좌에서 가르치는 내용이야말로 이런 강력하고 근원적인 힘을 발견할 수 있는 적절한 장소입니다.

다음으로는 수학적 능력을 이용해서 2조 달러라는 목표의 의미가 무엇인지를 확실히 파악해야 합니다. 2034년경이면 세계 음료수 소비자는 대략 80억 명 정도일 것이라고 추산할 수 있습니다. 평균적으로 말해서 2034년의 소비자는 1884년의 소비자보다는 물질적으로 훨씬 풍요로운 생활을 누릴 것입니다. 사람의 몸은 대부분 물로 구성돼 있기에 매일 1.8리터의 물을 마셔야 합니다. 이는 0.23리터짜리 음료수 8개에 해당되는 분량입니다. 따라서 우리가 출시할 음료수 및 경쟁사들의 모방품이 맛이 좋아서 세계 물 섭취의 25% 정도를 차지하고 이중에서 우리가 신규시장의 절반을 점유할 수 있다고 가정할 경우 2034년에는 0.23리터짜리 음료수를 2조 9,200억 개 판매할 수 있다는 계산이 나옵니다. 또한 개당 순이익이 4센트라고 할 경우 총이익은 1,170억 달러에 달합니다. 만약 우리 사업이 계속 훌륭한 성장률을 보여준다면 이 정도 이익이면 2조 달러 사업체로 자라나는 것이 충분히 가능하다고 짐작됩니다.

물론 개당 4센트의 이익 수치가 2034년에도 합리적인 이익 목표인가라는 커다란 문제가 남아 있습니다. 강력하고 세계적인 매력을 지닌 음료수를 만들어낼 수 있다면 답은 '그렇다'입니다. 150년은 긴 시간입니다. 드라크마화처럼 달러화도 십중팔구는 통화가치 하락을 겪게 될 것입니다. 이와 동시에 전 세계 평균 음료수 소비자의 실질구매력은 증가할 것입니다. 소비자가 수분 섭취와 낮은 비용으로 자신의 경험을 향상시키려는 성향도 상당히 빠르게 증가하리라고 짐작됩니다. 그러는 동안 기술 발전으로 인해 일반 구매력과 대비했을 때의 제품 단위원가는 내려갈 것입니다. 이런 네 가지 요소 모두 단위당 4센트의 이익 목표에 유리하게 작용합니다. 달러화 기준으로 세계의 음료수 구매력은 150년 동안 적어도 40배는 늘어날 것으로 보입니다. 역으로 생각하면 이는 1884년의 상황 하에서 단위당 4센트의 이익 목표는 다시 말해 제품 하나당 4센트의 1/40, 즉 0.1센트라는 뜻이 됩니다. 결국 우리의 신제품이 세계적인 매력을 지니고 있다면 처음부터 아주 쉽게 목표를 초과할 수 있을 것입니다.

이런 사항을 결정한 다음에는 세계적인 매력을 지닌 제품을 창조해야 한다는 문제를 해결해야 합니다. 이를 위해서는 상호 연관된 두 가지 커다란 문제를 해결해야 합니다. 첫째, 150년이라는 기간 동안 우리는 새로운 청량음료 시장이 세계 수분 섭취 시장의 4분의 1을 차지할 수 있게끔 해야 합니다. 둘째, 경쟁사가 신규시장의 절반을 차지하는 것까지는 허용하더라도 활발한 영업활동을 통해 우리 회사가 반드시 절반은 시장을 점유해야 합니다. 이 정도면 대단히 멋진 성과라고 말할 수 있습니다. 따라서 우리는 도움이 될 만한 모든 요소들을 전부 참작해서 문제를 공략해야 합니다. 간단히 말해 여러 요소들을 강력하게 결합하는 것만이 우리가 원하는 멋진 결과를 만들어줄 수 있습니다. 다행히도 신입생 과정에서 배운 내용을 항상 유념할 수 있다면 상호 연관된 문제들에 대한 해결책도 대단히 쉽게 마련할 수 있을 것입니다.

강력한 트레이드마크에 의존해서 "고민의 여지가 없는" 결정을 단순화했을 때의 결과를 우선적으로 탐구해보기로 합시다. 이런 결론은 기초적인 학술적 관점을 적절히 이용해서 사업의 본질을 자동적으로 이해할 수 있게 해줍니다. 심리학 입문 과정을 떠올린다면 우리가 하는 일이 본질적으로는 조건반사를 창조하고 유지하는 것임을 알 수 있습니다. "코카콜라"라는 트레이드마크와 트레이드드레스는 자극 역할을 하고, 음료 구매 및 섭취는 바람직한 반응 역할을 합니다.

그렇다면 조건반사를 만들어내고 유지하려면 어떻게 해야 할까요? 심리학 교과서는 ① 조작적 조건 형성operant conditioning과 ② 고전적 조건 형성classical conditioning이라는 두 개의 답을 알려줍니다. ② 번의 경우는 조건반사 개념을 만들어낸 러시아의 위대한 과학자를 기리기 위해 파블로프식 조건 형성Pavlovian conditioning이라고 불리기도 합니다. 우리는 괄목할 만한 결과를 원하므로 두 방법을 모두 이용해야 합니다. 또한 이 두 가지를 이용하면 결과 향상에 도움이 될 모든 것을 만들어낼 수 있습니다.

조작적 조건 형성의 문제는 해답을 쉽게 찾아낼 수 있습니다. ① 코카콜라 음료 섭취의 보상을 극대화하면서도 ② 우리가 제공해준 바람직한 반응이 경쟁사들이 만들어내는 조작적 조건 형성으로 인해 사라질 가능성을 최소화시키기만 하면 됩니다.

조작적 조건 형성의 보상을 최대화하기 위해서는 다음과 같은 몇 가지 실질적인 보상을 제공할 수 있어야 합니다.

1. 칼로리나 다른 영양성분 측면에서 음식으로서의 가치 제공.
2. 다윈식 자연선택을 통해 인간에게 미리 내장돼 있는 신경프로그램 하에서 맛, 식감, 향이 소비 자극제의 역할을 함.
3. 설탕이나 카페인 등으로 자극적인 맛 제공.
4. 너무 더울 때는 시원하게 해주는 효과를 제공하거나 너무 추울 때는 몸을 따뜻하게 하는 효과를 제공.

아주 멋진 결과를 거두기를 원한다면 당연히 위의 네 종류의 보상을 모두 제공할 수 있어야 합니다.

본격적인 사업에 착수하기 전에, 소비 촉진을 위해 시원한 음료수를 제조해서 판매해야 한다는 결정은 쉽게 내릴 수 있습니다. 한파가 몰아닥칠 때보다는 푹푹 찌는 더위가 닥쳤을 때 음료수도 마시지 않고서 열기를 다스릴 수 있는 방법이 훨씬 적기 때문입니다. 더욱이 찌는 듯 더운 날씨에서는 청량음료 소비가 늘 것이 분명하지만 추울 때는 아닙니다. 또한 설탕과 카페인을 넣는 문제도 쉽게 결정할 수 있습니다. 어쨌든 차나 커피, 레모네이드 같은 음료도 이미 폭넓게 소비되고 있으니까요. 그리고 우리는 소비자들이 설탕과 카페인이 든 음료수를 마시면서도 최대의 인간적인 기쁨을 느낄 수 있도록 여러 시행착오를 통해서 훌륭한 맛과 그 외의 특징을 제공하기 위해 열심히 노력해야 합니다. 우리가 창조한 바람직한 조작적 조건반사가 경쟁사 제품이 만들어낸 조작적 조건 형성으로 인해 소멸되는 것을 막고자 한다면, 이때에도 확실한 해답이 있습니다. 즉, 최대한 빠른 시일 내에 우리의 청량음료를 전 세계 어디에서든 언제나 애용되는 제품으로 만들어야 한다는 강박관념을 회사 내에 심어줘야 한다는 것입니다. 어찌 되었든 소비자가 마셔주지 않는다면 경쟁사의 음료수는 보상을 제공할 수도 없고 상충되는 습관을 만들어낼 리도 없습니다. 모든 배우자가 그런 사실을 잘 알고 있습니다.

다음으로는 파블로프식 조건 형성의 이용 방법을 고려해야 합니다. 파블로프식 조건 형성에서는 단순한 연상 작용이 강력한 효과를 제공합니다. 파블로프의 실험에서 개는 신경계의 작용으로 인해 먹지 못하는데도 종소리만 들으면 침을 흘렸습니다. 그리고 남자의 뇌는 꿈에서나 나올 법한 근사한 여성의 체형을 하고 있는 음료수 모양을 갈망합니다. 따라서 글로즈 씨, 우리는 가장 훌륭하다고 생각되는 파블로프식 조건 형성을 여러 가지 만들어내서 이를 최대한 활용해야 합니다. 사업을 계속하는 한, 우리의 청량음료 제품 및 프로모션을 통해 소비자들로 하여금 자신들이 좋아하거나 감탄하는 모든 것을 뇌리에 연상할 수 있게 해야 합니다.

파블로프식 조건 형성을 대대적으로 이용하고자 한다면 막대한 자금이 들 것입니다. 특히 엄청난 광고비가 들어갈 수 있습니다. 상상하는 수준보다 훨씬 많은 비용을 쓰게 될 수도 있습니다. 하지만 이것은 결코 헛되이 쓰는 돈이 아닙니다. 새로운 청량음료 시장이 빠른 속도로 확대해나가는 동안, 경쟁사들은 파블로프식 조건 형성을 만들어내기 위한 광고 전쟁에서 총체적인 규모의 열위disadvantages of scale를 겪게 될 것입니다. 그리고 이러한 결과는 규모가 막강한 효과를 발휘한다는 사실과 함께 우리가 계속 시장 선두를 달리도록 도와주면서 지역을 막론하고 신규시장 어디에서나 50%가 넘는 시장점유율을 확보할 수 있게 해줄 것입니다. 실제로 소비자가 뿔뿔이 흩어져 있다는 사실을 감안하면 경쟁사를 앞지르는 우리의 규모는 유통에 있어서도 아주 월등한 비용의 우위를 제공해줄 것입니다.

게다가 단순한 연상 작용을 통한 파블로프 효과를 이용해서 신제품의 맛이나 식감, 색깔도 비교적 용이하게 선택할 수 있습니다. 파블로프 효과로 볼 때, "설탕과 카페인이 들어간 글로츠 음료수"라는 멋대가리 없는 이름 대신에 이국적인 분위기가 풍기고 고급스러운 느낌도 나는 "코카콜라"라는 명칭이 훨씬 현명한 선택일 것입니다. 똑같은 이유에서 신제품을 단맛이 나는 음료수라는 느낌이 들게 하는 대신에 와인과 아주 흡사한 분위기를 풍기게 하는 것이 현명한 선택입니다. 그리고 눈에 띄게 하기 위해서는 음료의 색깔 선정에도 공을 들여야 합니다. 음료수에 탄산을 넣으면 샴페인이나 다른 값비싼 음료수와 비슷해 보이는 효과를 볼 수 있으며, 맛도 더 좋아져서 경쟁사들이 우리 제품을 모방하기가 더 힘들어질 것입니다. 마지막으로, 우리의 청량음료를 맛본 소비자들이 귀중한 심리학적 효과도 누릴 수 있어야 하므로 종래의 기준과는 완전히 다른 맛을 제공해야 합니다. 그래야만 경쟁사들이 우리 제품을 모방하기가 극도로 힘들어질 것이며, 혹시라도 비슷한 맛의 기존 상품이 부수적인 이득을 보는 사태를 미연에 방지할 수 있습니다.

이 밖에도 심리학 교과서의 어떤 내용이 우리의 신규사업에 도움을 줄 수 있을까요? 인간은 "보는 대로 따라하는" 속성이 강한 편인데 이는 심리학 용어로는 "사회적 증거의 법칙social proof"라고 합니다. 타인의 소비를 보는 것만으로도 모방 소비가 유발된다는 것을 의미하는 사회적 증거의 법칙은 우리의 음료 제품을 이용하도록 유도하는 효과를 줄뿐 아니라 음료 소비를 통해 인지적 보상perceived reward을 느끼게 하는 데에도 큰 역할을 합니다. 우리는 현재와 미래의 소비 진작을 위해 광고 및 판촉 계획을 세울 때, 그리고 현재의 이익을 예측하고자 할 때 항상 사회적 증거의 법칙이라는 강력한 요소를 고려해야 합니다. 대다수의 다른 상품들을 함께 묶어서 판매할 때보다는 각 제품의 매출이 증가할 때 판매력이 더욱 커지는 법입니다.

따라서 글로츠 씨, 우리는 ① 복수의 파블로프식 조건 형성 ② 강력한 사회적 증거 법칙의 효과 ③ 복수의 조작적 조건 형성이 생겨나도록 놀라운 맛, 활력 충전, 자극적인 식감, 그리고 적절한 차가움을 갖춘 청량음료를 제공해야 합니다. 이 세 가지를 결합한다면 우리가 의도적으로 선택한 수많은 요소들이 혼합되어서 아주 오랫동안 꾸준한 매출 증대가 발생할 수 있을 것입니다. 그렇게 할 때 우리는 화학에서 말하는 자체 촉매 반응을, 정확히 말하면 복잡하게 얽힌 복수의 요소들이 근사한 결과를 저절로 추진해주는 그런 상황을 만들어낼 수 있을 것입니다.

회사의 물류 및 유통 전략은 간단한 편입니다. 신제품을 판매할 수 있는 현실적인 방법은 두 가지로, ① 시럽 형태로 자판기나 식당에 공급하는 방법과 ② 탄산 처리한 음료수 완제품을 용기에 담아 판매하는 방법입니다. 우리는 세상이 주목할 멋진 결과를 원하므로 당연히 두 가지 방법 모두를 취해야 합니다. 또한 파블로프 효과와 사회적 증거의 법칙이 큰 영향력을 발휘하기를 원하므로 제품 단위당 광고비와 판촉비를 항상 별도로 책정해두어야 합니다. 금액으로는 자판기에서 음료수 1컵을 만드는 데 들어가는 시럽 단가의 40% 이상이 되어야 할 것입니다.

시럽 생산 공장은 몇 개만 마련해도 세계 시장 공급에는 무리가 없습니다. 그러나 물을 넣은 완제품에 대한 불필요한 운송비가 발생하는 것을 피하려면 세계 각지에 보틀링 공장을 마련할 필요가 있습니다. (과거 GE가 전구에 그렇게 했던 것처럼) 자판기용 시럽과 용기에 담은 완제품에 대해 1차 판매가first-sale price를 정해 놓으면 이익을 극대화할 수 있습니다. 이윤극대화를 도모하고 이를 통제하기 위한 최상의 방법은 독립적인 보틀러를 자율적인 시럽 매수자가 아니라 일종의 하도급업체로 만드는 것입니다. 무엇보다도 시럽 가격을 처음 수준 그대로 동결한다는 조건을 명기하고서 영속적인 독점권을 누리는 매수자는 지양해야 합니다.

우리 상품의 최대 무기인 독특한 맛에 대해서 특허권이나 판권을 취득할 수 없다면 엄청나게 많은 심혈을 기울여야 제조 공법의 비밀을 유지할 수 있을 것입니다. 커다란 비밀이 숨겨 있다는 분위기를 풍기면 파블로프 효과도 더불어 늘어날 것입니다. 언젠가는 식품화학 공학의 발전으로 경쟁사들이 우리의 음료를 거의 똑같이 모방하는 날이 올 수도 있습니다. 하지만 그런 날이 온다 해도 강력한 트레이드마크의 보호를 받으면서 전 세계 "어디서든 살 수 있는" 완벽한 유통망을 갖추고 있기에 우리는 그들보다 훨씬 앞서 있는 셈이고, 맛을 모방하는 것만으로는 우리의 목표 달성을 막을 수 없을 것입니다. 더욱이 식품화학의 발전이 경쟁사들에게 많은 득을 주듯이 이와 관련된 여러 기술의 발전 역시 우리에게 많은 도움을 줄 것이 분명합니다. 이런 기술 발전으로는 냉장기법의 발전이나 운송 발달, 당분의 칼로리는 없으면서도 단맛이 나게 하는 기술 개발 등을 들 수 있습니다. 게다가 관련 음료 상품 시장을 선점할 기회도 당연히 우리 차지가 될 것입니다.

이제 마지막으로, 지금까지의 내용을 토대로 사업 계획에 대한 현실성 점검을 해야 합니다. 이번에도 자코비처럼 역으로 생각해야 합니다. 전혀 도움이 되지 않기에 피해야 할 사항은 무엇이 있을까요? 답은 4개입니다.

첫째, 음료의 뒷맛으로 인해 소비자가 방어적이 되거나 싫증내면서 소비를 중단하는 악영향이 발생하는 사태를 피해야 합니다. 다윈의 진화론은 이런 악영향이 인간 심리의 정상적인 부분이라고 말합니다. 인간 유전자는 활발한 유전자 복제를 유도하기 위해 유전자 전달체에서 대체로 도움이 될 만한 중간적 입장을 취하려 한다는 것입니다. 우리의 목표를 달성하려면 아주 더운 날에 소비자가 뒷맛에 대한 걱정을 전혀 하지 않고서 우리 제품을 연달아 마실 수 있게 해야 합니다. 시행착오를 통해 소비자가 싫어할 뒷맛이 전혀 없는 훌륭한 맛을 만들어낸다면 이 문제는 저절로 해결될 것입니다.

둘째, 강력한 트레이드마크의 보호를 받는 우리 상표가 그 이름에 대한 권리를 단 절반이라도 잃는 일이 있어서는 안 됩니다. 다른 종류의 "콜라"가, 예를 들어 "페피콜라" 같은 상품 이름이 버젓이 시중에 판매되어도 지지부진하게 대처한다면 우리는 막대한 손해를 입게 될 것입니다.

혹시라도 "페피콜라"가 시중에 유통된다면 그 브랜드의 소유주는 우리여야 할 것입니다.

셋째, 많은 성공을 거두게 되더라도 시기심으로 인해 악영향이 빚어지는 사태를 피해야 합니다. 시기심이 인간 천성의 중요한 부분이기에 십계명에서도 이에 대한 내용을 분명히 언급하고 있음을 감안해야 합니다. 아리스토텔레스의 말을 인용하면, 시기심을 피하는 최선의 방법은 당연히 성공해야 할 분야에서 성공을 거두는 것입니다. 다시 말해 우리는 우수한 품질이나 우수한 광고, 합리적인 가격 등으로 소비자에게 무해한 즐거움을 제공하기 위해 노력해야 합니다.

넷째, 트레이드마크의 보호를 받는 우리 제품의 맛이 시장을 지배하고 난 다음에는 갑자기 맛을 크게 변화시키는 행동을 취해서는 안 됩니다. 블라인드 테스트를 한 결과 새로운 맛이 더 좋다는 판단이 나올지라도, 새로운 맛으로 바꾸는 것은 어리석은 짓입니다. 그 이유는, 심리적인 효과로 인해 소비자들은 기존의 맛을 선호하고 이를 바꾸려하지 않기 때문에 대대적인 맛의 변화는 우리에게 큰 도움이 되지 않을 것이기 때문입니다. 게다가 그런 변화는 소비자들의 심리에 박탈적 과민반응 신드롬deprival super-reaction syndrome을 유발해서 우리에게 오히려 큰 손해를 입힐 수도 있습니다. 박탈적 과민반응 신드롬은 "박탈감"으로 인해 어떤 종류의 협상에도 임하기 힘들어져서 도박꾼들이 비합리적인 사고를 하게 만드는 신드롬을 의미합니다. 더욱이, 맛에 대대적인 변화를 가하게 되면 경쟁사들이 우리의 맛을 모방해서 ①새로운 맛을 싫어하는 소비자들의 박탈적 과민반응 및 ②맛을 바꾸기 이전의 우리 상품에 대한 소비자들의 선호를 자신들에게 유리하게 이용하는 사태가 오게 될 것입니다.

여기까지가 200만 달러로 시작해서 수십억 달러의 배당금을 제한 후에도 2조 달러 가치를 지닌 사업체로 성장시키는 문제에 대한 제 답변입니다. 저는 1884년 당시에 글로츠가 이 답변을 채택해서 처음에 예상했던 것보다 더 많은 성공을 거뒀으리라고 확신합니다. 앞서 말한 다섯 가지 유용한 개념의 토대가 된 기초적인 학술적 이론을 적절히 대입하기만 한다면 올바른 전략을 세우기가 쉬워집니다.

제 답변이 실제 코카콜라의 역사와 얼마나 일치할까요? 가상의 인물인 글로츠가 200만 달러를 가지고 야심만만하게 사업을 시작하려 했던 시점에서 12년이 지난 후인 1896년에 진짜 코카콜라 회사가 세워졌습니다. 순자산은 15만 달러, 이익은 제로 수준이었습니다. 그 후로 코카콜라는 트레이드마크의 절반을 상실했으며 보틀링 회사에 고정적인 시럽 가격에 영속적인 프랜차이즈 권리를 부여해주었습니다. 일부 보틀링 회사들의 사업 실적은 별로 좋지 못했지만 이들을 쉽게 바꿀 수도 없었습니다. 이러한 시스템 하에서 코카콜라 사는 가격 통제권을 상당 부분 상실했습니다. 아마도 가격 통제권을 그대로 유지했다면 영업실적도 지금보다 훨씬 좋았을 것입니다. 하지만 이런저런 일들에도 불구하고 실제 코카콜라 사는 글로츠에게 제가 제시했던 것과 비슷한 사업 계획을 대부분 따랐고 그 결과로 지금은 순자산 1,250억 달러를 가지게 되었습니다. 연 8%씩의 성장만 유지해도 이 회사는 2034년까지 시장가치 2조 달러의 회사로 무난히 자랄 수 있을 것입니다. 또한 연 6%의 판매량 증가가 계속 유지된다면 2034년에는 2조 9,200억개의 제품 판매라는 목표도 달성할 수 있으리라고 봅니다. 이 수치는 과거의 실적을 토대로 계산된 것이며 2034년이 지난 후에도 소비자들이 물 대신에 코카콜라를 마실 가능성은 여전히 많이 존재합니다. 따라서 제 추측으로는 가상의 인물인 글로츠가 더 강한 의지를 가지고서 더 일찍 사업을 시작하고 최악의 실수를 피하기만 한다면, 그는 아마도 2조 달러의 사업체라는 목표를 쉽게 달성할 수 있을 것입니다. 어쩌면 2034년이 되기 훨씬 전에 목표를 달성할지도 모릅니다.

이제 제 연설의 주요 목적을 말씀드릴까 합니다. 글로츠에게 제시한 제 답변이 어느 정도 맞는다고 가정하고, 대부분의 박사 과정 교육 관계자들은 물론이고 심리학 교수나 비즈니스스쿨의 학장들까지도 제가 했던 것과 같은 단순한 답변을 제시하지는 않을 것이라는 가정을 추가한다면, 지금까지의 제 말에는 커다란 교육적 의미가 존재합니다. 그리고 이 두 가정이 맞는다면, 그것은 우리의 문명에서 수많은 교육자들이 답보 상태를 걷고 있음을 의미합니다. 그들은 심지어 과거를 반추한 다음에도 그리고 자신들의 삶을 주도면밀하게 관찰하고 난 다음에도 코카콜라의 발전사를 충분히 설명하지 못합니다. 이는 결코 만족할 만한 상황이 아닙니다.

우리는 한 가지 훨씬 더 극단적인 결과를 살펴봐야 합니다. 지난 수년 동안 코카콜라를 이끌어오면서 괄목할 만한 성장을 일궈낸 똑똑하고 능력 있는 경영자들이 비즈니스스쿨과 로스쿨 졸업생들에게 포위당한 탓에 기초심리학을 제대로 이해하지 못했고, 그 결과 "뉴코크"의 대참패를 예측하지도 이를 피하지도 못했다는 사실입니다. 이 대실패로 인해 회사는 상당히 위험한 상황에 처하고 말았습니다. 그토록 유능한 인재들이 유수 대학 출신 전문가들의 자문에 휩쓸려서 배운 것을 실천에 옮기지 못하고 있다는 사실 역시 별로 만족스러운 상황은 아닙니다.

학계 최고봉에서나 혹은 최고 경영진 모두에게 존재하는 이런 극단적 무지는 상당히 커다란 부정적인 영향력을 발휘하면서 학계 내에 커다란 결함이 있음을 반증해줍니다. 그 악영향이 상당히 파급적인 위력을 발휘하고 있기 때문에 하나가 아니라 서로 상관 작용을 하는 복수의 원인이 학계 내에 존재한다고 생각할 수 있습니다. 저는 최소한 두 가지 원인이 있다고 짐작합니다.

첫째, 대학이나 대학원의 심리학은 여러 가지 독창적이고 중요한 심리 실험을 제공해 주면서 귀중하고 유용한 도움을 많이 주는 것이 사실이지만 학문간 통합은 결여돼 있는 실정입니다. 특히, 심리적 성향들을 종합할 때 멋진 결과를 거둘 수 있다는 사실에는 별로 주목하지 않습니다. 이런 실정은 마치 무지몽매한 교사가 파이π를 반올림해서 3으로 단순하게 가르치려 하는 것과 다르지 않습니다. 또한 이는 "모든 것은 최대한 단순화를 꾀해야 하지만, 필요 이상으로 단순화해서는 안 된다"는 아인슈타인의 경고에 위배되는 행위이기도 합니다. 대체적으로 심리학은 분야가 구분돼 있으며 많은 오해의 소지를 삽니다. 이는 물리학이 마이클 패러데이Michael Faraday같은 훌륭한 과학자는 여럿 배출했지만 제임스 클러크 맥스웰James Clerk Maxwell 같은 위대한 통합자는 한 명도 배출하지 못했다면 오늘날 전자기학에서 많은 오인이 빚어지게 되었을 것과 비슷합니다.

둘째, 심리학과 다른 학문 분야와의 조화를 꾀하는 통합 능력이 끔찍할 정도로 결여돼 있습니다. 그러나 여러 학문을 통합하는 것만이 현실에 올바르게 대처할 수 있습니다. 코카콜라의 예에서도 그러했듯 이는 학계 차원에서도 마찬가지입니다.

간단히 말하면 대학이나 대학원의 심리학과는 다른 학과들이 생각하는 것보다 그 중요성이나 유용성이 훨씬 큰 편입니다. 이와 동시에 심리학과는 이를 전공하는 사람들 대다수가 생각하는 것보다 훨씬 악화일로에 있습니다. 물론 긍정적인 자신감을 기르는 데 있어서는 외부의 찬사보다는 스스로를 인정하는 태도가 더 중요하기는 합니다. 실제로 제가 오늘 이 연설을 하는 것도 바로 이런 이유 때문입니다. 하지만 심리학부에 대한 내외부의 평가 사이에는 비정상적일 정도로 커다란 간극이 존재합니다. 사실 그 간극이 너무나도 큰 나머지 한 유명 대학(시카고 대학)은 심리학부를 폐지해버리고 말았습니다. 저는 그저 훗날 더 훌륭한 모습의 심리학부가 다시 탄생되기를 은밀히 바랄 뿐입니다.

이런 상황에서 여러 해 전에 발생했으며 그 탄생 자체가 잘못되었던 "뉴코크"의 대실패를 돌아봅시다. 당시 코카콜라의 경영진은 세계에서 가장 귀중한 트레이드마크를 스스로 파괴할 뻔했습니다. 누구나 알고 있는 이 엄청난 참패에 대해 학계는 올바른 반응을 보이지 못했습니다. 그들은 단 한 주 동안 보잉의 신형 비행기 세 대가 추락한 사건이 일어났을 때 보였던 것과 비슷한 반응을 보였어야 옳았습니다. 비행기든 콜라이든, 제품 하나하나에 그것의 완전성이 담겨 있어야 합니다. 학계는 명백하면서도 엄청난 수준의 실패를 저질렀습니다.

그러나 보잉 사건에 대해서처럼 책임 있는 반응이 학계에서는 거의 나오지 않았습니다. 대신에 학계 전체는 계속 자신들의 영역만을 고집했습니다. 심리학 교수들은 잘못된 심리학 교습을 고집하고 있으며, 심리적 영향력을 이해하지 못하는 비심리학 분야의 교수들은 이번 사건에서 심리적 영향이 결정적인 요인으로 작용했다는 사실을 알지 못합니다. 그리고 대학원들은 초급 과정에도 못 미치는 자신들의 심리학적 무지를 고의적으로 유지하면서 오히려 이런 학문적 무능력을 자랑스러워합니다.

비록 유감천만의 맹목성과 게으름이 작금의 학계 전체에 팽배해 있는 것은 사실이지만, 교육 기관의 이런 수치스러운 결점이 언젠가는 바로잡힐 수 있을 것이라는 희망을 품을 만한 예외 사항이 있지 않을까요? 저는 그렇다고 매우 확신합니다.

예를 들어 시카고 대학의 경제학부가 최근에 취한 행동을 예로 들 수 있습니다. 과거 10년 동안 시카고 대학의 경제학부는 인간의 합리성에 근거를 둔 "자유시장" 모델을 통해 훌륭한 예측을 행함으로써 노벨경제학상을 거의 독식하다시피 했습니다. 합리적인 인간에 대한 가정을 토대로 연달아 상을 수상한 다음 시카고 대학 경제학부는 어떤 반응을 보였을까요?

대학은 원래부터 위대한 경제학자가 대거 존재하는 교수진에 코넬 대학의 재기 넘치고 현명한 리처드 탈러Richard Thaler 교수를 추가로 영입했습니다. 탈러 교수가 시카고 대학의 성역으로 여겨지는 곳 대부분에 조롱을 던지고 있다는 점에서 이는 잘한 행위라고 말할 수 있습니다. 저도 그렇지만 탈러 교수 역시 미시경제학의 관점에서 인간의 행동을 심리학적으로 예측하면서 대부분의 사람들이 대단히 비합리적으로 행동한다고 믿습니다.

이렇게 행동하면서 시카고 대학은 다윈을 모방하고 있습니다. 다윈은 훗날 확실한 정설로 인정받으며 많은 추앙을 받게 된 자신의 이론을 증명하기 위해 생애 대부분을 역으로 생각하면서 보냈습니다. 그리고 일부에 불과할지라도 학계가 다윈처럼 역방향 사고를 통해 자신들의 가치를 계속 유지할 수 있는 한, 우리는 어리석은 교육 관행이 칼 자코비가 예상했던 것처럼 보다 훌륭한 관행으로 바뀔 날이 올 것이라고 자신할 수 있습니다.

그렇게 자신할 수 있는 이유는, 다윈식의 접근법이 고행자가 입는 거칠기 짝이 없는 마미단셔츠처럼 객관성을 유지하려는 습관이 몸에 배어 있는 최강의 접근법이기 때문입니다. 실제로 아인슈타인 같은 위대한 인물도 자신의 업적을 가능하게 한 네 개의 원인 중 "자기비판"을 최고로 꼽았습니다. 그 나머지는 탐구심, 집중력, 지구력입니다.

자기비판의 힘을 보다 적절하게 평가하기 위해서는 대학 졸업장도 갖지 못한 찰스 다윈의 무덤이 어디에 있는지를 생각해봐야 합니다. 그의 무덤은 웨스트민스터 사원에, 영국이 낳은 가장 똑똑한 학생으로 평가되는 아이작 뉴턴 묘지의 묘석 바로 오른쪽에 초라하게 묻혀 있습니다. 반면에 아마도 역사상 가장 똑똑한 학생이라고 할 수 있는 아이작 뉴턴의 묘석에는 그의 업적을 기리기 위해 다섯 개의 라틴어 단어로 이뤄진 가장 훌륭한 찬사가 적혀 있습니다. "여기 고인의 유해가 묻혀 있노라hic iacet quod mortale fuet."

다윈의 시신을 그렇게 묻은 문명 세계도 언젠가는 적절하면서도 실용적인 방식으로 심리학을 발전시키고 통합해서 훌륭한 개가를 많이 거두게 될 것입니다. 하지만 미약한 힘이나마 가지고 있으며 올바른 관점을 가진 우리 모두가 그런 과정에 저마다 힘을 보태야 합니다. 많은 문제가 있는 것은 사실입니다. 최고 수준의 학계에서 코카콜라와 같은 성공적이고 세계적인 상품을 제대로 이해하거나 파악하지 못한다면, 그 밖의 다른 중요한 일들 대다수를 다루기 위한 능력 개발에서도 성과를 거두지 못할 것입니다.

물론 코카콜라 순자산의 50%를 가진 사람이라면, 그리고 제가 글로츠에게 제시한 답변과 비슷한 생각을 하면서 10%를 투자해본 다음에 그렇게 한 사람이라면, 심리학에 대한 제 설명이 너무 초보적인 수준이라서 별다른 유용성은 없다고 무시할 수도 있습니다. 그러나 다른 사람들에게도 이런 반응이 현명한 행동이라고는 확신할 수 없습니다. 이는 제가 좋아하는 예전의 워너 앤드 스웨시Warner & Swasey 광고 카피를 떠올리게 합니다. "새 기계 장비가 필요한데도 그것을 구입하지 않는 회사는 이미 그에 대한 대가를 지불하고 있는 셈이다."

버크셔 해서웨이의 멀린, 찰리 멍거

아서왕과 원탁의 기사들, 그리고 그들의 뒤에서 다방면으로 멘토가 되어 준 멀린에 대한 이야기를 모르는 사람은 없을 것이다. 아서왕이 7번의 전쟁에서 이겨 분열된 왕국을 통일하고 이후 성배를 찾는 여행을 안심하고 떠날 수 있었던 것도 모두 멀린이라는 대마법사가 자신의 공석을 채워줄 수 있음을 잘 알고 있었기 때문이다. 워런 버핏과 버크셔 해서웨이의 자회사를 이끄는 신뢰성과 실력을 두루 갖춘 일단의 경영자들, 그리고 찰리 멍거의 관계도 비슷하지 않을까 싶다.

워싱턴포스트의 캐서린 그레이엄이 버핏에게 혹시 그가 교통사고라도 당해 버크셔를 이끌 수 없게 되었을 때 그 자리를 누가 메워줄 것이냐고 물은 일이 있었다. 버핏이 망설임 없이 멍거를 지목한 것에서도 알 수 있듯, 버핏에게 있어 찰리 멍거는 버크셔의 부회장이라는 단순한 존재가 아니라 일생의 사업 동반자이자 친구이자 사고 영역을 넓혀준 멘토이다.

18세기 프랑스의 지성인인 에티엔 조프루아 생틸레르Étienne Geoffroy Saint-Hilaire는 자연에는 "대자적 자아에 대한 친화력le loi d' affinité de soi pour soi"라

는 법칙이 있다고 했는데, 호감이 가고 비슷한 것들끼리 끌린다는 의미이다. 버핏과 멍거의 만남이 여기에 딱 들어맞는다고 말할 수 있다. 그들은 처음 본 순간부터 서로의 비범함을 한눈에 알아봤다. 그렇기에 두 사람은 블루칩 스탬프스로 공식적인 파트너가 되기 전에도 비공식적인 파트너 관계를 계속 유지하면서 쌍방에 대한 신뢰와 우정을 쌓아갔던 것이다.

버핏과 멍거를 보면 시너지라는 말이 절로 떠오른다. 그들은 혼자서도 충분히 훌륭하고 능력 있는 사람들이었다. 컬럼비아 대학원에서 수학하면서 벤저민 그레이엄에게서 가치투자의 철학을 머릿속에 깊이 새겨넣은 버핏은 버핏 파트너십을 통해 이미 투자 세계에서 조금씩 입지를 굳혀나가고 있었고, 찰리 멍거는 다른 파트너들과 행한 부동산 개발로 첫 백만 달러를 벌어들이고 있었다. 하지만 서로를 알게 된 후 두 사람의 인생은 훨씬 나은 쪽으로 바뀌었다. 버핏은 벤 그레이엄의 "담배꽁초" 투자와 "염가 주식"이라는 굴레를 벗어던지고 내재가치 한도 내에서 고품질 기업을 찾는 쪽으로 투자 방향을 개선할 수 있었으며, 아직은 법률 쪽에도 발을 걸치고 있던 멍거는 버핏의 권고로 본격적인 기업가와 투자자로서의 여정에 발을 내디딜 수 있었다. 버핏은 멍거의 멘토링에 영향을 받아 "능력의 영역"이라는 정신적 사고에 따라 자신이 잘 이해하고 좋아하는 기업에만 투자한다는 원칙을 충실히 따르며 세계 1, 2위를 다투는 억만장자가 되었다. 멍거는 가족을 부양하고 사회에 공헌할 수 있는 정도의 부자가 되었으면 좋겠다는 젊은 시절의 꿈을 충분히 달성하고 (버핏만큼은 아니지만) 미국에서 수십 위 안에 드는 부자가 되어 자신의 신념에 충실하게 필요한 만큼의 자선사업을 행할 수 있게 되었다.

이 책을 읽다 보면 멍거가 명석한 두뇌에 못지않게 조금은 괴팍하고 고집도 센 사람임을 알 수 있다. 한 친구가 멍거의 집에 갔다가 여덟 자녀들이 난리법석을 떠는데도 아랑곳하지 않고 일에 집중하고 있는 것을 보고 놀랐다는 얘기나, 굿서매리튼 병원의 강당에서 연설을 하려는데 마이크가 꺼져 있는데도 상관없이 계속 자기 말을 이어갔다는 장면은 멍거의 개성을 잘 드러내준다. 공화당 지지자임에도 다른 정치적 동료들과 달리 가족계획협회를 지지하고 재생산권을 옹호하고 미국의 교육제도를 맹비난하는 모습 역시 그가 자신의 정치적 성향이 아니라 소신에 따라 행동하는 사람임을 보여준다. 그러나 이렇게 굳은 소신의 사람이었기에 그는 버핏이 벤 그레이엄의 그늘을 넘어 한 단계 발전하도록 도와주었으며, 이혼과 첫 아들의 죽음이라는 슬픔을 딛고 여덟 자녀를 둔 대가족의 가장이자 버크셔 해서웨이의 부회장이자 웨스코 파이낸셜의 회장이자 굿서매리튼 병원의 이사장으로서 자기 몫을 충분히 해낼 수 있었던 것이다.

서브프라임 사태는 미국과 글로벌 경제 모두에 맹타를 가했다. 9·11에도 끄떡없던 버크셔 해서웨이도 이번에는 그 여파를 비껴갈 수 없었다. 파생상품 투자에서 입은 손실로 최고등급 신용에서 한 단계 강등당하는 수모를 겪었고 10만 달러를 훨씬 웃돌던 주가는 현재 9만 달러대 초반으로 내려앉았다. 최근 막을 내린 버크셔 해서웨이 주주총회에서 버핏은 버크셔의 순이익이 반토막 났으며 파생상품 투자로 막대한 손실을(그 손실액이 얼마인지는 주총이 끝난 후 자세히 보고될 예정이다) 입었음을 인정했다. 버핏과 멍거는 여타의 장황한 변명이나 해명 없이 이번 버크셔의 순이익 감소가 순전히 자신들의 어리석은 실수 때문이라고 솔직히 인정했다. 하지만 버크셔의 주가가 하락할 경우 가장 큰 손해를 입을 사람은 다름 아닌 버핏과 멍거임을 유념해야 한다. 다른 기업들처럼 인수 시 일부 지분 매입보다는 전체 지분 인수나 다수 지분 인수를 선호하며 거액의 현금 보너스도 받지 않는 두 사람은 이번 금융 위기로 다른 투자자들과 똑같은 아픔을 겪고 있는 것이다. 구제금융을 받으면서도 애널리스트와 자산관리인들에게 고액의 보너스를 주는 등 눈살이 절로 찌푸려지게 만드는 몇몇 금융회사들의 행동과 현격히 대비된다.

2009년 3월 27일에 발표된 웨스코 파이낸셜의 주주서한에서 멍거는 웨스코의 2008년 실적도 좋지 않았다고 담담히 인정한다. 웨스코는 예금보장채권에 비전이 없다는 판단 하에 캔자스 은행보증의 보험사업 절반을 차지하는 이 사업에서 발을 빼기 시작했다. 상당히 예외적인 행보였다. 하지만 멍거는 보험 인수의 원칙을 지키고 추후 입을 손실을 막기 위한 조치였다고 밝히고 있다. 이 밖에도 웨스코의 자회사인 코트 비즈니스서비스, 프리시전 스틸 역시 상당한 매출 감소를 겪었음을 사실대로 밝혔다.

주주서한에서 멍거가 적은 대로라면, 이번의 금융 위기는 끝나지 않았고 아직은 많은 사람들이 아픔을 겪게 될 것으로 보인다. 하지만 이렇게 힘든 시기일수록 우리는 현실을 장밋빛으로 포장하지 않고 있는 그대로 들려주는 사람이 필요하다. 꿩이 머리만 모래 속에 파묻듯 현실을 회피한 채 낙관론에만 귀를 기울인다고 문제가 해결되지는 않는다. 버핏과 멍거는 주주총회 공식 회의가 끝난 후 주주들과의 일문일답에서 솔직하게 답하는 것으로 유명하다. 이번 버크셔 주주총회에서 워런 버핏이 최악의 해였다고 인정했듯, 아마 조만간 열릴 웨스코의 주총에서도 멍거는 주주들의 질문에 포장하지 않고 있는 그대로 답할 것이다. 그리고 두 사람의 답에 귀를 기울임으로써 우리는 어려운 상황을 헤쳐나갈 수 있는 귀중한 통찰을 발견할 수 있으리라고 기대해본다.

2009년 5월
조성숙

옮긴이 **조성숙**

덕성여대 회계학과를 졸업하고 전문 번역가로 활동 중이다. 옮긴 책으로는 『성장의 모든 것』 『퍼펙트 피치』 『모닝스타 성공투자 5원칙』 『버핏, 신화를 벗다』 『초보 투자자를 위한 12가지 투자 기초』 『좋은 기업을 찾기 위한 12가지 투자 분석』 『위대한 투자자들의 12가지 투자 전략』 『피터 드러커의 매니지먼트』 『주식투자 절대법칙』 『까다로운 인간 다루기』 『마음의 해부학』 『두뇌는 평등하다』 『영혼의 해부』 『돌연변이』 『핫스팟』 등이 있다.

찰리 멍거 자네가 옳아!

워런 버핏 최고의 파트 찰리 멍거의 투자 인생

1판 1쇄	2009년 5월 25일
1판 9쇄	2024년 10월 11일

지은이	재닛 로우
펴낸이	김승욱
편집	김승관 김민영
디자인	엄혜리 최윤미
마케팅	김도윤 김예은
브랜딩	함유지 함근아 박민재 김희숙 이송이 박다솔 조다현 정승민 배진성
펴낸곳	이콘출판(주)
출판등록	2003년 3월 12일 제406-2003-059호

주소	10881 경기도 파주시 회동길 455-3
전자우편	book@econbook.com
전화	031-8071-8677
팩스	031-8071-8672

ISBN 978-89-90831-69-9 03320